5판

교육연구방법의 이해

성태제 저

학지사

5판 머리말

　제4차 산업혁명시대에서는 책이 새로운 지식을 접하는 데 걸림돌이 될 수 있다. 급격하게 변하는 과학 문명의 세계에서는 더욱 그러하다. 드론이 날고 무인자동차가 거리를 누비며 로봇이 인간을 대신하고 빅데이터를 분석하여 인간의 행동을 예측하는 환경에서 인쇄된 책으로만 공부한다면 새로운 이론이나 지식을 접하기가 쉽지 않다. 그래서 새로운 이론이나 규약이 만들어지고 현황이 바뀌면 바로 수정할 수 있도록 자료를 항상 모아 둔다. 저자로서 내 책을 이용하는 독자들에게 이런 손해를 보지 않도록 하여야 한다는 부담감을 지니고 있기 때문이다.

　『교육연구방법의 이해』를 1998년 7월에 1판을 출판한 후 변화된 내용이 있을 때마다 그 내용을 정리하여 반영하고, 개정판이 아니더라고 새로 인쇄를 할 때 부분적으로 책을 수정하고 보완하여 왔다. 특히 APA에서 발간하는 *Publication Manual*과 AERA/APA/NCME에서 발간하는 *Standard for Educational and Psychological Testing*이 개정될 때마다 이를 반영하기 위하여 개정판을 출간하였다. 그리고 문헌연구의 제2차 자료인 목록집들이 개정되거나 학회의 논문심사 기준 혹은 현황들이 변화되면 수정하고 보완하였다. 특히 디지털화하고 있는 문헌을 찾기 위한 새로운 방법들이 나타나면 이를 소개해 왔다. 이렇게 해서 2016년 6월에 4판을 출간하였다.

　정년을 앞두고 한 번 더 개정할 필요를 느꼈다. APA의 *Publication manual*이 2019년 개정 7판이 출간되었고, 참고자료로 사용하는 여러 현황이 변화되었으며, 2018년에 무료로 자료를 분석할 수 있는 jamovi 프로그램이 등장하여 이를 소개하고 싶었다. 자료를 직접 분석할 수 있은 연구자들이 통계 프로그램 사용료를 지불하지 않고 jamovi 프로그램을 이용하여 분석한다면 매우 도움이 될 것이기 때문이었다.

　새로운 자료와 현황을 모으고 수정하는데 시기자 박사가 도와주었다. 이 책을 언제까지 개정할 수 있을지는 장담하지 못하지만 많은 독자에게 옛 지식이나 규정에 머물지 않도록 하기 위하여 꾸준히 개정하려고 한다. 이것이 저자의 소임이기 때문이다.

2020년 2월 20일

성태제

1판 머리말

호랑이는 죽어서 가죽을 남기고 사람은 죽어서 이름을 남긴다는 말이 있다. 사람으로 태어나서 이름을 남기는 방법은 여러 가지가 있으나 공부하는 사람에게 보람된 것은 글로써 이름을 남기는 것이다. 여러 종류의 글이 있지만 글 중에서도 전공과 관련된 많은 논문에 이름을 남기는 것이 더욱더 큰 보람이 된다.

과학의 발달로 논문을 쓰기 위한 연구방법은 매우 다양해졌고 연구방법은 각각 그 나름의 체계와 절차를 구체적으로 발전시켜 왔다. 과학적이고 체계적으로 진행된 연구를 논문의 양식에 맞추어 제대로 작성하여야만 우수한 논문으로 평가받을 수 있다. 연구와 논문 작성의 두 작업이 우수한 논문을 작성하는 데 필수적임에도 불구하고 어느 한 부분을 소홀히 하는 경우가 적지 않다.

학부의 '교육연구' 그리고 대학원의 '교육연구법'을 강의하면서 틈틈이 정리한 내용을 강의노트로 만들고 몇 차례 수정 · 보완한 다음, 지난 1년간 미국 위스콘신 대학교에서 연구년을 보내면서 수집한 자료를 보태어 이 책을 출간하게 되었다. 이 책은 학부, 교육대학원, 일반대학원 수준에서 교육연구를 진행하는 방법 및 절차 그리고 논문을 작성하는 방법에 대하여 설명하였다. 학부생, 교육대학원생, 일반대학원생 모두를 위하여 쓰인 책이라면 모두에게 적합하지 않은 책이 될 수도 있으나, 필요에 따라서 넓은 범위의 내용을 참고하는 것이 도움이 된다는 생각에서 내용을 이와 같이 구성하였다. 물론 이 한 권의 책이 모든 내용을 담을 수 없으므로 필요한 내용은 세부적인 내용을 상세하게 다룬 서적을 참고하기 바란다. 이 책을 참고하는 분들에게 도움이 되면 될수록 필자의 기쁨과 보람은 더욱더 커질 것이다.

이 책을 출간하기까지 강의를 들어 준 모든 학생들의 피드백이 이 책에 녹아 있으며, 특히 교정을 봐 준 대학원생 이윤정, 전현정, 신진아, 박소연에게 감사한다. 또한 책이 되기 위한 기초작업으로 강의노트를 타이핑해 주었던 최연욱의 노고를 잊을 수 없다. 그리고 부모님, 은사님께 진심으로 감사드리고 출판을 맡아 주신 학지사에 감사한다.

1998년 7월
저자

일러두기

　이 책은 교육연구의 개념, 절차, 연구방법 그리고 논문 작성에 대한 내용을 7부 20장으로 나누어 구성하였다. 제1부는 '교육과 연구'로, 제1장에서는 과학과 연구에 대한 정의와 양자 간의 관계를, 제2장에서는 교육연구의 정의, 종류, 절차를 설명하였다. 제2부 '교육연구 주제 및 대상'은 연구를 진행하는 절차에 대한 설명으로, 제3장에서는 연구문제 선정방법, 제4장에서는 연구계획서 작성방법, 제5장에서는 연구계획서 및 연구보고서의 이론적 배경 작성을 위한 문헌연구방법, 제6장에서는 연구대상 추출방법을 설명하였다. 제3부는 '측정 및 검사'로서, 제7장에서는 추출된 연구대상의 특성을 측정하는 방법, 제8장에서는 타당도와 신뢰도, 제9장에서는 표준화 검사에 대하여 설명하였다. 제4부와 5부에서는 각각 '양적 교육연구방법'과 '질적 교육연구방법'을 다루었다. 제4부의 '양적 교육연구방법'에서는 제10장에서 조사연구를, 제11장에서 실험연구를, 제12장에서는 관찰연구를 설명하였고, 제5부 '질적 교육연구방법'에서는 제13장에서 문화기술적 연구를, 제14장에서 역사연구를 설명하였다. 제6부 '통계와 자료분석'은 연구가 종료되어 가는 과정에서 수집된 자료를 분석하는 방법에 대한 설명으로, 제15장에서는 통계의 기본개념을, 제16장에서는 집단비교를 위한 통계방법을, 제17장에서는 인과관계분석을 위한 통계방법을 소개하였고, 제18장에서는 자료를 입력하는 절차와 방법을 설명하였다. 마지막으로 제7부는 '연구보고서 작성 및 평가'로, 제19장에서는 연구보고서 작성방법을 설명하였고, 제20장에서는 APA(2019)에서 출간한 논문 집필 지침을 참고하여 논문의 편집과 관련된 내용을 설명하였다. 제21장에서는 연구가 끝난 다음 논문을 평가하는 방법과 논문을 발표하는 요령에 대하여 서술하였다.

　연구방법에 따라 연구절차가 다르므로 이 책의 어느 부분은 혹시 도움이 되지 않는다고 생각할 수도 있으나, 다양한 연구방법을 알고 있을 때 다양한 형태의 연구를 수행할 수 있으므로 이 책의 내용을 모두 이해하도록 노력하기 바란다. 이 책은 교육연구에 있어서 기본적인 내용을 포괄적으로 다루고 있으나, 질적연구에 대한 내용이 충분하지 않음을 미리 밝힌다. 질적연구를 하고자 하는 연구자는 질적연구에 관한 서적을 참고하기 바란다.

　이 책은 16주 강의를 염두에 두고 한 주에 한 장 혹은 두 장의 내용이 다루어질 것을 예상하고 쓰였다. 이 책으로 강의를 듣는 학생에게 보다 좋은 논문을 작성하기 위한 방법으로 다음의 몇 가지를 조언한다.

　첫째, 매주 배운 내용을 완전히 이해하라.
　둘째, 연습문제를 풀라.
　셋째, 이해한 내용과 연습문제를 연구자의 논문과 연관시켜 생각하라.
　넷째, 발전된 생각을 서술하라.
　다섯째, 이 책의 순서대로 연구를 진행하라.

　앞의 조언을 따르면 세련된 논문까지는 아니라고 하더라도 최소한의 기준을 충족시키는 연구계획서나 논문은 충분히 작성할 수 있을 것으로 믿는다. 꾸준히 많은 생각을 하면서 연구를 진행하였을 때 좋은 논문을 쓸 수 있다는 사실을 명심하기 바란다.

차례

제3부 측정 및 검사

제4부 **양적 교육연구방법**

제10장   **조사연구** ● 201

제5부 질적 교육연구방법

제6부 통계와 자료분석

제7부 연구보고서 작성 및 평가

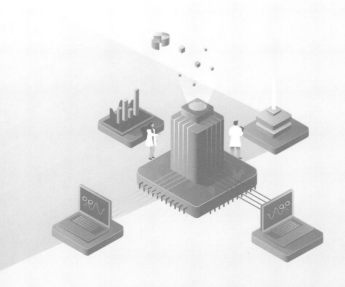

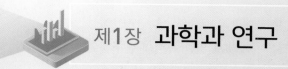

제1장 과학과 연구

과학적 방법을 통하여 우주에 존재하는 많은 사실을 발견한다. 어떤 사실을 발견하거나 확인하기 위하여 체계적이고 과학적으로 접근하는 작업을 연구라 한다. 연구의 대상과 목적에 따라 연구방법은 양적연구와 질적연구로 나뉜다. 이 장에서는 과학, 연구 그리고 양적연구와 질적연구에 대하여 설명하고자 한다.

① 과 학

알려지지 않은 우주의 많은 현상을 밝히고자 할 때 과학적 방법을 사용한다. **과학**이란 어떤 사실이나 현상에 대한 이론을 정립하는 작업이라고 말할 수 있으나 현재까지 과학에 대한 통일된 정의는 없다. Nash(1963)는 과학이란 우주 현상을 보는 방법이라고 하였으며, Dampier(1961)는 과학이란 자연현상에 대한 체계화된 지식이며 현상을 설명하는 개념 간의 관계를 연구하는 작업이라고 정의하였다. 또 Einstein(1940)은 과학이란 우리 자신의 혼란스럽고 다양한 경험을 논리적이며 체계화된 사고구조로 변환하는 작업이라고 정의한 바 있다. 한글학회(1991)에서 발간한 『우리말큰사전』에서는 **과학**이란 사물의 법칙과 이치에 관한 바른 지식체계 또는 그것을 밝히는 학문이라고 정의하였으며, 『교육학 용어사전』(서울대학교 교육연구소, 1994)에서는 과학을 자연과 인간의 현상을 합리적으로 이해하기 위한 목적의 탐구행위라고 정의하였다. Webster 사전은 과학을 다음과 같이 정의하고 있다.

> "Science is a branch of study concerned with deriving verifiable general principles about the natural world through the process of induction, deduction, and hypothesis testing."

이런 다양한 정의를 종합해 볼 때 **과학**은 지식을 얻는 방법 또는 구조화된 지식 그 자체를 말한다고 할 수 있다.

지식을 얻는 과정은 인식론(epistemology)에 의하여 설명되며, 인식론은 이성주의(rationalism)와 경험주의(empiricism)로 구분된다. 어떻게 알게 되는가에 대한 질문에 **이성주의자**는 문제에 대하여 생각하기에 답을 얻는다고 대답한다. 즉, 사고에 의하여 의문을 해결한다고 본다. 이에 비하여 **경험주의자**는 보고, 듣고, 만지고, 냄새 맡기 때문에 안다고 답한다. Plato는 인간이 숙고와 내성(introspection)을 통하여 모든 것을 알게 된다고 주장하였으며, 그의 제자 Aristoteles는 Plato의 주장에 동의하면서도 인간이 이성뿐만이 아니라 감각을 통해서도 알게 된다고 주장하였다. 이런 관점에서 Plato는 이성주의자로, Aristoteles는 경험주의자로 분류된다.

15세기 말에 '말의 이빨이 몇 개인가?'라는 의문에 많은 수사는 말이 인간보다 몸집이 크므로 사람이 가진 32개보다 더 많은 수의 이빨을 가졌을 것이라고 생각하였다. 말 또한 신의 창조물이며 신은 완전하기에 말이 생활하기에 충분한 수의 이를 가지도록 창조하였을 것이라고 생각하였던 것이다. 토론이 길어지게 되자 싫증을 느낀 젊은 수사들이 수도원을 나와서 실제로 말의 이빨을 세기 시작하였다. 전자는 이성에 의하여 지식을 얻고자 하는 입장이며, 후자는 경험에 의하여 지식을 얻고자 하는 입장이다. 결국 지식은 이성과 경험을 통해 얻어짐을 알 수 있다.

과학은 대상에 따라 초기에는 인문과학과 자연과학으로 구분되었다. 정치, 경제, 사회, 문화, 교육 등의 학문은 **인문과학**에 속하는 것으로, 물리, 생물, 화학, 지구과학 등은 **자연과학**에 속하는 것으로 분류되었다. 학문의 발전과 더불어 과학은 자연과학, 인문·사회과학 그리고 행동과학으로 구분되기 시작하였다. **자연과학**이란 인간을 제외한 사물들에 관하여 연구하는 학문 분야로서 물리학, 생물학, 화학, 전기공학 등을 말하고, **인문·사회과학**이란 인간을 둘러싼 제반 문제들을 연구하는 학문 분야로서 문학, 역사, 정치, 경제 등이 이에 포함된다. 인문·사회과학은 인문과학과 사회과학으로 다시 세분되어, 인문과학에는 국문학, 영문학, 불문학, 독문학 등의 문학이, **사회과학**에는 사회학, 심리학, 신문방송학, 정치학, 경제학 등이 포함된다. **행동과학**은 인간의 행위에 관한 학문으로서 교육학, 심리학 등이 포함된다. Borg와 Gall(1989)은 과학이라고 할 수 있기 위해서는 그 학문 자체의 이론, 구인, 연구방법이 있어 현상을 설명하는 독특한 영역을 구성해야 한다고 주장하였으며, 심리학, 인류학, 경제학, 화학 등이 과학의 한 예라고 하였다. 따라서 교육학은 여러 독특한 과학 분야에서 빌려 온 이론을 폭넓게 적용함으로써 발전된 학문이므로 과학이 아니라고 주장하고 있다.

과학은 인간이나 우주와 사회의 많은 현상을 설명하기 위하여 개념과 구인들로 관련된 법칙을 구체화하는 작업으로 이론을 도출한다. 그리고 한 번 정립된 이론은 항상 그대로 있는 것이 아니라 계속해서 변화되므로 과학은 날로 발전해 가게 된다. 과학이라는 작업에 의하여 도출된 **'이론'의 기능**은 다음과 같다.

첫째, 독립된 현상이나 개념의 공통점을 발견한다.
둘째, 현상을 설명·조작·예언한다.
셋째, 독립된 현상을 전체 구조의 연결망에 조직화한다.
넷째, 다음 연구 영역을 확장시킨다.

Kerlinger(1973)는 이론을 도출하는 과학적 방법의 특징으로 문제 해결을 위한 체계적 접근을 통하여 이론을 검토하고, 가설을 검증하는 절차를 거치며, 통제가 가능하고, 연구자의 가치 중립이 유지되며, 연구결과에 대하여 객관적이고 타당한 해석이 있다는 점을 들었다.

연구대상의 속성에 따라 과학의 종류가 구분되나, 과학의 특징에 비추어 보았을 때 과학적 방법은 유사한 절차를 거친다. Borg와 Gall(1989)은 과학적 방법의 일반적 절차는 연구문제를 도출하고 자료를 수집한 다음 자료분석 결과가 이론을 지지하는지를 결정하는 과정으로 진행된다고 보았다. **과학적 방법의 절차**를 세분하여 단계적으로 설명하면 [그림 1-1]과 같다.

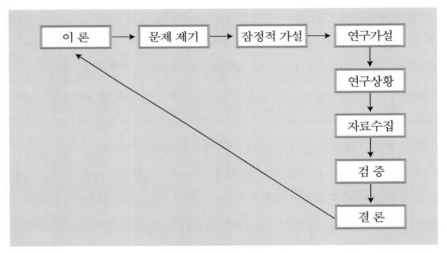

[그림 1-1] 과학적 방법의 절차

한편 Wiersma(1995)는 과학적 방법의 연구절차를 문제 선정, 정보 검토, 자료 수집, 수집한 자료의 분석, 결론 유도의 5단계 과정으로 설명하였다.

영원한 진리는 존재하지 않으며 연구자가 우주에서 일어나는 모든 현상을 알 수 없기 때문에 자연과 사회 현상을 설명하는 이론에 대한 의문과 반증은 계속 이어지게 된다. 의문을 제기하였을 때는 밝히고자 하는 어떤 진술이 있게 되며, 이와 같은 진술이 연구를 통하여 검증되어야 할 잠정적인 가설이 된다. 연구는 자연 상황에서 진행될 수도 있으며, 인위적으로 조작된 상황에서 진행될 수도 있다.

자료를 수집하는 연구 상황은 연구과제, 연구대상, 연구절차에 따라 다양하게 전개된다. 자료라고 하면 일반적으로 양적 자료를 의미하는 것으로 인식되나, 질적인 자료도 연구자료가 된다. 자료를 수집하는 방법에 따라 연구를 크게 양적연구와 질적연구로 구분한다.

양적연구의 경우 많은 자료를 수집해야 하므로 조사나 실험, 관찰 등의 방법을 사용한다. 질적연구는 수량화되지 않는 자료에 의존하므로 일반적으로 관찰에 의하여 서술하는 방법을 사용한다. 그러나 양적연구든 질적연구든 관계없이 모든 연구는 수집된 자료에 의하여 잠정적으로 설정한 가설이 옳은지 그른지를 검증하고 검증된 사실에 의하여 결론을 유도하여 그에 따라 그 이론의 지지 혹은 거부 여부를 결정함으로써 새로운 이론을 창출하게 된다.

우주의 역사가 곧 과학의 역사라고 생각할 수도 있겠으나 근대과학은 14세기 이후에 발달되기 시작하였다. 고대에도 과학적 사실의 발견과 새로운 기기의 발명이 있기는 하였으나 14세기 이전, 특히 종교개혁 이전에는 우주 만물의 이치를 신으로부터 찾는 신 중심주의 세계관이 지배하고 있었으므로 근대적인 의미에서의 과학의 발현은 엄두도 낼 수 없는 일이었다. 인간에 대해 과학적인 접근을 시도할 수가 없었을 뿐만 아니라 종교적 교리에 의한 우주관에 사로잡혀 전지전능한 절대자에 의하여 모든 것이 형성되었고 존재한다고 믿을 수밖에 없었다. 갈릴레오의 지동설은 신 중심주의 우주관을 벗어난 과학적 접근에 의한 연구결과였으나, 재판을 받은 사실에서도 알 수 있듯이 종교개혁 이전의 시기는 우주가 절대적인 신에 의하여 창조되었기 때문에 연구의 대상이 될 수 없다는 우주관이 지배하고 있던 시기였다. 14세기 이후 종교개혁으로 인하여 인간이 신으로부터 해방됨으로써 신 중심의 우주관에서 탈피하여 인간과 자연에 대한 과학적 접근이 본격적으로 시도되었다고 할 수 있다.

② 연 구

1) 정의와 특징

연구는 과학적 방법에 의하여 이루어진다. 가만히 있다가 발견한 사실은 연구라고 하지 않는다. **연구**(research)란 증거가 없는 상식을 체계적 · 구체적 · 논리적인 방법으로 증거를 확인하여 이론을 정립해 주는 작업이다. 연구는 문제 해결을 위해 체계적이고 과학적인 방법을 이용하며, 그러한 방법에 의하여 도출된 결과를 **이론**이라고 한다.

McMillan과 Schumacher(1989)는 연구란 어떤 목적을 위해서 정보나 자료를 수집하고 분석하는 체계적인 절차라고 하였으며, Kerlinger(1986)는 과학적 연구란 가설이나 이론에 의하여 유도된 자연현상에 대한 체계적이며 경험적인 탐구라고 정의하였다.

예를 들어, 부모의 교육수준이 높을 때 자녀의 학업성취도가 높다고 한다면 이는 상식일 수도 있고 이론일 수도 있다. **상식**(common sense)이란 많은 사람이 공유하는 공통된 인식을 말하고, 이론은 상식과 내용 면에서 같을 수 있으나 과학적이고 체계적인 연구방법에 의한 결과라는 점에서 상식과 차이가 있다. 즉, 부모와 자녀의 모집단으로부터 부모와 자녀를 대표하는 표본을 추출하여 부모의 교육수준이 높을 때 자녀의 학업성취도가 높다는 사실을 발견하여 부모의 학력과 자녀의 학업성취도 사이에 관계가 있음을 밝혔다면 이는 이론이 된다.

상식과 이론의 관계를 살펴보면 과학적 방법을 동원한 연구는 존재하는 사실을 밝혀내는 작업이므로 일반적으로 연구의 결과가 상식과 부합되는 경우가 많다. 그러나 상식이 언제나 올바른 것은 아니므로 상식이 잘못된 경우 연구가 새로운 사실을 발견하여 새로운 상식을 유도할 수도 있다. 그러므로 연구는 기존에 존재하는 상식 또는 사실들을 입증하거나 반박한다.

연구가 체계적이고 과학적인 절차를 무시하여 과학성을 상실했다면 연구의 가치는 저하된다. 그러므로 연구의 가치는 연구결과의 크고 작음에서 비롯되는 것이 아니라, 절차의 체계성과 과학성에 의하여 좌우된다.

Best(1981)는 **연구의 특징**을 다음과 같이 열거하였다.

첫째, 문제 해결과 연관되어야 한다.

둘째, 원리와 이론의 정립으로 현상과 사실을 예측해야 한다.

셋째, 실증적인 증거에 기초해야 한다.

넷째, 정확한 관찰력과 서술에 의한다.

다섯째, 조직적이고 체계적이어야 한다.

여섯째, 전문지식이나 경험을 보유해야 한다.

일곱째, 객관성이나 논리성을 유지해야 한다.

여덟째, 문제 지향적이어야 한다.

아홉째, 지속적이어야 한다.

열째, 연구결과가 왜곡되지 않아야 한다.

연구의 목적은 사회와 자연에 존재하는 사실 및 현상들을 고도의 압축된 이론으로 설명·묘사·예언하는 데 있다. 현상에 대한 사실을 알게 됨으로써 앞으로 일어날 일에 대한 대비나 통제를 할 수 있다. 예를 들어, 기상관측 결과 기후에 많은 변화를 줄 수 있는 평범하지 않은 현상의 발견은 연구결과에 따라 앞으로 닥칠 재해를 예방하거나 그 재해를 피하기 위한 기상학적인 방법을 찾는 데 도움을 줄 수 있다. 연구의 목적인 묘사·설명·예언·통제는 각각 분리된 것이 아니라 통합적인 경우가 많다.

현상에 대한 묘사를 통하여 숨겨진 사실들을 설명하며, 이 설명에 의하여 앞으로 전개될 현상들을 예측하고, 보다 나은 결과를 위하여 때로는 통제를 가할 수 있다. 현대 자본주의 사회에서 삶의 질을 결정하는 많은 변수가 있다. 삶의 질이 무엇인가에 대한 과학적 규명을 위하여 구인의 조작적 정의가 우선되어야 하겠지만 일반적으로 개인의 소득이 삶의 질에 영향을 주는 요인 중의 하나라고 여겨지고 있다. 따라서 개인의 소득에 영향을 주는 많은 변수에 대한 연구가 수행되어 왔으며, 학력, 직업의 종류, 근무 연수, 자격증 소유, 성별 등이 개인의 소득에 영향을 주는 변수로 드러났다. 많은 변수 중 소득에 가장 큰 영향을 미치는 변수는 학력이었으며, 이는 많은 사람이 대학 교육을 받기를 희망하고 있는 현상을 설명한다. 이와 같은 연구결과는 이제 상식화되어 당연시되고 있으나 전문화를 지향하는 현대 사회에서 학력이 개인의 소득에 예전처럼 영향을 미치고 있는지는 연구해 볼 필요가 있다.

2) 양적연구와 질적연구

연구는 연구접근방법에 따라서 실증주의에 입각한 양적연구와 후기 실증주의에 입각한 질적연구로 크게 양분된다. 앞에서 언급한 바와 같이 근대과학은 종교개혁 이후에 발전되기 시작하였으며, Newton의 만유인력법칙 발견과 더불어 자연과 우주 및 사회 현상에 대해 객관적이고 과학적으로 접근하고자 하는 시도가 급격히 증가하였다. 자연과학에 대한 연구가 활발히 진행되면서 19세기 Comte를 포함한 실증주의자들은 다음과 같은 주장을 하였다.

첫째, 과학의 대상은 현상들 간의 일반적인 관계를 탐색하는 것이다.
둘째, 지식을 구성하는 진술은 보편적인 법칙에 의하여 서술되어야 한다.
셋째, 가치 중립적이어야 한다.

이와 같은 실증주의자들의 주장은 객관적인 관찰을 통하여 증명 가능한 원리의 연구에 몰두하게 하여 기능주의 사회학, 행동주의 심리학, 논리 실증주의의 발달을 가져왔다. 실증주의에 입각한 연구는 다량의 객관적인 자료에 의존하므로 **양적연구**(quantitative research)라고 한다. 양적연구를 전통적 연구(traditional research), 관례적 연구(conventional research), 실증주의 연구(positivism research)라고도 한다. 실증주의에 입각한 **양적연구의 절차**는 일반적으로 다음과 같다.

첫째, 가설을 설정한다. 가설이란 변수 간의 관계에 대한 잠정적인 진술을 말하며, 이와 같은 가설은 이론적·경험적 배경에 의하여 설정된다.

둘째, 가설의 경험적 결과를 추론하기 위하여 실제 상황이나 유사 상황을 만든다. 연구의 결과를 얻기 위한 실제 상황이 존재하면 별다른 문제가 없으나, 그렇지 않은 경우에서는 연구 상황을 만들어야 한다. 때로는 다른 변수의 영향을 배제하기 위하여 인위적으로 연구 상황을 만드는 경우도 있다.

셋째, 실제 상황이나 유사 상황에서 발생하는 자료를 수집한다. 실증주의에 입각한 양적연구는 객관적 절차에 의하여 증명 가능한 원리를 발견하는 것이 목적이므로 가시적으로 드러나는 자료를 수집해야 한다.

넷째, 수집된 자료를 분석하여 잠정적으로 서술된 가설이 참인지 거짓인지를 밝힌다. 즉, 경험과학(empirical science)에서는 양적 자료의 자료분석 결과에 의하여 가설을 지지하거나 반박한다.

양적인 자료에 의존하는 연구가 계속적으로 발전하면서 연구가 기계적이라는 비판과 더불어 후기 실증주의에 기반을 둔 질적연구가 출현하게 되었다. 실증주의에 근거한 양적연구에 대한 비판은 다음과 같다.

첫째, 연구가 이론에 구속된다는 것이다. 양적연구는 가설을 설정하여 연구를 진행하므로 가설을 설정할 때부터 이미 어떤 특정 이론에 의존한다는 것이다.

둘째, Kuhn은 양적연구는 객관성과 가치 중립성을 유지하기 힘들다고 지적하였다. 연구자는 연구자 스스로가 추구하는 방향으로 어떤 이론에 대하여 결론을 내리는 경향이 있을 뿐 아니라 과학적 지식의 패러다임이 내포하고 있는 가치와 주관에 영향을 받는다는 것이다.

셋째, 연구주제가 제한되어 있다는 것이다. 양적연구는 관찰이나 질문 등을 통해 자료수집이 가능한 것만 연구주제로 선택한다는 것이다.

넷째, 연구결과를 일반화하는 데 문제가 있다는 비판이다. 즉, 연구대상으로부터 얻은 결과를 다른 집단에 적용하여 일반화하는 것은 무리가 있다는 것이다.

다섯째, 사회현상 연구를 위하여 다양한 연구방법이 동원되어야 한다는 주장이다. 사회현상은 자연현상과 구별되며 복잡하게 얽혀 있으므로 사회현상의 특성을 파악하기 위해서는 연구방법이 다양해야 한다는 비판이 대두되기 시작하였다.

이와 같이 실증주의에 근거한 양적연구에 대한 비판과 더불어 후기 실증주의가 부상하게 되었으며, 후기 실증주의에 의거한 질적 교육연구방법이 출현하게 되었다. 특히 후기 실증주의자들은 Newton의 기계론적 우주관을 비판하면서 민속학과 인류학을 예로 들어 인간과 사회연구를 위해서는 다양한 연구방법이 필요함을 주장하였다.

질적연구는 다양하기 때문에 연구절차의 공통된 기본 틀이 없는 것이 특징이다. 연구내용, 연구대상, 연구시기에 따라서 연구가 다양하게 진행되므로 연구자의 연구능력이 우선되어야 하는 어려움이 있다. 기계적인 접근방법의 한계를 지적하며 다양한 연구방법의 사용을 주장하는 질적연구는 연구방법, 연구절차, 자료수집 등이 주관적이기 때문에 연구자의 주관적인 판단이 연구결과에 영향을 준다는 점이 단점으로 지적되고 있다. 그래서 질적연구(qualitative research)를 **주관적 접근**(subjective approach), **예술적 접근**(artistic approach), **문화기술적 접근**(ethnographical approach)이라고도 부른다. 이와 같은 질적연구는 인류학자와 사회학자에 의하여 주도되었으며, 양적연구는 실험 심리학자와 행동주의자에 의하여 주도되었다.

3) 양적연구와 질적연구의 비교

양적연구와 질적연구는 실증주의와 후기 실증주의라는 각기 다른 철학적 배경을 근거로 하고 있기 때문에 서로 다른 견해를 가지고 있다. 양적연구와 질적연구를 실재의 본질, 연구자와 연구대상 간의 관계, 일반화, 인과관계, 가치, 연구방법의 측면에서 비교하면 〈표 1-1〉과 같다.

양적연구는 실재가 존재하기 때문에 객관적인 연구가 가능하다고 보는 반면, 질적연구는 일반화시킬 수 있는 본질은 없으므로 총체적 연구를 해야 한다고 주장한다. 연구자와 연구대상 간의 관계에서 양적연구는 가능하면 연구자와 연구대상이 거리를 유지할 때 객관적 자료수집이 가능하다고 보는 반면, 질적연구는 연구대상과 밀접한 관계를 유지해야만 연구의 타당성을 높일 수 있다. 양적연구는 연구결과를 보다 일반화시킬 수 있다고 보는 반면, 질적연구는 특정한 연구 상황에서의 연구결과는 그 상황에만 적용되며 다른 상황에까지 일반화하여 적용시킬 수는 없다고 본다. 인과관계와 관련하여 양적연구는 원인과 결과를 분석하는 것이 가능하다고 보는 데 반해, 질적연구는 상호작용 관계로 분석해야 한다고 본다. 또한 양적연구는 객관적 방법에 의하여 객관적 절차를 통해 자료가 수집되므로 연구결과가 가치 중립적인 데 비해, 질적연구는 주관적이라는 특징이 있다.

양적연구와 질적연구를 대비시켜 두 연구방법을 전혀 별개의 것으로 간주할 수도 있으나 사실 두 연구방법이 서로 이질적인 것만은 아니며 연구 상황 및 자료의 특성에 따라 연속선상에 존재하고 있는 것으로 보아야 한다. 예를 들어, 합격과 불합격은 질적변수로 이분되어 있으나 그 저변에는 양적변수인 점수가 있기 때문에 두 변수를 동일선상에 있는 것으로 파악할 수도 있다. 자료가 양적 자료인지 질적 자료인지, 연구 상황이 자연 상황인지 조작적 상황인지에 따라 두 연구를 구분하지만 이 구분은 정도에 따라 결정되는 것일 뿐이다. 양적연구와 질적연구의 관계는 [그림 1-2]와 같다.

〈표 1-1〉 양적연구와 질적연구의 비교

	양적연구	질적연구
실재의 본질	인간의 실재를 형성하는 인간의 특성과 본질이 존재한다고 가정. 따라서 복잡한 패러다임에 관계된 변인들에 대한 연구가 가능	객관적 실재라고 일반화시킬 수 있는 인간의 속성과 본성은 없다고 가정. 따라서 단편적인 연구가 아닌 총체적인 연구의 필요성을 주장
연구자와 연구대상 간의 관계	연구자와 연구대상 간의 관계가 밀접하게 되면 연구자료가 왜곡될 수 있으므로 거리 유지	연구자와 연구대상이 서로 밀접한 관계를 유지
일반화	일반화 가능	연구 자체가 독특하기 때문에 일반화시킬 수 없음
인과관계	행위 현상을 인과관계로 설명	원인과 결과의 명확한 구분이 어려움 인과관계가 분명하지 않으므로 상호 보완적인 것으로 분석
가 치	객관적 절차에 의해 자료수집 질적연구에 비해 가치 중립적임	연구 절차나 방법이 연구자의 주관에 의해 결정됨 가치 중립적이지 않음
연구방법	조사방법, 실험설계, 관찰법	관찰법

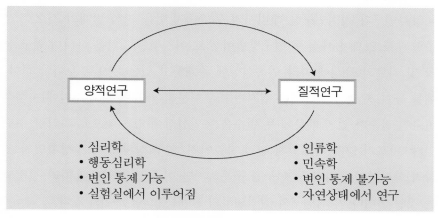

[그림 1-2] 양적연구와 질적연구의 관계

양적연구는 보다 통제된 상황에서 양적 자료에 의존한 연구이고, 질적연구는 자연적 상황에서 질적 자료에 의존한 연구를 말한다. 그러나 양적연구와 질적연구를 양분하기보다는 동일선상에 놓고 조망하는 것이 바람직하다. 양적연구에서 깊이 분석하지 못한 내용을 질적연구가 보완해 줄 수 있으며, 양적연구는 주관적이기 쉬운 질적연구의 연구결과에 객관적인 근거를 제공하여 질적연구를 보완할 수 있다. 즉, 두 연구는 상호 보완적인 관계를 지니고 있으며, 양적연구는 질적연구를 유도하고, 질적연구는 양적연구를 유도하는 연결 고리의 개념으로 해석하는 것이 바람직하다.

예를 들어, 특정한 교수법과 유아의 어휘력 발달 간의 관계에 대한 연구를 실시하였을 때, 매우 특이한 유아를 발견하였다면 이 유아를 대상으로 질적연구를 실시할 수 있다. 특정한 연구대상인 유아에 대하여 관찰을 통한 질적연구를 실시하여 특이한 유아에 대한 사실을 발견할 수 있다. 또한 특이한 유아들을 대상으로 하는 질적연구가 많이 이루어졌을 때 이 유아들을 대상으로 하여 양적연구를 실시할 수 있으며 양적연구는 이들의 특성에 대한 객관적인 사실을 발견하여 이를 일반화할 수 있다.

양적연구를 추종하는 학자들과 질적연구를 추종하는 학자들 간에 학문적 연구 경향에 대한 경쟁과 각자의 연구방법의 우월성에 대한 논쟁 및 갈등이 나타나고 있으나 이는 부질없는 일이라고 단언할 수 있다. 특정한 연구방법이 다른 연구방법보다 무조건 더 좋은 방법이라는 주장은 연구의 특성을 파악하지 못한 데서 비롯된 것이다. 연구의 목적, 연구대상, 연구 상황에 따라 적절한 연구방법을 선택해야 하며, 두 연구방법 간에 우열이나 종속관계가 있는 것도 아니다. 질적연구는 양적연구를 유도하며, 양적연구는 질적연구를 유도하는 상호 보완의 관계라고 보는 것이 바람직한 연구자의 자세다.

연구자는 인간으로서 지녀야 할 기본적인 윤리뿐만 아니라 철학을 지니고 있어야 한다. 자신의 주장이나 이론 및 방법만이 옳다는 생각은 버려야 하며, 사물이나 현상을 제삼자적 입장에서 조망하는 자세를 가져야 한다. 다양한 학문이 존재하듯이 다른 학문마다 제각기 독특한 연구방법이 존재할 수 있는 것이다. 질적연구를 추종하는 일련의 학자들이 양적연구는 숫자 놀음이라고 비난하고, 양적연구를 추종하는 일련의 학자들이 질적연구는 일기나 소설이라고 비난하는 것은 연구자로서의 올바른 자세가 아니다. 물론 타당하지 않은 양적인 연구결과는 자료를 가지고 연구결과를 오도하는 수의 놀음이 될 것이며, 과학적인 절차를 거치지 않은 질적연구는 소설이나 구호에 불과할 것이다. 그러나 선호하는 연구방법이 아닌 다른 연구방법에 의하여 연구가 진행되었다고 하여 잘못된 연구라고 매도하는 것은 학문하는 사람의 기본 자세가 아니다.

연 ◇ 습 ◇ 문 ◇ 제

1. 다음 단어를 설명하라.
   과학
   연구
   이론
   상식
   실증주의
   후기 실증주의
   양적연구
   질적연구

2. 양적연구의 특성을 설명하라.

3. 질적연구의 특성을 설명하라.

4. 양적연구와 질적연구의 관계를 설명하라.

5. 실증주의와 후기 실증주의의 철학적 배경을 비교하라.

6. 양적연구의 논문을 찾아 읽고 어떤 질적연구를 유도할 수 있는지 설명하라.

7. 질적연구의 논문을 찾아 읽고 어떤 양적연구를 유도할 수 있는지 설명하라.

8. 점심으로 햄버거를 좋아하는 어린이들이 늘고 있다. 햄버거가 어린이들에게 어떤 영향을 미치는지를 연구하고자 할 때, 구체적인 연구문제를 제시하고 그에 따라 연구방법을 선택한 다음 그 이유를 설명하라.

9. 어느 초등학교 교사가 학생들의 텔레비전 시청과 학업수행 간의 관계를 연구하고자 한다.

   1) 어떤 형태의 연구를 할 것인지를 서술하라.
   2) 양적연구를 한다면 어떤 자료를 수집해야 하는지를 서술하라.

제2장 교육연구

연구의 대상이 무한하듯이 교육연구의 연구대상은 교육과 관계된 모든 현상이므로 그 범위가 무한하다. 이 장에서는 교육연구의 정의와 종류 그리고 일반적 절차를 설명하고자 한다.

❶ 정 의

자연이나 사회에 존재하는 현상을 밝히려는 작업을 연구라고 하였을 때 교육연구(educational research)의 대상은 교육현상이 된다. 교육은 인간을 가르치는 행위이므로 교육연구의 대상은 무한하며, 연구가 활발히 이루어지고 있는 분야로는 교육심리, 교육과정, 교수ㆍ학습 이론, 교육제도, 학교행정, 교육평가 등을 들 수 있다. 교육연구의 영역은 교육학의 전공 분야로 세분화되어 교육철학, 교육심리, 교육과정, 교육평가, 교육사회학, 교육행정, 교육공학, 교육사, 특수교육, 초등교육, 유아교육, 상담학 등의 기존 영역에 더하여 최근에는 사회교육, 산업교육, 교육재정 분야 등이 새로이 교육연구의 영역으로 등장하고 있다. 또한 현재까지 비교적 연구가 활발히 수행되지 않았던 각 교과교육 영역도 교육연구의 중요한 영역이다.

교육연구는 교육현상을 파악하여 이론을 정립하는 데 그 목적이 있으며,

구체적으로는 교육현상을 기술·설명·예언·향상·통제하는 것이라고 할 수 있다. 연구를 통하여 교육현장에서 일어나는 사실들을 서술하고 묘사할 수 있으며, 더 나아가서는 숨겨진 사실들을 가지고 교육현상을 설명할 수도 있다. 교육연구를 통하여 정립된 이론에 의하여 어떤 사실을 예언할 수도 있으며, 교육의 질을 향상시킬 수도 있다. 또한 어떤 이론에 근거하여 바람직한 교육결과를 얻기 위하여 노력하거나 바람직하지 않은 결과를 미연에 방지하기 위하여 통제나 처치를 가할 수도 있다.

황정규(1985)는 가르침과 배움에 관련된 인간행위에 대한 교육연구를 경험적 탐구, 해석적 탐구, 비판적 탐구 등 크게 세 가지의 탐구 양식으로 구분하였다.

경험적 탐구(empirical inquiry)는 실증주의에 입각하여 교육현상에 대한 연구를 객관적이고 탈가치적인 접근으로 실증화하는 데 가치를 부여한다. 따라서 경험적 탐구는 교육현상을 관념과 사변의 대상으로 다뤄 왔던 우리의 인식을 전환시켜 경험적, 실증적, 과학적 대상으로 교육문제에 접근하는 방법을 제시하였다고 할 수 있다. 경험적 탐구 양식은 해방 후 우리나라의 교육학 연구를 토착화시키는 데 크게 기여한 연구방법이었다. 경험적 탐구 양식은 연구방법론과 통계적 방법의 발전 및 컴퓨터의 발전과 더불어 교육연구에 널리 이용되고 있다.

해석적 탐구(interpretative inquiry)는 경험적 탐구 양식인 양적연구가 양적인 자료분석에 치우친 나머지 연구의 본질을 잃는 단점을 질적연구로 보완하자는 인식에서 출발되었으며, 인류학, 민속학, 사회학 등에서 연구방법을 빌려 왔다. 해석적 탐구는 실증 가능한 부분뿐만 아니라 연구에 관련된 모든 상황을 총체적으로 해석하려는 노력을 경주하고 있다. 해석적 탐구는 후기 실증주의에 기초한 질적 교육연구방법이라고 할 수 있다.

비판적 탐구(critical inquiry)란 일정한 가치판단을 수반하는 의식적 관점에서 상황을 전달하려는 연구형태를 말한다. Adorno 등(1964)은 비판은 타율성에 대한 저항이며, 체념적인 적응은 이론이 아니라는 것을 깨닫게 하려는 사고의 시도라고 하였다. 그리고 교육연구에 있어서 비판적 탐구는 교육에서의 기존 질서와 인식에 대한 비판적 의식이나 안목에 의하여 출발하게 된다고 분석하였다. 즉, 사회, 정치, 교육적 현상에 대하여 가치 중립적으로 접근하는 자세에서 벗어나 역사적·이데올로기적 의미를 고려해야 한다는 것이다. 이와 같은 비판적 탐구방법은 Apple과 Giroux의 영향을 받았으며 우리나라에서는 1980년대에 각광을 받았다.

❷ 종 류

교육연구를 분류하는 절대적인 기준은 없으며, 연구목적, 연구방법, 연구형태에 따라 다양하게 구분된다. 연구방법이 다양한 것은 연구의 영역이 다양하다는 데에도 그 원인이 있다. Best와 Kahn(1989)은 교육연구를 연구목적에 따라 다음과 같이 분류하였다.

- 기초연구
- 응용연구
- 실행연구(현장연구)
- 평가연구

기초연구(basic research, fundamental research)는 어떤 사실에 대한 이론을 규명하여 지식을 확장시키는 역할을 하는 연구로서 원리 또는 특정한 사실을 발견하거나 이론을 발전시키고자 하는 목적을 가지고 있다. 그러므로 세심한 연구절차를 거치나 현장의 문제점을 해결하기 위한 연구결과의 응용에는 관심이 부족하다. 기초연구는 일반적으로 실험실에서 동물을 대상으로 연구가 이루어지는 경우가 많은데, 고등정신 기능 및 작용에 대한 실험연구를 기초연구의 예로 들 수 있다. 알려지지 않은 사실이나 새로운 이론을 도출하려는 기초연구의 연구결과는 여러 연구에 적용될 수 있다.

응용연구(applied research)는 실제 문제 상황에서 이론적 개념을 검토하거나 어떤 상황의 진행과 결과를 개선시키는 데 그 목적이 있다. 그러므로 대부분의 교육연구는 응용연구이며 교수·학습과정의 발전과 학습결과에 대한 일반화를 시도하기 위한 연구라고 할 수 있다. 응용연구의 예로는 여러 가지 교수법에 대한 선호도 조사를 통해 어느 것이 학교현장에서 좋은 교수법이며 각기 다른 교수법의 장단점은 무엇인지를 파악하여 현장에 적용하고자 하는 연구를 들 수 있다.

연구방법이 복잡하면 기초연구이고 단순하면 응용연구라는 인식은 잘못된 것이며, 기초연구는 이론가나 철학자들에 의한 연구이고 응용연구는 철학적 배경이 부족한 연구라는 인식 또한 잘못된 것이다. 기초연구와 응용연구 사이에는 어떤 위계가 있는 것이 아니며, 어떤 연구가 더 중요하다고 말할 수도 없다. 연구의 목적에 따라 선택되는 것이므로 두 연구 모두가 중요하다.

최근에 일부 학자들은 교육연구를 기초연구와 응용연구 이외에 실행연구로 분류하기도 한다. 실행연구(action research)는 1930년대 말 사회심리학과 교육학 분야에서 관심을 모았던 연구로서 교육상황에서 일어나는 문제를 해결하기 위하여 연구자와 교사가 공동으로 진행하는 연구다. 실행연구는 교사나 교육행정가 혹은 현장 교육전문가들에 의하여 공동으로 진행되며, 지역단위 학교에서 발생하는 교육문제에 대한 해결방안을 제시하거나 의사결정을 하기 위하여 실시하는 연구다. 실행연구는 이론의 전개나 이론의 일반적인 응용이 아니라 학급상황에의 즉각적인 적용에 관심을 두고 있다. 그러므로 실행연구는 연구결과를 일반화시키는 데 있어서 제한점을 가지고 있으며, 따라서 연구결과의 해석은 연구대상에게만 국한된다. 즉, 실행연구에서는 연구결과의 일반화보다는 어떠한 특정 상황에 적용하는 것이 강조된다. 그러므로 실행연구의 연구대상은 접촉이 용이한 기존집단(intact group)이 된다.

평가연구(assessment research, evaluation research)는 교육결과의 성취 여부를 분석하기 위한 연구로서 교육목표에 도달한 정도를 측정하여 교육에 대한 의사결정을 하기 위하여 실시된다. 평가연구를 통하여 학생들의 학업 진행 속도와 정도를 분석할 수 있으며, 이를 토대로 교육과정의 개선, 교재 개발, 교수법 개선 등과 관련된 정책을 결정할 수 있다. 뿐만 아니라 교육의 제분야를 평가함으로써 새로운 제도의 수립과 제도의 개정에 도움을 준다. 1960년부터 Committee on Assessment of the Progress of Education에서 실시하는 National Assessment of Educational Progress(NAEP) 연구를 평가 연구의 예로 들 수 있다. 이는 지역 간 학업성취도 추이연구로서 학업 수준의 변화 · 발달에 대한 정보를 제공한다.

Crowl(1993)은 교육연구를 [그림 2-1]과 같이 분류하고 있다.

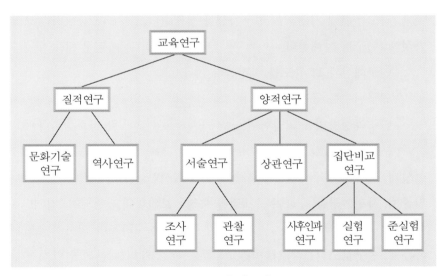

[그림 2-1] 교육연구의 종류

Crowl은 교육연구를 크게 질적연구와 양적연구로 분류하고, 질적연구는 다시 문화기술연구 혹은 민속학 연구와 역사연구로 구분하였다. 양적연구 는 다시 연구목적에 따라 서술연구, 상관연구, 집단비교연구로 구분하였으며, 서술연구는 조사연구와 관찰연구로, 집단비교연구는 실험연구, 준실험연구, 사후인과연구로 세분하였다.

③ 절 차

교육연구의 절차는 연구의 종류에 따라 다양하나 Crowl(1996)은 **교육연구의 일반적인 절차**를 다음과 같이 제시하였다.

첫째, 연구주제를 선택한다.
둘째, 연구문제를 만든다.
셋째, 연구문제와 관련된 문헌을 참고한다.
넷째, 참고문헌에 기초하여 연구가설을 설정한다.
다섯째, 연구를 설계한다.
　　　　연구대상과 그 규모를 결정한다.
　　　　연구변수를 규명한다.
　　　　변수측정방법을 고안한다.
　　　　분석방법을 결정한다.
여섯째, 소수의 연구대상으로 사전연구를 실시한다.
일곱째, 사전연구를 통하여 문제점을 수정·보완한다.
여덟째, 연구를 실시한다.
아홉째, 연구보고서를 작성한다.
열째, 연구보고서를 제출한다.

첫째부터 다섯째까지는 문헌연구에 의존한다. 연구자의 연구 관심은 연구자의 경험을 통해서도 얻을 수 있으나 교과서나 학술지 등의 문헌을 통하여 얻는 것이 더 일반적이다. 그러므로 문헌연구를 많이 한 연구자는 상대적으로 연구를 용이하게 진행할 수 있다. 연구방법이 설정되었으면 사전연구를 실시하는 것이 바람직하다. 사전연구의 실시가 중요한 이유는 사전연구를 통해 연구 진행 중에 발생할 수 있는 예상치 못했던 문제점을 사전에 발견할 수 있으므로 연구를 보다 성공적으로 진행할 수 있기 때문이다. 이론적 배경이 강하면 사전연구를 실시하지 않을 수도 있으나 학위논문을 작성하는 연구자는 소수의 연구대상으로 사전연구를 실시하는 것이 바람직하다. 연구를 진행한 다음에는 연구를 통해 얻은 자료를 분석하여 연구의 결론을 도출하며 이를 연구보고서로 작성한다. 연구보고서의 작성은 연구를 수행하는 것 못지않게 중요한 부분으로서 연구 진행과정을 충실하게 서술해야 한다. 연구보고서는 연구보고서의 목적에 맞는 형태로 작성하여 제출한다.

　이상에서 설명한 연구절차는 일반적인 연구의 기본절차로서 각자의 연구방법에 따른 구체적인 연구절차를 참고하는 것이 연구를 진행하는 데 실제적인 도움이 된다.

연 ◇ 습 ◇ 문 ◇ 제

1. 다음 단어를 설명하라.

   교육연구

   기초연구

   응용연구

   실행연구

   평가연구

   질적연구

   양적연구

2. 연구와 교육연구의 공통점과 차이점을 설명하라.

3. 교육연구의 일반적 절차를 기술하라.

4. 교육연구에서 문화기술적 연구를 위한 제목을 선정하라.

5. 교육연구에서 역사연구를 위한 제목을 선정하라.

6. 교육연구에서 조사연구를 위한 제목을 선정하라.

7. 교육연구에서 관찰연구를 위한 제목을 선정하라.

8. 교육연구에서 실험연구를 위한 제목을 선정하라.

9. 교육연구에서 상관연구를 위한 제목을 선정하라.

교육연구 주제 및 대상

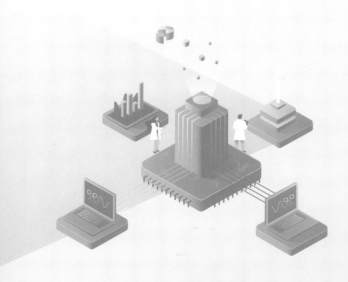

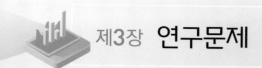

제3장 연구문제

연구자에게 가장 어려운 일은 연구문제를 선정하는 것이다. 문제를 제기해야 주제를 선정하고 연구제목을 설정할 수 있다. 이 장에서는 연구주제를 찾기 위하여 연구자가 해야 할 일을 설명하고, 연구제목을 서술하는 방법을 기술하고자 한다. 또한 연구주제와 연구제목에 맞추어 연구목적을 서술하는 방법을 설명하고자 한다.

① 연구주제

교육연구의 대상은 교육과 관련된 모든 현상이다. 지역 간의 교육격차, 교육과 수입의 관계, 교육과정의 변화, 멀티미디어 교수법, 교사의 만족도, 대학입학제도, 교원 업적 평가, 사회교육 프로그램 개발, 직업교육 평가, 유아들의 어휘능력 등 교육연구의 분야는 나열할 수 없을 정도로 무궁무진하다.

이처럼 다양한 연구 분야에서 연구주제를 선택하는 것은 매우 중요하다. 연구주제 선택에서 가장 중요한 역할을 하는 것은 연구자의 직관력, 분석력, 비판력, 창조력이라고 할 수 있다. 연구자만이 지니고 있는 직관력으로 교육현상을 통찰하여 어떤 사실을 발견할 수 있으며, 연구자만이 가지고 있는 분석력으로 교육 현상의 원인이 무엇인지를 밝힐 수도 있다. 뿐만 아니라 새로운 이론이나 사실을 발견하는 능력 또한 연구자에게 필요한 자질이다.

　연구자의 전공 분야에 의하여 연구 영역이 결정되며, 연구자의 연구 관심에 따라 연구주제가 선정된다. 일반적으로 연구자의 축적된 지식에 의하여 내면화된 내용이 연구주제가 되는 것이 바람직하다. 어떤 영역의 특별한 주제라고 할지라도 연구자 자신이 내면화 또는 자기화할 수 없는 주제는 적합한 연구주제라고 할 수 없다. 어떤 연구주제든 그것을 내면화하기 위해서는 학문적 성숙이 필요하다. 이와 같은 학문적 성숙은 단기간에 이루어지는 것이 아니라 오랜 기간 동안의 성실한 학문적 태도와 노력을 통해 이루어진다.

　연구주제는 연구자의 학문적 성숙에 의한 직관력, 분석력, 비판력, 창의력 등에 의하여 선택되는데, 연구자가 **연구주제를 선택할 수 있는 다양한 자원**으로는 다음과 같은 것을 들 수 있다.

　　첫째, 연구자의 관심과 흥미
　　둘째, 문헌연구
　　셋째, 공동연구의 참여
　　넷째, 새로운 학설이나 이론
　　다섯째, 학술대회 참여
　　여섯째, 교육적 경험
　　일곱째, 전문가 혹은 지도교수

　첫째, 연구자의 관심과 흥미이다. 연구자는 각자의 흥미와 관심에 따라 전공을 선택하고 넓은 전공 분야 중 관심 있는 연구내용을 연구주제로 구체화할 수 있다. 예를 들어, 청소년 문제에 관하여 예전부터 관심을 가지고 있었던 연구자는 연구주제로 청소년 문제를 선택할 것이다. 평소에 창의성에 관심이 있었던 연구자는 세부전공으로 교육심리학을 쉽게 선택할 것이고, 학위논문의 주제로 창의성과 관련된 주제를 선정할 것이다. 따라서 연구자는 공부를 하는 과정에서 일어나는 특정한 분야에 대한 관심과 흥미를 그 수준에서 머무르게 할 것이 아니라 그것을 구체화하고 의문을 제기하며 답을 얻으려는 노력을 게을리하지 말아야 한다. 즉, 일반적 혹은 상식적 수준에서의 흥미와 관심을 보다 구체화하고 체계화하는 과학적 자세를 지녀야 한다.

둘째, 문헌연구다. 문헌연구의 대상은 전공 분야에 관련된 교과서, 전문서적, 학술지 및 기타의 모든 인쇄된 매체가 된다. 교과목을 수강하면서 얻은 전문지식에 대한 학문적 정보뿐만 아니라 학회지를 읽음으로써 알게 된 새로운 연구 영역이나 연구 동향 및 연구방법에 의하여 연구주제를 선택할 수도 있다. 최근 연구논문을 통해 연구가 어디까지 진행되었으며 앞으로 어떤 연구들이 진행될 것인지를 가장 용이하게 알 수 있으므로 최근 논문들을 참고할 때 그 분야의 선구자(frontier)가 될 수 있을 뿐 아니라 보다 우수한 논문을 쓸 수 있게 된다. 학회지에 게재되는 논문들은 최근의 이론을 포함하고 있으며 연구의 제한점과 시사점 또는 후속연구를 위한 제언을 하고 있기 때문에 연구주제를 설정하는 데 많은 도움이 된다. 박사학위 과정에서 개설된 강좌에서는 최근 논문을 가지고 수업을 하는 경우가 많으므로 새로운 이론과 연구에 대한 최근 동향을 신속히 알 수 있어서 연구주제의 선택에 도움을 준다. 많은 문헌을 참고함으로써 연구주제와 연구범위를 보다 손쉽게 결정할 수 있기 때문에 문헌연구만큼 연구주제를 선택하기에 바람직한 자원은 없다.

셋째, 공동연구나 연구 프로젝트에 참여다. 석·박사 과정에 있는 학생들은 가끔 연구보조원으로 일을 할 경우가 있다. 일의 종류는 서류를 만들어 보내는 작은 일에서부터 실험에 참여하고 자료수집을 도우며 자료를 해석하는 일에 이르기까지 다양한데, 이렇게 큰 연구과제에 참여함으로써 많은 연구 경험을 쌓을 수 있으며 연구주제를 선택할 수도 있다. 예를 들어, 어떤 연구기관에서 진행하는 중·고등학교 학생들의 자퇴에 대한 연구에 연구조교로 참여하다가 그 내용에서 학위논문의 주제를 설정한 경우가 이에 해당한다.

공동연구에 참여하는 것의 장점으로는 연구방법에 관한 전문 지식을 습득할 수 있다는 점을 들 수 있다. 예를 들어, 실험연구일 경우 집단을 설정하는 방법이나 처치를 가하는 방법을, 조사연구일 경우 설문지 제작 및 표집 등의 자료를 수집하고 분석하는 능력을 배양할 수 있으며, 시행상의 기술적인 측면까지도 습득할 수 있게 된다. 또한 공동연구일 경우에는 다른 분야의 전문가들이 참여하게 되는 경우가 많으므로 새로운 지식을 습득할 기회가 되기도 한다. 반면 단점으로는 공동연구에 참여하다 보면 자신의 문제를 발견할 수 있는 기회가 줄어들고 공동연구의 주제가 연구자의 흥미나 관심과 거리가 먼 경우에는 연속적인 연구를 기대하기 힘들다는 점을 들 수 있다. 또한 연구과제에 대한 이해 없이 단순 사무에 시간을 보내게 되는 경우도 적지 않다. 그러므로 공동연구에 참여하면서 연구주제를 설정하려면 연구에 능동적인 자세로 참여해야 한다.

넷째, 새로운 학설이나 이론이 연구의 자원이 된다. 이론에 대한 비판이나 새로운 이론의 사실 여부를 검증하는 것 또한 해당 분야 전문가들의 몫이기 때문에 현재의 사실이나 이론 및 학설 또한 연구주제 선택의 중요한 자원이 된다. 예를 들어, 식품공학 분야에서 참치를 먹으면 머리가 좋아진다는 학설이 제기되었을 때 그것이 사실인지를 검증하는 것이 하나의 연구가 될 수 있다. 이러한 연구를 통해 참치의 어느 성분이 뇌의 어느 부분에 영향을 주어 어떤 내용의 공부를 잘 할 수 있게 한다거나 참치를 먹는 것이 인간의 두뇌에 아무런 영향도 주지 않는다는 사실을 발견할 수 있다. 또 다른 예로 교육측정 분야에서 차별기능 문항을 추출하는 Raju 방법이 제안되었을 때 이 방법의 타당성을 검증하고자 했던 연구와 또 이를 이용하여 교사 재임용 시험에 차별기능 문항이 존재하는지를 밝히는 연구들이 계속되었던 경우를 생각할 수 있다. 또 현재는 널리 사용되고 있는 Cronbach α 신뢰도가 1951년 처음 제안되었을 당시 그 이론에 대한 타당성 연구가 활발히 이루어진 바 있다.

다섯째, 학회활동 참여도 연구주제 선택의 자원이다. 특히 매년 정기 학술대회에서는 현재까지 발표되지 않은 논문이 소개되므로 학회에 참여하여 논문주제를 선택할 수도 있다. 매년 4월에 개최되는 미국교육학회(American

Educational Research Association: AERA, [부록 1] 참조)의 연차학술대회에서는 약 10,000명의 발표자가 논문을 발표하므로 학회 참여는 새로운 연구주제를 선택할 수 있는 좋은 기회다. 또한 세미나와 워크숍을 통하여 전문가들이 서로 의견을 교환하고 전수하는 과정에서 연구주제를 얻을 수도 있다. 한국교육학회([부록 2] 참조)도 매년 정기 학술대회를 개최하므로 참여하여 연구주제에 대한 아이디어를 얻을 수 있다.

여섯째, 교육현장에서의 관찰과 경험을 통하여 연구주제를 설정할 수 있다. 형식적 교육기관인 학교는 물론 사회교육기관, 그 밖의 가정과 사회에서 일어나는 모든 교육상황을 관찰하면서 연구주제를 선택할 수 있다. 또한 교육의 경험을 통하여 연구를 수행할 수 있게 되기도 한다. 예를 들어, 어느 교사가 유별나게 수줍음을 타는 학생들을 보고 수줍음을 타는 원인이 무엇인가에 대한 연구를 하면서 경험적으로 많은 내용의 연구자원을 얻을 수 있다. 또 청소년의 가치관 변화를 실제 교육현장에서 느끼면서 우리나라 고전교육의 실태가 어떤지 그리고 논어, 맹자, 중용 등에 대한 고전교육을 실시할 때 학생들의 도덕성에 어떤 변화가 일어나는지를 과학적으로 접근하여 밝히는 연구를 진행할 수도 있다.

일곱째, 연구 영역의 전문가와 교수로부터 연구주제에 대한 정보를 얻을 수 있다. 지도교수나 해당 연구 영역 전문가들과의 학문적 만남을 통하여 새로운 지식을 획득할 수 있을 뿐만 아니라 연구자가 지니고 있는 연구내용을 보다 구체화할 수 있게 된다. 미국의 경우, 학위과정을 끝낸 대학원생들이 논문주제를 설정하기 위하여 지도교수나 다른 교수와 개인연구(independent reading)를 하는 경우가 있다. 이를 통해 연구주제를 보다 구체적으로 발전시킬 수 있으며, 경우에 따라서는 지도교수가 연구주제를 제시할 수도 있다. 연구자가 연구주제 선택에 어려움이 있을 때 교수가 평소 관심을 갖던 연구주제를 학생에게 주어 연구결과를 알아보게 하는 경우도 있다.

이상에서 언급된 자원 이외의 다른 곳에서도 연구주제를 선택할 수 있다.

정기 간행물인 잡지나 신문 등의 매체를 통하여, 또 여행이나 답사를 통하여 연구주제를 선택하게 되는 경우도 있다.

연구자원이 풍부한 만큼 연구자의 연구주제를 구체화하는 노력도 체계적이어야 한다. 교과목을 수강하거나 학회에 참여하면서 혹은 논문을 읽으면서 발생하는 의문점을 구체화하기 위하여 기록하는 습관을 기르는 것이 좋다. 좋은 논문은 많은 고민을 한 논문이므로 체계적으로, 그리고 점진적으로 주제를 발전시킬 때 좋은 논문이 될 가능성이 크다. 그러므로 어떤 관심이나 흥미 수준을 벗어나 사실을 밝히고자 할 때, 이는 연구주제로 발전될 가능성이 있는 내용이므로 연구노트를 만들어 기록해 두는 것이 바람직하다. 때로는 직감적으로 흥미 있는 생각이 떠오를 수도 있으며, 해결되지 않은 문제가 우연히 풀리는 경우도 있기 때문에 그때마다 기록해 두는 것이 생각을 발전시키는 데 도움이 된다. 인간의 기억력은 완벽하지 못하기 때문에 생각한 연구주제와 그 주제를 해결하는 방법을 기록하면서 체계적으로 정리하면 연구계획서를 작성하기도 용이하다. 연구의 대상이 되는 주제를 생각했더라도 잊고 지내다 보면 정작 연구주제를 선택할 때 연구주제를 설정하지 못하여 어려움을 겪게 되는 경우가 많다. 특히 학문을 계속하고자 하는 사람은 연구노트를 가까이 두고 관심 있는 주제가 나타날 때마다 기록해 두면 연구주제의 빈곤을 면할 수 있으므로 연구를 계속적으로 행할 수 있다. 대학원생들도 연구노트를 만들어 항상 생각을 발전시킨다면 연구주제 선택의 폭이 넓어지고 연구를 구체적으로 이행할 수 있다.

❷ 연구제목

연구제목(research topic)은 연구의 내용을 간결·명확하게 표현한 것이다. 모든 개인은 이름이 있어서 성과 이름을 들으면 그 사람에 대하여 연상을 하게 되며, 물건의 경우도 이름을 들으면 그 제품의 특성이나 형태를 짐작할 수 있다. 신상품에 이름을 붙일 때 만약 그 상품의 특성에 맞지 않는 이름을 부여한다면 상품 소개에 실패하게 되고 더 나아가 상품 판매에까지 영향을 미쳐 기업이 손실을 입게 된다. 이와 마찬가지로 논문의 이름이라고 할 수 있는 제목을 정하는 일은 매우 중요하다.

수없이 발표되는 논문을 모두 읽을 수는 없다. 아무리 책을 많이 읽는다고 해도 모든 논문을 읽는다는 것은 불가능하다. 그러므로 연구자들은 일단 논문의 제목을 보고 읽어 볼 것인가의 여부를 결정하게 된다. 이때 논문제목이 연구내용을 대변하지 못한다면 그 논문은 팔리지 않는 상품과 같은 신세가 된다. 그러므로 논문의 제목에는 연구의 독립변수와 종속변수의 이름을 포함시키는 것이 바람직하다. 예를 들어, '전통적 교실과 열린 교실이 학생의 학업성취도와 창의성에 주는 영향'이 연구제목이라면 교실형태가 독립변수이고 학업성취도와 창의성이 종속변수임을 쉽게 알 수 있으므로 연구를 위하여 참고할 내용인지를 쉽게 판단할 수 있다.

좋은 **논문제목을 설정하고자 할 때의 주의점**은 다음과 같다.

- 구체적이며 간결·명확하게 서술한다.
- 중심단어를 포함시킨다.
- 속어(jargon)를 사용하지 않는다.
- 가치 중립적인 단어를 사용한다.
- 가능하면 부제를 원제에 포함시킨다.
- '_____에 관한 연구', '_____의 실험연구'라는 용어를 사용하지 않는다.
- 지나치게 길어지지 않도록 한다.

첫째, 연구내용을 설명해 줄 수 있도록 분명하고 구체적이면서 간결·명확하게 서술해야 한다. 연구제목을 통해 연구내용을 쉽게 알 수 있어야 하므로 연구제목이 연구목적이나 연구가설을 대표하도록 한다. 예를 들어, '시험불안이 학습과 시험단계에 미치는 효과'라는 제목을 보았을 때 연구가 무엇을 밝히려고 하는지를 쉽게 알 수 있다. 그러므로 시험불안에 대하여 관심 있는 연구자들이 이 논문을 읽게 될 것이다. 반대로 '초등교사에 관한 연구'라는 연구제목이 있다면 도대체 초등학교 교사의 무엇에 관하여 연구를 하였는지를 제목만으로는 알 수가 없다. 이와 같이 모호한 연구제목은 사용하지 않도록 해야 한다.

둘째, 연구내용을 대표하는 중심단어(key word)를 포함시켜야 한다. 중심단어를 보면 전공 분야는 물론 세부 영역까지 쉽게 알 수 있기 때문에 관련 논문의 참조를 용이하게 한다. 또 연구제목에 중심단어가 포함되면 막연성과 모호성이 줄어들게 된다. 예를 들어, '1995학년도 대학수학능력시험 언어 영역 검사의 차별기능 문항 추출'이라는 제목에서 중심단어는 대학수학능력시험과 차별기능 문항이다. 이 두 중심단어에 의하여 대학수학능력시험의 언어 영역 문제에 관심을 가지고 있는 독자, 특히 차별기능 문항에 관심을 가지고 있는 독자는 이 논문을 참고할 것이다. 외국학회에 발표를 위하여 논문을 발송하거나 학회지 게재를 위하여 논문을 보낼 때 중심단어 몇 개를 쓰도록 하는 것도 쉽게 전공 분야와 전공 영역을 구분하기 위해서다.

셋째, 연구제목에 속어(jargon)를 쓰지 말아야 한다. 속어는 전문가 집단 내에서 사용되는 말로서 이는 해당 전문가 집단만이 알 수 있는 용어이므로 연구제목에 속어를 사용할 경우 그 집단에 속하지 않는 독자는 연구의 내용을 짐작할 수가 없다. 연구의 제목에 특수한 전문용어를 사용하는 것은 가능하면 피하는 것이 바람직하다. 인접 영역에서 이해하지 못하는 특수한 전문용어로 논문제목을 표현할 경우 인접 학문 분야에서 참고하기가 어려워 학문적 유관성을 저해하는 요인으로 작용할 수 있다. 그러므로 특수한 전문용어를 대치할 수 있는 다른 용어로 바꾸어 줄 때 그 연구와 관련된 많은 연구자가 참고할 수 있다. 연구논문이 발표된 후 다른 연구에 참고가 되어 많이 인용될수록 학문적 공헌도가 높은 논문이라고 평가된다.

넷째, 연구제목에는 가치 중립적인 단어를 사용해야 한다. 연구자는 객관적이고 과학적인 방법으로 연구를 진행하여 연구결과를 도출하고 그 결과에 대하여 순응하는 자세를 가져야 한다. 이와 같은 연구자의 기본자세에 비추어 보았을 때 연구제목, 논문제목이 감정적이거나 부정적으로 표현되는 것은 바람직하지 않다. '한국의 대학 입시제도가 고등학교 교육을 황폐화시킨 이유 분석'이라는 논문제목이 있다면, 연구자가 무엇을 밝히고자 하는지를 알 수 있을뿐더러 감정이 개입되었다는 인상을 받게 된다. 그보다는 '한국의 대학 입학제도가 고등학교 교육에 미친 영향'이라는 표현이 보다 가치 중립적이고 연구논문다운 제목이 될 것이다. 연구자가 해방 이후 우리나라의 대학 입학제도가 많은 문제점을 지니고 있다는 데 대해 이론적이며 경험적인 확신을 가지고 있다고 하더라도 가치 중립적인 제목으로 연구의 결과를 유도해 나갈 때 연구결과의 객관성이 보장된다. 지난 1980년대 교육연구에서 비판적 탐구에 기초한 연구들의 제목에 부정적이거나 학문적이지 않은 파격적인 단어가 사용된 적이 있었으나 점차 과학적인 제목으로 바뀌어 가고 있다.

　　다섯째, 부제를 원제에 포함시키는 것이 바람직하다. 논문제목을 표기할 때, 내용 혹은 연구대상을 구체화하기 위하여 원제목 뒤에 ':(콜론)'으로 부제를 다는 경우를 종종 볼 수 있다. 그러나 부제를 붙이는 것보다는 부제에 해당되는 내용을 압축하여 원제에 포함시키는 것이 논문제목의 성격상 바람직하다. 예를 들어, '교육체제 구성집단 간의 역할 갈등: 대학의 역할구조를 중심으로'라는 제목은 많은 교육 관련 집단 중 대학을 구성하는 집단 간에 일어나는 역할 갈등이 연구내용임을 알 수 있게 한다. 이 경우에는 '대학 구성 집단 간의 역할구조 갈등 분석'이라고 제목을 표현하는 것이 보다 적절할 것이다. 또 '어머니의 양육태도와 유아의 기질과의 관계: 서울시 유치원을 중심으로'라는 제목이 있다면, 서울 소재 유아라는 연구대상을 나타내고 있는 부제를 원제에 포함시켜 '서울에 거주하는 어머니의 양육태도와 유아의 기질과의 관계'로 제목을 고치는 것이 바람직하다.

　　여섯째, '_____에 관한 연구', '_____의 실험연구', '_____방법', '_____ 결과'라는 문형을 사용하지 않도록 한다. 연구가 체계적이고 과학적으로 진행되었다면 이는 당연히 연구가 되는 것이므로 굳이 '_____의 연구' 혹은 '_____의 실험연구'라는 제목을 붙일 필요가 없을 뿐 아니라 연구가 체계적이고 과학적이 아니기에 '연구다'라고 주장을 하는 것으로 비칠 수도 있다. 국내 논문 중에 '_____에 관한 연구' 또는 '_____에 관한 일 연구'라는 논문제목이 적지 않은데, 이와 같은 표현은 삼가는 것이 좋다. American Psychological Association(APA, 2019)이 발행한 출판 지침서(*Publication Manual*)에서는 방법(method)이나 결과(result)와 같은 단어를 연구제목에 포함시키지 않도록 권유하고 있다. 연구논문에는 당연히 방법과 결과가 포함되는 것이므로 이와 같은 단어를 굳이 제목에 넣을 필요가 없다고 여기기 때문이다.

일곱째, 연구제목은 길지 않도록 해야 한다. 연구나 논문의 제목이 길어지면 산만해져서 주제나 내용의 초점을 상실하게 된다. 논문제목이 산만하거나 길면 연구논문의 매력을 상실한다. 그렇다고 하여 논문제목을 가능하면 짧게 하는 것이 좋다는 것은 아니다. 논문제목의 길이를 제한할 수는 없으나 경험상 15자에서 30자 내외로 하는 것이 적절한 것으로 생각된다. 연구제목이 간결·명확한 것이 좋다고 하여 너무 짧으면 연구내용을 대표하지 못할 가능성이 있으므로 바람직하지 않으며, 연구내용을 모두 표현하기 위하여 논문제목을 지나치게 길게 하는 것도 바람직하지 않다. 연구제목이 연구의 핵심적인 특징을 표현하고 있을 때 독자들로 하여금 관심을 가지게 하여 해당 논문을 참고하게 한다.

좋은 논문제목의 예는 다음과 같다.

- 초등학교 사회과 개념 학습에서 전형 모형과 사전 모형의 학습효과
- 학습자의 메타인지 수준과 하이퍼텍스트 유형이 학습과제 수행에 미치는 효과
- 중학생의 인지욕구와 학업 및 여가생활과의 관계
- 부모의 수용이 청소년의 정서적 발달에 미치는 영향
- 5세 유아 간 갈등의 특성과 교사의 중재 영역

- 컴퓨터화 개별적응 검사와 지필 검사에 있어서의 문항모수치 동등성 검증

　　이상의 연구제목들은 연구의 내용이 무엇인지를 구체적으로 알려 줄 뿐만 아니라 어느 분야와 관련된 연구인지를 쉽게 짐작할 수 있도록 한다.

❸ 연구목적

　　연구목적이 분명할 때 연구주제와 연구제목을 쉽게 결정할 수 있다. 연구제목을 보면 연구내용과 연구결과를 추측할 수 있다. 교육연구에서 **연구의 목적**은 연구의 종류에서 설명한 바와 같이 크게 세 가지로 구분된다.

- 집단 간의 비교연구
- 인과관계 및 상호관계 연구
- 현상을 설명하기 위한 모형 개발이나 설명

　　집단비교 연구는 교수법연구에서 흔히 이용되는데, 어떤 처치를 가한 집단과 다른 처치를 가한 집단 혹은 어떤 처치도 가하지 않은 집단과의 비교를 통하여 처치변수의 효과를 알아보기 위한 연구를 예로 들 수 있다. 즉, 전통적 교수법과 스크린 등의 시청각 교구를 이용한 교수법 그리고 멀티미디어를 이용한 교수법을 사용하여 수업을 실시하였을 때 세 집단 간에 학업성취도의 차이가 있는지를 밝히고자 하는 연구가 이에 해당된다.

　　인과관계 연구는 무엇이 원인이고 그에 따라 어떤 결과가 나타났는가를 밝히는 연구로서 학업성취도에 영향을 미치는 요인에 대한 연구를 예로 들 수 있다. 교육연구에서는 관계연구를 두 가지 측면에서 설명한다. 하나는 인과관계 연구이고, 다른 하나는 상호 관련성에 대한 분석이다. 실험연구나

매개변수가 잘 통제된 연구 상황에서 처치를 가한 뒤 종속변수를 측정하여 변수 간의 관계를 규명하였다면 인과관계로 해석할 수 있다. 그러나 자연적인 상태, 즉 전혀 통제되지 않은 상태라면 양자 간의 관계는 인과관계가 아니라 상호적인 상관관계로 해석해야 한다. 예를 들어, 국어점수와 영어점수 간의 관계를 연구한다고 하였을 때 이는 두 학업능력 간의 관계를 밝히고자 하는 것이지 국어점수가 영어점수에 영향을 준다거나, 역으로 영어점수가 국어점수에 영향을 준다는 등으로 양자 간의 인과관계를 밝히려는 것이 아니다.

또 알지 못하는 **교육현상을 설명**하기 위하여 어떤 모형이나 이론을 구축하고자 하는 목적으로 행하는 연구가 있다. 교육효과에 대한 연구 시 교육의 질과 관련되는 변수들이 많을 경우, 어떤 변수가 어떻게 영향을 주며 그 변수들 간에 어떤 관계가 있는지를 밝히는 연구를 수행할 수 있다. 또 교사직을 기피하는 현상의 원인을 설명하고자 할 때 원인과 결과 전반에 대한 이론이나 모형을 구축할 수 있다. 이론적 틀이나 모형으로 일단 한 번 설명된 현상도 시간이 지나면 변하기 때문에 이론이나 모형에 대한 연구는 계속 진행되어야 한다.

교육연구 시 연구목적이 분명하고 정확하게 표현되어야만 연구가설이 구체적으로 설정될 수 있다. 목적의식이 없는 행위가 모호하듯 목적의식이 불분명한 연구는 연구의 범위와 방향을 명확히 하지 못한다. 그러므로 좋은 연구를 수행하기 위해서는 이론적으로나 실용적으로 의의를 지닌 연구문제를 설정하는 것이 바람직하다.

또한 연구의 시행 가능성 여부도 타진되어야 하는데, 연구를 실제로 진행하기 위해서는 연구자의 능력, 자료수집의 가능성, 연구비용, 연구기간 등을 고려해야 한다. 대학원생의 학위논문인 경우 연구결과를 극복할 수 있는 자신감이 있는 주제인지도 생각해 보아야 한다. 기존의 전통관념이나 질서에 위배되는 연구결과가 나왔을 때 연구결과에 대한 비판을 극복할 수 있을 정도로 자신감이 있는가를 고려해 볼 필요가 있다. 특히 정책연구를 위탁받아 수행할 경우 연구결과가 위탁기관의 기대나 의도와 다를 때 이를 극복할 수 있는지를 생각해 보아야 한다. 정책연구에서 어떤 이익집단이나 권력집단의 이익과 대치되는 연구결과가 나왔을 때 의도적으로 연구결과를 수정하는 것은 학문하는 사람으로서의 올바른 자세가 아니다. 갈릴레오가 "그래도 지구는 돈다."라고 하면서 재판장을 나선 일화가 역사에 오래 기억되고 있는 것은 객관적 절차에 의한 연구결과가 특정 집단의 이익이나 의도에 종속되어서는 안 된다는 것을 일깨워 주기 때문이다.

연 ◇ 습 ◇ 문 ◇ 제

1. 다음 단어를 설명하라.
   중심단어
   속어(jargon)
   연구제목
   연구목적

2. 연구주제를 찾을 수 있는 자원을 설명하라.

3. 논문 작성을 위한 연구주제를 선정하기 위하여 어떤 방법을 선택할 것인지를 설명하라.

4. 논문제목 서술을 위한 기본원칙을 설명하라.

5. 발표된 논문제목을 선택하여 분석하고 수정하라.

6. 연구자의 논문제목을 설정하라.

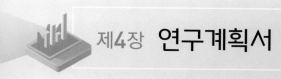

제4장 **연구계획서**

　　연구주제, 연구제목이 결정되면 연구를 실행하기 위한 연구계획서를 작성해야 한다. 그러므로 연구계획서는 연구를 진행함에 있어 매우 중요한 역할을 한다. 연구계획서 없이 연구를 진행하는 것은 설계도 없이 집을 짓는 것과 같다. 이 장에서는 연구계획서의 중요성, 연구계획서의 양식 그리고 연구계획서를 작성하는 방법을 설명한다.

① 연구계획서의 중요성

　　우리 속담에 '아는 길도 물어가라.'는 말이 있다. 하물며 알지 못하는 곳을 가려 할 때에는 사전에 치밀한 준비와 계획을 세우는 것이 필요하다. 연구에 있어서도 이와 마찬가지로 연구주제가 분명하고 연구문제가 확실하다고 하더라도 그 연구를 본격적으로 수행하기 위해서는 어떻게 진행할 것인가에 대해서 사전에 충분히 계획을 세워야 한다. 알지 못하는 장소를 찾아가기 위해서 지도를 보는 것과 같이 연구에서도 그와 같은 역할을 하는 연구계획서가 필요하다. **연구계획서**(proposal)는 진행할 연구과정을 서술한 계획서다.

　　연구계획서는 일반적으로 서론과 연구의 목적, 중요한 이론적 배경, 연구대상의 선정방법, 측정도구나 검사, 연구기재, 도구와 연구절차 그리고 검증가능한 가설을 포함한다. 검증 가능한 가설은 연구의 목적을 구체화한 잠정적 진술로서 자료분석의 대상이 된다.

연구계획서를 작성하면 다음과 같은 이점이 있다.

첫째, 설정된 주제에 대한 구체적 연구 절차나 방법을 체계화할 수 있으며, 연구 실행이 용이하도록 생각을 발전시킬 수 있다.

둘째, 지도교수나 지도위원 그리고 다른 전문가들로부터 조언이나 제안을 들을 수 있다. 연구의 방향에 대하여 전문가의 견해를 들음으로써 연구자가 미처 생각하지 못했던 연구의 제한점이 될 수 있는 문제들을 사전에 제거할 수 있다.

형식적인 연구계획서는 연구 진행에 전혀 도움을 주지 못하고 실제로 연구 진행 방향을 유도하지 못한다. 따라서 연구계획서를 가지고 연구를 진행하기 전에 실시하는 **연구계획서 심사**(proposal meeting)는 논문심사 못지않게 중요하다. 연구계획서 심사에서 지도위원들은 연구의 가치와 질 그리고 전공 분야와의 유관성, 연구 수행의 가능성, 연구결과에 대한 응답 획득 가능성, 학문 분야에 대한 공헌도 등을 확인한다. 더 나아가 연구자가 연구 진행 과정에서 직면할 수 있는 문제들을 가능한 한 많이 지적하고 해결책을 마련하는 데 도움을 준다. 연구계획서 심사는 실제 연구 진행의 방향을 유도하기 때문에 전쟁 시의 작전계획과 같다고 볼 수 있다. 작전계획 수립 시 정보, 작전, 군수, 인사, 통신, 공병 등 모든 병과가 모여서 작전을 수립하며, 큰 작전일 경우 육·해·공 삼군의 전문가들이 모여서 공동으로 작전계획을 수립한다. 이와 같이 면밀한 검토를 거쳐서 수립된 계획에 의하여 전쟁이 치루어지는 것과 마찬가지로 치밀한 계획에 의하여 수립된 연구계획서에 의하여 연구가 진행될 때 보다 좋은 논문이 될 수 있다.

간혹 연구를 빨리 마치기 위하여 연구계획서는 염두에 두지 않고 연구를 서두르는 연구자가 있다. 이는 모르는 장소에 갈 때 지도도 없이 운전하는 것과 같다. 이와 같은 경우 이리 가다 길이 막히면 저리 돌고, 저리 가다 안 되면 다른 길로 가게 된다. 그래서 길을 찾는 데 모든 에너지와 시간을 소모하고 지친 상태로 목적지에 도달하면 정작 할 일을 못하게 될 수 있다. 연구계획서 없이 시작한 연구는 언제 종료될지, 연구결과가 어떻게 나올지를 예측할 수 없다.

논문다운 논문을 작성하고 정해진 시간에 연구를 종료하고자 하는 연구자는 연구계획서 작성에 보다 많은 시간을 할애하는 것이 바람직하다. 생각하고 또 생각하여 미처 정리하지 못한 부분을 정리하고 불분명한 부분을 분명하게 할 때 연구가 순조롭게 진행될 수 있다. 연구계획서에 할애하는 시간이 많아짐으로써 본격적인 연구의 출발이 늦어져 초조하게 생각할 수도 있으나 그것은 늦는 것이 아니라는 사실을 알아야 한다. 실제로 연구계획서를 작성하면서 많은 문제점을 해결했어도 연구를 진행하는 과정에서 적지 않은 문제에 부딪치게 된다.

② 연구계획서 양식

연구계획서의 구성은 논문의 구성과 같다. 연구계획서는 앞으로 연구를 진행하기 위하여 수립한 절차를 기록한 것이고, 논문은 연구를 끝낸 상태에서 연구결과와 결론 부분을 보강한 것이기 때문에 구성에 있어서 큰 차이가 없다. 연구계획서는 연구논문보다 간결하고 미래형으로 서술되는 데 반해, 연구논문은 분량이 늘어나고 과거형으로 서술된다. 물론 연구논문이나 보고서가 연구계획서와 다를 수도 있다. 연구를 진행하는 과정에서 연구절차나 연구대상 등이 변화될 수 있기 때문이다. **논문의 일반적인 양식**은 [그림 4-1]과 같다.

연구계획서는 연구논문과 그 구성이 동일하나 요약과 결과 및 결론 부분이 없고, 그 대신 기대되는 결과와 연구일정 및 비용 항목이 추가된다. **연구**

제목
요약
Ⅰ. 서론
Ⅱ. 이론적 배경
Ⅲ. 연구방법
Ⅳ. 연구결과
Ⅴ. 결론 및 논의
참고문헌
부록

[그림 4-1] 연구논문의 양식

계획서의 양식은 [그림 4-2]와 같다.

5장으로 나누어져 서론, 이론적 배경, 연구방법, 기대되는 결과, 연구일정 및 비용으로 구성되나, 기대되는 결과와 연구일정 및 비용 부분은 포함시키지 않는 경우가 많다. 하지만 정책과제 수행을 위한 연구계획서는 연구일정 및 비용 부분을 포함해야 한다.

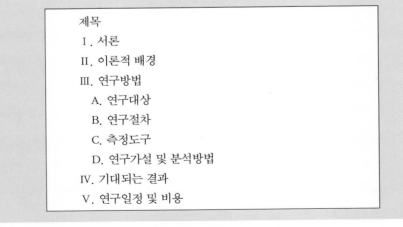

[그림 4-2] 연구계획서 양식

연구일정은 언제 무엇을 하고 언제 연구가 종료되는지에 대한 계획으로서 연구계획서에 반드시 포함되어야 한다. 연구일정이 포함되어야 해당 연구가 일정대로 진행될 수 있는지 서두르는 것이 아닌지를 지도교수나 지도위원들이 검토할 수 있기 때문이다. 연구계획서에 연구일정을 포함시키지 않고 진행하는 연구는 계획 없이 생활하는 것과 다를 바 없다. 그러므로 면밀히 검토하여 연구일정을 수립한 후 연구일정대로 연구를 진행한다면 안정적이고 체계적으로 연구를 진행할 수 있다.

기대되는 결과는 일반적으로 연구계획서에 포함시키지 않으나, 이론적인 배경과 경험적 배경이 강할 경우에는 연구결과가 어떻게 될 것이라는 것을 대략 예견할 수 있다. 그러므로 기대되는 결과를 연구보고서에 포함한다면 지도교수나 자문위원, 지도위원으로부터 보다 구체적인 조언과 지적을 받을 수 있으므로 연구에 도움이 된다.

❸ 연구계획서 작성

1) 서 론

연구계획서의 **서론**은 연구의 시작이자 논문의 도입 부분이다. 어떤 일이든 서서히 시작하는 것이 일의 진행을 순조롭게 하는 것처럼 서론 부분에서는 독자들의 관심을 끌 수 있는 일반적 사실을 기술하는 것이 바람직하다. 때로는 시의 구절이나 격언이 인용되기도 하며, 다른 사람들의 관심을 모으는 기사를 인용할 수도 있다. 그러나 인용된 글들이 연구의 목적이나 주제와 동떨어진 내용이라면 거추장스러운 미사여구가 되므로 불필요한 인용을 하는 것은 바람직하지 않다.

이어서 연구와 관련된 교육의 일반적 현상을 설명하며 연구 분야와 연구 영역이 무엇인지를 자연스럽게 인식할 수 있도록 서술한다. 교육현상을 설명하면서 나타나는 문제점을 해결한다든지, 새로운 이론을 창출한다든지, 방향을 제시한다든지 등의 연구의 필요성을 강조한다. 연구의 필요성은 학문적 요구뿐만 아니라 현장 적용의 필요성 등 여러 가지가 될 수 있다. 연구의 필요성에 때로는 '_____연구가 없기에 연구를 한다.'라고 서술하는 경우가 있는데, 이렇게 서술하는 것은 바람직하지 않다. 기존에 유사한 연구나 관계있는 연구가 이미 발표되었을 수도 있는데, 그런 경우 이를 찾지 못한 실수를 연구자 스스로 인정하는 것이 되기 때문이다. 설령 기존연구가 없다고 하더라도 그런 연구가 없었다는 사실을 전문가들이 이미 알고 있기 때문에 굳이 사전연구가 없어서 연구를 하게 되었다는 식의 표현을 하는 것은 바람직하지 않다. 연구자 개인만 알고 연구한다는 식의 인상을 주어 읽는 사람으로 하여금 거부감을 줄 수 있기 때문이다.

연구의 필요성을 설명한 다음에는 연구의 목적을 기술한다. 서론에서는 가설, 영가설, 대립가설, 연구가설 등의 구체적인 형태로 연구의 목적을 서술하는 것이 아니라 연구의 개괄적인 목적을 독자들이 편안한 마음으로 쉽게 이해할 수 있도록 서술해야 한다. 서론은 앞에서도 말했듯이 연구의 도입 부분이므로 부담스럽지 않고 자연스럽게 기술해야 한다.

서론 부분에 많은 연구논문을 인용하면 논문의 제2장인 이론적 배경에서 인용할 논문과 중복되게 된다. 서론에는 연구를 유도하는 데 필요한 교육현상을 설명하거나 연구의 필요성을 강조할 수 있는 논문만을 인용하는 것이 바람직하다. 연구결과나 결론과 관련된 논문이 서론 부분에 많이 인용되면 읽는 사람이 논문에 자연스럽게 진입하기가 어렵다.

2) 이론적 배경

이론적 배경은 연구의 골격을 이루는 중요한 문헌을 인용하면서 연구의 이론적 기반을 세우는 부분이다. 그러므로 이론적 배경에서는 참고서, 교과서, 논문, 정기 간행물 등 다양한 종류의 문헌을 인용할 수 있다. 그러나 연구계획서는 연구를 완료하고 기술한 논문이 아니기 때문에 연구의 중심이 되는 몇 편의 중요한 문헌만을 인용하여 연구의 중심내용을 전달할 수 있도록 한다. 이론적 배경에 특별히 몇 편의 문헌을 인용해야 한다는 규정은 없으나 연구계획서에는 일반적으로 5편에서 15편 내외의 문헌을 인용하는 것이 바람직하다. 가능한 한 최근에 발표된 논문을 참고하는 것이 좋으며, 핵심이 되는 내용을 조리 있게 정리하여 인용하도록 해야 한다.

우선 이론의 틀이 되는 내용에 대한 2차 자료인 교과서나 1차 자료인 연구 문헌의 내용을 기술하여 이론의 기초적인 정보를 제공하고, 이 기초적인 정보에 따라 보다 전문적인 연구결과들이 기술되도록 배열한다. 보다 전문적인 연구결과의 기술에 이어 최근 연구동향을 소개하고 연구자가 연구하고자 하는 주제와 관계가 있는 논문들을 기술하면서 연구의 쟁점을 유도하도록 한다.

연구계획서나 논문작성 경험이 적은 연구자나 학생들은 이론적 배경에 인용한 논문들의 내용을 부드럽게 연결하지 못한다. 컴퓨터 프로그램을 설계할 때 순서도(flow chart)를 그리듯이 연구내용이 자연스럽게 전개되도록 기술해야 한다. 이를 위하여 연구자는 인용하는 참고문헌의 내용을 충분히 이해하여 각 문헌의 주장들이 서로 자연스럽게 연결되도록 서술하여 독자가 읽는 데 거북함을 느끼지 않도록 해야 한다.

이론적 배경을 서술할 때 중요한 참고문헌의 내용을 요약·분석하여 그 논문들을 어떻게 조직하는 것이 자연스러울 것인가를 여러 번 숙고한 다음 배열하면 이론적 배경의 구성이 용이하다.

3) 연구방법

연구계획서에서 중요하지 않은 부분이 없겠지만 특히 연구방법 부분이 가장 중요하다. **연구방법**은 연구를 실시하는 세부 절차를 기록하는 부분이므로 구체적이고 상세하게 서술하는 것이 좋다. 연구방법에는 연구대상, 연구절차, 측정도구, 연구가설에 대한 내용을 기술한다.

(1) 연구대상

연구대상(subject, participant)은 연구에 참여하는 사람들로서 연구결과에 결정적인 역할을 한다. 연구가 실험연구인지, 관찰연구인지, 조사연구인지에 따라 연구대상 선정 방법이 달라진다. **실험연구**일 경우 연구대상이 되는 모집단을 대표하는 표본을 무선으로 추출하는 것이 불가능한 경우가 많기 때문에 무선할당의 방법을 주로 사용한다. 이는 접촉이 가능한 집단으로부터 연구대상을 추출하여 통제집단이나 실험집단에 무선적으로 할당을 하는 방법이다. 이때 연구대상들을 어떤 방법으로 배치할 것인지 그리고 연구대상들이 지니고 있는 배경변수들을 어떻게 통제할 것인지를 상세히 기록해야 한다. 더 자세한 내용은 제11장을 참고하기 바란다.

조사연구를 할 때는 모집단에서 연구대상을 추출하는 방법을 상세히 설명해야 한다. 조사연구의 타당성은 일반화 가능성에 달려 있으며, 연구결과의 일반화는 표본의 모집단 대표성과 관련이 있으므로 모집단을 대표할 수 있는 적절한 표집 방법의 선정이 중요하다. 연구대상을 기술할 때 모집단을 규명하고 그 모집단을 대표하는 연구대상을 어떠한 방법으로 추출할 것인지를 상세히 기술해야 한다. 만약 연구대상인 표본에 대한 설명을 하지 않는다면 연구대상이 모집단을 대표하였는지를 알 수 없으므로 연구의 외현적 타당성을 결여할 수 있다. 연구 시 현실적으로 모집단을 대표하는 표본을 추출하는 데 어려움이 있어서 표집의 타당성에 한계가 있다고 하더라도 표집절차를 상세히 설명해 주는 것이 연구자의 기본 자세다.

이어서 연구대상의 신상 정보를 기술해야 하는데, 성별, 나이, 직업, 학력 등의 개인 신상 정보뿐만 아니라 연구에서 관심을 두고 있는 연구대상들의 속성, 즉 배경 변수의 특성에 대해서도 기술해야 한다.

(2) 연구절차

연구절차(procedure)에서는 연구대상이 선정된 후 연구결과를 얻기 전까지 일어나는 모든 연구행위를 단계적으로 기술해야 한다. 실험연구를 하든, 조사연구를 하든, 문화기술지적 연구를 하든, 어떤 연구든 간에 연구대상이 결정된 후에는 연구방법의 특성에 따라 연구를 수행하기 위한 작업이 진행되는데 이러한 연구 진행과정을 순서대로 기술해야 한다. **실험연구**의 경우, 실험집단과 통제집단을 결정한 후 각 집단에 각기 다른 처치를 가하였다면 어떤 처치를, 얼마 동안, 어떤 방법으로 가하였는지를 기록해야 한다. 만약 실험연구 시 기구나 장비를 사용하였다면 연구에 사용된 기구와 장비에 대해서도 기술해야 한다. 예를 들어, 소리를 내는 음향기기라든가, 컴퓨터의 멀티비전 등과 같은 특수한 장비를 사용하였을 경우 이에 대해 상세히 설명할 필요가 있다. 그러나 스톱워치, 스크린, 비디오 등 일반적인 장비를 사용했을 때는 상세히 기술할 필요가 없이 간단히 언급을 해 주는 것만으로도 충분하다.

조사연구일 경우도 표집방법이 결정되었다면 어떤 방법으로 연구를 실시할 것인지를 설명해야 한다. 면접법으로 연구를 할 것인지, 설문지 조사로 할 것인지, 만약 면접으로 한다면 언제, 어디서, 어떻게, 무엇을 물을 것인지, 설문지를 사용할 경우 언제, 어떤 방법으로 연구대상에게 발송하고, 언제, 어떤 방법으로 회수하며, 그 후에는 어떤 절차에 의하여 자료를 분석할 것인지를 기술해야 한다. 예를 들어, 대학입학제도에 대한 고등학교 교사들의 의견을 물을 때 직접 교사들을 방문할 것인지, 아니면 우편을 이용할 것인지, 학교장을 통해 설문지를 배부하고 회수할 것인지 등을 기술해야 한다.

관찰연구일 경우 연구대상의 행위를 어떤 방법으로, 어떻게, 얼마만큼의 시간 간격을 두고 관찰할 것인지, 관찰결과는 어떻게 기록할 것인지, 또한 몇 명의 관찰자가 동원될 것인지, 관찰자의 자질과 훈련 정도는 어떠한지, 그리고 관찰 결과의 불일치가 있을 때는 어떻게 할 것인지 등을 기술해야 한다.

연구계획서에서 연구절차는 매우 중요한 부분이다. 앞으로 진행될 연구가 연구절차에서 설명한 내용에 의하여 진행되기 때문에 이는 집을 지을 때 설계도에 제시된 건축 절차와 같다. 설계도 없이 집을 짓는다는 것은 엄두도 내지 못할 일이지만, 엉성한 건축 절차에 의하여 집을 지을 때는 건축 시 많은 문제가 발생할 뿐만 아니라 완공 후에도 하자가 많을 수 있다. 따라서 좋은 집을 짓기 위해서는 설계도의 건축 절차가 완벽해야 한다. 연구도 이와 마찬가지로 좋은 연구논문을 쓰기 위해서는 연구계획서의 연구절차를 완벽에 가깝도록 잘 정리해야 한다. 연구절차는 실제 연구하는 단계대로 기술해야 하므로 사전연구를 통하여 연구절차를 모의 시행하여 수정 · 보완하는 것이 바람직하다.

(3) 측정도구

행동과학에서는 연구결과를 분석하기 위하여 자료를 필요로 한다. 자료를 얻기 위해서는 연구대상의 속성을 측정하는 측정도구가 필요하다. 측정할 내용이 직접 측정이 가능한 혈압의 변화, 키, 무게, 어떤 행위의 지속시간 등이라면 직접 측정도구인 자, 시계, 저울 등을 사용하여 측정을 하게 된다. 이와 같이 단순한 직접 측정도구에 대해서는 자세하게 설명할 필요가 없으나, 특수한 기기를 사용할 경우에는 측정도구에 대해 자세한 설명을 해야 한다.

교육연구에서는 일반적으로 인간의 잠재적 특성, 비가시적 특성을 측정하기 때문에 직접 측정이 불가능하다. 그러므로 검사를 사용하여 측정을 하게 되는데, 연구의 종속변수인 인간의 속성뿐만 아니라 매개변수 측정을 위해서도 검사가 사용된다. 검사나 설문지를 사용할 경우 검사의 이름, 검사의 목적, 특성, 문항 수, 타당도와 신뢰도 등의 정보를 자세히 서술해야 한다. 표준화 검사가 아니라 연구자가 개발한 검사라면 검사의 특성, 측정목적, 문항의 내용 등을 설명한다.

조사연구에서는 설문지를 사용하는 경우가 많은데 설문지를 사용할 경우에는 설문지의 목적, 구성, 측정하려는 내용, 특징을 기술한다. 표준화된 설문지를 사용할 경우에는 설문지 사용설명서에 기록되어 있는 설문지의 목적, 특성 등을 요약하여 서술한다.

관찰연구 시 관찰내용을 일화기록법으로 기술할 경우, 관찰결과와 측정방법에 대한 자세한 설명이 필요하지 않으나 관찰표에 의하여 연구결과를 기록할 경우는 관찰표의 형식, 관찰내용, 관찰결과의 분류 등을 상세히 기술한다. 측정도구로 쓰이는 검사나 설문지, 관찰표 등은 본문에 포함시키지 않고 '부록'으로 첨부한다.

(4) 연구가설 및 자료분석방법

연구가설은 연구목적을 구체화한 가설을 말한다. **가설**이란 연구를 유도하기 위하여 만든 잠정적 진술이다. 가설에는 영가설과 대립가설이 있으며, 일반적으로 대립가설이 연구가설이 된다. 연구가설을 통해 연구자가 주장하고자 하는 연구결과가 항상 나타나지는 않으나 이론적 배경이 강하고 연구절차가 치밀하다면 일반적으로 연구자가 기대하는 연구가설이 지지될 가능성이 높다.

일반적으로 연구가설은 연구자가 주장하고자 하는 내용이 된다. 예를 들어, 새로운 교수법과 전통적 교수법에 의한 학업성취도 차이를 비교하여 새로운 교수법의 효과를 분석하는 연구를 한다면 영가설은 '두 교수법에 따른 학업성취도의 차이는 없다.'이고, 대립가설은 '두 교수법에 따른 학업성취도의 차이는 있다.'이다. 보다 이론적 배경이 강한 연구자라면 가설을 **일방적 가설**로 설정하여 영가설은 '새로운 교수법에 의한 학업성취도가 전통적 교수법에 의한 학업성취도보다 낮거나 같다.'로, 대립가설은 '새로운 교수법에 의한 학업성취도가 전통적 교수법에 의한 학업성취도보다 높다.'로 설정할 수 있다. 이때 연구가설은 대립가설로서 '새로운 교수법에 의한 학업성취도가 전통적 교수법에 의한 학업성취도보다 높다.'다.

이와 같이 연구목적을 구체화한 연구가설이 서술되어야 한다. 연구목적에 따라 연구가설의 수가 다양할 수 있으나 연구가설이 너무 많으면 연구의 초점이 흐려진다. 그러므로 7개 이하의 연구가설을 설정하는 것이 바람직하다. 연구가설을 나열할 때 가능하면 그 연구에서 중요하다고 생각하는 연구가설 순으로 나열하는 것이 바람직하며, 연구내용이 유사한 연구가설끼리 근접하도록 배열하여 서술하는 것이 연구를 이해하는 데 도움이 된다. 때로는 연구목적을 구체화하기가 힘들어 여러 가설을 기술하지 못하는 경우도 있다. 어떤 현상을 설명하는 모형을 개발하는 경우가 그 예다.

연구계획서에 연구가설이 구체화되면 각 연구가설에 대한 해답을 얻기 위하여 어떤 자료분석방법을 사용해야 할 것인지를 결정해야 한다. 자료분석의 방법은 기술통계를 사용할 수도 있고 추리통계를 사용할 수도 있다. 각각의 연구가설에 적합한 자료분석방법을 사용하여 연구가설을 검증해야 한다. 연구가설을 검증하는 자료분석방법으로는 빈도분석, t 검정, χ^2검정, F 검정, 중다회귀분석, 경로분석 등 매우 다양하다. F검정인 분산분석방법을 사용할 경우에도 독립변수 수에 따라 일원분산분석을 할 수도 있고 이원분산분석을 할 수도 있으므로 자료분석방법을 구체적으로 기술하는 것이 바람직하다. 연구계획서에 자료분석방법을 제시해야 지도교수나 지도위원들이 그와 같은 분석방법이 타당한지를 확인하여 조언할 수 있다.

4) 기대되는 결과

일반적으로 기대되는 결과 부분은 연구계획서에 포함시키지 않는다. 그러나 기대하는 결과를 서술할 것을 권유하는 이유는 논문을 작성할 때 시간을 절약할 수 있고 연구논문의 결과 서술이 용이하기 때문이다. 자료분석이 끝나면 바로 연구결과에 대한 서술이 시작되므로 연구계획서 작성 시 문헌연구 등을 통하여 어떤 결과가 나타날 것인가를 미리 예상하여 기대되는 결과를 서술하는 것이 논문 작성에 도움이 된다. 연구결과에 의해 얻은 수치를 구체적으로 모르더라도 수치를 넣을 수 있는 표나 그림을 사전에 그려 놓으면 연구논문 작성에 걸리는 시간을 줄일 수 있다. 연구경험이 풍부한 연구자는 연구계획서 작성 시 혹은 연구진행 과정 중에 연구결과를 기록할 표의 양식을 마련하고 결론도 개괄적으로 서술한다.

5) 연구일정 및 연구예산

연구계획서에 기술되는 연구일정은 전체적인 연구기간과 세부적인 연구작업에 필요한 기간을 단계별로 서술한다. 그래서 연구일정을 보면 언제, 어떤 연구작업이 진행되고 완료되는지를 알 수 있다. 연구일정에 대한 표준 양식은 없으며 연구방법에 따라 다소 상이하나 연구에 필요한 작업 일정계획을 포함하고 있으면 된다. 〈표 4-1〉은 설문지를 사용하는 조사연구를 위한 연구일정표의 예다.

〈표 4-1〉 **연구일정표**

연구내용 \ 월	1	2	3	4	5	6	7	8	9	10	11	12
문헌연구	←——————→											
설문지 제작				←———→								
연구대상 표집						←→						
설문지 발송						←→						
자료수집							←→					
자료분석								←→				
결과해석									←→			
논문작성										←——→		
인쇄 및 제출												←→

연구내용에 따라 소요되는 연구일정이 결정되고 어떤 연구작업이 언제부터 언제까지 진행되는지를 계획함으로써 연구를 체계적으로 추진할 수 있다. 학생인 경우 연구경험이 많지 않아 각 연구작업을 위한 연구일정이 충분한지를 가늠하지 못하는 경우가 많으므로 연구일정에 대해 연구전문가나 지

도교수의 조언을 받는 것이 바람직하다.

연구비 예산은 연구비를 연구자가 부담하는 경우 기록하지 않는 경향이 있다. 그러나 연구비를 신청하여 연구를 수행하는 경우에 대비하여 연구비 예산 부분도 서술해 보는 것이 좋다. 연구비 예산에 관한 표준 양식은 없으나 한국연구재단에서 제시하는 연구비 지원신청서에 포함되어 있는 소요예산 기록 양식은 〈표 4-2〉와 같다. 연구비 소요예산을 항목별로 산정하여 집행해 보는 경험을 통해 대규모 연구를 수행할 수 있는 감각이 길러진다.

〈표 4-2〉 한국연구재단의 연구용역비 소요예산 기록 양식

항 목	구 분	금 액	구성비(%)	비고
인건비	• 연구책임자			
	• 공동연구원			
	• 연구보조원			
	소계			
연구활동경비	• 연구활동경비			
간접비				
부가가치세				
계			100	

* 연구활동경비: 여비, 문헌 및 자료 구입비, 유인물 및 보고서 인쇄비, 조사 및 전산처리비, 회의비, 전문가 활용비, 시약 및 연구용역재료비(사무용품비), 공공요금, 제세공과금, 수수료, 연구 수당, 기타 경비 등이 포함됨.
출처: 한국연구재단 사이트(https://www.nrf.re.kr/cms/board/general/view?menu_no=53&nts_no=125408, 2019.11.13. 검색)

이상에서 설명한 서론, 이론적 배경, 연구방법, 기대되는 결과, 연구일정 및 예산은 모두 앞으로 진행될 내용이므로 미래시제로 기록한다. 연구계획서의 내용이 확인 · 점검된 뒤에 연구를 시행하게 되면 그만큼 시행에 따른 오류를 줄일 수 있기 때문에 연구계획서의 작성은 매우 중요하다. 다시 한번 강조하지만 연구계획서는 가능한 한 여러 번 검토하여 치밀하게 작성하는 것이 바람직하다.

연 ◇ 습 ◇ 문 ◇ 제

1. 다음 단어를 설명하라.

   연구계획서

   연구계획서 심사(proposal meeting)

2. 연구계획서의 기본 양식을 설명하라.

3. 연구계획서의 각 장에 어떤 내용이 서술되어야 하는지를 설명하라.

   서론

   이론적 배경

   연구방법

   기대되는 결과

   연구일정

4. 연구계획서와 연구보고서의 같은 점과 다른 점은 무엇인지 설명하라.

5. 연구계획서를 찾아 분석, 비판하고 수정하라.

6. 연구제목을 설정하고 연구계획서를 작성하라.

제5장 문헌연구

연구주제를 설정할 수 있는 자원 중 가장 바람직한 자원은 문헌이다. 교과서나 연구논문을 통하여 연구문제를 선택할 수 있을 뿐만 아니라 연구의 기본 골격이 되는 이론적 배경을 튼튼히 할 수 있으므로 문헌연구는 매우 중요하다. 이 장에서는 문헌연구의 중요성, 문헌연구의 절차 그리고 문헌연구의 자원에 대해 설명하고자 한다.

① 문헌연구의 중요성

문헌연구를 하는 이유는, **첫째, 해당 학문 분야의 최근 동향에 대한 파악을 통해 그 분야의 선구자가 될 수 있기 때문이다.** 최근까지 연구된 논문들을 읽으면서 어디까지 연구가 진행되었고, 누가 어떤 연구를 실시하였으며, 앞으로 연구 가능한 주제가 무엇인지를 알 수 있다. 또 연구자가 연구하려는 주제가 이미 발표되었는지에 대해서도 확인할 수 있다. 어떤 연구자가 평소에 가지고 있던 관심을 근거로 연구를 실시하여 흥미로운 연구결과를 얻었다고 하더라도 같은 연구논문이 이미 발표되었다면 그 연구는 불필요한 연구가 된다. 뿐만 아니라 문헌연구를 통해서 발표된 연구주제와 관련된 다른 분야와의 접목 가능성, 그리고 앞으로 해당 연구주제의 전망 등에 대한 식견을 가질 수 있다.

둘째, 연구 가능한 주제를 선택할 수 있다. 학회지나 학회에서 발표되는 많은 논문은 결론 뒤에 앞으로 연구해야 할 연구과제에 대해 언급하고 있다. 이 부분에서 연구자들은 연구주제를 발견하게 될 수도 있다.

셋째, 연구문제를 구체화할 수 있다. 많은 연구자가 연구를 성공적으로 이행하지 못하는 이유는 의욕은 큰 반면 문헌연구를 충실히 하지 않아서 연구문제가 보편적이고 추상적이기 때문이다. 이와 같이 추상적인 연구문제를 문헌연구를 통하여 구체화하고 특정 분야에 한정할 수 있다. 예를 들어, 고등학생들의 스트레스에 대하여 관심이 있을 때 문헌연구를 통하여 학생들의 스트레스 중 어떤 유형의 스트레스를 연구하는 것이 바람직한지, 그리고 스트레스에 영향을 주는 원인으로 무엇을 분석할 것인지, 스트레스를 지닌 학생들의 행위 특성을 어떻게 파악할 것인지 등으로 연구문제를 구체화할 수 있다.

넷째, 새로운 접근방법을 모색할 수 있다. 실험연구에서 특정한 처치방법을 사용한 연구논문을 읽었을 때 연구자는 다른 처치방법을 강구하여 연구를 구성할 수 있다. 연구대상을 다르게 하여 연구결과를 분석하는 것도 새로운 접근방법이다.

다섯째, 연구방법에 대한 통찰력을 얻는다. 선행연구들이 어떤 연구대상에게 어떤 연구방법과 절차로 연구하였는지를 알게 됨으로써 연구방법을 선택할 수 있다.

여섯째, 연구를 시행하는 과정에서 발생할 수 있는 시행착오를 피할 수 있다. 연구논문에서 연구의 제한점 부분은 연구를 진행하는 과정에서 발생하였던 문제점이나 단점 등에 대해 서술하고 있으므로 연구자는 사전에 시행된 연구를 참고함으로써 연구를 실시할 때 나타날 수 있는 문제점을 미연에 방지할 수 있다.

이상과 같은 문헌연구의 목적에 비추어 볼 때 문헌연구의 범위는 매우 넓음을 알 수 있다. 고립된 학문은 존립이 어려우므로 문헌연구 시 유관한 학문 분야의 문헌을 폭넓게 참고하는 것이 바람직하다. 문헌연구의 범위는 일반적으로 연구주제에 따라 결정된다.

② 문헌연구의 절차

문헌연구는 연구주제를 선정하고 연구를 진행하는 데 중요한 역할을 한다. 그러므로 문헌연구의 절차를 체계적이고 구조화하였을 때 문헌연구의 효과를 극대화할 수 있다. **문헌연구의 절차**는 다음과 같다.

첫째, 연구주제와 관련된 중심단어를 찾는다.
둘째, 중심단어에 의하여 2차 자료를 열람한다.
셋째, 1차 자료 목록집을 열람한다.
넷째, 해당 논문을 찾아 참고한다.

첫째, 연구의 주제와 관련된 중심단어를 찾는다. 해당 연구의 내용을 대표할 수 있는 단어를 한두 개로 제한한다는 것은 용이하지 않은 일이나 가능한 한 중요한 단어를 열거한다.

둘째, 중심단어에 의하여 2차 자료를 열람한다. 2차 자료는 교과서나 개론서 혹은 많은 이론을 종합한 책으로 2차 자료를 통하여 연구 분야의 개괄적 지식을 습득할 수 있으므로 연구주제를 보다 구체화할 수 있다.

셋째, 1차 자료 목록집을 열람한다. 보다 구체화된 주제를 가지고 연구를 시행하기에 앞서 연구자는 연구와 관련된 연구논문을 찾기 위하여 1차 자료인 연구논문의 목록을 수록한 목록집을 열람하여 최근에 어떤 연구들이 진행되었는지를 살펴보아야 한다.

연구논문 목록집은 대부분 분야에 따라 연도별로 배열되어 있으므로 최근 연도부터 거슬러 올라가며 연구제목들을 열람하면 연구의 동향과 연구의 전망 등을 파악할 수 있으며, 해당 분야의 전문가가 누구인지도 알 수 있다. 교육연구에서는 ERIC, Education Index, Psychological Abstracts 등의 열람을 통해 연구논문에 대한 개괄적인 지식을 습득할 수 있다.

넷째, 해당 논문을 찾아 참고한다. 연구논문 목록집을 열람하면서 관심을 가지게 된 논문을 찾아 전문을 참고한다. 이때 전문 학회지나 학술지를 열람하게 되는데, Journal of Educational Psychology, Review of Educational Research 등이 대표적인 예다.

이상의 절차에 의하여 연구논문을 참고하였을 때 참고한 문헌은 연구자가 수행하고자 하는 연구의 이론적 배경뿐 아니라 연구방법, 결론과 논의를 구체화하고 전개하는 데 도움을 주므로 요약하고 정리하는 습관을 가지는 것이 좋다. 연구를 실시하면서 어떤 문헌의 어느 부분을 참고하였고 어떤 내용을 인용하였는지를 정확히 알기 위해서 평소에 참고문헌을 요약 · 정리하여 보관하는 습관을 가지는 것이 좋다.

일반적으로 1차 자료일 경우 참고한 내용을 [그림 5-1]의 양식에 의하여 요약한다.

논문 요약지

제목
저자
학회지   Vol. ____ 페이지 ____
발간일 ____년 ____월
요약내용

[그림 5-1] 논문 요약지

논문 요약지를 논문 원본에 첨부하여 하나의 서류철에 같이 보관하는 것이 바람직하다. [그림 5-2]와 같이 파일 상단 부분에 저자와 논문발간 일시, 논문제목, 논문출처를 적어 저자별로 정리해 보관하면 많은 문헌을 손쉽게 찾아볼 수 있다.

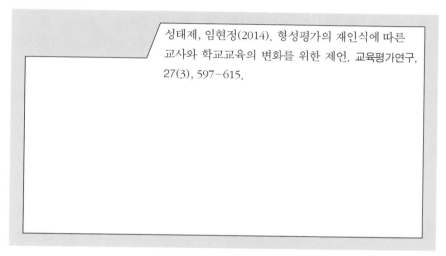

성태제, 임현정(2014). 형성평가의 재인식에 따른 교사와 학교교육의 변화를 위한 제언. 교육평가연구, 27(3), 597-615.

[그림 5-2] 논문 보관 파일

참고문헌을 손쉽고 빠르게 정리하기 위해서 서지정보 관리 프로그램을 이용할 수 있다. 서지정보란 해당 자료로 접근할 수 있는 서명, 저자, 출판사, 출판년도, 수록 저널명, 수록 권호 정보 등의 기본정보를 말한다. 흔히 사용되는 서지정보 관리 프로그램은 다음과 같다.

1) EndNote

Thomson Reuters에서 제공하는 문헌관리 프로그램으로 세계에서 가장 많이 사용하는 문헌관리 프로그램이며, 국내외의 전자저널 및 WebDB 제공업체에서도 EndNote와 호환이 가능한 데이터베이스를 제공한다. 지속적인 업그레이드를 통하여 2018년 현재 X9까지 나와 있고 서비스 방식도 PC버전인 EndNote와 웹버전인 EndNote Web이 출시되어 있다. https://endnote.com에서 트라이얼 버전을 신청하면 1개월간 무료로 사용해 볼 수 있다.

2) RefWorks

웹 기반의 참고문헌 저장 및 관리 소프트웨어로서 각종 전자저널, WebDB에서 검색한 참고문헌을 Refworks에 저장하여 사용할 수 있다. http://www.refworks.com에서 온라인 트라이얼 버전을 신청하면 1개월간 무료로 사용할 수 있다. Refworks는 필터 다운로드 및 적용 과정, Import 메뉴를 통한 반입과정을 생략하고, 데이터베이스 검색결과에서 자동으로 가져오기 기능을 채택하여 서지정보를 직접 입력하지 않아도 간편하게 사용할 수 있다.

❸ 문헌연구의 자원

문헌연구의 자원은 크게 2차 자료와 1차 자료로 구분한다. 1차 자료와 2차 자료 이외에 연구논문 목록집이 있는데, 목록집은 연구논문을 찾는 데 도움을 준다.

1) 2차 자료

2차 자료(secondary source)는 직접 연구하지 않은 저자에 의해 쓰인 문헌을 말한다. 대표적인 2차 자료로는 교과서나 책을 들 수 있다. 성격에 대한 문헌연구를 실시할 때 성격이론에 대한 책이 2차 자료가 된다. 2차 문헌의 예는 송인섭(1998)의 『인간의 자아개념 탐구』, Gardner(2001)의 『다중지능-인간 지능의 새로운 이해』, AERA의 *Encyclopedia of Educational Research* (2004, 7th ed.), *Handbook of Research on Teaching* (2001, 4th ed.), *Handbook* *of Research on Curriculum* (1992) 등을 들 수 있다.

2차 자료인 교과서나 책에 대한 문헌연구의 장점은 2차 자료가 많은 연구결과에 의한 다양한 이론을 소개하고 있기 때문에 연구주제에 대한 기초지식을 쉽고 광범위하게 얻을 수 있다는 것이다. 예를 들어, 자아개념에 대한 연구를 하려고 한다면 2차 자료인 『인간의 자아개념 탐구』라는 책을 참고함으로써 자아개념의 정의, 종류, 발달과정, 이론, 연구동향 등 자아개념에 대한 많은 정보를 쉽게 얻을 수 있다. 그러나 연구자가 직접 연구한 내용을 확인하기가 어렵고 세부적인 내용에 대해서는 알 수 없을 뿐만 아니라 때로는 책의 저자가 논문결과를 잘못 서술하였을 때 잘못된 정보를 얻게 될 위험이 있다. 따라서 참고문헌의 정확한 출처를 기록한 문헌이 좋은 2차 자료라고 할 수 있으므로 연구자는 2차 자료인 교과서나 책을 선택할 때 주의를 기울여야 한다. 좋은 2차 자료는 많은 연구결과를 인용하여 다양한 이론을 소개하고, 연구자들의 의견을 왜곡하지 않고, 연구논문에서 서술한 세세한 내용들을 정리하여 간명하게 기록한 문헌이다. 문헌연구 시 가능하면 최근 서적부터 참고하는 것이 바람직하다.

광범위한 내용을 수록하고 있는 교육연구를 위한 2차 자료로는 ***Encyclopedia of Educational Research***를 들 수 있다. *Encyclopedia of Educational Research*는 미국교육학회에서 발간한 참고문헌으로 1941년, 1950년, 1960년, 1969년, 1982, 1992년에 이어 2004년에 7집이 발간되었다. *Encyclopedia of Educational Research*는 연구를 총 16개 분야로 나누고 각 분야별 연구주제에 따라 최근 연구결과 및 연구동향을 서술하였다. 각 분야별로 선정된 편집인에 의하여 현재뿐 아니라 미래에도 중요한 연구과제가 될 세부 주제를 선택한 다음 해당 주제를 많이 연구한 전문가로 하여금 내용을 서술하게 하였다. *Encyclopedia of Educational Research* 6집은 총 4권으로 되어 있으며, 연구주제가 알파벳 순서로 나열되어 있다.

특정 연구주제에 대한 이론 및 연구결과와 연구동향을 망라한 안내서 (handbook)는 다음과 같다. 다음의 안내서를 참고하면 해당 주제에 대한 일반적 지식을 얻을 수 있을 뿐만 아니라 보다 구체적인 연구주제를 얻고자 할 때 도움을 받을 수 있다.

- *Handbook of Reading Research*
- *Handbook of Research on Curriculum*
- *Handbook of Research on Educational Administration*
- *Handbook of Research on Educational Psychology*
- *Handbook of Research on Mathematics Teaching and Learning*
- *Handbook of Research on Multicultural Education*
- *Handbook of Research on Music Teaching and Learning*
- *Handbook of Research on Science Teaching and Learning*
- *Handbook of Research on Social Teaching and Learning*
- *Handbook of Research on Sport Psychology*
- *Handbook of Research on Teacher Education*
- *Handbook of Research on Teaching the English Language Arts*
- *Handbook of Research on the Education of Young Children*
- *Handbook of Research on the Teaching of English*
- *Handbook of Self-Determination Research*
- *Handbook of Research in Second Language Teaching and Learning*

2) 1차 자료

1차 자료(primary source)는 연구자에 의하여 직접 작성된 연구논문을 말한다. 그러므로 『교육평가연구』, 『교육과정연구』, *Journal of Educational Evaluation and Policy Analysis, Journal of Educational Psychology* 같은 학회나 학술단체에서 발행하는 학술지 등이 1차 자료에 해당된다. 앞에서 예로 든 학회지들은 정기적으로 심사에 의하여 채택되는 논문을 게재하는 학술지로서, 각 학술지 안에 다수의 연구논문이 게재되어 있다. 학위논문이나 연구소의 보고서도 1차 자료에 속한다.

　1차 자료는 연구자가 연구 진행과정과 결과를 기록한 보고서이므로 구체성과 과학성을 지니고 있어서 많은 연구자가 세부적인 연구내용을 참조하기 위하여 1차 자료에 의존한다. 특히 새로운 주제에 대한 연구를 시행하는 연구자일수록 1차 자료에 대한 의존도가 높아지게 된다.

　교육연구에 참고가 되는 국내 1차 자료로는 한국교육학회에서 간행하는 『교육학연구』(1963~)와 각 분과 연구회에서 간행하는 분과 학회지가 있는데, 각 분과 연구회에서 간행하는 분과 학회지는 다음과 같다.

『교육공학연구』(1985~)

『교육과정연구』(1974~)

『교육사학연구』(1969~)

『교육사회학연구』(1990~)

『교육심리연구』(1988~)

『교육원리연구』(1996~)

『교육재정경제연구』(1992~)

『교육정치학연구』(1994~)

『교육철학연구』(1977~)

『교육평가연구』(1986~)

『교육행정학연구』(1983~)

『도덕교육연구』(1982~)

『비교교육연구』(1992~)

『열린교육연구』(1993~)

『영재교육』(2002~)

『유아교육연구』(1976~)

『초등교육연구』(1987~)

『평생교육학연구』(1995~)

『한국교원교육연구』(1984~)

『HRD연구』(1999~)

대학에 부설된 연구소에서 간행하는 학회지로는 고려대학교의 『교육방법연구』, 서울대학교의 『교육이론』, 이화여자대학교의 『교육과학연구』, 『교과교육학연구』, 연세대학교의 『연세교육연구』, 『연세과학연구』가 있고, 교육 전문기관인 한국교육개발원에서 발간하는 격월간지 『교육개발』과 수시로 발행되는 연구보고서도 1차 자료에 속한다.

교육연구를 위하여 미국에서 발간되는 1차 자료로는 미국교육학회(American Educational Research Association: AERA)에서 정기적으로 간행하는 학술지가 있다. *Educational Researcher*는 1년에 9번 간행되며, *American Educational Research Journal*, *Review of Educational Research*, *Journal of Educational and Behavioral Statistics*은 연 6회, *Educational Evaluation and Policy Analysis*은 연 4회, *Review of Research in Education*은 연 1회 발간된다.

*Educational Researcher*는 학회 소식지와 더불어 현안이 되고 있는 주제에 대한 논문이 실린 보고서로서, 이를 통해 학회의 현황과 미국교육학회의 관심 사항을 알 수 있다. 여기에는 현안이 되고 있는 주제에 대한 논쟁, 비판, 제안과 더불어 책의 서평이 게재된다.

*American Educational Research Journal*은 다양한 주제에 대한 학문적 연구논문을 게재하고, 교수 · 학습, 인간 발달, 사회나 기관 분석 등에 대한 내용을 수록한다.

*Review of Educational Research*는 교육 전반에 대한 다양한 문제를 비판적 시각이나 통합적 시각에서 다룬 논문들을 수록하며 교육연구의 변수가 되는 주제를 다룬다.

*Journal of Educational and Behavioral Statistics*는 교육연구에서 사용되는 통계적 방법의 구안이나 개선점 등을 게재하여 연구방법론의 발전에

기여하고 있다.

*Educational Evaluation and Policy Analysis*는 교육평가와 교육정책 분석에 관한 논문을 게재하며 이론적 측면뿐만 아니라 방법적 측면과 실제적 측면도 강조한다. 또한 이론과 실제를 연결시킬 수 있는 논문을 게재한다.

*Review of Research in Education*은 관심 있는 연구주제에 대한 전반적인 시각을 제공하며, 비판적이면서 종합적인 의견을 제시한다. 창간호는 1973년에 간행되었으며, 2019년도에 43권이 간행되었다.

미국교육학회의 분과로 소속되어 있지 않은 전공 분야에 대해 별도로 구성되어 있는 학회에서 간행하는 전문학술지도 있으며, 대학에 소속되어 있는 연구소에서 간행하는 학술지도 있다. 국제교육측정학회(National Council on Measurement in Education: NCME)에서는 *Educational Measurement: Issues and Practice*를 1년에 8번 간행하고, *Journal of Educational Measurement*를 연 4회 발간한다. 네브래스카 대학에서는 *Applied Measurement in Education*을 발간한다. 유아교육연구를 위한 1차 자료로는 *Early Childhood Research, Early Child Development and Care, Review of Child Development Research, Child Development* 등이 있다. 교육연구 시 참고할 수 있는 외국의 학술지는 다음과 같다.

- *Adolescence*
- *American Educational Research Journal*
- *American Journal of Mental Deficiency*
- *American Psychologist*
- *American Sociological Review*
- *Anthropology and Education Quarterly*
  (Washington: Council on Anthropology and Education)
- *Applied Measurement in Education*
- *Applied Psychological Measurement*

- *British Journal of Educational Psychology*
  (London: British Psychological Society)
- *British Journal of Educational Studies*
  (London: Faber & Faber)
- *California Journal of Educational Research*
  (Burlingame, CA: California Teachers Association)
- *Canadian Education and Research Digest*
  (Toronto: Canadian Education Association)
- *Child Development*
- *Cognition and Learning*
- *Contemporary Educational Psychology*
- *Counselor Education and Supervision*
- *Developmental Psychology*
- *Early Childhood Research Quarterly*
- *Early Child Development and Care*
- *Education and Urban Society*
- *Educational and Psychological Measurement*
- *Educational Administration Quarterly*
- *Educational Evaluation and Policy Analysis*
- *Educational Research Quarterly*
- *Educational Researcher*
- *Harvard Educational Review*
- *Health Education*
- *International Journal of Qualitative Studies in Education*
  (London, New York: Taylor and Francis)
- *Journal of Abnormal Psychology*
- *Journal of Agricultural Education*

- *Journal of Applied Psychology*
- *Journal of Comparative and Physiological Psychology*
- *Journal of Counseling Psychology*
- *Journal of Consulting and Clinical Psychology*
- *Journal of Educational Administration*
- *Journal of Educational Measurement*
- *Journal of Educational Evaluation and Policy Analysis*
- *Journal of Educational Psychology*
- *Journal of Educational Research*
- *Journal of Educational and Behavioral Statistics*
- *Journal of Experimental Education*
- *Journal of Learning Disabilities*
- *Journal of Marital and Family Therapy*
- *Journal of Personality and Social Psychology*
- *Journal of Personnel Evaluation in Education*
- *Journal of Research in Childhood in Education*
- *Journal of Research in Science Teaching*
- *Journal of Special Education*
- *Journal of Speech and Hearing Disorder*
- *Journal of Teacher Education*
- *Journal of Teaching in Physical Education*
- *Journal of Vocational Behavior*
- *Measurement and Evaluation in Guidance*
- *Peabody in the Schools*
- *Psychological Bulletin*
- *Psychological Review*
- *Reading Research Quarterly*

- *Research Quarterly*
- *Research in Rural Education*
- *Research in the Teaching of English*
- *Review of Child Development Research*
- *Review of Educational Research*
- *Review of Research in Education*
- *School Science and Mathematics*
- *Social Psychology Quarterly*
- *Science Education*
- *Sociological Methodology*
- *Sociology of Education*
- *The American Sociologist*
- *The Elementary School Journal*

연구자가 참고할 수 있는 또 다른 1차 자료로는 학위논문이 있다. 특히 연구자의 연구주제와 밀접한 관계를 가진 다른 사람의 학위논문은 연구에 많은 도움이 된다. 우리나라의 경우 대학교육 협의회에서 간행하는 『대학교육』에 연구자, 박사학위논문 제목, 해당 대학 등이 게재되고 있다. 미국의 경우 Dissertation Abstract International(DAI)이 매월 정기적으로 학위논문 요약집을 발행하고 있어서 학위논문 참조에 도움을 주고 있으며, 석사학위논문도 Master Abstract International에 요약 내용이 게재되어 참고할 수 있다.

3) 1차 자료 목록집

학회에서 발표되거나 학회지에 게재되는 무수히 많은 연구논문을 모두 찾아보기란 쉽지 않은 일이다. 연구자의 전문 분야 학회지 구독은 가능하나, 교육과 관련된 전 분야의 1차 자료를 직접 찾아본다는 것은 사실상 불가능하다. 이와 같은 불편을 덜기 위하여 여러 종류의 논문 목록집과 측정도구 목록집이 간행되고 있다. 교육연구에서 가장 많이 사용되는 **논문 목록집**으로는 ERIC, Education Index, Psychological Abstracts 등을 들 수 있다.

(1) ERIC

미국 교육부(Office of Education)는 1965년 **Educational Resource Information Center(ERIC)**를 설립하여 교사, 교육 행정가, 연구자, 국민이 교육에 관한 많은 최근 정보를 쉽게 찾을 수 있도록 하였다. **ERIC**에서는 교육과 관련된 모든 논문과 보고서를 마이크로피시(microfiches)나 CD로 만들어 학교는 물론 교육관련 연구소에 보급한다. 연방정부 연구기금에 의하여 연구된 보고서는 물론 학회에 발표된 논문, 학술지에 게재된 논문을 정기적으로 수합하여 논문 목록집을 발간하고 논문 전체를 수록한 마이크로피시나 CD를 발행한다. 논문을 수록하는 마이크로피시는 최대 96쪽에 이르는 논문을 수록할 수 있다. ERIC은 정기적으로 Thesaurus of ERIC Descriptors와 CIJE (Current Index to Journals in Education), 그리고 RIE(Resource in Education)를 발간하며 ERIC의 자료들은 홈페이지(http://eric.ed.gov/)에서 검색이 가능하다. 자료검색 시 저자, 제목, 초록, 출판년도 등을 함께 입력하여 상세검색이 가능하며 2014년에 출판된 수행평가와 관련된 자료를 찾고 싶다면 [그림 5-3] 의 Search 창에 abstract: performance based assessment pubyear: 2014와 같이 입력하여 검색할 수 있다.

이용할 수 있는 자료의 유형은 서지정보(bibliography), 도서, 서평, 강의 자료, 학회발표 자료, 학위논문, 논문초록, 평가보고서, 역사 자료, 학술지에 게재된 논문 학술지에 게재되지 않은 논문, 법률 자료, 연구보고서, 통계자료, 교사용 지도서, 검사도구, 질문지 등이다. 따라서 연구자는 자신이 관심 있는 주제와 자료의 유형 등을 선택하여 관련 논문들을 찾으면 된다.

[그림 5-3] ERIC의 홈페이지 화면

- Thesaurus of ERIC Descriptors

Thesaurus of ERIC Descriptors는 논문의 주제를 수록한 목록집이다. 즉,
연구주제와 관련된 참고문헌이 있는지를 알기 위하여 논문의 중심단어를 찾
은 후 이 중심단어를 사용하여 검색을 하면 연구주제를 찾을 수 있도록 되어
있다. 연구 주제어는 시대적으로 다른 용어를 사용하기도 한다. 그러나 연
구주제와 관련 있는 여러 단어를 찾으면 연구주제를 확인할 수 있다. 일반적
으로 연구에 익숙한 연구자는 각 논문 요약 뒤에 있는 중심단어를 발견할 수
있을 것이다. 각 논문마다 여러 개의 중심단어가 열거되어 있으며, 이 단어
들은 연구주제와 관련이 있다. ERIC을 통하여 참고문헌을 찾기 위해서는
Thesaurus of ERIC Descriptors를 열람해야 하며, 주제별, 저자별 index를
통해 논문제목과 논문의 열람번호를 알 수 있다.

Thesaurus of ERIC Descriptors는 ERIC 홈페이지에서도 이용할 수 있는
데, [그림 5-3]의 [Thesaurus] 탭을 클릭한 뒤 관심 주제어를 입력하면 검색
이 가능하다. 또는 Search 옆의 [Browse Thesaurus]를 클릭하면 다양한 교
육분야의 논문주제들이 알파벳순으로 정리되어 있어 관심 있는 주제를 선
택하면 해당 분야의 논문에 관한 정보를 얻을 수 있다. 예를 들어, Adult
Education이라는 주제를 선택하면 [그림 5-4]가 제시된다.

[그림 5-4] Thesaurus of ERIC Descriptors

　Scope Note에서는 해당 주제를 사용하려는 연구자들을 위하여 간단한 설명을 제공해 주며 Adult Education과 관련될 수 있는 논문의 주제들을 위계적인 형태로 제시해 준다. 즉, Category는 Adult Education이 속할 수 있는 상위 영역을 의미하며 Broader Terms는 Adult Education이 포함될 수 있는 더 포괄적인 주제들을 의미하는 반면, Narrow Terms는 Adult Education의 하위에 포함될 수 있는 주제들을 의미한다. Related Terms에서는 Adult Education과 관련될 수 있는 논문의 주제들에 대한 정보를 제공해 준다. 따라서 연구자는 여기서 제공되는 주제어들을 이용하여 자신의 연구주제와 관련될 수 있는 논문을 효율적으로 검색할 수 있다.

(2) CIJE

CIJE(Current Index to Journals in Education)는 1969년부터 현재까지 교육과 관련된 약 980여 개의 주요 학술지에 게재된 논문들을 수록한 목록집으로 매월 발간된다. CIJE에 의하여 논문을 찾기 위해서는 Source Journal Index, Main Entry Section, Subject Index, Author Index, Journal Contents Index를 이용할 수 있는데, 중요한 부분은 Subject Index와 Main Entry Section이다. 6개월마다 두 부분을 종합하여 주제별 색인집과 주요 입력 부분집을 발간한다.

Subject Index는 해당 연구주제와 관련이 있는 모든 논문의 제목과 그것을 게재한 학술지 이름, 호수와 해당 페이지 그리고 논문 전체의 일련번호를 수록한 목록집이다. 수행평가(performance based assessment)와 관련된 논문들이 CIJE 1997년 2월 호에 다음과 같이 수록되어 있다.

Performance Based Assessment

Combining Performance Assessment and Curriculum-Based Measurement to Strengthen Instructional Planning. *Learning Disabilities Research and Practice;* v11 n3 p183-92 Sum 1996   EJ 530 724

Striving for Integration: A Portfolio Content Analysis. *Action in Teacher Education;* v18 n1 p48-58 Spr 1996
EJ 531 671

Assessing Motor and Sport Skill Performance. Two Practical Procedures. *Journal of Physical Education, Recreation and Dance;* v67 n6 p49-51 Aug 1996
EJ 531 679

CIJE Subject Index의 예

이를 통해 수행평가에 대한 논문이 3편 있으며, 이 논문들이 1996년에 학술지에 게재되었음을 알 수 있다. 3편 중 첫 번째 논문에 관심이 있을 경우 Main Entry Section에서 첫 번째 논문의 열람번호인 EJ 530 724를 찾는다. EJ 530 724의 내용은 다음과 같다.

EJ 530 724   EC 614 521

Combining Performance Assessment and Cur-
riculum-Based Measurement to Strengthen In-
structional Planning. Fuchs, Lynn S.; Fuchs,
Douglas *Learning Disabilities Research and Prac-
tice* v11 n3 p183-92 Sum 1996
Descriptors: *Learning Disabilities; Elementary
  Secondary Education; Constructivism
  (Learning); *Instructional Development;
  *Student Evaluation; *Curriculum Based
  Assessment; *Performance Based Assessment;
  Evaluation Methods; *Models
Note: Special issue: Constructivism and Students
  with Special Needs: Issues in the Classroom.
The coordinated use of performance-based assessment
and curriculum-based assessment is explored. Criteria are
suggested for evaluation the advantages and disadvan-
tages of each assessment method, and a framework for
integrating the two methods is proposed. Specific recom-
mendations are given for use with students having learning
disabilities. (CR)

CIJE Main Entry Section의 예

Main Entry Section에는 논문의 ERIC 일련번호인 EJ번호, 논문제목, 저자, 학술지 이름과 호수 및 페이지, 발간연도, 논문의 중요단어 그리고 간단한 요약내용이 수록되어 있다. 그러므로 연구자는 요약내용을 읽고 난 다음 참고할 필요가 있겠다고 생각되었을 경우, 해당 학술지에 게재된 논문을 열람해서 보면 된다.

학교의 도서관에 해당 학술지가 없을 경우는 마이크로피시를 열람할 수 있으나 CIJE에 수록된 논문은 일반적으로 학술지에 게재되어 있으므로 마이크로피시를 소장하고 있지 않은 경우가 많다.

오래되지 않은 논문인데 논문을 구하기가 어려울 때에는 연구자에게 편지를 보내는 것도 한 가지 방법이다. 편지를 쓸 때는 논문을 구할 수 없어서 논문을 보내 주면 고맙겠다는 내용만 간단하게 쓰면 충분하다. 일반적으로 연구자들은 즉각 논문을 발송해 준다. 또한 저자의 e-mail 주소로 부탁하면 논문을 전송받을 수 있다.

(3) RIE

RIE(Resource in Education)는 교육과 관련된 학회나 심포지엄에서 발표된 논문, 연방정부의 지원에 의해 진행된 연구결과, 학교 지역구나 지방 교육구에서 진행된 연구결과들을 수록한다. CIJE가 학술지에 게재된 모든 논문의 정보를 수록하는 반면, RIE는 학술지에 게재되지 않는 논문을 수록한다.

RIE도 CIJE와 같이 매월 발간되며 Document Resume, Subject Index, Author Index, Institution Index, Publication Type Index, Clearinghouse Cross Reference Index로 구성되어 있다. 참고문헌을 찾기 위하여 일반적으로 Subject Index와 Document Resume을 열람한다. 만약 어떤 연구소에서 발간한 보고서를 참고하고 싶을 경우에는 Institution Index 부분을 참고한다. RIE도 6개월마다 Subject Index와 Document Resume을 발간한다. RIE의 Document Resume 부분은 CIJE의 Main Entry Section과 동일하다. 연구논문의 내용과 관련된 주제 단어를 Thesaurus of ERIC에서 확인한 후 RIE의 Subject Index에서 찾는다. 예를 들어, 수행평가와 관련된 보고서나 발표논문을 RIE의 1996년 8월 Subject Index에서 찾아보면 다음과 같다.

Performance Based Assessment
Assessing Learning in the Classroom. A Report
from Professional Standards and Practice.

ED 393 870

Assessment-Based Reform: Challenges to Educational Measurement.

ED 393 875

Career Preparation Assessment. Portfolio Guidelines.

ED 392 919

Diversity in Teacher Assessment: What's Working, What's Not?

ED 393 828

Issues in Assessment: Implementation.

ED 393 874

Performance Assessment: Mississippi at the Cusp.

ED 393 889

Teacher Perceptions toward the Interpretation of Results from the New Norm-Referenced Portion of the Mississippi Assessment System. A Pilot Study.

ED 393 846

Toward Computer-Based Performance Assessment in Mathematics.

ED 393 912

Validation of Testing for a Multi-Disciplinary Technical Position.

ED 393 879

RIE Subject Index의 예

수행평가에 대한 보고서가 9편이 있음을 알 수 있으며 수행평가와 관련 있는 논문들의 제목과 발표한 학회나 보고서 작성기관, 논문을 수록한 일련번호인 ED(Educational Document) 번호를 알 수 있다. RIE의 일련번호는 ED이고 CIJE는 EJ이다.

Subject Index에 있는 9편의 보고서 중 두 번째 보고서인 Assessment-Based Reform: Challenges to Educational Measurement의 내용을 열람하고자 할 경우에는 Document Resume에서 ED 393 875를 찾는다. ED 393 875의 내용은 다음과 같다.

ED 393 875   TM 024 749

Linn, Robert L.

Assessment-Based Reform: Challenges to Educational Measurement.

Educational Testing Service, Princeton, N. J.

Pub Date—7 Nov 94

Note—22p.; The Annual William H. Angoff Memorial Lecture (1st, Princeton, NJ, November 7, 1994).

Pub Type—Opinion Papers (120)—Speeches/ Meeting Papers (150)

EDRS Price-MF01/PC01 Plus Postage.

Descriptors—*Accountability, Educational Assessment, *Educational Change, Equal Education, *Measurement Techniques, *Minimum Competency Testing, Multiple Choice Tests, *Performance Based Assessment, Standards, Test Results, *Test Use

Identifiers—Goals 2000, High Stakes Tests, *Opportunity to Learn, Reform Efforts

Although the use of test results to demonstrate educational shortcomings is important, tests and assessments are also expected to be an instrument of reform. In fact, they are often expected to provide the primary means of creating educational reform. The minimum competency testing movement and the expansion of the use of test results for accountability purposes have been recent waves of test-based reform. The most recent wave of reform continues to emphasize accountability, but adds emphasis on using forms of assessment that require students to perform more substantial tasks than merely selecting multiple-choice items (performance assessment). Standards that shape assessment and define acceptable levels of performance and that insist on the inclusion of all students are also being advocated. Such standards are supported by the Goals 2000 legislation, as are the most controversial standards in the Goals, those of opportunity-to-learn (OTL). OTL standards are being demanded by those who feel that it is not fair to hold students accountable for meeting performance standards unless they have been given adequate opportunity to meet them. OTL standards pose daunting measurement challenges that will be increased by high-stakes use. (Contains 1 table, 2 figures, and 37 references.) (SLD)

RIE Document Resume의 내용

Document Resume은 CIJE의 Main Entry Section과 마찬가지로 저자, 논문제목, 연구기관이나 발표기관명, 발표일자, 논문의 양과 형태, 중심단어 그리고 논문의 요약내용을 수록하고 있다. 논문의 요약내용을 본 다음 논문 전체를 참고하고 싶으면 ED번호로 마이크로피시를 열람한다.

마이크로피시에 수록된 CIJE나 RIE의 내용을 보려면 필름 판독기(슬라이드)를 사용해야 한다. 필름 판독기를 사용하여 논문의 내용을 살펴본 다음 복사를 할 경우에는 마이크로 필름을 복사하는 복사기를 사용해야 하므로 일반 복사보다 비용이 많이 든다. 최근에는 ERIC의 모든 내용을 수록한 CD가 나오고 있으므로 참고문헌을 열람한 다음 연구자의 디스켓에 필요한 정보를 저장하여 프린터로 논문내용을 인쇄할 수 있다.

(4) Education Index

Education Index는 H. W. Wilson 출판사가 7월과 8월을 제외하고 매달 정기적으로 간행하는 논문 목록집으로 논문제목별, 저자별로 목록이 작성되며, 교육학에 대한 학회논문의 내용을 담고 있다. 매월 간행한 참고문헌 목록을 7월부터 다음해 6월까지 종합하여 연감으로 출판한다. Education Index는 1929년에 처음 간행되었으며, 중심단어에 의하여 연구제목을 검색할 수 있다.

Education Index가 ERIC과 다른 점은 Thesaurus가 없고 논문의 주제와 저자가 혼합되어 있어서 원하는 논문을 찾기가 쉽지 않으며, 약어를 사용하고 있다는 점이다. 예를 들어, *Journal of Educational Measurement*를 J Educ Meas로 표기한다. Education Index에 수록된 내용의 예로 과학개념에 관한 논문들에 대한 정보는 다음과 같다.

Science concepts
Experimental studies of belief dependence of observations
    and of resistance to conceptual change. M. Nissani
    and D. M. Hoefler-Nissani. bibl *Cognit Instr* 9
    no2: 97-111 '92
The relationship between students' learning strategies
    and the change in their misunderstandings during a
    high school chemistry course. S. B. BouJaoude. bibl
    J Res Sci Teach 29: 687-99 S '92
Science teachers' use of analogies: observations from
    classroom practice. D. F. Treagust and others. bibl
    Int J Sci Educ 14: 413-22 O/D '92
The social construction of scientific concepts or The
    concept map as conscription device and tool for social
    thinking in high school science. W.-M. Roth and A.
    Roychoudhury. bibl *Sci Educ* 76: 531-57 S '92
Using student self-assessment of biological concepts in
    an introductory biology course. J. A. Heinze-Fry.
    J Coll Sci Teach 22: 39-43 S/O '92

Education Index의 예

논문 제목과 저자 이름, 게재된 학술지 이름과 호수, 해당 페이지, 게재 연도가 수록되어 있다. Education Index도 모든 정보를 CD에 수록하여 컴퓨터로 문헌에 대한 정보를 찾을 수 있게 하고 있다.

(5) Psychological Abstracts

Psychological Abstracts는 1927년 처음으로 발행되었으며 미국심리학회 (American Psychological Association: APA)가 심리학과 관련된 분야의 학술지에 게재된 논문들을 모아 발행하는 것이다. 16개 영역으로 구분되나 일반적으로 심리학, 심리측정이론, 실험심리, 임상심리, 발달심리, 산업심리학과 관련된 논문들을 수록하며 미국뿐 아니라 외국의 논문도 포함한다.

Psychological Abstracts를 열람하기 전에 Thesaurus of ERIC Descriptors 와 같은 기능을 하는 Thesaurus of Psychological Index Terms를 보고 연구 자가 연구하고자 하는 내용과 관련된 중심단어를 확인할 수 있다. 중심단어 를 확인하고 난 후 해당 주제와 관련 있는 논문이 있는지를 확인하기 위하여 Psychological Abstracts를 열람한다.

Psychological Abstracts는 매월 발간되며 Subject Index와 Abstract의 두 부 분으로 구성되어 있다. 그리고 3개월마다 두 부분을 합하여 hard cover로 발간 한다. 연구주제에 해당하는 단어를 Brief Subject Index에서 찾으면 다음과 같다.

> Reactive Attachment Disorder [See Failure To Thrive]
> Reactive Psychosis 32788, 32808, 32893, 32905, 32931
> Reactive Schizophrenia [See Reactive Psychosis, Schizophrenia]
> Readability 33979, 34495
> Reading [See Also Braille, Oral Reading] 31427, 31639, 31689, 34066
> Reading Ability 32301, 32647, 33096, 34102
> Reading Achievement 32340, 34112, 34173, 34261
> Reading Comprehension 32344, 34097, 34098, 34118, 34121, 34122, 34160, 34167, 34495
> Reading Disabilities [See Also Dyslexia] 33068, 33072, 33076, 33078, 33089, 34222
> Reading Education 34098, 34102, 34118, 34122, 34131, 34135, 34160
> Reading Materials 31688, 34066, 34098, 34244

Psychological Abstracts의 Brief Subject Index의 예

Brief Subject Index에는 해당 주제와 관련 있는 논문들의 일련번호가 제 시된다. 논문의 일련번호는 매년 1번부터 부여되기 때문에 참고논문을 종합

하였을 때 같은 번호가 중복될 수 있다. 그러므로 Psychological Abstracts 호수, 즉 몇 년도에 발간되었는지를 반드시 확인해야 한다.

논문의 내용을 알기 위해서는 논문의 일련번호에 의하여 Abstract를 열람하면 되는데, 그 내용은 다음과 같다.

32340. Warren-Leubecker, Amye & Carter, Beth W. (U Tennessee, Chattanooga) **Reading and growth in metalinguistic awareness: Relations to socioeconomic status and reading readiness skills**. 93rd Annual Convention of the American Psychological Association(1985, Los Angeles, California). *Child Development*, 1988(Jun), Vol 59(3), 728–742. —Studied longitudinally 3 types of metalinguistic awareness (phonemic, word boundary, and word order in sentences) and their relation to socioeconomic status (SES), vocabulary, reading readiness skills (letter knowledge, visual discrimination, sound-letter matching, and oral language comprehension), and reading achievement in a sample of 40 kindergartners (mean age 5 yrs 8 mo) and 43 1st graders (mean age 6 yrs 10 mo). First graders and higher SES Ss improved more between times of testing in phonemic and word-order awareness. The 3 metalinguistic tasks were highly interrelated, but when the effects of oral language comprehension or vocabulary were removed, the relations diminished significantly. A hierarchical model was initially supported, in which metalinguistic awareness skills were superordinate and better predictors of reading.

Psychological Abstracts의 Abstract 예

논문의 일련번호와 저자, 논문제목, 게재한 학술지명과 호수 그리고 해당 페이지, 논문의 요약내용을 수록하고 있다. 요약내용을 읽고 논문 전체를 참고하고자 할 때는 해당 학술지를 찾아 참고 논문을 구한다.

미국심리학회(APA)에서 운영하는 인터넷 사이트인 http://www.apa.org/psycinfo/에서는 심리학, 경영학, 교육학, 사회과학, 법학, 약학, 사회사업 등과 관련된 논문의 개요를 제공하는 PsycINFO database를 구축하고 있으며, APA에서 발행하는 50여 개 이상의 학회지에 실린 논문들의 원문은 Psy-Articles에서 제공하고 있다.

(6) 측정도구 참고문헌

연구 시 변수의 속성을 측정하고자 할 때는 측정도구를 사용하게 된다. 특히 비가시적인 인간의 잠재된 특성을 측정하고자 할 때는 검사도구를 사용한다. 연구에 사용할 검사도구를 찾고자 할 때 측정도구 목록집을 참고하면 검사에 대한 정보를 손쉽게 얻을 수 있다. 검사의 이름과 내용을 설명한 참고문헌으로는 Mental Measurement Yearbook, Test Critiques, Tests in Print, ETS Test Collection 등이 있다.

Mental Measurement Yearbook(MMY)은 미국 네브래스카 대학의 The Buros Institute of Mental Measurements에서 2년에 한 번씩 개정하여 발간하는데 미국 내에서 사용되고 있는 모든 표준화 검사를 수록하고 있다. 만약 성격검사에 어떤 검사도구가 있는지를 알고자 할 경우에는 personality를 찾아보면 지금까지 사용되었던 모든 표준화 검사가 망라되어 있다.

Test Critiques는 심리학, 교육학, 경영학에서 사용되는 검사에 대한 정보를 수록하고 있으며, 검사도구의 소개, 세부적 설명 그리고 실용적 적용 등의 내용을 담고 있다. 또한 검사대상, 검사시행, 채점방법, 해석방법에 대해서 설명하고 있으며 신뢰도와 타당도에 대해서도 언급하고 있다. Test Critiques도 검사이론, 검사제작회사, 검사제작자에 의하여 검사도구를 찾을 수 있다.

Tests in Print 역시 네브래스카 대학의 The Buros Institute of Mental Measurements에서 발간한 참고 목록으로 Tests in Print Ⅷ(2011)가 간행된 상태다. Tests in Print Ⅷ은 교육과 관련된 4,000개 이상의 상업용 검사를 수록하고 있다. MMY와는 달리 상업용 검사를 총망라하여 현재 구입 가능 여부와 가격 등에 대한 정보를 포함하고 있다. 이상의 검사도구에 대한 참고문헌의 보다 상세한 내용은 제9장을 참고하기 바란다.

국내 검사에 대한 목록집으로는 서울대학교 사범대학 교육문제연구소에서 1997년 발간한 『**한국교육심리검사총람**』이 있다. 1부와 2부로 구성되어 있고, 2부에 표준화 검사에 대한 정보를 기록하고 있다. 자세한 내용은 제9장 표준화 검사에서 설명한다.

고려대학교 부설 행동과학연구소에서는 창립 30주년 기념사업으로 『심리척도 핸드북』을 발간하였다. 이 책에서는 국내의 심리학 박사학위 논문에 사용된 척도들을 중심으로 심리학 연구에 많이 이용되는 심리척도를 소개하고 있으며, 각 척도의 목표, 개발 과정, 척도의 내용 및 채점방법, 신뢰도와 타당도, 척도의 출처, 원판의 출처, 척도를 사용한 국내 연구목록 등을 수록하고 있다. 1999년에 발간된 1집에서는 척도들을 9개 영역으로 분류하여 지능검사를 중심으로 한 능력검사, 성격검사를 중심으로 한 인성검사, 상황검사, 자아개념검사, 스트레스 질문지, 정서 질문지, 상담척도, 정신병리검사, 태도 척도 등을 소개하고 있다. 한편, 2000년에 발간된 2집에서는 사회 및 성격심리학, 발달심리학, 임상심리학, 상담심리학, 산업 및 조직심리학, 교육심리학 등 6개 영역으로 분류하여 소개하고 있다.

④ 컴퓨터에 의한 문헌 검색

연구의 목적은 기존의 이론을 확인하거나 새로운 사실을 발견하는 것이다. 그러므로 연구자는 새로운 연구를 위하여 항상 최신의 이론에 접할 수 있어야 한다. 현대사회에서 컴퓨터의 발전은 지식의 정보화를 촉진하였으며, 새로운 지식을 쉽게 공유하게 하였다. 따라서 연구자는 연구에 필요한 문헌들이 어디에 있고 어떻게 참고할 수 있는지 컴퓨터를 이용하여 손쉽고 빠르게 알아낼 수 있다. 그러므로 연구자는 연구를 위하여 필요한 참고문헌을 컴퓨터를 통하여 검색하는 방법에 익숙해져야 한다.

컴퓨터를 이용하여 자료를 검색하고자 할 때 도움이 될 만한 국내외의 주요 사이트와 제공되는 자료의 특징들에 대해 간단히 요약하면 〈표 5-1〉과 같다.

〈표 5-1〉 교육분야와 관련된 국내외 주요 자료 검색 사이트

기관명(웹사이트)	특징
학술연구정보서비스 (https://www.riss.kr)	• 전국 대학이 생산·보유하는 학술 자료 제공 • 국내·국외 학위논문 및 학술지 논문, 27종의 주요 해외 학술 데이터베이스 자료, 국내·국외 공개 강의 동영상 및 강의 자료 제공 * 검색 가능 자료: 학술지 18만여 종, 국내 학술지 논문 600만여 편, 해외 학술지 논문 5,420만여 편, 학위논문 200만여 편, 연구보고서 26만여 권, 단행본 94만여 권, 공개강의 16만여 건 등 • 일본 대학, 중국 대학, 스페인 국립도서관, 프랑스 국립도서관에 소장되어 있는 학술 자료 제공
국가전자도서관 (https://www.dlibrary.go.kr)	• 국내 주요 도서관의 데이터베이스를 연계하여 자료 제공 * 연계 기관: 국립중앙도서관, 국방전자도서관, 국회도서관, 농촌진흥청, 농업과학도서관, 법원도서관, 한국과학기술원도서관, 한국과학기술정보연구원, 한국교육학술정보원
국회도서관 (https://www.nanet.go.kr)	• 석·박사학위, 국내 학술 잡지, 세미나 자료, 정기간행물 원문 데이터베이스 구축 • 단행본, 국내 정부 간행물, 신문 검색 목록과 외국 학술 잡지 색인 제공
디비피아 (https://www.dbpia.co.kr)	• 8개 분야(인문학/사회과학/자연과학/공학/의약학/농수해양학/예술·체육/복합학)의 총 2,000개 이상의 기관에서 발행하는 4,000여 종의 저널을 데이터베이스화하여 230만여 편의 학술논문 제공 • APA, MLA, 국내 대표 학회의 인용 양식 제공 • 열람 논문, 검색키워드 등에 대한 빅데이터 분석을 통해 이용자의 연구에 필요한 학술자료 추천

한국학술정보(주) (https://kiss.kstudy.com)	• 1,330여 개의 학회에서 발행된 3,320여 종의 학회지를 데이터베이스화여 143만여 편의 논문 제공 • 공공기관의 국가 지식과 국가, 공공기관, 지방자치단체의 공공저작물 제공 • 사회적으로 이슈가 되는 주제를 다룬 논문과 기간별 인기 검색 논문 정보 제공
스콜라(학지사, 교보문고) (https://scholar.dkyobobook.co.kr)	• 교보문고 스콜라와 학지사 뉴논문 서비스 통합 • 국내 380여 개 학회 및 연구소에서 발행하는 학회지 및 연구 간행물 22만여 편을 원문 데이터베이스로 구축하여 서비스 • 공공기관과 제휴하여 800여 개 학회 및 연구소의 논문 150만여 편에 대한 검색 기능 제공
학술교육원 (https://www.earticle.net)	• 국내 저작물의 온라인 통합 전자저널 데이터베이스 구축 • 600개 이상의 기관에서 발행하는 900여 건의 간행물 제공
교육부 (https://www.moe.go.kr)	• 교육정책 자료 및 관련 보도자료, 기사 제공 • 기관 보고서와 간행물 자료 제공 • 해외 교육 동향 자료와 대학입시 관련 자료 제공
한국교원대학교 교육연구 정보서비스 (https://eris.knue.ac.kr)	• 교육학 및 교과교육 분야의 문헌 데이터베이스 구축 및 제공
한국교육개발원 (https://www.kedi.re.kr)	• 한국교육개발원 주요 연구사업에 대한 연구보고서 제공 • 학술지 『한국교육』, 『교육개발』, 『KJEP』 원문 제공 • 해외 교육 동향, 국내 정책 및 입법 동향 자료 제공
한국교육과정평가원 (https://www.kice.re.kr)	• 한국교육과정평가원 주요 연구사업에 대한 연구보고서 제공 • 교육 관련 세미나 자료 제공 • 기관지 『교육광장』, 학술지 『교육과정평가연구』 원문 제공

ProQuest (https://www.proquest.com)	• 전 세계의 학위논문, 학술지, 신문, 45만 권 이상의 전자책 제공
Institute of Education Sciences (https://eric.ed.gov)	• 미국 교육부 산하 Education Resources Information Center에서 제공하는 교육 정보 데이터베이스 • RIE(Resources in Education), CIJE(Current Index to Journals in Education)의 두 색인집을 기초로 교육학 저널 및 보고서에 관한 색인 및 초록 제공
EBSCOhost Electronic Journals Service (https://ejournals.ebsco.com)	• 19개 분야 전자 저널 컨소시엄 저널에 대한 통합 검색 기능 및 원문 제공 • 7,500개 이상의 기관에서 발행하는 3만여 종의 저널 제공
Library of Congress (https://www.loc.gov)	• 세계에서 규모가 가장 큰 도서관으로 1억 6천만 여 건의 책, 녹음, 사진, 신문, 지도 및 학술논문 등을 소장. 전 세계에서 수집한 470여 개의 언어로 된 책과 인쇄물 소장
Google Scholar (https://scholar.google.com)	• 다양한 분야의 출판사, 학회, 대학, 기타 학술단체 등에서 제공하는 학위논문, 학술논문, 서적, 초록 등 제공
Web of Science (https://clarivate.com/products/web-of-science)	• ISI에서 선정한 과학기술, 사회과학, 예술 및 인문학 분야의 저널에 수록된 문헌의 서지 정보 및 인용 정보 제공

연 ◇ 습 ◇ 문 ◇ 제

1. 다음 단어를 설명하라.

　1차 자료

　2차 자료

　ERIC

　Thesaurus of ERIC Descriptors

　RIE

　CIJE

　Subject Index

　Main Entry Section

　Document Resume

　Encyclopedia of Educational Research

　Education Index

　Psychological Abstracts

　Mental Measurement Yearbook

　Test Critiques

　Tests in Print

2. 연구를 위하여 문헌연구가 중요한 이유를 설명하라.

3. 문헌연구 절차를 기술하라.

4. 문헌연구 절차에 의하여 문헌을 찾고 요약·정리하여 보관한 파일을 제출하라.

5. RIE로 참고문헌을 찾아 요약·정리하여 파일을 제출하라.

6. CIJE로 참고문헌을 찾아 요약·정리하여 파일을 제출하라.

7. RIE와 CIJE의 다른 점을 설명하라.

8. Education Index에서 논문을 찾아 요약·정리하여 파일을 제출하라.

9. Psychological Abstracts에서 논문을 찾아 요약·정리하여 파일을 제출하라.

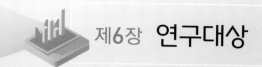

제6장 연구대상

연구대상의 선정은 연구결과의 타당성을 결정하는 요인이 된다. 조사연구에서는 연구대상이 되는 표본이 모집단을 대표하는지의 여부가 연구결과의 외현적 타당성을 결정하며, 실험연구에서는 처치가 시작되기 전 실험집단과 통제집단의 시발단계가 같았는지의 여부가 연구의 내재적 타당성을 결정한다. 이 장에서는 모집단, 표본, 표집, 표집방법 그리고 무선할당에 대하여 설명한다.

① 모집단

모집단(population)이란 연구의 대상이 되는 전체를 말한다. 예를 들어, 고등학교 3학년 학생들의 수학능력에 대한 학업성취도 연구에서는 고3 학생 전체가 모집단이 된다. 연구의 모집단은 일반적으로 광범위하기 때문에 모집단 전체를 대상으로 연구를 하기는 어렵다. 모집단을 연구대상으로 하면 시간과 경비가 문제시될 뿐만 아니라 시간이 너무 많이 걸리므로 모집단이 변화될 수도 있기 때문이다. 예를 들어, 우리나라 고등학교 3학년 학생들의 직업에 대한 가치관을 분석하고자 할 때 전국의 학생들을 대상으로 연구를 한다면 연구가 진행되는 도중에 연구대상이 고등학교를 졸업할 수 있다는 것이다. 이와 같이 모집단의 속성 변화와 현실적인 문제 등으로 인하여 표본을 추출해서 연구를 실시하게 된다.

연구의 대상인 모집단이 가지고 있는 속성을 **모수치**(parameter)라고 하고, 평균은 μ, 표준편차는 σ로 표기한다. 연구는 일반적으로 모집단의 속성을 추리하는 것이기 때문에 모집단의 속성에 대해 관심을 기울여야 한다.

② 표 본

모집단을 연구의 대상으로 하는 것이 실질적으로 불가능하기 때문에 모집단을 대표하는 표본을 대상으로 연구를 하게 된다. **표본**(sample)이란 모집단을 대표하여 추출된 일군의 대상을 말한다. 우리는 흔히 물건을 구입하거나 사용하기 전에 견본 혹은 표본(sample)을 보내 달라고 한다. 이는 어떤 제품을 대표하는 견본이나 그 일부를 보내 달라는 이야기로 표본을 의미하는 것이다.

표본은 연구의 직접적 대상이므로 표본의 속성을 알기란 어렵지 않다. 표본의 속성을 **추정치**(estimate) 혹은 **통계치**(statistics)라고 하며 평균은 $\overline{X}$로, 표준편차는 s로 표기한다. 표본의 속성을 추정치라고 하는 이유는 표본의 속성을 이용하여 모집단의 속성을 추정하기 때문이다.

③ 표 집

표집(sampling)이란 모집단에서 표본을 추출하는 과정을 말한다. 표집방법에 따라 표본이 모집단을 대표하느냐가 결정되므로 표집방법의 선정에 세심한 주의를 기울여야 한다. 표집과 관계되는 용어로 표집단위, 표집목록 혹은 표집틀, 표집오차, 표본의 크기 등이 있다.

표집단위(sampling unit)란 모집단에서 추출되는 표본의 단위를 말한다. 표집단위는 개인이 될 수도 있고, 학급이나 학교가 될 수도 있다. 예를 들어, 서울 시내 유치원 교사들의 교직에 대한 만족도를 조사할 때 교사가 표집단위가 될 수도 있으며 유치원이 표집단위가 될 수도 있다.

표집목록(sampling frame)은 표집단위의 목록으로 표집틀이라고도 한다. 표집목록의 예로는 학회 회원 연명부, 전화번호부, 학교명 일람 등을 들 수 있다. 표집방법을 결정하기 전에 표집목록이 있는지, 어떤 종류의 목록인지를 밝히는 작업이 중요하다.

표집비율(sample fraction)은 모집단의 표집비율, 즉 모집단의 얼마만큼이 표집되었는가를 말한다.

표집오차(sampling error)란 표집하는 과정에서 발생하는 오차로서, 표본 평균과 모집단 평균의 차이를 말한다. 만약 표본 평균이 모집단의 평균과 같다면 이는 표집이 완벽하게 이루어졌다는 것을 의미하고, 표본 평균이 모집단의 평균과 차이가 크면 표집오차가 커지며 이는 표집이 잘못되었음을 의미한다.

표본의 크기(sample size)는 표본의 사례 수를 말한다. Permute와 Michael 및 Joseph(1976)은 표집의 정확성을 판단하는 기준으로 모집단의 정확한 규명, 표집방법의 구체화, 표집목록의 규명, 표본의 모집단에 대한 비율 등을 들고 있다.

④ 표집방법

모집단에서 표본을 추출하는 방법은 여러 가지가 있으며, 단순무선표집, 계통적 표집, 층화표집, 군집표집, 층화군집표집, 비율표집 등이 대표적이다.

118 제6장 연구대상

1) 단순무선표집

(1) 정 의

단순무선표집(simple random sampling)이란 모집단의 모든 구성원이 표본으로 추출될 확률이 같고, 하나의 구성원이 추출되는 사건이 다른 구성원이 추출되는 것에 영향을 주지 않는 독립적인 표집방법을 말한다. 즉, 단순무선표집의 특징은 동일 확률과 독립성이라고 할 수 있다. 예를 들어, 1,000명의 모집단에서 50명으로 구성된 표본을 추출하고자 할 때 1,000명의 모집단 구성원이 표본에 뽑힐 확률은 1/1000로 동일하고, 한 대상의 추출이 관련된 다른 대상의 추출에 영향을 주지 않는 것을 말한다. 단순무선표집을 단순무작위표집이라고도 한다.

(2) 방 법

단순무선표집을 하는 방법으로는 난수표를 이용하거나 제비뽑기를 하는 방법이 있으며 난수표는 [부록 3]과 같다. **단순무선표집의 절차**는 다음과 같다.

첫째, 모집단을 선정하여 모집단 전체의 수와 표본의 크기를 정한다.
둘째, 모집단 구성원에게 1번부터 N번까지 번호를 부여한다.
셋째, 난수표의 한 지점을 연구자 임의로 선정한다.
넷째, 그 지점에서 표집을 위한 난수(random number)를 추출한다. 단, 난수표에서 선정된 번호가 N보다 크면 다음 난수를, 작으면 해당 번호를 추출한다.
다섯째, 그다음 난수를 추출하기 위하여 이동할 방향을 정한다. 난수 추출을 위한 이동 방향은 상하좌우 어느 방향이든 관계가 없으나 일관성을 유지해야 한다.
여섯째, 표본의 크기가 채워질 때까지 난수 추출 작업을 반복한다.

일곱째, 난수표의 난수가 N보다 크거나 중복되면 버리고, N보다 작으면 추출한다.

여덟째, 표본의 크기가 채워지면 표집을 완료한다.

어느 회사에 입사한 신입사원 1,500명 중 100명의 신입사원에게 회사의 이미지를 물으려고 할 때 단순무선표집을 실시할 수 있다. 우선 신입사원 연명부에 1번부터 1,500번까지 번호를 부여한 다음 난수표의 한 지점을 설정한다. 예를 들어, [부록 3]의 난수표 두 번째 줄과 두 번째 칸이 교차하는 지점의 난수는 3407이다. 이 난수는 모집단의 번호에 해당되지 않으므로 버리고, 다음 난수를 보면 4557이므로 이것 역시 버린다. 그다음 번호인 0205는 신입사원 연명부에 있는 번호이므로 추출한다. 그다음 난수인 0532, 0352, 1490, 3980에 의하여 표본을 계속 추출한다. 만약 동일한 신입사원의 번호가 나올 경우에는 버리고 다른 번호를 추출한다. 이런 과정을 계속하여 100명의 신입사원이 추출되면 단순무선표집을 종료한다.

(3) 장단점

단순무선표집의 장점은, 첫째, 모집단에 대한 사전지식이 없을 때 간단히 사용할 수 있으며, 둘째, 모집단의 층화에서 발생하는 오차가 없고, 셋째, 표집오차 계산이 용이하다는 점을 들 수 있다. 반면 **단점**은 표집틀이 없으면 표집이 불가능하고, 만약 모집단이 어떤 특성에 의하여 층화되어 있다면 표집오차가 증가될 수 있다는 점이다.

2) 계통표집

(1) 정 의

계통표집(systematic sampling)이란 모집단의 표집목록에서 일정한 간격을 두고 연구대상을 추출하는 표집방법으로 k번째 1이라는 법칙이 적용된다.

표집목록에 일련번호를 부여한 다음 한 번호를 선정하고 k번째를 뛰어넘어 표집하는 방법을 말한다.

(2) 방 법

k번째 1의 법칙이 적용되므로 모집단에서 표본을 추출할 때 표본의 크기를 고려하여 전 모집단의 대상이 표본에 추출될 수 있도록 k를 결정한 후, 특정 일련번호를 추출하고 k번째마다 대상을 추출한다. 예를 들어, 100명의 수강생 중 10명에게 질문지를 배부하고자 한다면 출석부에서 2번 학생을 추출한 다음 10번 간격으로 학생을 추출하면 2, 12, 22, 32, 42, 52, 62, 72, 82, 92번의 학생 10명으로 구성된 표본이 만들어진다.

(3) 장단점

계통표집의 장점은 쉽고 빠르다는 것이다. 단점은 모집단의 표집틀이 무선적으로 배열되어 있지 않을 경우 특정집단이 상대적으로 많이 추출되어 모집단을 대표하지 못한다는 것이다. 또한 첫 번째 추출된 연구대상으로부터 k번째 대상이 계속 표집되므로 표본이 비독립적이다.

3) 층화표집

(1) 정 의

층화표집(stratified sampling)이란 모집단 안에 동일성을 갖는 여러 개의 하위집단이 있다고 가정할 때 모집단을 속성에 따라 계층으로 구분하고 각 계층에서 단순무선표집을 하는 방법을 말한다. 모집단이 어떤 속성에 의하여 여러 층으로 나뉠 수 있다는 것은 이론적 · 경험적 배경에 의하여 알게 된다. 예를 들어, 부부의 재산 공유권에 대한 의견을 서울시에 거주하며 결혼한 30대 성인에게 묻고자 할 때 연구자가 이론적 · 경험적 지식에 의하여 성별에 따라 의견이 다를 것이라고 생각한다면 모집단을 남녀로 나누어 층화표집을 실시하는 것이 타당하다. 또한 어떤 교육제도 개혁에 대한 교사들의 의견을 묻고자 할 때 교사들이 근무하는 학교의 형태에 따라서 의견이 다를 수 있으므로 국립, 공립, 사립학교 교사로 모집단을 층화하여 표집을 하면 모집단을 보다 잘 대표하는 표본을 추출할 수 있다.

(2) 방법

확실한 정보에 의하여 모집단을 계층으로 분류하고 각 계층에서 필요한 표본 수만큼의 표본을 추출한다. 각 계층에서 표집할 때 단순무선표집 혹은 계통적 표집을 실시할 수 있으나 계통적 표집은 단순무선표집의 대안이므로 일반적으로 단순무선표집을 실시한다.

계층을 나누는 정보가 2종류 이상이면 계층을 2가지 이상의 수준으로 확장시킬 수 있다. 예를 들어, 학교의 유형과 성별을 고려하여 계층을 분류하였다면 이와 같은 표집을 **2단계 층화표집**(two-stages stratified sampling)이라고 한다.

층화표집에서도 각 계층 간에 동일한 표집비율을 적용하여 표집하는 **비율층화표집**(proportional stratified sampling; proportional allocation)이 있고, 비율을 적용하지 않고 일정 크기의 표본을 추출하는 **비비율층화표집**(non-proportional stratified sampling; equal allocation)이 있다. 예를 들어, 통일대학에 재학하는 학생들을 대상으로 학교에 대한 만족도를 연구할 때 각 단과대학별로 학생들이 대학에 대해 느끼는 만족도는 다를 것이라 생각하여 층화표집을 실시할 수 있다. 이때 단과대학별로 학생 수가 다르다면 단과대학별 학생 수를 고려하여 각 단과대학 학생의 10%를 추출하여 연구를 실시할 수 있다. 이를 비율층화표집이라고 한다. 반면에 각 단과대학별로 일정 수의 학생을 일률적으로 추출하는 경우, 이를 비비율층화표집이라고 한다.

(3) 장단점

층화표집의 장점은, 첫째, 층화에 대한 정보가 확실하고 표집이 정확하면 표본의 추정치가 정확하다는 것이다. 즉, 모집단의 모수치를 잘 대표할 수 있다는 것이다. 둘째, 계층으로 분류된 하위집단의 특성을 알 수 있다. 계층 간에 서로 다른 견해를 가지고 있을 가능성이 크므로 계층간 집단비교가 가능하다. 셋째, 각 계층에서 표본을 추출하는 것이 용이할 수 있다. 각 계층에 따른 표집틀이 있다면 표집이 용이하다.

단점은, 첫째, 계층을 분류하는 정보가 확실하지 않으면 표집의 오류 때문에 표본의 속성이 모집단의 속성을 대표하지 못한다는 것이다. 계층에 대한 정보가 확실하지 않은 경우에는 단순무선표집이나 다음에 설명할 군집표집을 하는 것이 더 바람직하다. 둘째, 계층간 표집틀이 정리되어 있지 않으면 표집에 많은 시간이 소요된다. 모집단의 표집틀은 있으나 계층간 표집틀이 없다면 모집단의 표집틀을 계층 정보에 의하여 계층간 표집틀로 만드는 작업이 선행되어야 하므로 많은 시간이 소요된다. 이와 같은 단점이 있으나 계층간 정보가 확실하다면 계층간 표집틀을 만드는 데 시간이 소요되더라도 층화표집을 하는 것이 바람직하다.

4) 군집표집

(1) 정 의

군집표집(cluster sampling)은 개인이나 요소가 아닌 집단을 표집단위로 하는 표집방법이다. 군집표집에서는 개인을 대상으로 하는 것이 아니라 어떤 집단에 속한 구성원들을 대상으로 하기 때문에 집단을 추출한다는 것이 특징이다. 따라서 군집표집을 집락표집 혹은 덩어리 표집이라고도 한다. 군집은 층화와는 달리 군집간 속성이 서로 유사하다.

(2) 방법

모집단을 군집으로 나눈 다음 무선표집에 의하여 군집을 추출한다. 군집표집은 표집틀의 사용이 어려울 경우 연구대상이 되는 요소들로 구성된 집단을 추출하는 것이다. 예를 들어, 서울시 고등학교 3학년 남학생들의 체형 변화에 관심이 있어서 체중을 추정하고자 할 때 모집단의 표집틀을 구하기가 용이하지 않다. 그러므로 서울시에 소재한 각 학교를 군집으로 설정하고 단순무선표집으로 학교를 추출하면 고등학교 3학년 학생들을 대표하는 표본이 추출된다. 이와 같이 한 수준에서 이루어지는 군집표집을 **1단계 군집표집**(one stage cluster sampling)이라고 한다.

앞의 표집에서 해당 학교 3학년 학생을 모두 표집하지 않고 많은 학교에서 한 학급씩을 추출한다면 이는 군집이 두 차원에서 이루어지는 것이다. 첫 단계는 학교이고, 다음 단계는 학급이다. 이를 **2단계 군집표집**(two-stages cluster sampling)이라고 한다. 이와 같이 여러 단계에 걸친 군집표집을 **다단계 군집표집**(multi-stage cluster sampling)이라고 한다.

(3) 장단점

군집표집의 장점은, 첫째, 표집목록 사용이 원활하지 않을 경우에도 실시가 용이하며, 둘째, 표집단위가 집단이므로 쉽게 표본을 만들 수 있어서 시간과 경비를 절감할 수 있고, 셋째, 모집단의 특성에 대한 사전지식이 없을 때에도 사용이 가능하며, 넷째, 표집오차 계산이 용이하다는 것이다.

단점은 군집표집에서 소수의 군집을 추출할 경우 표집오차가 클 수 있다는 것이다. 그러므로 군집표집을 실시할 경우 모집단을 대표하는 표본을 얻으려면 많은 수의 군집을 표집해야 한다. 이를 위하여 군집의 크기를 작게 하거나 다단계 군집표집을 하는 것이 바람직하다.

5) 층화군집표집

(1) 정 의

층화와 군집 사이의 차이는 〈표 6-1〉과 같다.

〈표 6-1〉 층화와 군집의 차이

	층화표집	군집표집
간	이질적	동질적
내	동질적	이질적

층화는 모집단을 어떤 특성에 따라 하부집단으로 나누는 것이므로 계층 간은 이질적이다. 그러나 계층 내의 속성은 유사하므로 계층 내는 동질적이다. 반면 군집은 표집의 편이를 위하여 모집단을 여러 개의 군집으로 나눈 것이므로 군집 간은 서로 유사하다. 그러나 군집 내에는 매우 다양한 요소가 존재하고 있으므로 군집 내는 이질적이다.

층화군집표집(cluster sampling with stratification)은 모집단을 어떤 속성에 의하여 계층으로 구분하고 그 후 표집단위를 개인이 아니라 집단으로 하여 표집하는 방법이다. 교육개혁에 대한 교사들의 의견을 조사한다고 할 때, 초등학교, 중학교, 고등학교 교사들이 각기 다른 특성을 지니고 있다고 생각하여 먼저 초·중·고등학교로 계층을 나누고 그다음 학교를 표집단위로 하여 표집을 한다면, 이는 층화군집표집을 하는 것이며 [그림 6-1]과 같다. 또 각급 학교 수준에서 학교와 해당 학교의 학급을 표집할 수도 있으며, 초·중·고등학교 수준에서 국·공립으로 층화하고 학교를 군집으로 하여 표집할 수도 있다.

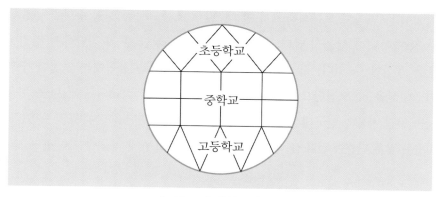

[그림 6-1] 층화군집표집

(2) 방 법

모집단의 속성상 층화표집을 할 필요가 있다면 계층으로 분류한다. 모집
단의 속성에 따라 다단계로 층화할 수도 있다. 그다음 계층에 있는 집단들을
군집으로 분류한다. 그리고 나서 각 계층에서 필요한 표본의 크기를 충족시
킬 수 있는 만큼의 군집을 추출한다. 이때 각 계층과 각 군집에 해당하는 대
상 수를 고려하여 표집을 실시해야 필요한 수만큼의 연구대상을 확보할 수
있다.

(3) 장단점

층화군집표집의 장점은 표본이 모집단을 대표하기가 용이하다는 점이다.
층화군집표집은 연구자가 모집단의 속성을 잘 알 때 실시할 수 있다. 단점은
계층의 정보가 정확하지 않으면 표집오차가 크게 발생하게 된다는 것이다.
또 표집에 드는 시간과 경비가 늘어나며 표집과정이 다소 복잡할 수 있다.

6) 비율표집

비율표집(proportional sampling)은 모집단의 크기를 고려하여 모집단의
일정 비율을 표본으로 표집하는 방법이다. 예를 들어, 서울시 초등교사의 교

직에 대한 만족도를 분석하고자 할 때, 남녀 초등교사를 일정 수만큼 추출하는 것이 아니라 서울시 남녀 초등교사의 수를 파악한 후 각 집단에서 일정비율을 표집할 수 있다. 각 모집단의 수에 차이가 없을 경우에는 동일한 수의 연구대상을 각 모집단으로부터 추출해도 되나, 각 모집단의 수가 다를 경우에는 일정 비율의 연구대상을 추출하는 것이 보다 모집단을 잘 대표할 수 있다. 비율표집은 단순무선표집, 층화표집, 군집표집 모두에 적용이 가능하다.

7) 지원자 표집

표집에 의하여 연구를 실시할 때, 연구에 참여하는 것을 거부하는 연구대상이 나타날 수 있다. 또 만약 법적·윤리적 문제 때문에 연구대상의 동의를 필요로 하는 연구라면 지원자로 연구를 실시할 수밖에 없다. **지원자 표본**(volunteer samples)이란 연구의 목적에 동의하는 연구대상집단을 말한다.

지원자 표본에 의한 연구는 표집오차를 발생하게 하므로 연구결과를 모든 연구대상에게 일반화하지 못한다는 제한점을 지니고 있다. 그러나 연구 실시가 어려운 연구는 지원자를 통하여 연구결과를 얻을 수밖에 없다. 지원자 표본에 의한 연구는 의학, 생리학, 약학, 체육학 등에서 주로 사용된다. 지원자 표본에 의한 연구의 표집오차는 연구대상 중 지원자의 비율로 표기한다. 연구의 목적이 본래 지원자에 의하여 연구를 실시하는 것이었다면 지원자 표본비율이 높을수록 표집오차가 줄어든다. 그러므로 지원자에 의하여 실시될 연구인지를 먼저 결정한 다음 표집오차를 추정해야 한다. Rosenthal과 Rosenow(1975)는 연구 지원자와 비지원자의 비교연구에서 지원자가 비지원자에 비해 상대적으로 학력, 사회계층, 지적 수준이 높다고 밝히고 있다.

8) 목적표집

무선표집이나 무선할당이 연구의 목적과 부합하지 않는 경우가 있다. 예

를 들어, 특정 항암제의 효과에 대한 연구를 실시할 때 아무나 연구의 대상
이 될 수는 없으며 암환자가 연구대상이 되어야 한다. **목적표집**(purposeful
sampling)이란 연구의 목적을 위하여 연구자가 의도적으로 표집하는 것을 말
한다. 그러므로 목적표집을 유의표집 혹은 판단표집(judgemental sampling)
이라고 한다.

연구의 특정한 목적을 위하여 연구의 목적에 부합하는 표본을 추출하여
연구를 진행하는 예로 역사연구나 인류학연구를 들 수 있다. 이러한 질적연
구는 특정한 연구목적이 있으며 연구의 결과를 일반화하지 않기 때문에 연
구대상이 되는 특정 연구대상이나 특정 지역, 특정 사건을 추출하여 연구를
진행하게 된다.

목적표집을 위하여 연구자는 표집의 대상에 대해서 구체적으로 알고 있
어야 하고 논리적 사고에 의하여 연구대상을 표집해야 한다. 또한 연구결과
를 일반화하는 데 제한점이 있음을 인식하고 연구결과의 적용범위를 제한해
야 한다.

9) 편의표집

편의표집(convenience sampling)이란 연구의 편의상 연구대상을 임의로 선정
하는 방법을 말한다. 예를 들어, 대학가 주변의 문화에 대한 의견 조사를 실시
할 때 특정 거리에서 왕래하는 사람들에게 의견을 묻는 방법이나 쉽게 접촉
할 수 있는 강의실에서 연구대상을 얻는 방법을 말한다.

목적표집이나 편의표집 모두 확률의 개념을 사용하지 않기 때문에 연구
결과를 일반화하는 데 제한점이 따른다. 두 표집방법에 의한 연구대상 추출
이 모집단을 대표한다는 보장이 없기 때문에 연구결과의 외현적 타당성을
얻기가 쉽지 않다.

⑤ 무선할당

1) 정 의

연구에서 모집단을 대표하는 표본을 추출하여 연구를 실시할 수 없는 경우가 있다. 예를 들어, 실험연구의 경우 연구대상이 되는 학생들을 전국에서 무선표집하여 연구를 실시하기란 불가능하다. 이를 위하여 단순무선표집, 계층표집, 층화표집, 군집표집과는 다른 연구대상 선정방법이 필요하다.

무선할당(random assignment)이란 모집단에서 표본을 추출하는 일이 불가능할 때 모집단의 일부를 도려내어 연구대상을 연구집단에 할당하는 방법을 말한다. 이를 **확률화**(randomization)라고도 하며 [그림 6-2]와 같다.

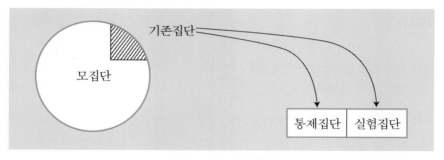

[그림 6-2] 무선할당

모집단에서 연구대상 전체를 무선으로 표집하는 것이 불가능하므로 모집단의 일부를 선택한다. 이를 **기존집단**(intact group)이라고 하며, 기존집단의 선정이 표집에 있어서 중요한 관건이 된다. 예를 들어, 중산층 유아들에게 다른 교수법을 실시하여 문해적 이해에 차이가 발생하는지를 연구한다면 모집단이 중산층의 유아가 된다. 중산층 유아들을 연구하기 위하여 중산층이 살고 있는 지역의 유치원 중 연구자가 알고 있는 유치원의 유아들을 연구대

상으로 연구를 선정할 수 있다. 이때 연구대상이 되는 유아집단을 기존집단
이라고 한다.

2) 방 법

연구대상의 모집단이 설정되면 모집단을 대표하는 기존집단을 선정한다.
기존집단이 모집단을 대표하지 못하면 연구의 타당성이 결여되므로 주의를
기울여야 한다. 기존집단을 추출하여 연구집단에 할당하는 방법으로는 단
순무선표집, 대응집단, 균형집단 등의 방법이 있다.

(1) 단순무선표집

기존집단의 구성원들에 대한 표집틀을 만든 다음, 피험자들을 통제집단
과 실험집단에 단순무선표집으로 할당할 수 있다. 이는 무선적으로 피험자
들을 각 집단에 할당할 때 확률적으로 집단 간의 유사성이 보장된다고 가정
하기 때문이다.

(2) 대응집단

대응집단(matching group)이란 모집단에서 선정된 기존집단 구성원들의
특성을 분석하여 각 집단에 균등하게 할당하는 방법이다. 다시 말해서 어떤
속성을 측정하는 검사를 실시하거나 주어진 사전 정보에 의하여 피험자들에
게 [그림 6-3]과 같이 서열을 부여하고 지그재그로 피험자들을 각 집단에 할
당하면 동일한 피험자들이 각 집단에 고르게 할당되어 각 집단의 동일성이
보장된다고 보는 것이다.

예) 교수법에 따른 학습효과
　　→ 모집단에서 여러 가지 표집방법을 사용하여 연구대상 30명 추출

	전통적 방법	시청각 방법	컴퓨터 방법
1	1	2	3
2	6	5	4
3	7	8	9
4	⋮	⋮	⋮
⋮	25	26	27
30	30	29	28

⇒ 실험처치 전에 초기단계를 같게 하는 것

[그림 6-3] 지그재그법에 의한 대응집단 구성

이와 같이 지그재그로 피험자를 할당하는 이유는 세 집단의 속성을 유사하게 만들기 위해서다.

(3) 균형집단

균형집단(balancing group)이란 모집단에서 된 기존집단을 구성원의 특성에 따라 각 집단에 할당하는 것이 아니라 유사집단들을 실험연구의 각 집단에 배정하는 방법이다. 예를 들어, 어떤 학교를 기존집단으로 선정한 후 해당 학교의 각 학급 특성을 분석하여 그 특성이 유사한 집단을 통제집단과 실험집단에 각각 배정할 수 있다.

대응집단이나 균형집단 등의 방법으로 무선할당방법을 구체화하는 것은 실험이 시작되기 전 각 집단의 초기단계를 같게 하기 위해서다. 초기단계가 같아야만 나중에 연구결과 사후비교의 타당성이 보장되기 때문이다. 연구에 영향을 주는 처치변수 이외의 변수를 통제하기 위하여 대응집단과 균형집단의 방법을 사용할 수 있다. 이상의 두 방법은 실험설계에 의하여 매개변수를 통제하는 방법이며, 매개변수의 영향을 제거하기 위한 통계적 방법으로는 공분산분석이 있다. 매개변수를 실험설계와 통계적 방법에 의하여 통제하는 방법은 제16장을 참조하기 바란다. 무선할당에서 가장 관건이 되는

것은 기존집단이 모집단을 대표하느냐이며, 모집단을 대표하지 못할 경우에는 연구의 외현적 타당성이 결어된다.

Wiersma(1995, p. 285)는 표집에 있어서 단순무선표집과 무선할당의 차이를 [그림 6-4]와 같이 설명하고 있다.

단순무선표집의 경우 무선표집이 제대로 되면 표본이 모집단을 대표하므로 외현적 타당성을 보장받을 수 있으나, 무선할당의 경우는 기존집단이 모집단을 대표하는가를 확인하는 과정 하나를 더 거쳐야 외현적 타당성을 보장받을 수 있다. 그러므로 무선할당의 경우 기존집단이 모집단을 대표하는지를 논리적으로 증명해야 한다.

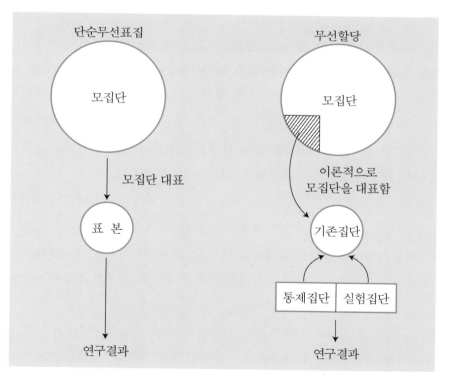

[그림 6-4] 단순무선표집과 무선할당의 비교

6 연구대상 수와 손실

연구대상의 수를 정하는 것은 용이한 일이 아니다. 많은 것이 좋다고 하여 현실적으로 연구대상을 무한히 늘릴 수는 없으므로 가장 효율적인 연구대상의 수를 결정해야 한다. 연구대상 수를 몇 명으로 해야 한다는 데 대한 절대적인 규칙은 없으며, 연구의 종류와 통계적 분석방법에 따라 다소 달라질 수 있다. 보다 전문적인 방법으로는 효과크기(effect size)를 고려하여 연구대상 수를 설정하는 방법이 있는데, 이에 대해서는 Cohen(1988), Kraemer와 Thiemann(1987)을 참고하기 바란다.

Wiersma(1995)는 모집단이 2,000명 이상일 때는 최소한 200명을 표집해야 모집단을 대표할 수 있다고 하였다. 이것은 모집단을 대표하기 위해서는 표집비율이 10%이어야 한다는 것을 의미하지는 않는다. 만약 모집단의 수가 10,000명일 경우에는 표집비율을 낮게 하여도 모집단을 대표할 수 있으며, 만약 모집단의 수가 500명이라면 표집비율을 높게 해야 모집단을 대표할 수 있다. 물론 표본의 수를 많이 하면 연구결과의 통계적 유의성을 확보할 수는 있으나 실제적 유의성에는 영향을 미치지 않는다.

실험연구의 경우, 한 집단에 8, 10, 15, 30명 정도가 적합하나 연구집단이 많을 경우에는 한 집단의 연구대상 수를 적게 해야 한다. 네 집단으로 연구를 할 경우 연구대상을 각 집단에 30명씩 할당한다면, 전체 연구대상의 수는 120명으로 실험연구를 하기에는 너무 많은 수가 되어 연구가 지연되거나 불가능하게 된다. 그러므로 이와 같은 경우 한 집단에 15명 정도를 할당하여 총 연구대상을 60명으로 하는 것이 적절할 것이다. 실험연구에서는 어떤 처치를 가하느냐에 따라 연구대상의 수가 달라질 수 있는데, 복잡한 처치를 가할 경우에는 연구대상의 수를 적게 한다. 실험연구의 연구대상 수는 각 집단당 5명에서 15명 사이가 적합한 것으로 생각된다. 두 집단의 실험연구일 경우에는 한 집단의 피험자 수를 15명 정도로 하는 것이 좋다.

일반적으로 상관연구를 위해서는 30명 이상의 연구대상이 필요하며, 사회조사연구에서는 모집단의 크기와 분석하고자 하는 변수의 수, 그리고 자료 수집 비용에 따라 연구대상의 수가 결정되며, 일반적으로는 100명 이상의 연구대상을 필요로 한다. 요인분석을 실시하기 위해서는 300명 이상의 연구대상이 필요하나 최근에는 요인분석방법의 발전으로 연구대상 수가 줄어도 요인분석이 가능하다.

표본의 손실비율은 연구에 따라 다르나 일반적으로 사회조사연구는 50%, 실험연구의 경우는 10%가 손실된다고 본다. 연구대상의 손실비율은 연구접근방법과 진행방향에 따라 다르게 나타난다.

다시 강조하지만 연구대상 수를 결정하는 절대적인 규칙은 없다. 연구방법, 종류, 연구 가능성, 자료수집 비용, 연구대상의 손실 등을 고려하여 연구대상의 수를 결정해야 한다. 그러므로 사전연구를 하는 것이 연구대상 수를 결정하는 데 도움이 된다.

연 ◇ 습 ◇ 문 ◇ 제

1. 다음 단어를 설명하라.

   모집단

   표본

   표집

   표집단위

   표집목록(틀)

   표집비율

   단순무선표집

   난수표

   층화표집

   군집표집

   층화군집표집

   비율표집

   지원자표집

   무선할당

   대응집단

   균형집단

   목적표집

2. 단순무선표집의 예를 들고, 난수표에 의하여 표본을 추출하라.

3. 층화표집의 예를 들되, 계층을 명확히 밝히고 표집계획을 세우라.

4. 군집표집의 예를 들고 표집계획을 세우라.

5. 층화군집표집의 예를 들고 표집계획을 세우라.

6. 층화표집과 군집표집의 차이점과 각각의 장단점을 설명하라.

7. 층화군집비율표집의 예를 들고 설명하라.

8. 2단계 층화군집표집의 예를 들고 설명하라.

9. 단순무선표집과 무선할당이 연구의 타당성에 어떤 영향을 주는지를 설명하라.

10. 표집이 실시된 연구를 찾아 표집방법의 적절성을 검토하고 수정하라.

제3부

측정 및 검사

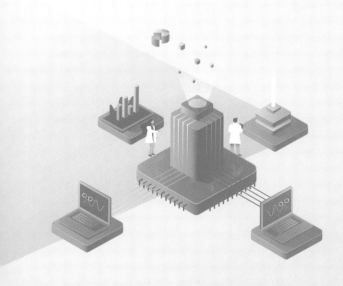

제7장 측정·검사도구

연구자는 연구를 수행하기 위해서 먼저 연구대상의 특성을 알아야 한다. 연구대상의 특성은 연구의 독립변수 혹은 종속변수가 되므로 연구자는 이 변수들을 측정해야 한다. 교육연구를 위하여 측정하는 연구대상의 특성은 가시적인 경우도 있으나, 비가시적인 경우가 대부분이다. 특히 인간을 대상으로 하는 연구는 대부분이 비가시적인 특성을 측정하는 것이다. 이러한 비가시적 특성을 측정하기 위하여 검사도구를 사용한다. 연구가 체계적이고 과학적으로 진행되었다고 하더라도 연구에서 분석하는 변수를 제대로 측정하지 않았다면 기대하는 연구결과를 얻기 어려울 뿐 아니라 연구의 타당성도 잃게 된다.

이 장에서는 측정과 측정을 위한 척도, 측정절차 및 검사와 검사제작 절차를 설명한다.

① 측정의 정의

연구를 통하여 이론을 전개할 때 주관적인 판단을 하는 것은 과학성을 상실하게 하며, 연구결과를 주관적인 언어로 표현하는 것은 의사소통의 문제를 유발시켜 연구결과를 공유하기 힘들게 한다. 개인교수법이 학업성취도를 높인다고 할 때 얼마만큼 높이는지, 학력과 수입이 상관이 있다면 어느 정도의 상관이 있는지를 구체적으로 기록할 필요가 있다. 일반적으로 사물의 특성뿐 아니라 연구결과를 수로 표기할 때 언어적 표현에 따르는 모호성과 막연성을 배제하고 판단에 따르는 실수를 줄일 수 있다. 이처럼 인간이나 사물의 특성을 구체화하기 위하여 수를 부여하는 절차를 **측정**(measurement)이라고 한다.

② 측정절차

연구대상의 변수를 측정하기 위해서는 구체적인 절차가 필요하다. 측정절차가 체계적이고 과학적이라야 수집된 자료가 타당하고 신뢰로울 수 있으며 연구결과도 타당하다. 그러므로 연구자는 연구를 시작하기 전에 무엇을 어떻게 측정해야 하는가를 항상 염두에 두고 연구를 진행해야 한다. 따라서 측정이 불가능한 속성에 대해서는 양적연구를 하기 어렵다. **측정의 일반적인 절차**는 다음과 같다.

첫째, 무엇을 측정할 것인지를 결정한다.
둘째, 어떤 방법으로 측정할 것인지를 결정한다.
셋째, 어떻게 수를 부여할 것인지를 결정한다.

무엇을 측정할 것인가는 연구에서 관심을 가지는 연구대상의 특성이 된다. 즉, 유아의 어휘능력이라든가 서울에 거주하는 성인 남녀의 사회문제에 대한 인식 등과 같은 연구대상의 속성이 양적연구에 있어서 변수가 될 수 있다. 무엇을 측정할 것인가가 결정되면 어떤 방법으로 측정할 것인지, 즉 계기로 측정할 것인지, 질문지나 검사도구를 사용할 것인지, 혹은 관찰을 할 것인지를 결정해야 한다. 연구에서 관심이 되는 속성을 측정하는 도구가 없

으면 연구자가 직접 측정도구나 검사도구를 제작해야 한다. 그러므로 연구
자는 연구를 시행하기 전에 연구를 위하여 사용할 측정도구나 검사가 있는
지를 점검해 보는 것이 바람직하다.

 계기를 사용할 경우에는 주어진 측정단위가 존재하므로 수를 부여하는
것이 문제가 되지 않는다. 그러나 측정을 위하여 질문지나 검사도구를 사용
하거나 관찰을 할 경우에는 수를 부여하는 원칙을 결정해야 한다. 연구대상
의 인식이나 태도를 측정할 때 몇 문항으로 측정할 것인지, 그리고 이때 각
문항은 '예'/'아니요' 혹은 몇 단계의 Likert 평정척도를 사용할 것인지를 결
정하고 각 단계에 어떤 점수를 부여할 것인지를 결정해야 한다.

 관찰의 경우 분류방법이나 행위에 점수를 부여하는 규칙을 결정해야 한
다. 수를 부여하는 방법의 일관성을 결여하면 신뢰로운 연구결과를 얻을 수
없다. 기존에 사용하고 있는 검사나 측정도구를 사용한다고 하여도 그 도구
가 제대로 규칙적으로 측정하고 있는지를 검증해야 한다. 예를 들어, 검사불
안에 대한 연구를 할 때 현재 사용하고 있는 검사불안에 대한 검사도구가 있
다면 이 검사도구가 이 연구를 위하여 타당하고 신뢰로운 검사도구인지를
확인해야 한다.

❸ 측정단위

 연구의 관심이 되는 변수의 특성을 측정하기 위해서는 먼저 수를 부여하
는 규칙을 수립해야 한다. 수를 부여하는 규칙을 측정단위라고 하고, 이 측
정단위를 척도라고 한다. 연구에서 일반적으로 사용되는 척도는 다음과 같
은 다섯 종류가 있다.

- 명명척도
- 서열척도

- 등간척도
- 비율척도
- 절대척도

명명척도(nominal scale)는 사물을 구분하기 위하여 이름을 부여하는 척도로서, 연구에서는 일반적으로 독립변수를 측정하기 위하여 사용된다. 명명척도의 예로 성별, 직업, 거주지역, 교수법 등을 들 수 있으며, 이는 질적변수에 속한다. 명명척도는 조사연구를 위하여 연구대상의 개인정보를 측정할 때 주로 사용된다.

서열척도(ordinal scale)는 사물이나 사람의 속성에 대하여 상대적 서열을 표기하는 척도다. 서열척도의 예로는 키 순서, 성적 등위 등을 들 수 있다. 일반적으로 연구자는 연구에서 사용되는 변수들의 원자료 정보를 가지고 있으므로 원자료를 사용하여 자료를 분석하고, 원자료를 서열척도로 치환하여 분석하는 경우는 드물다. 원자료를 서열척도로 치환하여 자료를 분석하면 원자료가 지니고 있는 정보를 상실할 가능성이 크기 때문이다.

조사연구시 인식이나 태도를 측정하고자 할 경우에 많이 사용되는 Likert 척도는 서열척도로 분류된다. 만약 연구자가 인식이나 태도를 한 문항의 Likert척도로 측정하였다면 이는 서열척도에 해당되며 질적변수 혹은 범주변수로 분류된다. 한 문항에 의한 측정치를 연속적인 점수로 분류하는 것은 어려움이 따르므로 범주변수로 간주하는 것이다.

등간척도(interval scale)는 연구에서 빈번히 사용되는 척도로서, 절대 영점이 아닌 가상적 영점과 가상적 측정단위를 가지고 있으며 측정단위 간에 등간성이 유지되는 척도다. 온도의 경우를 예로 들면, 0℃는 온도가 없는 것이 아니고 물이 어는 온도를 0℃로 하자는 합의에 따라 임의적으로 영점이 된 것이므로 0℃는 가상적 영점이다. 또한 49℃에서 50℃까지의 1℃는 100℃에서 101℃까지의 1℃와 같다. 학업성취도 점수, 특정한 태도나 인식 점수 등이 등간척도의 대표적인 예다. 일반적으로 교육연구에서는 등간척도인 점수가 종속변수로 자주 사용된다. 앞에서 Likert척도는 기본적으로 서열척도라고 하였으나 Likert척도를 이용한 다수의 문항으로 연구대상의 태도나 인식을 측정하였을 경우에는 이를 점수로 환산하는 것이 가능하기 때문에 등간척도인 양적변수로 고려한다.

비율척도(ratio scale)는 영점이 절대영점을 갖고 측정단위 간에 등간성을 유지하며 측정단위가 가상적 단위인 척도다. 비율척도의 예로는 길이와 무게를 들 수 있다. 길이가 영이라는 말은 길이가 존재하지 않음을 의미하며, 1cm와 2cm 사이의 간격이나 59cm와 60cm 사이의 간격은 같다. 영이라는 사실에 이견이 있을 수 없으므로 이를 절대영점이라고 한다. 또한 1cm나 1inch는 협약에 의하여 결정된 단위이므로 가상적 단위다. 비율척도는 체육학이나 물리학 연구에서 주로 사용된다.

절대척도(absolute scale)는 영점이 절대영점이며 측정단위도 절대단위다. 사람 수, 자동차 수 등이 절대척도의 예다. 자동차 수를 말할 때 영은 없음을 말하고 한 대, 두 대의 단위에 대하여 모든 사람이 협약을 할 필요가 없기 때문이다.

척도는 경우에 따라 명확하게 분류되기 어려울 수 있다. 예를 들어, 합격과 불합격은 명명척도이나 실제로는 점수라는 비율척도가 어떤 점수를 기준으로 하여 인위적으로 양분된 척도이므로 변수의 원래 특성은 등간척도다.

교육연구에서는 일반적으로 서열척도나 등간척도에 의하여 측정된 변수들이 사용된다. 연구에서는 종속변수가 어떤 변수며 어떤 척도로 측정하였느냐에 따라 자료분석방법이 달라진다. 예를 들어, 학교 도서관의 물리적 시설에 대한 만족도를 조사할 때 다음과 같은 Likert척도를 사용할 수 있다.

앞의 Likert척도는 5단계지만 이를 3단계, 7단계 혹은 9단계로 할 수 있다. Likert척도의 단계를 설정할 때는 연구대상의 느낌을 쉽고 일관성 있게 표현할 수 있는 단계를 선정해야 한다. 동의 정도와 빈도를 묻기 위한 5단계 Likert척도를 사용할 때 일반적으로 다음과 같이 서술한다.

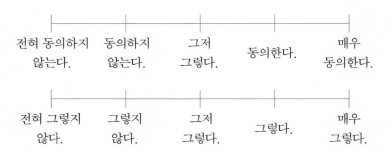

Likert척도의 각 단계는 등간성을 지니지 않는다. '매우 불만'과 '불만' 사이의 간격과 '불만'과 '보통' 사이의 간격은 엄밀히 같지 않기 때문이다. 그러므로 Likert척도는 등간척도가 아닌 서열척도로 분류된다. 예를 들어, 도서관의 만족도를 한 문항으로 물었을 경우에는 서열척도로 측정된 **범주변수**가 된다. 이 경우 학부생과 대학원생이 느끼는 만족도를 분석한다면 〈표 7-1〉과 같다.

〈표 7-1〉 학부생과 대학원생의 도서관에 대한 만족도

	학부생	대학원생	빈도(명)
매우 만족			
만 족			
보 통			
불 만			
매우 불만			

이 경우는 학부생 중 도서관에 '매우 만족', '만족', '보통', '불만', '매우 불만'에 응답하는 비율이 대학원생의 비율과 같은지를 분석하게 된다. 따라서 종속변수는 범주변수로 고려되므로 χ^2검정을 하는 것이 적합하다.

그러나 도서관의 만족도를 묻는 문항이 다수의 문항으로 구성되어 '매우 불만'을 1점, '매우 만족'을 5점으로 부여하였다면, 각 학생들의 도서관에 대한 만족도를 점수로 계산할 수 있게 된다. 여러 문항으로 측정된 도서관에 대한 만족도 점수는 등간척도로 간주되어 양적변수로 볼 수 있다. 그러므로 이 경우 학부생과 대학원생의 도서관에 대한 만족도 비교는 두 독립표본 t 검정을 실시해야 한다.

적지 않은 연구에서 Likert척도를 이용하여 한 문항으로 느낌을 물은 뒤에 느낌의 평균을 비교하고 두 독립표본 t검증을 실시한 통계적 오류를 발견한다. 예를 들어, 도서관의 도서대출 절차에 대한 만족도를 한 문항으로 대학원생과 학부생에게 질문한 결과는 〈표 7-2〉와 같다.

〈표 7-2〉 도서관 도서대출에 대한 만족도 점수 비교

		학부생	대학원생	빈도(명)
매우 만족	(5)		50	
만 족	(4)			
보 통	(3)	100		
불 만	(2)			
매우 불만	(1)		50	
		100	100	

〈표 7-2〉는 도서관 도서대출 만족도를 묻는 질문으로 학부생 100명은 모두 '보통'이라고 응답하였으나, 대학원생은 '매우 만족'이 50명, '매우 불만'이 50명으로 다른 응답을 보이고 있다. '매우 불만'에 1점을 주고 '매우 만족'에 5점을 부여하였을 때, 두 집단 간의 점수를 비교하면 평균점수가 3점으로 같은 수

준의 만족도를 가지고 있다고 분석하게 된다. 그리고 두 독립표본 t 검정을 실시하여 학부생과 대학원생의 도서대출에 대한 만족도의 차이가 없다고 보고한다. 그러나 엄연히 대학원생과 학부생의 반응은 다르다. 앞의 예에서와 같이 Likert척도를 사용한 한 문항에 대한 응답을 점수화하여 평균을 비교하는 것은 잘못된 것이다. 이는 서열척도인 응답결과를 등간척도의 분석방법에 의해 분석하였기 때문에 초래된 오류다. 그러므로 연구에 사용된 척도의 특성을 명확히 이해하는 것이 중요하다.

④ 검 사

연구에서는 직접 측정을 하기 위한 저울이나 자 등의 계기, 간접 측정의 도구인 검사지, 관찰에 의한 점검표 등 다양한 측정도구들이 사용된다. 교육연구의 대상은 인간이거나, 인간과 관련된 변수다. 조기교육에 대한 강조와 더불어 영·유아를 대상으로 하는 연구가 많은데, 이와 같은 연구에서는 연구대상인 영·유아는 직접 응답하지 못하므로 관찰법에 의한 연구가 주로 이루어진다. 관찰연구에서는 일반적으로 관찰표 혹은 점검표와 같은 도구가 사용된다. 점검표에 의하여 연구에서 관심을 가지고 있는 변수를 측정하므로 점검표의 작성은 매우 중요하다. 점검표의 작성은 제12장 관찰연구에서 상세히 설명한다.

비가시적 특성은 직접 측정이 불가능하므로 검사라는 도구에 의하여 간접 측정을 실시한다. **검사**(test)는 인간의 잠재적 특성을 측정하는 도구다. 인간이 지니고 있는 특성은 신체적 조건을 제외하고는 거의 내재되어 있으며 특히 지적능력과 정의적 행동특성은 직접 측정이 불가능하다. 학업능력, 도덕성, 가치관, 흥미, 성격 등을 그 예로 들 수 있다.

교육연구는 일반적으로 학습자들을 연구대상으로 하므로 많은 연구가 검사를 사용한다. 인지적 영역과 관련된 연구인 경우에는 지적능력이나 학업적성을 측정하는 검사를 사용하고, 태도나 인식, 가치관 등의 정의적 행동 측정에 관심을 두는 연구는 질문지를 사용한다. 인지능력을 측정하는 검사는 정답 여부를 가리는 형태의 문항들로 구성되나 정의적 행동특성을 측정하는 검사 혹은 질문지는 평정법을 이용한 문항들로 구성이 된다. 그러므로 연구에서 사용하는 변수의 특성에 따라 검사를 구성해야 하며, 변수의 특성에 따라 문항의 형태가 달라져야 한다. 다시 강조하지만 연구의 목적에 따라 가설이 구체화되어야 하며, 구체화된 가설은 변수의 특성을 나타내므로 변수의 특성에 따라서 문항의 형태도 달라져야 한다.

⑤ 검사제작 절차

연구를 위한 검사도구를 제작하기란 쉽지 않다. 그러므로 기존에 사용되고 있는 표준화 검사가 있으면 표준화 검사를 사용하는 것이 연구의 질을 높이고 연구시간을 단축시킬 수 있는 방법이다. 그러나 표준화 검사가 없거나 표준화 검사가 있어도 연구의 목적에 부합되지 않으면 연구자가 직접 검사를 제작해야 한다.

간접 측정도구로는 질문지, 점검표, 검사가 있으며, 질문지는 제10장 조사연구에서, 점검표는 제12장 관찰연구에서 설명하고, 이 장에서는 검사제작만을 설명한다. 일반적으로 연구대상의 측정을 위한 **검사제작 절차**는 다음과 같다.

첫째, 무엇을 측정할 것인지를 결정한다.
둘째, 연구대상인 측정대상을 선정한다.
셋째, 어떤 형태의 척도로 측정할 것인지를 결정한다.
넷째, 응답소요시간을 결정한다.
다섯째, 응답시간과 비례한 문항 수를 결정한다.

여섯째, 문항을 제작한다.

일곱째, 검사의 내용타당도와 문항제작의 원리 적용 여부를 점검한다.

여덟째, 문항을 수정한다.

아홉째, 사전검사를 실시한다.

열째, 문항분석과 검사의 타당도와 신뢰도를 검증한다.

열한째, 문항을 수정·보완한다.

열둘째, 검사를 완성한다.

연구의 목적이 명료해지면 무엇을 측정할 것인가가 뚜렷해진다. 측정목적이 뚜렷해지면 연구와 관련된 변수들이 구체화되어 어떤 형태로 질문할 것인가가 결정된다. 예를 들어, 개인의 학력 정도를 측정할 경우 연구의 목적에 따라 질문의 형태가 달라진다. 학력에 따라서 수업에 차이가 있는지를 검증하는 연구는 집단비교가 연구목적이므로 학력을 측정하는 문항은 학력에 따라 집단을 구분할 수 있도록 다음과 같이 질적변수, 범주변수의 형태로 구성되어야 한다.

- 귀하의 학력은?
  (　) 고졸 이하
  (　) 대졸
  (　) 대학원 이상

앞의 질문에서 중학교 졸업의 항목도 포함할 수 있으나 중학교 교육은 의무교육으로서 만약 중학교 졸업을 항목에 포함시키더라도 응답하는 경우가 거의 없으므로 불필요한 항목이 된다. 그러므로 고졸 이하 항목으로 포함하는 것이 바람직하다. 이와 같이 범주변수로 측정하여 세 집단 간에 수입의 차이가 있는지를 검증할 수 있다.

이와는 달리 학력과 수입이 관계가 있는지를 검증하는 것이 연구의 목적이라면 이는 상관연구로서 두 변수가 양적변수이어야 하므로, 학력을 측정하는 문항은 다음과 같아야 한다.

- 귀하의 학업 연한은?
  (   )년

앞과 같이 학력을 학업기간으로 표기하여 연속변수로 측정해야 두 변수 간의 상관을 검증할 수 있다. 연구자가 주의해야 할 것은 연구의 내용이 같다고 할지라도 연구의 목적이 다르면 가설이 달라지고 그에 따라 질문의 형태도 달라진다는 것이다.

연구의 종속변수로서 인식이나 태도를 측정할 때는 대부분 Likert척도를 사용한다. 이 경우 먼저 척도를 몇 단계로 할 것인지를 결정해야 한다. 3단계, 5단계, 7단계, 9단계 Likert척도 중 어떤 척도를 사용할 것인지는 질문의 내용과 연구대상의 특성에 따라 달라진다. 척도의 단계를 많게 할수록 연구대상의 반응을 다양하게 측정할 수 있으나 많은 단계가 오히려 연구대상에게 혼란을 주어 응답의 일관성을 잃게 할 가능성이 높은 경우도 있다. 따라서 초등학생이나 노인의 경우는 3단계 혹은 5단계의 평정척도가 적절하며, 단계별 구분 능력이 있는 성인이나 전문가 집단의 경우는 7단계 혹은 9단계의 평정척도도 가능하다.

연구변수를 측정하는 문항의 형태가 결정되면 연구대상에게 적합한 검사소요시간을 결정한다. 물론 연구변수를 신뢰롭게 측정하기 위해서는 문항수를 고려해야 하지만 연구대상의 특성도 고려해야 한다. 특히 문항을 제작할 때 연구대상에게 적절한 수준의 어휘를 사용해야 한다. 응답소요시간은 검사대상의 특성에 따라 결정해야 하나 일반적으로 1시간을 초과하지 않는 것이 바람직하다. 연구대상이 어릴수록 집중시간이 짧으므로 응답시간을 줄이는 것이 바람직하다. 응답자의 지루함은 무관심이나 부주의를 초래하여 응답의 신뢰도를 저하시키므로 최대한 흥미를 유지하면서 응답할 수 있는 시간을 선정하는 것이 바람직하다.

응답시간이 결정되면 문항형태에 따라 문항 수를 결정한다. 문항형태, 문항 수의 결정은 사전연구들을 참조하는 것이 바람직하다. 의욕적으로 많은 문항을 제작하여 검사를 길게 하면 검사소요시간이 늘어나 연구대상이 지루함을 느껴 일관성 있는 응답자료를 얻지 못한다.

문항제작 원리에 의하여 문항을 제작한 후 측정내용 전문가에게 문항내용을 검토받는 것이 바람직하다. 연구자는 자신의 연구에 몰입한 나머지 문항의 문제점을 파악하지 못할 가능성이 크므로 검사내용 전문가에게 의뢰하여 내용타당도를 검증받는 절차가 필요하다. 동시에 문항제작 전문가에 의해 문항들이 문항제작 지침에 의하여 올바른 형식으로 작성되었는지를 검증받는 것도 검사의 질을 높이는 데 도움이 된다.

검사내용 전문가, 문항제작 전문가에 의하여 지적된 문항들을 검토하여 문항을 수정한다. 그러나 문항내용 전문가나 문항제작 전문가의 조언이 항상 연구목적과 부합되는 것은 아니므로 조언을 검토하여 연구에 적합한 조언인지는 최종적으로 연구자가 판단해야 한다.

연구내용에 근거하여 제작하고 수정·보완된 검사를 바로 연구에 사용하는 것은 모험이다. 연구대상을 표집하여 검사를 실시한 후 잘못된 점이 발견되면 검사를 다시 실시해야 하는 경우가 발생할 수 있기 때문이다. 이를 미연에 방지하기 위하여 사전검사를 실시해야 한다. 사전검사는 소수의 연구대상에게 실시할 수 있다. 사전검사의 연구대상 수에 대한 규칙은 없으나 일반적으로 30명 이상으로 한다. 사전검사는 특별한 표집절차 없이 접촉이 가능한 연구대상을 중심으로 실시할 수 있다.

사전검사 결과로 문항의 유형, 문항의 응답형태, 문항특성분석, 타당도와 신뢰도를 검토한다. 모든 응답자가 같은 응답범주에 응답하였거나 응답을 전혀 하지 않은 문항이 있다면 이 문항은 연구에 부적합한 문항으로서 신뢰도를 저하시킨다. 또한 타당도와 신뢰도를 추정하여 불필요한 문항은 제거하고 문제점이 발견된 문항은 수정·보완한다. 연구자의 판단에 의하여 문항을 제거·수정·보완하되 전문가의 조언을 참고로 한다. 이상의 절차에 따른 문항의 제거·수정·보완을 통하여 검사를 완성한다.

6 수행평가

인지능력을 측정하고자 하는 대부분의 연구가 지필검사나 컴퓨터 검사를 이용한다. 그러나 최근에는 알고 있는 지식의 정도를 측정하는 수준을 넘어서서 실제로 얼마만큼 수행할 수 있는지를 측정하고자 하는 경향이 대두되고 있다. **수행평가**(performance assessment)는 심동적 영역의 특성을 측정하는 방법으로 주로 사용되어 왔으나, 최근에는 인지적 영역까지 확장·적용되어 실제로 알고 있는 지식뿐 아니라 지식을 적용하고 문제를 해결하는 수행능력을 측정하는 데에도 사용되고 있다. 예를 들어, 자동차 운전 법규와 규칙을 알고 있는지를 측정하기보다는 실제로 운전하는 능력을 평가하고자 하는 것이 수행평가다. 수행평가는 학교 학습에도 이용되어 과학적 지식을 실험에 적용하는 고등정신 능력을 측정하는 데에도 사용되고 있다.

수행평가는 최근 교육연구에서도 많이 사용되고 있으므로 관심을 가질 필요가 있다. 수행평가는 **참평가**(authentic assessment) 혹은 **대안적 평가**(alternative assessment)로도 불린다. 수행평가는 측정대상의 내면적 가치까지 측정할 수 있다. 수행평가는 점검표에 의하여 측정될 수 있으며 포트폴리오도 사용한다. **포트폴리오**(portfolio)란 어떤 특정 능력행위에 대한 모든 자료를 모아 놓은 자료철로서 개인의 수행정도를 평가하는 자료가 된다.

연구를 위하여 수행평가 결과를 사용할 때 문제가 되는 것은 채점자 혹은 평가자간의 신뢰도다. 검사도구에 의한 측정결과를 가지고 연구를 실시할 때도 타당도와 신뢰도가 매우 중요하며, 수행평가 결과를 분석할 때 타당도와 채점자간 신뢰도는 연구결과에 막대한 영향을 준다. 그러므로 수행평가를 통한 연구에서는 채점자 혹은 평가자간의 훈련을 실시해야 한다. 채점자간 훈련 이전에 수행평가의 목적과 내용을 구체화해야 하며, 실제 수행결과를 다수의 채점자가 평가하여 평가의 일치를 이루도록 하는 훈련을 실시해야 한다. 채점의 일관성을 결여한 자료를 가지고 분석한 연구결과는 연구의 타당성을 상실하기 때문이다. 그러므로 수행평가를 이용하여 연구를 실시할 때에는 자료의 객관성에 대한 세심한 주의가 필요하다.

연◇습◇문◇제

1. 다음 단어를 설명하라.

   측정

   명명척도

   서열척도

   등간척도

   비율척도

   절대척도

   Likert척도

   검사

   수행평가

   포트폴리오

2. 초등학교 3학년 학생들의 자아개념을 측정하기 위해서 어떤 척도를 사용할 것인지, 그리고 그 이유는 무엇인지를 설명하라.

3. 상관연구와 집단비교연구를 위해 어떤 척도를 사용해야 하는지 설명하라.

4. 교육연구 강의에 대한 만족도를 측정하는 검사도구를 제작하라.

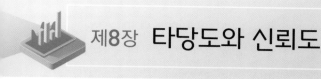

제8장 타당도와 신뢰도

연구목적을 설정한 다음에는 연구목적에 따른 연구가설을 구체적인 변수에 의하여 서술한다. 그러므로 연구의 목적을 달성하기 위해서는 연구에서 밝히고자 하는 속성을 측정해야 하며 직접 측정하는 것이 불가능할 경우에는 검사도구를 사용한다. 따라서 검사도구의 질은 연구의 질을 결정하는 중요한 요인이 된다. 검사도구를 제대로 사용하지 않을 경우에는 연구결과의 타당성이 상실되므로 검사도구의 질을 높이기 위해서는 검사의 타당도와 신뢰도를 검증하는 절차가 필수적이다.

❶ 타당도

1) 정 의

타당도(validity)는 측정하고자 하는 것을 얼마나 충실히 측정하였느냐, 즉 검사점수가 검사의 사용목적에 얼마나 부합되느냐의 문제다. 다시 말해 연구에서 측정하고자 하는 변수를 검사가 제대로 측정하였느냐가 타당도이며, 이는 검사도구의 목적에 대한 적합성에 해당된다.

AERA, APA, NCME(1985)는 타당도를 다음과 같이 정의하였다. "The concept

refers to the appropriateness, meaningfulness, and usefulness of the specific inferences made from test scores." 즉, 타당도란 검사점수로부터 만들어진 추리의 적합성, 의미성, 유용성과 관계된다는 것을 알 수 있다.

교육연구에서는 인간의 잠재적 특성인 흥미, 적성, 인성, 태도, 지각 등이 관심의 주요 대상이 된다. 이와 같은 인간의 특성을 측정하기 위해서는 흥미검사, 적성검사, 인성검사, 태도검사, 각종 지각검사 등의 검사도구를 사용해야 하는데, 연구의 관심이 되는 특성을 측정하기 위한 목적에 부합하고 연구대상의 수준에도 적합한 검사를 실시해야 한다.

2) 종류

타당도는 다음과 같이 구분한다.

- 내용타당도
- 구인타당도
- 준거타당도
  - 공인타당도
  - 예측타당도

타당도는 학자에 따라, 시대에 따라 다소 다른 용어로 표현되어 왔으며, 그에 따라 타당도의 종류도 변화되어 왔다. Anastasi(1954)는 타당도를 안면타당도(face validity), 내용타당도(content validity), 요인타당도(factorial validity), 경험타당도(empirical validity)로 구분한 바 있다. 그리고 1961년에는 타당도를 내용타당도(content validity), 예측타당도(prediction validity), 공인타당도(concurrent validity), 구인타당도(construct validity)로 정리하였으며, 제3판(1968)이 출간된 1968년 이후부터는 다시 타당도를 세 종류로 구분하였으며, 'validity' 대신에 'validation'이라는 용어를 사용하여 내용관련 타당성

(content-related validation), 준거관련 타당성(criterion-related validation), 구인관련 타당성(construct-related validation)이라고 표현하고 있다.

Cronbach(1949)는 타당도를 논리적 타당도(logical validity)와 경험적 타당도(empirical validity)로 구분하였으나, 제3판이 출간된 1970년 이후부터는 타당도를 세 종류로, 즉 content-related inquiry, criterion-oriented inquiry, construct validation으로 명명하였다.

학자마다 그리고 시대에 따라서 다양한 종류와 다른 용어를 사용하므로 학회 중심으로 타당도의 종류와 정의를 규정하게 되었다.

미국심리학회(American Psychology Association: APA)는 Technical Recommendation(APA, 1954)을 발간하여 타당도를 내용타당도, 예측타당도, 공인타당도 그리고 구인타당도의 4종류로 구분하였고, 1966년 ***Standards for Educational and Psychological Testing***(AERA, APA, NCME)이라는 저서에서는 예측타당도와 공인타당도를 준거타당도(criterionrelated validity)로 통합하여 타당도를 내용타당도, 준거타당도, 구인타당도로 구분하였다. 그리고 이 세 종류의 타당도가 개념적으로 독립적인 것이기 때문에 한 측정도구의 타당도를 검증함에 있어서 모든 종류의 타당도로 검사도구의 타당성을 검증하는 것이 바람직하다고 하였다.

Standards for Educational and Psychological Testing(AERA, APA, NCME) 이 1974년 개정되면서 검사에서 측정되는 행위들이 어떤 행동들의 표본을 얼마나 잘 대표하느냐의 개념으로 내용타당도를 확대시켜 행위에 대한 주관적 판단도 포함하게 하였으며, 검사의 편파성, 검사의 시행에 따른 사회적 문제 등을 거론하였다. 1985년 개정된 *Standards for Educational and Psychological Testing*(AERA, APA, NCME)은 타당도를 개념(concept)으로 간주하여 검사점수로 만들어진 추리의 적합성, 의미성, 유용성을 말한다고 정의하였다. 그리고 타당도라는 표현 대신에 '타당도의 근거'라는 표현을 사용하였다. 예를 들어, 내용타당도(content–validity) 대신에 '내용과 관련된 타당도의 근거(content–related evidence of validity)', 준거타당도(criterion–related validity)

대신에 '준거와 관련된 타당도의 근거(criterion-related evidence of validity)', 구인타당도(construct validity) 대신에 '구인과 관련된 타당도의 근거(construct-related evidence of validity)'라는 표현을 사용하였다. 그리고 검사도구의 타당성을 확보하기 위하여 세 종류의 근거로 타당도를 검증하는 것이 바람직하며, 때로는 두 종류 이상의 타당도 근거의 복합(combination)적인 증거를 얻는 것이 바람직하다고 밝히고 있다. 1999년 발간된 개정판과 2014년에 발간된 3판에서는 **타당도를 검사점수의 해석에 대하여 근거나 이론이 지지하여 주는 정도**(the degree to which evidence and theory support the interpretations of test score entailed by proposed uses of tests)로 정의하였다. 이 정의 또한 타당도를 검사 자체의 문제가 아니라 이론이나 근거가 검사점수의 해석을 얼마나 지지하는가를 논하므로 1985년 정의에 포함된 유용성(usefulness)을 배제하더라도 타당도의 개념을 확대하여 정의하고 있다. 그리고 타당도로서 '~related evidence validity'란 용어 대신에 'evidence based on~'이란 용어를 사용하고 있다.

　　타당도의 영문을 'validity'에서 '~related evidence of validity'로 그리고 **'evidence based on ~'으로 변화됨에 비추어 볼 때 타당도란 용어보다는 '~와 관련된 타당도의 근거'로, 나아가 '~에 기초한 근거'로 번역할 수 있을 것이다.** 이 장에서는 전통적으로 중시되어 온 타당도의 세 가지 근거를 중심으로 설명하고, 타당도에 대한 정의, 역사, 종류, 종류에 따른 정의와 추정방법 그리고 장단점의 구체적 내용과 새로운 타당도 근거 관련 내용은 『타당도와 신뢰도』(성태제, 2002)를 참조하라.

(1) 내용타당도

① 정 의
내용타당도(검사내용에 기초한 근거; evidence based on test content; content validity)는 측정자료에 근거하지 않고 논리적 사고에 입각한 직관적인 판단에 근거하는 주관적인 타당도로 검사내용 전문가에 의하여 검사가 측정하고자 하는 속성을 제대로 측정하였는지를 주관적으로 판단한다. 그러므로 내용타당도에 의한 검사도구의 타당성 입증은 논란이 따르게 마련이다. 예를 들어, 인성검사를 제작하였을 때 성격심리를 전공한 전문가가 문항의 내용을 분석한 후 주관적인 판단에 의하여 내용타당도가 있다고 판정하였어도 다른 내용 전문가는 성격의 정의에 대하여 다른 견해를 가질 수 있으므로 같은 검사에 대해서 내용타당도가 결여되어 있다고 판단할 수 있다.

과거에는 내용타당도란 용어와 유사하게 안면타당도라는 용어를 사용하기도 하였다. 안면타당도(face validity)는 검사도구의 문항들이 검사제작자나 피험자와 얼마만큼 친숙하게 보이는가를 말한다. 즉, 안면타당도는 문항들이 피험자와 얼마나 친숙도를 형성하고 보편적 관계를 지니고 있느냐의 문제로서, 어떤 특성을 측정할 때 자주 접해 본 문항들이 있으면 안면타당도가 있다고 말한다. 이와 같은 개념은 학문적으로 과학성을 상실하므로 최근에는 안면타당도라는 개념은 고려하지 않는다.

AERA, APA, NCME(1985)는 내용타당도를 검사의 문항, 질문, 목적이 측정을 위하여 규정된 내용 영역이나 전체를 얼마나 잘 대표하느냐의 정도와 관련이 되는 것으로 규정하고 있다. 그러므로 내용타당도의 검증은 전문가의 판단에 의존하며, 검사점수와 규명된 전집과의 논리적 관계 및 경험적 절차에 의하여 규명하게 된다.

② 추정방법

내용타당도는 내용 전문가의 **주관적 판단**에 의존하므로 객관적 자료를 사용하지 않으며 타당도를 객관적 수치로 제공하지 않기 때문에 검사가 타당한 정도를 나타내지 못하고 내용타당도가 있다 혹은 없다로 표현할 수 있을 뿐이다. 검사내용의 분석에 의하여 내용타당도가 있다 혹은 없다로 표현함은 검사내용 전문가의 경험과 지식을 바탕으로 하는 전문성에 의존하는 것이기 때문에 임의적 판단이 아님을 전제한다.

예를 들어, 초등학생의 도덕성을 측정하는 검사를 개발하였을 때, 도덕성 전문가가 검사의 내용을 검토한 후 내용타당도가 있다 혹은 없다로 판정하게 된다. 그러므로 연구에서 사용한 검사의 내용타당도는 해당 내용의 전문가에 의하여 판단된다. 특히 학위논문에서 사용되는 검사도구의 내용타당도는 지도교수나 논문 지도위원들에 의하여 판단되는 경우가 많다. 학업성취도 검사의 내용타당도는 검사제작 전에 작성한 이원분류표에 의하여 문항이 제작되었는지를 확인하는 과정을 통하여 검증된다.

③ 장단점

내용타당도가 계량화되어 있는 정보를 제공하지 못한다고 하여도 전문가의 판단에 의하여 검사의 타당성을 입증받게 되는 것이므로 검사의 목적에 부합하는가의 여부를 검증할 수 있다는 장점이 있다. 일반적으로 전문가란 어느 특정 영역에 대한 공통된 인식을 공유하므로 검사의 타당성 입증 과정에서 전혀 다른 견해를 표출하는 경우는 많지 않다. 기초연구나 새로운 연구에서 사용하는 검사도구의 타당성은 일반적으로 내용타당도에 의존한다. 특히 연구대상의 수가 적거나 관찰에 의한 연구일 경우에는 내용타당도에 의존하는 경우가 많다.

그러나 정의에 대한 통일된 인식이 없는 특성, 특히 정의적 행동특성을 측정하는 검사에 대해서는 전문가마다 각기 다른 견해를 가지는 경우가 많으므로 내용타당도에 대해 다른 검증결과가 나올 수 있다. 예를 들어, 성격을 측정할 때 성격에 대한 정의가 60가지 이상 존재하므로 한 연구자가 작성한 성격검사에 대하여 다른 전문가는 내용타당도가 없다고 평가할 수 있다는 단점을 지니고 있다. 또한 내용타당도는 계량화되지 않았기 때문에 타당성의 정도를 표기할 수 없다는 점도 단점이라고 하겠다.

내용타당도가 단점을 지니고 있음에도 불구하고 많은 연구에서 사용되고 있는 것은 타당도에 대한 기초 정보를 제공하며, 자료수집이 어려운 경우에 검사나 측정도구의 타당도를 검증하는 기본적인 방법이기 때문이다.

(2) 구인타당도

① 정 의

구인타당도(내적 구조에 기초한 근거; evidence based on internal structure; construct validity)란 조작적으로 정의되지 않은 인간의 심리적 특성이나 성질을 심리적 구인으로 분석하여 조작적 정의를 내린 후, 검사점수가 조작적 정의에서 규명한 심리적 구인들을 제대로 측정하였는가를 검증하는 방법이다. 구인타당도는 측정하고자 하는 속성이 무엇으로 구성되어 있다고 설명하는 것이므로 구성타당도라고도 한다. AERA, APA, NCME(1985)에서는 구인타당도는 검사점수가 어떤 심리적 특성으로 구성되어 있는가에 초점을 두고 있다고 설명하고 있다.

예를 들어, 창의성을 측정하기 위하여 창의성은 민감성, 이해성, 도전성, 개방성, 자발성 그리고 자신감으로 구성되어 있다는 조작적 정의에 근거하여 검사를 제작, 실시하였을 때 그 검사도구가 이와 같은 구인들을 측정하고 있다면 그 검사는 구인타당도를 지니고 있다고 본다. 만약 검사결과가 조작적으로 규정한 어떤 심리적 특성의 구인들을 제대로 측정하고 있지 못하거나 다른 구인들을 측정한다면 이는 구인타당도가 결여되어 있는 것이다.

구인(構因, construct)이란 심리적 특성이나 행동 양상을 설명하기 위하여 존재를 가정하는 심리적 요인을 말한다. 창의력 검사의 예에서 민감성, 이해성, 도전성 등을 구인이라고 할 수 있다. 지능검사에서는 Thurstone이 제안한 일곱 가지 기본정신능력인 어휘력, 수리력, 추리력, 공간력, 지각력, 기억력, 언어유창성이 구인이 될 수 있다. 지도력을 측정하기 위해서는 칭찬을 하는 행위, 어떤 행위의 정당성에 대한 설명, 의문 제기, 목적 완수, 계획 집행 등이 구인으로 고려할 수 있다.

② 추정방법

구인타당도는 측정하고자 하는 심리적인 특성이 무엇인가를 규명한 다음

이에 근거하여 문항을 작성한 후, 응답결과를 분석하여 정의된 심리적 특성이 제대로 측정되었는가를 수량적으로 규명함으로써 검증된다. 이와 같은 기본 개념에 의하여 **구인타당도를 추정하는 세부적인 절차**는 다음과 같다.

첫째, 측정하고자 하는 심리적 특성을 구성하는 구인, 즉 요소들이 무엇인지를 이론적·경험적 배경에 근거하여 밝힌다. 심리적 특성에 대한 조작적 정의를 내린다.

둘째, 구인과 관련된 이론에 근거하여 구인을 측정할 수 있는 문항을 제작한다.

셋째, 구인을 측정하는 문항으로 검사를 제작한다.

넷째, 측정대상에게 검사를 실시하여 응답자료를 얻는다.

다섯째, 응답자료를 분석하여 검사가 측정하고자 하는 구인을 제대로 측정하였는지를 밝힌다.

이상의 다섯 단계에 의하여 구인타당도를 검증하며, 검증결과를 통해 심리적 특성에 대한 조작적 정의에서 규명된 구인과 관계가 없는 문항을 제거함으로써 검사를 수정할 수도 있다. 이러한 구인타당도를 검증하는 통계적 방법으로 상관계수법, 실험설계법, 요인분석, 구조방정식 모형 등이 있다.

상관계수법은 각 구인들에 의하여 얻어진 점수와 심리특성을 측정하는 총점과의 상관계수에 의하여 타당도를 검증하는 방법이다. 만일 특정 구인을 나타내는 점수와 심리적 특성 총점 간의 상관계수가 낮으면 그 구인은 심리적 특성을 설명해 주지 못함을 알 수 있다. 예를 들어, 창의성은 민감성, 이해성, 도전성, 개방성, 자발성, 자신감 그리고 암기능력으로 구성되어 있다고 조작적 정의를 내렸다면, 각 구인에 의한 점수와 창의성 총점 간의 상관계수를 구할 수 있다. 앞의 예에서 창의성 총점과 하나의 구인인 암기능력 점수 간의 상관계수가 낮았다면, 암기능력은 창의성을 설명하는 구인이 되지 못함을 알 수 있다.

실험설계법은 심리적 특성을 구성하는 특정 구인을 실험집단에 처치한 후 실험집단과 통제집단에서 심리적 특성의 차이가 나타나는지를 측정하여 그 구인이 심리적 특성을 설명하는 구인인지 아닌지를 판단하는 방법이다. 예를 들어, 불안을 정의할 때 불안은 심리적으로 안정되지 않은 상태로서 죽음에 대한 불안, 직장에 대한 불안, 가정생활에 대한 불안, 시험에 대한 불안 등으로 구성되어 있다고 조작적 정의를 내릴 수 있다. 이때 시험에 대한 불안이 불안을 설명하는 구인인지를 알아보기 위하여 실험설계법을 사용할 수 있다. 피험자 집단을 실험집단과 통제집단으로 구분하여 실험집단에는 시험에 대한 예고를 하고 통제집단에는 아무 조치를 하지 않았을 때, 만약 두 집단의 불안도에 차이가 나타나면 시험불안은 불안을 설명하는 구인이 될 수 있다. 반대로 시험의 예고가 실험집단에 영향을 주지 않아 통제집단과 불안도 수준이 같다면 시험불안은 불안을 구성하는 구인이 될 수 없다고 판단할 수 있다.

구인타당도를 검증하기 위하여 가장 많이 쓰이는 통계적 방법은 요인분석이다. **요인분석**(factor analysis)이란 복잡하고 정의되지 않은 많은 변수 간의 상호관계를 분석하여 상관이 높은 변수들을 모아 요인으로 규명하고, 각 요인을 구성하는 변수들의 특성을 고려하여 해당 요인에 적합한 의미를 부여하는 통계적 방법이다. 구인타당도 검증을 위한 **요인분석의 기본절차**는 다음과 같다.

첫째, 문항을 제작하여 검사를 실시한 후 문항점수를 얻는다.
둘째, 문항 간의 상관계수 행렬을 구한다.
셋째, 회전하지 않은 요인을 추출한다.
넷째, 요인구조의 명확한 해석을 위하여 요인을 회전시킨다.
다섯째, 회전된 요인과 관계있는 요인부하량이 큰 문항들을 문항내용에 근거하여 해석하고 각 요인에 이름을 부여한다.

③ 장단점

구인타당도는 응답자료를 기초로 한 계량적 방법에 의하여 검증되므로 과학적이고 객관적이라고 할 수 있다. 또한 지금까지 밝혀지지 않은 심리적 특성에 부여한 조작적 정의의 타당성을 입증해 주므로 많은 연구의 기초가 될 수 있다. 따라서 구인타당도를 중요시하여 연구에서 사용되는 검사도구의 타당성을 구인타당도에 의하여 검증하는 경향이 늘고 있다.

단점으로는 요인분석을 실시할 경우 변수 혹은 문항들 간의 보다 안정적인 상관계수를 얻기 위하여 많은 연구대상이 필요하다는 점을 들 수 있다. 요인분석을 하기 위해서는 일반적으로 300명 이상의 응답자가 필요하나, 최근 요인분석방법의 발전으로 100명 정도의 응답으로 요인분석이 가능하다. 그러므로 실험연구나 관찰연구에서는 구인타당도를 검증하는 경우가 흔하지 않으나 조사연구에서는 구인타당도가 자주 사용된다.

(3) 준거타당도

준거타당도(검사-준거 관련성; test-criterion relationships; criterion-related validity)는 검사도구에 의한 점수와 어떤 준거와의 상관계수에 의하여 검사도구의 타당도를 검증하는 방법이다. 여기서 준거는 다른 검사점수나 미래의 행위를 말하며, 준거타당도에는 공인타당도와 예측타당도가 있다.

① 공인타당도

정 의 **공인타당도**(공인근거; concurrent evidence; concurrent validity)는 준거타당도의 한 종류로서 검사점수와 기존에 타당성을 입증받고 있는 검사로부터 얻은 점수와의 관계에 의하여 검증되는 타당도다. 즉, 새로운 검사를 제작하였을 때 기존에 타당성을 보장받고 있는 검사와의 유사성 혹은 연관성에 의하여 타당성을 검증하는 방법으로 공인타당도 또는 공유타당도라고도 한다.

예를 들어, 연구자가 본인의 연구에 부합하는 도덕성 검사를 제작하였을 때 그 검사의 공인타당도를 검증하기 위하여 Kohlberg의 도덕성 검사와의 관계를 검증하여 새로 제작한 검사의 타당성을 판정할 수 있다. 공인타당도는 새로 제작한 검사에 의한 점수와 기존에 타당성을 인정받고 있는 검사점수 간의 상관계수에 의하여 검증되므로 검사결과의 타당한 정도를 수치로 나타낼 수 있다.

추정방법   공인타당도는 새로 제작된 검사의 점수와 타당성을 검증받은 기존 검사점수 간의 상관계수에 의하여 추정되며, **공인타당도의 추정절차**는 다음과 같다.

첫째, 피험자 집단에게 새로 제작된 검사를 실시한다.
둘째, 동일 집단에게 동일한 시험 상황에서 타당성을 인정받고 있는 검사를 실시한다.
셋째, 두 검사점수 간의 상관계수를 추정한다.

장단점   공인타당도의 장점은 계량화되어 타당도에 대한 객관적인 정보를 제공할 수 있으며 타당도의 정도를 나타낼 수 있다는 점이다. 단점으로는 타당성을 입증받은 기존의 검사가 없을 경우 공인타당도를 추정할 수 없으며, 타당성을 입증받은 기존의 검사가 있다고 하더라도 그 검사와의 관계에 의하여 공인타당도가 검증되므로 기존 검사의 타당성 정도에 의존한다는 점을 들 수 있다.

② 예측타당도

정 의   **예측타당도(예측근거;** criterion-related evidence predictive; prediction validity)는 준거타당도의 하나로서 제작된 검사에서 얻은 점수와 미래의 어떤 행위와의 관계에 의해 추정되는 타당도다. 즉, 예측타당도는 검사점수가 미래의 행위를 얼마나 잘 예측하느냐 하는 문제로 예언타당도라고도 한다.

예를 들어, 비행사 적성검사를 실시하였을 때 그 적성검사에서 높은 점수를 받은 비행사의 안전 운행 거리가 길다면 그 검사는 예측타당도가 높다고 할 수 있다. 또한 유아의 어휘발달 검사를 제작하였을 경우, 그 검사에서 높은 점수를 얻은 유아가 초등학교에 입학하여 어휘능력이 우수하였다면 유아 어휘발달 검사의 예측타당도가 높다고 할 수 있다.

일반적으로 예측타당도는 적성검사에서 중요시되는 경향이 있으며, 임상심리 분야의 심리검사에도 자주 이용된다. 또 대학수학능력시험에서도 예측타당도가 중요하다. 즉, 대학수학능력시험에서 높은 점수를 획득한 학생이 대학에서 성공적으로 학업을 수행하여 높은 학점을 받았다면 대학수학능력시험의 예측타당도가 높다고 할 수 있다.

추정방법 예측타당도 역시 검사점수와 미래의 행동과의 관계에 의하여 추정되므로 계량화되는 특징을 지니고 있다. 예측타당도 역시 공인타당도와 같이 상관계수에 의하여 추정되며, **추정절차**는 다음과 같다.

첫째, 피험자 집단에게 새로 제작한 검사를 실시한다.
둘째, 일정기간 후 검사한 내용과 관계가 있는 피험자들의 행위를 측정한다.
셋째, 검사점수와 미래행위의 측정치와 상관정도를 추정한다.

주의해야 할 사항은 미래행위에 대한 측정이다. 미래의 행위에 대한 측정은 이전에 만들었던 검사로 다시 측정을 하는 것이 아니라 검사의 특정한 내용과 관련된 행동이어야 한다. 그러므로 미래의 행동을 측정하는 데 어려움이 있을 수 있다.

장단점 예측타당도는 검사도구의 미래수행에 대한 예측력의 정도를 알려주기 때문에 예측타당도가 높으면 선발, 채용, 배치 등의 목적을 위하여 검사를 사용할 수 있다는 장점이 있다. 예를 들어, 약사고시, 의사고시 등의 검사에서는 예측타당도가 중요시되어야 하며 높은 예측타당도를 지녀야 한다. 또한 임상치료를 위한 검사에서도 예측타당도가 매우 중요하므로 인간의 심리적 속성을 측정하는 표준화 검사는 예측타당도에 대한 정보를 갖춰야 한다.

단점으로는 동시 측정이 불가능하므로 검사의 타당성을 검증하기 위해서는 시간적 여유가 필요하다는 점을 들 수 있다. 일정한 시간 뒤에 측정한 행위와 검사점수 간의 상관계수에 의하여 타당도를 검증하기 때문에 연구를 위하여 제작한 검사도구의 예측타당도를 검증하기가 때로는 불가능하다. 따라서 일반적으로 학위논문을 위한 연구에서 새로 제작한 검사도구의 예측타당도를 검증하는 경우는 극히 드물다. 만약 지속적인 연구를 실시한다면 검사도구의 예측타당도를 검증할 수 있을 것이다.

(4) 타당도의 적용

내용타당도, 구인타당도, 준거타당도 모두가 개념적으로 독립되어 있으므로 각각의 타당도는 검사도구의 다른 측면의 타당성을 검증한다. 그러므로 연구에서 사용되는 검사도구의 타당도를 검증하기 위해서는 모든 방법으로 타당도를 검증하는 것이 바람직하다. 검사도구의 목적에 따라 성취도 검사는 내용타당도, 적성검사는 예측타당도, 인성검사는 구인타당도를 검증하는 것으로 여기는 경향이 있으나 이는 바람직하지 않다.

Kubiszyn과 Borich(1993, p. 299)는 일반적으로 검사도구의 공인타당도가 예측타당도보다 높게 추정된다고 주장하였다. 이는 공인타당도는 동시에 추정되는 데 비해, 예측타당도는 얼마간의 시간이 지난 후에 행위변수와의 관계를 추정하기 때문이다. 공인타당도가 .8 이상이거나 예측타당도가 .6 이상이면 그 검사는 타당도가 있다고 말할 수 있다.

② 신뢰도

1) 정 의

검사도구의 타당성이 입증되었으면 신뢰성이 고려되어야 한다. 무게를 달기 위하여 가져온 도구가 저울이었다면 이는 타당한 측정도구지만, 모든 저울이 신뢰할 만한 것은 아니다. 동일한 물건을 올려놓을 때마다 각기 다른 무게가 측정된다면 이 저울은 신뢰할 만한 저울이 되지 못한다.

검사도구가 어떤 인간의 속성을 측정할 때마다 다른 점수를 얻는다면 이 검사도구 역시 신뢰할 수 없는 측정도구가 된다. **신뢰도**(reliability)란 측정하려는 것을 얼마나 안정적으로 일관성 있게 측정하느냐, 즉 검사도구가 얼마나 정확하게 오차 없이 측정하느냐의 문제다. 만약 측정이 오차가 크다면 신뢰성은 떨어지게 된다. 그러므로 신뢰도란 측정의 객관성을 말한다.

2) 종 류

신뢰도의 종류는 다음과 같다.

- 재검사신뢰도
- 동형검사신뢰도
- 내적일관성신뢰도
    - 반분검사신뢰도
    - 문항내적일관성신뢰도
        Kuder-Richardson 20, 21
        Cronbach α
        Hoyt신뢰도

　　신뢰도의 개념에 접근하는 방법은 신뢰도를 두 검사점수 간의 상관관계로 보는 관점과 진점수 분산과 관찰점수 분산 간의 비율로 보는 관점에 따라다르다. 검사의 신뢰도를 추정하기 위하여 처음 사용된 공식은 Karl Pearson(1896)이 제안한 단순적률상관계수 공식이다. 단순적률상관계수 공식은 신뢰도 추정뿐 아니라 사회 현상의 수많은 변수 간의 관계를 규명하기 위하여현재까지도 널리 이용되고 있는 공식이다. 상관계수에 의한 신뢰도 개념은Charles Spearman(1904)에 의하여 소개되었으며, 각기 독립적으로 얻은 두점수 간의 상관 평균으로 정의되었다.

　　이와 같은 정의에 의하여 여러 용어로 신뢰도를 표현하여 오던 중, Spearman(1910)이 'reliability coefficient'란 단어를 처음으로 사용하면서 신뢰도 계수(reliability coefficient)란 어떤 사물에 대한 여러 측정치를 두 부분으로 나누어 계산한 반분점수 간의 관계를 설명하는 계수라고 정의하였다. 상관계수가 검사이론의 주류를 이루던 시절, 신뢰도는 동일한 피험자에게 검사를 두번 실시하여 얻은 두 검사점수 간의 상관계수로 추정되거나 동형이 되게 두부분으로 나뉜 두 부분 점수 간의 상관계수로 추정되었다. 전자를 재검사신뢰도라고 하며, 후자를 반분검사신뢰도라고 한다. 반분검사신뢰도 추정 공식은 Spearman과 Brown(1910)에 의하여 제안되었다. 재검사신뢰도와 반분검사신뢰도 추정방법이 초기에 신뢰도를 추정하는 방법으로 널리 사용되었다.

　　한편 **Kuder와 Richardson(1937)**은 한 검사의 문항 분산과 공분산을 이용하여 신뢰도 계수를 추정하기 위하여 **KR-20과 KR-21 공식**을 제안하였다. KR-20은 문항점수가 맞고 틀리는, 즉 1점과 0점의 이분문항으로 주어질 때신뢰도를 추정하는 공식이고, KR-21은 문항점수가 연속점수일 때 신뢰도를 추정하는 공식이다. KR-20과 KR-21은 검사를 두 부분으로 나누지 않아도 신뢰도를 추정할 수 있다는 장점을 지니고 있기 때문에 널리 사용되었다.

　　이어 Hoyt(1941)는 분산분석방법을 이용하여 문항점수가 이분점수든 연속점수든 상관없이 신뢰도를 추정할 수 있는 새로운 공식을 유도하였다. 한 피험자가 여러 다른 문항에 반복적으로 응답하는 것이 실험설계에서 동일 피험자에게 다른 처치를 반복적으로 가하는 설계와 유사하다고 보아서 반복설계 방법을 이용하여 공식을 유도한 것이다. Hoyt가 제안한 분산분석방법에 의하여 신뢰도를 추정하는 방법은 다소 복잡하지만 한 번 실시한 검사점수가 어떤 형태든 하나의 공식으로 신뢰도를 추정할 수 있다는 장점이 있다.

Cronbach(1951)가 검사의 문항점수가 이분점수이든 연속점수이든 상관없이 신뢰도를 추정할 수 있는 보다 간단한 공식을 제안하였다. Cronbach의 공식은 KR-20 공식의 변형된 형태로서 **Cronbach** α라고 명명되었다. KR-20, Hoyt 신뢰도보다 Cronbach α가 많은 연구에서 사용되는 이유는 신뢰도 추정 공식이 간단하며, 신뢰도를 추정하는 많은 프로그램이 KR-20이나 Hoyt의 신뢰도 계산 공식보다는 Cronbach α 공식을 제공하고 있기 때문이다. 그러나 KR-20, Hoyt 그리고 Cronbach α 모두 신뢰도는 진점수 분산을 관찰점수 분산으로 나눈 값이라는 개념에 입각하여 전개된 공식들이므로 동일한 결과를 제공한다. 즉, 동일한 응답자료를 가지고 세 가지 다른 공식에 의하여 신뢰도를 추정하여도 신뢰도 계수는 모두 같게 나온다. 이는 세 종류의 신뢰도 추정방법이 모두 신뢰도에 대한 동일한 기본개념에 근거하여 유도되었기 때문이다.

(1) 재검사신뢰도

① 정 의

재검사신뢰도(test-retest reliability)는 동일한 검사를 동일한 피험자 집단에게 일정한 시간 간격을 두고 두 번 실시하여 얻은 두 검사점수 간의 상관계수에 의하여 신뢰도를 검증하는 방법이다. 그러므로 재검사신뢰도는 한 검사도구가 두 번의 시행에서 얻은 안정성의 지표다. Karl Pearson의 단순적률상관계수 추정 공식에 의하여 두 번의 검사점수 간 상관계수가 산출되며, 이것이 검사도구의 안정성을 의미하는 재검사신뢰도 계수가 된다. 재검사신뢰도를 위한 시험 간격은 일반적으로 피험자의 기억이 소멸되는 시간인 2주에서 4주로 설정되나 검사도구의 특성과 측정내용에 따라 달라질 수 있다.

② 추정방법

재검사신뢰도는 동일 검사를 동일 집단에게 두 번 실시하여 얻은 두 검사점수 간의 상관계수로 추정된다. 10문항으로 제작된 초등학생의 어휘능력을 측정하는 검사를 제작하였다면, 그 검사를 연구대상이 되는 초등학생에게 실시하고 일정 기간이 지난 다음 검사를 다시 실시하여 얻은 두 점수 간의 상관계수를 추정한다. 즉, 연구대상마다 검사점수와 재검사점수가 있으므로 두 점수 간의 상관계수를 추정할 수 있으며, 이는 연구대상에 대한 검사도구의 안정성을 의미한다.

③ 장단점

재검사신뢰도는 신뢰도 추정방법이 간단하다는 장점을 지니고 있는 반면, 많은 단점을 지니고 있다. 첫째, 시험 간격 설정에 따른 논란이다. 시험 간격은 검사를 두 번 시행하는 데 따른 기억효과를 배제하기 위한 기간을 의미한다. 일반적으로 2주에서 4주의 기간을 설정하나 검사도구의 특성이 시험 간격 설정의 주요 변수가 된다. 즉, 검사의 문항 수, 검사도구의 문항 특성, 검사의 난이도 등에 의하여 시험 간격이 다르게 설정되는데, 이로 인하여 시험 간격이 변화함에 따라 신뢰도 계수가 달리 추정되는 근본적인 문제점을 지니게 된다. 기억효과를 배제하기 위하여 시험 간격을 3개월 혹은 6개월로 설정하는 경우가 있으나, 그 기간은 학습능력의 변화 혹은 피험자의 성숙 등으로 인하여 응답자의 반응이 변화될 수 있는 충분한 기간이 되므로 검사도구의 신뢰도를 추정하는 적절한 시험 간격이 되지 못한다.

둘째, 검사를 두 번 시행하는 데 따른 문제점이 있다. 현실적으로 검사를 두 번 시행해야 하는 번거로움과 동일한 검사환경, 검사에 대한 동일한 동기와 검사태도를 조성하기 어렵다는 점이 문제로 제기된다. 이와 같은 문제점에도 불구하고 재검사신뢰도를 사용하는 이유는 일반적으로 검사의 신뢰도를 과대 추정하기 때문이다.

(2) 동형검사신뢰도

① 정 의

동형검사신뢰도(parallel-form reliability)는 검사도구의 신뢰도를 검증하기 위하여 두 개의 동형검사를 제작한 뒤 동일 피험자 집단에게 검사를 실시하여 두 검사점수 간의 상관계수로 신뢰도를 추정하는 방법이다. 동형검사신뢰도는 두 검사의 유사성을 측정하며, 평행검사신뢰도라고도 한다.

동형검사신뢰도 추정을 위하여 동형검사를 제작할 때는 동일 내용을 측정해야 하며, 문항과 문항 수, 문항난이도와 문항변별도가 동일해야 한다. 이와 같은 점을 고려하였을 때 동형검사 제작이 용이하지 않음을 알 수 있다.

② 추정방법

동형검사신뢰도는 두 개의 동형검사가 제작되어 동일 피험자에게 검사가 두 번 시행되어야 한다. 두 번 시행으로 얻어진 두 검사점수 간의 상관계수를 계산하여 동형검사신뢰도를 추정한다.

③ 장단점

동형검사신뢰도는 두 개의 동형검사를 동일 집단에게 동시에 시행하므로 시험 간격의 설정이 문제가 되지 않으며 신뢰도 계수 추정이 쉽다는 장점이 있다. 반면 단점으로는 동형검사 제작이 어렵다는 점을 들 수 있다. 검사제작 전문가라도 두 개의 동형검사를 제작하기란 쉽지 않으며 많은 시간이 소요되므로 실제 연구에서는 거의 사용되지 않는 신뢰도다.

또 동형검사신뢰도 추정 시 두 검사의 동형성 여부에 따라 동형검사신뢰도 계수가 달리 추정되는 단점이 있으므로 연구자의 검사도구 제작능력이 신뢰도 계수에 영향을 미친다. 그리고 동형검사신뢰도 역시 재검사신뢰도처럼 검사를 두 번 시행하는 데 따른 문제점이 있다. 즉, 검사를 연속적으로 두 번 시행하는 동안 동일한 검사환경, 피험자의 동일한 검사동기와 검사태도를 유지하기가 어렵다는 것이다.

(3) 내적일관성신뢰도

재검사신뢰도와 동형검사신뢰도는 동일한 피험자에게 검사를 두 번 실시해야 하는 번거로움이 따르며, 시험 간격이나 검사의 동형성 정도에 따라 신뢰도 계수가 변화되는 문제점을 지니고 있다. 이에 비해 내적일관성신뢰도는 검사를 두 번 실시하지 않고 검사의 신뢰도를 추정할 수 있는 방법이다. **내적일관성신뢰도**(internal consistency reliability)란 검사를 구성하고 있는 부분 검사 또는 문항 간의 일관성 정도를 말하며, 검사를 구성하는 부분 검사나 문항들이 측정하고자 하는 내용을 얼마나 일관성 있게 측정하였느냐 하는 문제다. 즉, 검사도구가 측정하고자 하는 속성을 얼마나 오차 없이 정확하게 측정하였느냐 하는 것이다. 내적일관성신뢰도는 검사를 구성하는 두 부분 검사 간의 유사성으로 검사의 신뢰도를 추정하는 방법과 문항 간의 측정의 일관성을 추정하기 위하여 관찰점수 분산 중 진점수 분산이 차지하는 비율을 이용하여 추정하는 방법이 있다. 전자를 반분검사신뢰도라고 하며, 후자를 문항내적일관성신뢰도라고 한다. 문항내적일관성을 문항내적일치성 혹은 문항내적합치성이라고도 한다.

① 반분검사신뢰도

정 의 **반분검사신뢰도**(split-half reliability)는 한 번 실시한 검사점수를 두 부분으로 나누어 두 부분 검사점수의 상관계수를 계산한 후, Spearman–Brown 공식에 의하여 신뢰도를 추정하는 방법이다. 반분검사신뢰도는 내적일관성신뢰도의 한 종류로서, 검사를 두 부분 검사로 나누어 한 부분 검사점수와 다른 부분 검사점수의 유사성 정도를 추정하여 신뢰도를 계산하는 방법이다.

반분검사신뢰도를 추정할 때 검사를 양분한 두 부분 검사점수 간의 상관계수를 그대로 사용하면 신뢰도가 과소 추정된다. 만약 20문항으로 제작된 검사도구를 10문항씩으로 양분하여 두 부분 검사점수 간의 상관계수를 추정하였다면, 이는 20문항으로 구성된 검사의 내적일관성신뢰도가 아니라 10문항으로 제작된 검사의 동형검사신뢰도가 되므로 반분검사 간 상관계수를 그대로 사용하지 않고 다음의 Spearman-Brown 공식을 사용하여 교정한다.

$$\rho_{XX'} = \frac{2\rho_{YY'}}{1 + \rho_{YY'}}$$

$\rho_{XX'}$: 반분검사신뢰도계수

$\rho_{YY'}$: 반분된 검사점수의 상관계수

앞의 공식에 의하면, 반분된 검사점수 간의 상관계수가 .7이었다면 반분검사신뢰도 계수는 .82가 된다.

추정방법 반분검사신뢰도는 전체 검사를 양분하여 두 부분 검사점수 간의 일치성에 의하여 신뢰도를 추정하므로 두 부분 검사점수 간의 상관계수를 이용한다. 전체 검사를 인위적으로 양분하였다는 것은 하나의 검사를 두 개의 동형검사로 만들었다는 것을 의미한다.

반분검사신뢰도 추정 시 검사를 반분하는 방법은 다음과 같다.

- 기우법
- 전후법
- 단순무작위법
- 문항특성에 의한 반분법

짝수 번 문항과 홀수 번 문항으로 반분하는 기우법, 전체 검사를 문항 순서에 따라 전과 후로 나누는 전후법, 무작위로 분할하는 단순무작위법, 문항특성에 의하여 반분하는 방법이 있다. 문항특성에 의한 반분법은 문항난이도와 문항변별도에 의존한다. 문항특성에 의하여 검사를 반분하면 동일한 난이도와 동일한 진점수를 갖는 두 부분 검사를 만들 수 있다.

이와 같은 방법으로 검사를 두 부분 검사로 나누어 각 부분 검사에서 얻은 점수를 계산한 후 두 점수 간의 상관계수를 추정하며, 상관계수를 추정한 후 Spearman—Brown(1910) 공식에 대입하면 반분검사신뢰도를 추정할 수 있다.

장단점　반분검사신뢰도는 재검사신뢰도나 동형검사신뢰도 추정 시처럼 검사를 두 번 시행하지 않고 신뢰도를 추정할 수 있다는 장점을 지니고 있다. 그러므로 시험 간격이나 동형검사 제작 등의 문제가 없다.

단점은 검사를 양분하는 방법에 따라 반분검사신뢰도 계수가 달리 추정된다는 점이다. 일반적으로 반분검사신뢰도를 높게 추정하기 위해서는 문항특성에 의하여 검사를 반분하는 방법을 사용하는 것이 바람직하다.

② 문항내적일관성신뢰도

검사도구의 **문항내적일관성신뢰도**를 추정하는 다른 방법으로는 검사를 두 부분으로 나누지 않고 문항 하나하나를 하나의 검사로 간주하여 문항들 간의 유사성 혹은 측정의 일관성을 검증하는 방법이 있다. 이를 문항내적일관성신뢰도라고 하며, 추정방법으로는 KR-20, KR-21, Hoyt신뢰도, Cronbach α가 있다. 이상의 신뢰도 추정방법은 진점수의 분산을 관찰점수의 분산으로 나눈 비율에 기초한 것으로서, KR-20, Hoyt신뢰도, Cronbach α의 순으로 제안되었다.

KR-20은 정답/오답, 예/아니요와 같은 이분문항에만 적용되고, KR-21은 다분문항으로 구성된 검사의 문항내적일관성신뢰도까지도 추정하며, **Hoyt신뢰도**는 분산분석방법을 사용하여 이분문항뿐 아니라 다분문항의 신뢰도를 추정한다. Cronbach α가 신뢰도 추정에 널리 사용되는 것은 이분문항뿐

아니라 연속적으로 점수가 부여되는 문항으로 구성된 검사의 신뢰도 추정이
가능하며, 신뢰도 계산 공식의 유도과정과 개념이 보다 간단하기 때문이다.
Cronbach α는 역사적으로 가장 늦게 제안되었으나 연구에서 사용되는 검사
의 자료가 이분점수든 다분점수든 관계없이 사용할 수 있으며, 동일한 자료를
가지고 문항내적일관성신뢰도를 추정하였을 때 Cronbach α, KR-20, Hoyt
신뢰도를 통해 얻어지는 신뢰도 계수가 같고, 많은 연구에서 신뢰도를 보고
할 때 Cronbach α 계수를 보고하므로 여기에서는 Cronbach α에 대해 설명
한다.

정 의 Cronbach(1951)는 문항의 내적일관성을 측정하기 위하여 검사를 두
부분으로 나누지 않고 문항점수의 분산을 사용하는 **Cronbach α 계수**를 제
안하였다. Cronbach α 역시 신뢰도의 두 번째 개념인 관찰점수 분산과 진
점수 분산비율에 근거하여 신뢰도를 추정한다. 그러므로 Cronbach α는 문
항점수가 이분점수가 아닐 때 신뢰도를 구할 수 있는 KR-20의 일반화된 공
식이라고 할 수 있으며, 다음 공식에 의하여 문항내적일관성을 의미하는 신
뢰도를 계산할 수 있다.

$$\rho_{XX'} \geq \alpha = \frac{n}{n-1}\left[1 - \frac{\sum_{i=1}^{n} S_i^{\,2}}{S_x^2}\right]$$

n: 문항 수
$S_i^{\,2}$: i번째 문항에 응답한 피험자 점수의 분산
S_x^2: 피험자들의 총점의 분산

추정방법 학교 도서관에 대한 만족도를 4개의 문항으로 5명에게 물었을 때
〈표 8-1〉과 같이 응답하였다. 각 문항은 Likert척도를 사용하였으며, 1점은 매우
불만족, 2점은 불만족, 3점은 보통, 4점은 만족, 5점은 매우 만족을 의미한다.

〈표 8-1〉 도서관에 대한 만족도 응답결과

피험자 \ 문항	1	2	3	4
A	4	3	5	4
B	3	3	4	4
C	5	5	4	5
D	2	1	3	2
E	3	2	4	3

〈표 8-1〉의 응답자료를 가지고 Cronbach α를 계산하는 절차는 〈표 8-2〉와 같다.

〈표 8-2〉 학교도서관에 대한 만족도 검사의 Cronbach α 계산절차

피험자 \ 문항	1	2	3	4	총점(x)
A	4	3	5	4	16
B	3	3	4	4	14
C	5	5	4	5	19
D	2	1	3	2	8
E	3	2	4	3	12
$\overline{Y_i}$	3.4	2.8	4	3.6	13.8

$$S_1{}^2 = \frac{(4-3.4)^2 + (3-3.4)^2 + (5-3.4)^2 + (2-3.4)^2 + (3-3.4)^2}{5} = 1.04$$

$$S_2{}^2 = \frac{(3-2.8)^2 + (3-2.8)^2 + (5-2.8)^2 + (1-2.8)^2 + (2-2.8)^2}{5} = 1.76$$

$$S_3{}^2 = \frac{(5-4)^2 + (4-4)^2 + (4-4)^2 + (3-4)^2 + (4-4)^2}{5} = .40$$

$$S_4{}^2 = \frac{(4-3.6)^2 + (4-3.6)^2 + (5-3.6)^2 + (2-3.6)^2 + (3-3.6)^2}{5} = 1.04$$

$$S_x{}^2 = \frac{(16-13.8)^2 + (14-13.8)^2 + (19-13.8)^2 + (8-13.8)^2 + (12-13.8)^2}{5} = 13.76$$

$$\sum S_i^2 = 1.04 + 1.76 + .40 + 1.04 = 4.24$$

Cronbach α 계수는 다음과 같이 계산할 수 있다.

$$\alpha = \frac{n}{n-1}\left[1 - \frac{\sum S_i^2}{S_x^2}\right] = \frac{4}{4-1}\left[1 - \frac{4.24}{13.76}\right] = .922$$

이 경우에 문항내적일관성신뢰도는 .922로서 신뢰도가 '매우 높다'고 할 수 있다.

장단점 Cronbach α에 의하여 신뢰도를 추정할 때, 검사를 두 번 실시하거나 검사를 양분하지 않아도 되며 문항 간의 일관성에 의하여 단일한 신뢰도 추정결과를 얻는다는 장점이 있다. 그러므로 재검사신뢰도, 동형검사신뢰도, 반분검사신뢰도가 지니는 단점을 극복할 수 있다.

다만 검사도구의 신뢰도를 과소 추정하는 점이 지적되기는 하나 이를 단점이라고 할 수는 없다. 문항내적일관성신뢰도가 일반적으로 재검사신뢰도, 반분검사신뢰도보다 낮게 추정되지만, 오히려 낮게 추정된 신뢰도 계수를 가지고 검사의 신뢰도를 확인하는 것이 바람직하다. 즉, 검사도구의 질을 분석하기 위해서는 보수성(conservative)이 요구되기 때문에 오히려 신뢰도가 과소 추정되는 것이 검사도구의 질을 엄격하게 판정하기 위해서 바람직하다.

3) 신뢰도에 영향을 주는 요인

신뢰도에 영향을 주는 요인들은 검사에 관련된 요인, 피험자에 관련된 요인, 검사 시행에 관련된 요인으로 나누어 볼 수 있으며, **검사에 관련된 요인**은 다음과 같다.

첫째, 문항 수다. 인간이 지니고 있는 속성을 간접적으로 측정할 때 적은 수의 문항보다는 많은 수의 문항으로 측정하는 것이 측정의 오차를 줄일 수 있다. 물론 양질의 문항이어야 한다는 전제 조건이 따른다. 양질의 문항 수를 증가시킨다고 하여 신뢰도가 계속 선형적으로 증가하는 것은 아니므로 일정 문항 수 이상으로 검사의 길이를 늘리는 것은 신뢰도 증가에 크게 기여하지 못한다.

둘째, 문항의 난이도가 적절해야 한다. 검사가 너무 어렵거나 쉬우면 검사 불안과 부주의가 발생하여 본래의 능력을 발휘하지 못하므로 신뢰도가 저하된다.

셋째, 문항의 변별도가 높아야 한다. 즉, 문항이 피험자를 능력에 따라 구분할 수 있는 문항변별력이 있어야 검사의 신뢰도가 높아진다는 것이다. 느낌이나 지각을 묻는 질문으로 Likert 평정척도를 사용할 때 연구대상이 척도의 각 단계에 고르게 응답하면서 문항의 점수와 질문지의 총점과의 상관이 높은 문항이 변별도가 높은 문항으로 검사의 신뢰도 향상에 기여한다.

넷째, 검사도구의 측정내용의 범위가 좁을수록 신뢰도가 증가한다. 만약 한국사 시험을 치를 때 검사의 내용 범위가 근대사로 제한된다면 한국사 전체의 내용을 범위로 하는 검사보다 신뢰도가 높을 것이다. 이는 검사내용의 범위가 좁을수록 문항 간의 동질성을 유지하기가 용이하기 때문이다. 정의적 행동특성을 측정할 때 질문지의 각 문항들이 동일한 특성에 대해 질문하므로 측정내용의 범위가 좁아져 신뢰도가 높아진다.

다섯째, 검사시간이 충분해야 한다. 이는 피험자가 모든 문항에 응답할 기회를 준다는 측면에서 문항 수와 관계되는 문제이기도 하다.

그 외에 신뢰도에 영향을 주는, 피험자와 관련된 요인으로는 피험자의 흥미와 동기 등을 들 수 있다. 피험자가 검사에 대한 흥미가 높고 검사 선택 동기가 높으면 신뢰도는 증가하나 흥미를 상실한 상태에서 검사에 임하면 응답의 일관성이 결여되는 경우가 많아 신뢰도가 감소하게 된다. 검사시행과

관련된 요인인 시간제한, 시험환경 등은 검사의 신뢰도를 증가시키기도 하고 감소시키기도 하는 요인들로 알려지고 있다.

일반적으로 태도검사를 2세 이하의 아동에게 실시할 때 신뢰도 정보에 의미를 부여하기 힘들고, 5세 아동들에게는 개인검사를 실시해야 신뢰도를 검증할 수 있다. 집단검사는 최소한 10세 이상의 아동에게 실시해야 응답결과를 신뢰할 수 있다.

연구에서 검사의 신뢰도가 낮게 추정되었을 경우 검사도구의 문항들 간의 유사성 혹은 측정의 일관성이 결여되어 신뢰도가 낮은 경우도 있으나 연구대상이 되는 개인들이 일관성 있게 응답하지 않아서 그런 결과를 얻는 경우도 있다. 예를 들어, 심리적 특성을 측정하는 검사가 신뢰로움에도 불구하고 정신질환자에게 실시하였다면 검사의 신뢰도는 낮아질 수밖에 없다. 그러므로 연구를 통해서 수집된 자료로 검사도구의 신뢰도를 추정하기에 앞서 응답자들의 응답이 신뢰로운지를 점검하는 절차가 필요하다. 즉, 자료분석 이전에 응답결과를 검토하여 단순무선적으로 응답한 답안지나 응답하지 않은 문항이 많은 자료는 제거하는 것이 바람직하다.

연◇습◇문◇제

1. 다음 단어를 설명하라.

   타당도

   내용타당도

   구인타당도

   공인타당도

   예측타당도

   신뢰도

   재검사신뢰도

   동형검사신뢰도

   반분검사신뢰도

   내적일관성신뢰도

   KR-20

   Hoyt신뢰도

   Cronbach α

   구인

2. 타당도 근거의 종류를 설명하고 장단점을 비교하라.

3. 타당도는 높으나 신뢰도가 낮은 검사의 예를 들라.

4. 타당도는 낮으나 신뢰도가 높은 검사의 예를 들라.

5. 감성지수(emotional quotient)를 측정하는 검사를 제작하려고 한다.

1) 어떤 척도를 사용할 것인지를 정하고 그 이유를 설명하라.

2) 몇 문항으로 측정할 것인지를 설정하고 그 이유를 설명하라.

3) 어떤 타당도로 검증할 것인지와 그 이유를 설명하라.

4) 어떤 신뢰도로 검증할 것인지와 그 이유를 설명하라.

6. 기존 연구에서 사용된 검사의 타당도와 신뢰도를 확인하고 분석, 비판, 수정하라.

제9장 표준화 검사

연구를 시행하고자 할 때 연구자가 직면하게 되는 문제 중의 하나는 연구를 위하여 사용할 수 있는 측정도구나 검사도구가 있느냐 하는 것이다. 양적 연구일 경우에는 수집된 자료를 분석하여 연구의 결론을 유도하므로 연구에 참여한 연구대상의 특성이나 반응을 측정하는 검사가 필요하다. 이 장에서는 연구를 위하여 이용할 수 있는 표준화 검사와 표준화 검사도구를 찾는 방법, 표준화 검사 참고문헌을 소개한다.

① 정 의

불안에 대한 조사나 실험연구를 하려면 우선 불안을 측정하는 검사도구가 있어야 한다. 불안을 측정하는 검사를 찾았다고 하더라도 그 검사가 모든 연구대상에게 적합한 검사인지를 확인해야 하며, 그 검사가 표준화되어 있는 검사인지를 알아야 한다.

표준화 검사(standardized test)란 모집단을 대표하는 피험자를 표집하여 동일한 지시와 절차에 의하여 검사를 시행한 후 객관적 채점결과에 따라서 규준이 만들어진 검사다. 표준화 검사는 검사내용 전문가와 측정 전문가에 의하여 제작되며, 일반적으로 **검사 사용설명서**(test manual)를 갖추고 있다. 표준화 검사의 예로는 미네소타 다면인성검사(Minnesota Multiphasic Personality Inventory)와 웩슬러 지능검사(Wechsler Intelligence Test) 등을 들 수 있다.

웩슬러 지능검사 중 웩슬러 성인용 지능검사(WAIS: The Wechsler Adult Intelligence Scale)는 성인들의 모집단에서 성인들을 대표하는 표본을 추출하여 지능검사를 실시한 다음 규준을 제작하고 그 규준에 의하여 지능검사 점수를 해석하는 표준화 검사다. 표준화 검사에서 **규준**(norm)이란 원점수의 상대적 위치를 설명하기 위하여 모집단을 대표하는 표본에서 얻은 점수를 기초로 만들어진 자를 말한다. 웩슬러 지능검사의 평균은 100점이고, 표준편차는 15점이다. 즉, 표본에서 얻은 통계치인 평균과 표준편차에 의해 규준이 설정된다.

② 검색절차

연구를 위하여 사용할 표준화 검사를 찾는 자원은 매우 다양하다. 가장 가까운 방법은 연구와 관련된 참고문헌, 특히 사전연구들을 참고하면서 해당 연구에서 사용한 검사들을 선택하는 것이다.

검사의 내용, 검사의 대상, 검사절차, 소요시간 등을 알기 위해서는 일반적으로 검사 사용설명서를 참고한다. 검사 사용설명서는 검사가 측정하는 내용의 이론적 배경과 검사 사용 시의 유의사항, 검사도구의 타당도와 신뢰도 그리고 검사의 대상에 대하여 구체적으로 설명하고 있다. 또한 검사를 시행하는 절차와 검사상황, 검사점수에 대한 해석과 적용에 대해서도 상세히 설명하고 있다. 보다 자세한 정보를 얻고자 할 경우에는 검사 제작자와 직접 접촉하여 검사 사용설명서에 기록된 내용 이외의 정보를 얻을 수도 있다.

예를 들어, 직업적성검사를 실시하고자 할 때 직업적성 표준화 검사의 검사 사용설명서를 참조하면 검사의 문항내용, 검사 실시절차, 검사의 대상, 채점방법 그리고 검사점수의 해석에 대한 정보를 쉽게 얻을 수 있다.

③ 표준화 검사 참고문헌

연구 시행의 초보자가 측정도구의 소재를 파악하기란 쉽지 않은 일이다. 측정도구에 대한 정보를 제공할 목적으로 표준화 검사에 대한 정보를 수록해 놓은 참고문헌으로는 미국의 *Mental Measurement Yearbook, Tests in Print, Test Critiques, Tests, ETS Test Collection, ETS Test Collection Microfiches* 등이 있으며, 그리고 국내에는 『한국교육심리검사총람』 등이 있다.

1) Mental Measurement Yearbook(MMY)

Mental Measurement Yearbook은 표준화검사를 수록한 참고문헌으로 정기적으로 개정된다. **MMY**는 네브래스카 대학교 Buros 연구소에서 새로 제작된 표준화검사를 추가하여 2017년 20판을 출간하였으며 2,200개 이상의 표준화검사를 수록하고 있다. 검사의 목차는 검사명에 따라 알파벳순으로 배열되어 있으며 뒷부분의 검사목록에서 검사내용에 의하여 검사를 찾을 수 있다. 예를 들어, MMY에 기록된 대학전공흥미검사에 대한 내용은 다음과 같다.

[84]

College Major Interest Inventory.

Purpose: Designed "to identify the academic majors that best match a student's pattern of interests."

Population: High school and college students.

Publication Date: 1990.

Acronym: CMII.

Scores: 135 scale scores: 6 Educational Area Interest Scales (Mechanical-Technical, Rational-Scientific, Aesthetic-Cultural, Social-Personal, Business-Management, Clerical-Data).

* * *

Administration: Group.

Price Data, 1992: $48 per 10 prepaid test booklets/ answer sheets; $28 per manual (75 pages); $29 per specimen set.

Time: (35−45) minutes.

Comments: Formerly the Colorado Educational Interest Inventory; separate reports created for men and women students.

Authors: Robert D. Whetstone and Ronald G. Taylor.

Publisher: Consulting Psychologists Press, Inc.

TEST REFERENCES

1. Brown, N. W. (1994). Cognitive, interest, and personality variables predicting first-semester GPA. *Psychological Reports, 74,* 605−606.

Review of the College Major Interest Inventory by NORMAN FREDMAN, Professor and Coordinator, Counselor Education Programs, Queens College, City University of New York, Flushing, NY:

The theory behind the College Major Interest Inventory (CMII) is that students will more likely persist in college if they take courses that match their academic attitudes, interests, values, and goals.

* * *

The instrument norming did not include a nationally representative sample of that population, and the manual lacks sufficient technical data to draw conclusions about internal consistency and number of items on the many subscales that comprise this instrument. However, the uniqueness and predictive validity should make the CMII a useful tool for students and advisors.

REVIEWER'S REFERENCE

McArthur, C. (1954). Long-term validity of the Strong Interest Test in two subcultures. *The Journal of Applied Psychology, 38,* 346-353.

MMY에 수록된 대학전공흥미검사의 내용

MMY는 검사제목, 검사목적, 검사대상이 되는 모집단, 발행 연도, 검사의 하부척도 점수, 검사 시행방법, 검사 소요시간, 비평, 검사 제작자 그리고 발행자에 대한 정보를 수록하고 있다. 또한 하부 검사의 문항 수와 질문형태, 응답척도, 타당도와 신뢰도 등 다수의 전문가가 분석한 검사의 세부적인 내용까지 종합적으로 수록하고 있다. 관련 홈페이지는 http://buros.org/mental-measurements-yearbook이다.

2) Tests in Print(TIP)

*Tests in Print*는 상업적으로 출간된 검사에 대한 정보를 수록하고 있으며, 구입과 사용이 가능한 검사를 포함한다. *Tests in Print*도 *Mental Measurement Yearbook*을 출간하는 Buros 연구소에서 간행되나, MMY와는 달리 현재 구입이 가능한 검사도구와 점검표 등의 측정도구를 수록하고 있다.

2016년에 출간된 TIP 9판(Tests in Print IX)은 3,000개 이상의 검사도구에 대한 정보를 수록하고 있으며, 여기에는 검사도구 제작자에 의해 직접 확인된 검사가 수록되고 있다. 예를 들어, 의사소통지식검사에 대한 내용은 다음과 같다.

[596]
Communication Knowledge Inventory.
Purpose: To measure knowledge about person to person communication Practices.
Population: High school through adult.
Publication Dates: 1970-78.
Acronym: RCK.
Scores: Total score only.
Administration: Group.
Manual: No manual; fact sheet available.
Price Data: Available form publisher.
Time: (10-20) minutes.
Comments: Self-administered.

Authors: W. J. Reddin and Ken Rowell.
Publisher: Organizational Tests Ltd. [Canada].
Cross References: For a review by Gregory J.
Boyle, see 11: 77.

Test in Print에 수록된 의사소통지식검사의 내용

TIP는 검사도구의 제목, 검사목적, 검사대상의 모집단에 대한 정보, 검사지 발행 연도, 점수 부여방법, 검사 실시유형, 검사 사용설명서 유무, 가격정보, 검사 소요시간, 검사 제작자, 발행인을 소개하고 있다. TIP에는 검사에 대한 자세한 분석내용이 포함되어 있지 않으며 개괄적인 정보만이 수록되어 있다. 현재 8판이 출간되었으며 홈페이지는 http://buros.org/tests-print이다.

3) Test Critiques

*Test Critiques*는 Test Corporation of America의 Keyser와 Sweetland가 심리학, 교육학, 경영학 분야의 검사에 대한 정보를 수록한 참고문헌이다. *Test Critiques*는 검사 소개, 실제적 적용과 이용, 기술적인 측면 그리고 비평으로 구성되어 있다.

검사 소개 부분에서는 검사 개발의 역사적 배경과 절차, 그리고 검사 개발 기준 등이 소개되고 있다. 실제적 적용과 이용 부분에서는 검사 이용자의 관점에서 검사대상, 검사시행, 점수화 절차, 해석방법 등을 설명하며, 기술적인 측면에서는 타당도와 신뢰도 그리고 검사 특성을 설명하고 있다. 또한 비평 부분에서는 검사의 장단점을 설명하고 있다. 한 검사마다 7~8쪽에 해당하는 검사 정보를 수록하고 있으며, 700개 이상의 검사에 대하여 설명하고 있다.

장점은 검사에 대한 자세한 정보를 수록하고 있다는 점이며, 단점은 다소 적은 수의 검사 도구를 수록하고 있다는 점이다. 관련 홈페이지는 http://onlinelibrary.wiley.com/doi/10.1002/1520-6807(198607)23:3%3C320::AID-PITS2310230318%3E3.0.CO;2-1/abstract이다.

4) Tests

Tests는 Pro-Ed 출판사의 Sweetland와 Keyser가 편집하는 검사 참고문헌으로 2008년 6판이 발간되었다. *Tests*는 심리, 교육, 경영 분야로 분류하여 2,000개가 넘는 검사를 수록하고, 심리 분야는 21개 하부 분야, 교육 분야는 47개 하부 분야, 경영 분야는 22개 하부 분야로 나누어 설명하고 있다. 관련 홈페이지는 http://www.proedinc.com/customer/productview.aspx?id=4244이다.

각 검사에 대한 설명에서 검사제목, 검사대상, 검사방법, 검사특성, 검사소요시간, 채점방법, 비용 그리고 발행인의 정보를 수록하고 있다. 예를 들어, 가정환경을 측정하는 검사를 설명하는 부분은 다음과 같다.

FAMILY ENVIRONMENT SCALE
Rudolf H. Moos and Bernice S. Moos

Adolescent, adult

Purpose: Assesses characteristics of family environments. Used for family therapy.

Description: 90-item paper-pencil test measuring 10 dimensions of family environments: cohesion, expressiveness, conflict, independence, achievement orientation, intellectual-cultural orientation, active-recreational orientation, moral-religious emphasis, organization, and control. These dimensions are further grouped into three categories: relationship, personal growth, and system maintenance. Materials include the Real Form (Form R), which measures perceptions of current family environments; the Ideal Form (Form I), which measures conceptions of ideal family environ-ments; and the Expectancies Form (Form E), which measures expectations about family settings. Forms I and E are not published; however, reworded instructions and items may be requested from the publisher. Examiner required. Suitable for group use.

Untimed: Not available

Scoring: Examiner evaluated

Cost: Manual $7.00; key $1.75; 25 reusable tests $8.50; 50 answer sheets $5.50; 50 profiles $3.75

Publisher: Consulting Psychologists Press, Inc.

Tests에 수록된 가정환경척도의 내용

5) ETS Test Collection

*ETS Test Collection*은 ETS 검사 도서관이 소장하고 있는 20,000개 이상의 검사와 측정도구를 참고하여 검사나 측정도구의 정보를 제공한다. *ETS Test Collection*은 6권으로 나뉘어 있으며, 각 권은 다음과 같이 구성되어 있다.

제1권: 성취도검사와 측정도구 제2권: 직업검사와 측정도구

제3권: 특수집단을 위한 검사   제4권: 인지적성과 지능검사

제5권: 태도검사   제6권: 정의특성검사와 인성검사

 검사목록에는 ETS의 검사목록 번호, 검사명, 검사제작자(저자), 발행연도, 검사색인, 참고문헌, 검사 대상의 나이 혹은 학년, 요약 내용, 출판사, 하부검사, 문항 수, 검사 소요시간 등에 대한 정보를 담고 있다.

 검사목록에는 ETS의 검사목록 번호, 검사제목, 저자, 발행 연도가 수록되어 있으며, 검사의 하부검사가 열거되어 있다. 검사를 찾을 수 있도록 검사명, 검사 제작자, 검사 색인, 참고문헌, 검사대상의 나이 혹은 학년, 요약내용, 출판사, 발행일, 하부검사, 문항 수, 검사 소요시간 등에 대한 정보를 담고 있다.

ETS 일련번호

검사명

17209
Woodcock-Johnson Psycho-Educational Battery, Revised-Tests of Achievement, Standard Battery and Supplemental Battery. Woodcock Richard W.; Johnson, W. Bonner 1990

출판사 혹은 검사 제작자

검사 발행일

하부검사

Subtests: Standard: Letter Word Identification, Passage Comprehension, Calculation, Applied Problems, Dictation, Writing Samples, Science, Social Studies, Humanities; Supplemental: Word Attack, Reading Vocabulary, Quantitative Concepts, Proofing, Writing Fluency, Punctuation and Capitalization, Spelling, Usage, Handwriting

Descriptors: *Academic Achievement; *Achievement Tests; Adults; College Students; Elementary School Students; Elementary Secondary Education; High School Students; *Knowledge Leve; *Mathematics Achievement; Older Adults: Postsecondary Education; Preschool Children; preschool Education; *Reading Ability; *Standardized Tests; *Written Language

Identifiers: WJR

규명어

검사유형

Availability: DLM Teaching Resources: One DLM Park, Allen, TX 75002-1302

Age Level: 2-90

검사 소요시간 혹은 문항 수

Notes: Time, 50 min. approx.

검사대상의 나이 혹은 학년

검사 요약내용

Woodcock-Johnson-Revised is a battery of standardized tests measuring cognitive abilities, scholastic aptitudes, and achievement Cognitive and achievement batteries are each organized in standard and supplemental test books.

* * *

With this revision, 10 new tests have been added to the cognitive abilities battery and 4 new tests to the achievement battery. The achievement battery now has alternate forms A and B. The achievement standard battery consists of 9 tests. The supplemental battery also has 9 tests Both batteries can be used to assess 4 curricular areas reading, mathematics, written language, and knowledge.

ETS Test Collection의 Sample Entry

6) ETS Test Collection Microfiches

ETS 마이크로피시 검사수록집은 교육, 심리 분야와 관련되는 미간행 검사지를 수록하고 있다. 여기에 수록되는 검사는 개인이나 기관에 의하여 제작된 비영리검사로서 상업적인 검사기관에 의하여 제작된 검사는 수록되지 않는다. ETS 마이크로피시는 연구를 위하여 새로운 정보나 지식을 제공하며 검사의 배포보다는 전문지식을 공유하고자 하는 데 목적을 두고 있다. 그러므로 대부분의 검사는 마이크로피시로 구입하여 참고해야 하고 검사를 사용하기 위해서는 저자의 동의를 받아야 한다. 또한 검사의 내용이나 질이 ETS나 검사 전문가에 의하여 검토되지 않았으므로 검사 사용자가 판단하여 사용 여부를 결정해야 한다. 검사를 찾기 위한 색인은 ERIC의 "Thesaurus of ERIC Descriptors"에 따른다. ETS 마이크로피시에서 검사를 찾으려면 Numerical Index나 Main Entry Section을 본 후 검사 마이크로피시를 찾으면 된다. Numerical Index의 예는 다음과 같다.

017856
<u>Social Interaction and Social Situations Questionnaire</u> by
Catherine S. Fichten, 1984

<u>DESCRIPTION</u>: The questionnaire presents a series of situations between a physically disabled college student in a wheelchair and an able-bodied college student to assess their social skills when interacting with each other. There are questions that ask subjects to choose a specific response, and there are also open-ended questions. These questionnaires use male subjects, but the questionnaires may also be used with females by substituting female names.
See also Cognitive Role-Taking Tasks, Versions A and B (TC16806, Tests in Microfiche, Set P)

사회적응과 사회환경척도에 대한 Numerical Index의 예

Numerical Index에는 검사의 일련번호, 검사 제작자, 제작 연도가 기록되

어 있으며, 검사에 대한 일반적 정보가 간략히 약술되고 있다. ETS 마이크로
피시 검사수록집의 목록의 예로 '성경내용검사'의 목록을 찾아보면 다음과
같다.

69

Standardized Bible Content Tests. American Association of Bible Colleges, Fayetteville, AR 1980

Descriptors: *Achievement Tests; *Biblical Literature; *Church Related Colleges; Higher Education; Knowledge Level; Multiple Choice Tests; *Student Placement; *Undergraduate Students

Identifiers: SBCT

Availability: American Association of Bible Colleges; P.O. Box 1523, Fayetteville, AR 72702

Grade Level: 13–16

Notes: Time, 45 min.; Items, 150

Developed for use in Bible colleges to measure Bible knowledge of students. Forms A through F are available.

ETS 마이크로피시에 수록된 성경내용검사의 내용

앞의 목록은 ETS 검사 소장번호, 검사제목, 검사 제작자, 검사색인, 검사
구입 주소, 검사대상, 검사 소요시간과 문항 수, 검사에 대한 간단한 소개를
포함하고 있다.

최근 대부분의 기관에서는 검사 관련 데이터베이스를 구축하고, 웹 사이트
를 통해 온라인으로 검사를 시행하거나 주문판매를 하기도 한다. MMY는
https://buros.org/mental-measurements-yearbook에서 검색할 수 있으며,
ETS test collection은 https://www.ets.org/test_link/about에서 검색할 수
있다. Assessment Systems Corporation의 https://assess.com/에서도 웹 사이
트를 통해 검사나 설문조사를 시행하고, 자료분석과 결과보고까지 대행하는
Online Testing 시스템을 운영하고 있다. Online Testing 시스템에서 지원하
는 검사 분야는 다음과 같다.

- Education(K-12)
- Education(University)
- HR/Workforce/Corporate
- Certification/Licensure/Credentialing
- Medical/Psychology
- Test Prep

7) 국내 표준화 검사 참고문헌

미국의 경우에는 표준화 검사를 수록한 다수의 참고문헌이 발간되었으나 국내에서는 교육평가 연구회(1987)가 특집으로 『교육평가연구』제2권 제2호에서 국내 표준화 검사에 대한 10편의 논문을 게재한 것이 처음이었다. 이 특집에서 장석우(1987)는 표준화 학력검사들을 분석하였으며, 이종승(1987)은 표준화 검사인 학업성취도검사, 적성검사, 직업흥미검사를 설명하였다. 이어 서울대학교 사범대학 교육연구소(1997)에서 『한국교육심리검사총람』을 발간하였다. 『한국교육심리검사총람』은 2부로 구성되어 있는데, 제1부는 검사 제작과 활용에 대한 기본원리 및 검사의 종류, 검사내용과 활용지침을 소개하고, 제2부는 국내에서 간행된 표준화 검사들의 적용대상, 제작서, 제작 및 개정년도, 검사목적, 검사구성, 표준화, 신뢰도, 타당도, 검사실시상 유의점, 검사 소요시간, 채점방법, 기타 유의사항을 수록하고 있다. 『한국교육심리검사총람』은 37개의 지능검사, 18개의 적성검사, 24개의 성격 · 인성검사, 10개의 흥미검사, 9개의 기타 정의적 특성검사, 19개의 유아검사, 13개의 특수검사, 14개의 인성검사, 심동적 영역의 검사 등에 대한 정보를 수록하고 있다.

국내에서도 컴퓨터와 인터넷의 보편화로 점차 온라인을 통한 검사목록의 제공과 개별 검사의 시행이 증가하고 있다. 국내의 주요 검사개발 관련 기관과 대표적인 검사들을 제시하면 〈표 9-1〉과 같다.

〈표 9-1〉 국내 검사 개발 관련기관의 주요 검사목록

출판사	홈페이지	검사명	on/off-line 여부		개발자 (표준화 연도)	소요시간 (문항 수)	검사 대상
			on-line	off-line			
인싸이트	www. inpsyt.co. kr	CACV 종합 진로적성검사		○	성태제 (2016)	47분 (172/172)	중학생/ 고등학생
		KCMII 대학 전공선택검사	○	○	성태제 (2016)	45분 (414/414)	고등학생/ 대학생
		K-WPPSI-IV 한국 웩슬러 유아지능검사 4판		○	박해원, 이경옥, 안동현 (2015)	30~60분	영유아/아동
		K-WISC-V 한국 웩슬러 아동지능검사 5판		○	곽금주, 장승민 (2019)	60~90분	아동/청소년
		KABC-II 한국 카우프만 아동지능검사 2판		○	문수백 (2014)	60~90분	영유아/ 아동/청소년
		Holland® 진로적성검사	○	○	안현의, 안창규 (2014)	45분 (192)	중학생
		NEO 성격검사	○	○	안현의, 안창규 (2014)	45분 (147/211/ 211)	아동/청소년/ 대학생, 성인
		K-BASC-2 한국판정서- 행동평가시스템	○	○	안명희 (2016)	40분 (160/139/ 176/139/150)	유아/아동/ 초등학생/ 청소년/대학생
		STAI-KYZ 상태-특성불안 검사(YZ형)		○	한덕웅, 이장호, 전겸구 (2000)	5~10분 (40)	16세 이상

				○	임호찬 (2003)	30~40분 (36/60/60)	유아/초1~2/ 10세 이상
한국 가이던스	www.guid ance.co.kr	Raven 지능발달검사		○			
		CDI 진로발달검사	○	○	이종범, 이건남 (2013)	40분 (134/134)	초등학생/ 중학생
		Holland's SDS 진로탐색검사	○	○	이동혁, 황매향 (2013)	45분 (210/264)	중학생/ 고등학생
어세스타	www. assesta. com	MBTI Form M 고등학생용 (Form G의 업그레이드 검사)	○	○	김정택, 심혜숙 (2012)	15~25분 (93)	고등학생
한국직업 능력 개발원 커리어넷	www. career. go.kr	직업적성검사	○		서유정 외 (2018)	20분 (66/88)	중학생/ 고등학생
		직업흥미검사 (H)	○		김나라 외 (2013)	20분 (141/130)	중학생/ 고등학생
		진로개발준비도 검사	○		임언, 윤형한, 이지연 (2004)	25분 (35)	성인
중앙 적성 연구소	www. cyber-test. co.kr	생애진로검사	○	○	한국심리자문연구소 (2001)	40분 (129)	대학생
		GATB 적성검사	○	○	연세대학교 인간행동연구소 (2003)	40분 (234)	대학생
한국 행동과학 연구소	www. kirbs.re.kr	KPDI 성격진단검사		○	한국행동 과학연구소 (1995)	50분 이내 (345)	성인
한국 사회적성 개발원	www.qtest. co.kr	KAD 인성직무적성검사	○	○	한국사회 적성개발원 (1999)	90분 (298)	성인

④ 종 류

검사의 종류는 검사의 목적에 따라 매우 다양하다. 교육연구에는 일반적으로 학업과 관련된 학업성취도검사, 학업적성검사 등이 많이 사용되나 그에 못지않게 학습자 개인이나 집단의 특성을 측정하는 심리검사도 많이 사용된다. 뿐만 아니라 교육은 사회 안에서 이루어지므로 환경을 측정하는 검사도 사용되며 최근에는 평생교육, 직업교육, 사회교육에 대한 연구뿐 아니라 산업교육으로도 연구범위가 확장되어 다양한 검사가 사용된다. 학교에 국한되던 교육연구가 사원의 재교육이라든가 평생교육 프로그램의 개발 등으로 연구의 장을 넓히고 있으므로 다양한 분야의 많은 검사가 교육연구에 사용되고 있다. 예를 들어, 학업적성과 관련된 직업흥미검사라든가 검사와 관련된 검사불안검사, 인지구조 특성을 측정하는 즉각적/반성적 사고(impulsive/reflective thinking)검사, 귀인(locus of control)검사 등을 그 예로 들 수 있다.

1. 다음 단어를 설명하라.

   표준화 검사

   검사 사용설명서

   규준

   Mental Measurement Yearbook

   Tests in Print

   Test Critiques

   Tests

   ETS Test Collection

   ETS Test Collection Microfiches

2. 학업 스트레스를 측정하는 표준화 검사에는 어떤 것이 있는지 검색하라.

3. 검사불안 검사의 특성을 정리하라.

4. 연구를 위하여 사용해야 할 검사를 표준화 검사 목록집에서 찾아 정리하라.

제10장 조사연구

　현상을 알기 위하여 자주 사용되는 연구방법 중 하나는 조사연구다. 조사연구는 원인과 결과를 분석하기보다는 현재의 실체를 알아보기 위한 목적을 지니고 있다. 사회현상을 알기 위한 조사일 경우 사회조사연구란 용어를 사용하고 있으나, 교육현상, 경제현상 등 다양한 분야에서 조사연구가 시행될 수 있기 때문에 일반적으로 조사연구라 한다. 이 장에서는 조사연구의 정의, 유형, 연구절차, 장단점 그리고 주의사항을 설명한다.

❶ 정의와 역사

　조사연구는 교육연구뿐 아니라 경험과학연구에 있어서 가장 많이 사용되는 연구방법의 하나로 오랜 역사를 지니고 있다. 조사연구(survey research)는 고대 이집트에서 인구조사, 농산물의 수확량 파악 그리고 세금 부여 등을 목적으로 처음 사용되었다. 그 후 20세기경 Lazarsfeld, Hyman 그리고 Stoufler 등의 사회학자들이 자료를 수집하고 자료를 통계적으로 분석하여 결과를 논리적으로 해석함으로써 조사연구의 방법을 발전시켰으며, 현재에는 여론을 조사하기 위하여 조사연구를 자주 사용한다. Gall-Up 등의 연구기관이 사회의식조사, 여론조사, 선거참여조사, 지각조사 등을 수행하고 있으나 이를 연구라고 하기에는 거리가 있다.

조사연구는 통제되지 않은 자연적 상황에서 질문을 통하여 현상을 파악하는 연구로서 현재의 사실에 대해 연구하는 방법이다. Jaeger(1997)는 조사연구는 'is'에 관한 질문에, 실험연구는 'does'에 관한 질문에 관심이 있는 연구라 하였다. 예를 들어, 새로운 교육정책이 구안되었을 때 그 교육정책에 대한 의견조사를 하는 경우는 조사연구에 해당된다. 교육연구에서는 학교체제, 교육과정 개편, 대학입시제도 수립 등에 대한 조사연구를 실시하며 교육현상이 지니고 있는 문제점을 밝히는 데 기여하고 있다. 조사연구는 연구대상들에게 동일한 유형의 정보를 얻어 자료를 수집하고 그 자료를 분석한 후 결론을 유도하므로 정보를 얻기 위하여 모든 연구대상에게 동일한 도구를 사용한다. 조사연구에 사용되는 도구는 응답결과를 수량화할 수 있도록 제작되어야 한다. 또 조사연구가 면접에 의하여 실시될 때도 역시 응답결과를 수량화할 수 있어야 한다.

② 연구방법과 유형

1) 연구방법

조사연구방법은 다음과 같이 분류한다.

- 질문지법
  - 우편에 의한 방법
  - 직접 전달 방법
  - 간접 전달 방법
- 면접법
  - 개인면접

- 집단면접
- 전화면접

　조사연구방법은 크게 **질문지법**과 **면접법**으로 나뉜다. **질문지법**은 연구대상에게 질문지를 보내 응답한 결과를 분석하는 방법으로 우편에 의한 질문지법, 직접 전달 질문지법, 간접 전달 질문지법 등이 있다.

　직접 전달 질문지법은 연구대상에게 질문지를 직접 전달한 후 응답지를 회수하는 방법이며, 간접 전달 질문지법은 제삼자나 기관을 통하여 간접적으로 조사를 실시하는 방법이다. 예를 들어, 학교장을 통하여 교사의 의견을 조사하거나 학생을 통하여 학부모에게 질문지를 배부하고 회수하는 방법을 들 수 있다.

　우편에 의한 질문지법은 편의상 가장 많이 쓰이는 방법이다. 직접 질문지법은 연구자가 연구대상에게 직접 질문지를 전달하고 회수하므로 질문지 회수율을 높일 수 있다는 장점이 있으나, 시행에 번거로움이 따르므로 우편을 많이 이용한다.

　조사연구의 또 다른 방법으로는 면접법이 있다. **면접**(interview)은 질문지를 사용하지 않고 연구대상에게 직접 질문을 제시하여 얻은 응답을 분석하는 연구방법으로 최근에 빈번하게 사용되고 있다. 면접에는 개인면접, 집단면접, 전화면접이 있다. **개인면접**은 연구자와 연구대상이 얼굴을 마주한 상태에서 질문과 대답을 하는 형태로 이루어지는 조사방법이며, **집단면접**은 연구자와 다수의 연구대상 간의 질문과 답변으로 이루어지는 조사방법이다.

　전화면접은 전화를 이용하여 질문을 하고 자료를 수집하는 조사방법으로서 전화면접도 **개인전화면접**과 **집단전화면접**으로 나뉜다. 전화를 통하여 연구자와 연구대상이 개인적으로 질문하고 답변하는 방법이 개인전화면접이고, 연구자와 다수의 연구대상이 동시에 전화를 통하여 질문하고 응답하는 방법을 집단전화면접이라 한다. 전화면접은 현재는 간단한 의견이나 느낌을 조사할 때 이용되고 있으나 연구자의 직접 방문 없이도 즉각적인 자료

수집이 가능하기 때문에 이용 빈도가 점차 높아지고 있는 추세다. 전화면접은 정보 · 통신과학의 발전으로 응답결과가 바로 부호화되어 자료파일로 작성될 수 있어서 결과분석이 신속하다는 장점이 있다. 그러나 연구를 위한 질문들이 많을 때는 전화면접에 의하여 자료를 수집하기가 용이하지 않다.

최근에는 정보통신 기술의 발달로 스마트폰 및 태블릿 PC 사용 증가, 소셜 네트워크 활성화 등으로 데이터의 양이 기하급수적으로 증가함에 따라 빅데이터를 활용한 연구가 증가하고 있다. 빅데이터는 디지털 환경에서 실시간으로 생성되는 다양한 형태의 데이터로서, 표본 데이터를 사용할 때보다 정보의 정확성이 높아지고, 다양한 변인의 사용으로 변인들 간의 새로운 관계를 발견할 수 있으며, 특정 현안 발생과 동시에 데이터 수집 및 분석이 가능하므로 현안 문제 해결을 위한 기초 자료를 단시간 내에 도출할 수 있는 장점을 가지고 있다(이영조 외, 2013). 통계청에서는 빅데이터 연구를 활성화하기 위해 통계빅데이터센터를 설치 · 운영하고 있다. 통계빅데이터센터에서는 경제 · 사회, 인구 · 가구 등 연도별 행정통계자료 9종과 성 · 연령별 유동인구, 직장인구, 주택 등 민간자료 40종 등의 방대한 자료와 이용자의 반입 자료를 연계하여 분석할 수 있는 데이터 분석 플랫폼을 제공하고 있다. 또한 분석 경험이 없는 연구자를 위해 전문가가 분석 도구 이용 및 빅데이터 분석 사례 교육을 실시하고 있으며, 자료 이용 및 분석 등을 지원하고 있다. 상세한 내용 http://data.kostat.go.kr/sbchome/intro.do에서 확인할 수 있다.

2) 연구유형

조사연구에는 횡단적 연구와 종단적 연구의 두 유형이 있다.

- 횡단적 연구
- 종단적 연구

- 경향성 연구(trend study)
- 동류집단 연구(cohort study)
- 패널연구(panel study)

횡단적 연구(cross sectional study)는 같은 기간에 모집단에서 추출된 표본의 현상을 연구하는 방법이다. 대부분의 조사연구는 연구대상과 관련된 일정 기간의 현상을 파악하는 것이다. 유치원 교사들의 만족도를 조사하거나 교육개혁에 대한 의견을 분석하는 연구를 그 예로 들 수 있다. 횡단적 연구의 장점은 단기간에 연구가 완료되므로 시간이 적게 소요되며 모집단을 대표하는 표본의 결과를 얻게 되므로 연구결과를 일반화할 수 있다는 점이다. 그러나 한 시점에서의 현상만을 조사하므로 종단적 연구에 비하여 연구의 깊이가 덜할 수 있다는 약점을 지니고 있다.

종단적 연구(longitudinal study)는 연구대상의 특성이 시간에 따라 어떻게 변화되는지를 지속적으로 연구하는 방법이다. 즉, 시간의 경과에 따른 변화를 분석하고자 하는 연구방법으로서 경향성 연구, 동류집단 연구, 패널연구 등이 있다.

경향성 연구(trend study)는 연구대상이 되는 모집단과 표본은 다르나 연구목적이 같은 조사를 시간 간격을 두고 실시하는 연구다. 예를 들어, 초등학교에서 수학시간에 계산기를 사용하는 것에 대한 교사들의 의견을 매년 조사할 때 초등교사의 모집단과 표본으로 추출된 초등교사들은 매년 달라지게 된다. 모집단이 매년 달라진다는 것은 새로 임용되거나 은퇴, 이직하는 교사가 있기 때문이다. 이러한 경향성 연구를 통하여 어린이들이 수학시간에 계산기를 사용하는 것에 대한 초등교사들의 의견 변화에 대한 경향을 분석할 수 있다.

동류집단 연구(cohort study)는 종단적 연구의 한 종류로서 모집단은 고정되어 있으나, 매년 다른 표본을 추출하여 그 모집단의 변화 경향성을 분석하는 연구다. 예를 들어, 특정 연도에 임용된 고등학교 교사들의 교직에 대한 만족도의 변화를 연구할 경우 모집단은 특정 연도에 임용된 고등학교 교사들이 되고 그 교사들의 연명부가 표집틀이 되어 매년 다른 교사들이 무선 추출되어 연구가 진행되므로 표본은 매년 달라지게 된다.

패널연구(panel study)는 동일한 대상의 변화에 대한 지속적 연구로서, 그 변화의 원인을 분석하기 위한 연구형태를 말한다. 나이에 따른 신체성장 발달의 변화를 분석하거나 가치관의 변화를 연구하는 것 등이 패널연구에 해당된다. 패널연구는 종단적 연구에서 가장 많이 사용되는 연구로서 연구대상에 대한 심도 있는 조사를 할 수 있다는 장점이 있는 반면, 연구대상이 손실될 때 연구가 중단될 수 있다는 단점이 있다. 또한 연구대상의 손실이 많아질 경우 연구결과의 타당성에 대한 문제가 제기된다.

경향성 연구, 동류집단 연구 그리고 패널연구를 포함한 모든 종단적 연구는 깊이 있는 연구결과를 얻을 수 있는 장점이 있는 반면, 많은 시간과 노력을 필요로 하며 연구대상이 손실될 경우 연구결과를 일반화할 수 없다는 단점을 지니고 있다.

③ 연구절차

질문지나 면접을 통한 조사연구의 경우 연구절차가 체계적으로 수립되어 있지 않으면 과학적 연구를 수행하는 데 어려움이 있다. 질문지를 사용한 **조사연구의 일반적인 연구절차**는 다음과 같다.

첫째, 연구목적을 구체화한다.
둘째, 연구대상을 선정하고 표집방법을 규명한다.
셋째, 안내문을 작성한다.
넷째, 질문지를 제작한다.
다섯째, 사전연구를 실시한다.

여섯째, 질문지를 분석, 수정한다.

일곱째, 표본을 추출한다.

여덟째, 질문지를 발송한다.

아홉째, 미회송자에게 독촉편지를 발송한다.

열째, 응답자료를 수합하여 분석한다.

이상의 10단계에 걸친 연구절차를 자세히 설명하면 다음과 같다.

1) 연구목적 구체화

연구의 목적이 뚜렷하면 연구가설을 구체화시킬 수 있다. 먼저 연구가설을 구체화시켜 실시하고자 하는 연구가 집단 간 비교연구인지, 변수 간의 상관관계 연구인지를 밝혀야 한다. 제4장의 연구계획서 작성 부분에서 설명한 것과 같이 연구목적은 연구논문의 서론 부분에서 개괄적으로 서술되며, 연구목적에 따른 구체적 가설들은 연구가설 부분에서 서술된다. 연구목적이 분명하지 않다면 연구가설이 구체적으로 서술될 수 없음은 자명한 일이다. 연구목적이 명료하여 연구가설이 구체적으로 서술될 때 그 연구가설에 포함되는 변수들의 특성을 파악할 수 있으며 그 변수들의 특성에 따라 질문의 형태, 즉 질문지의 문항을 연구의 목적에 적합하게 제작할 수 있다.

예를 들어, 학력과 수입에 대한 연구를 할 때 두 가지의 연구가설을 수립할 수 있다. 첫째는 학력과 수입이 관계가 있는가를 밝히려는 연구가설이 있을 수 있고, 둘째는 학력에 따라 수입에 차이가 있는지를 밝히려는 연구가설이 있을 수 있다. 첫 번째 연구는 학력과 소득 두 변수의 관계를 알기 위하여 상관계수를 추정해야 하므로 두 변수는 양적변수여야 한다. 그러므로 두 변수를 묻는 질문은 다음과 같이 개방형 형태의 문항으로 제작되어야 한다.

〈보기〉 학력과 소득의 관계를 알아보기 위한 문항

당신의 교육연한은?   _____ 년
당신의 월 소득은?   _____ 원

두 번째 연구는 학력에 따라 소득에 차이가 있는가를 밝히려는 것이므로 고졸 이하, 대졸, 대학원 이상에 따라 소득에 차이가 있는지를 밝히려면 학력과 소득을 묻는 문항 형태는 다음과 같아야 한다.

〈보기〉 학력에 따른 집단간 소득의 차이 비교

당신의 학력은? ① 고졸 이하
② 대졸
③ 대학원 이상

당신의 월 소득은? _____ 원

학력에 따른 집단 간의 소득차이 비교를 위하여 두 변수를 조사할 때 학력을 묻는 질문은 앞과 같이 학력집단 간의 특성을 대표할 수 있는 범주변수 형태로 작성되어야 한다.

2) 연구대상 선정 및 표집방법 규명

연구의 목적을 달성하기 위하여 연구대상의 모집단이 규명되어야 한다. 이론적 배경과 연구목적에 부합하는 집단을 연구대상으로 선정해야 하며, 이는 모집단, 표본, 표집방법과 관계가 있다. 모집단은 연구대상을 포함하는 전체의 집단을 말한다. 현실적으로 모집단 전체를 실제 연구의 대상으로 할 수는 없으므로 모집단을 대표하는 표본을 추출해야 하며 이 표본이 일반적

으로 연구대상이 된다. 연구대상인 표본을 추출하는 방법을 표집방법이라
고 하고, 표집방법에는 단순무선표집, 층화표집, 군집표집 등이 있다. 표집
방법에 대해서는 제6장을 참고하기 바란다.

한편 조사연구에서는 연구대상의 수를 결정하는 것이 문제가 된다. 모집
단의 크기에 따라 연구대상인 표본의 크기, 즉 연구대상의 수가 달라질 수
있으며, 표집방법에 따라서도 연구대상의 수가 달라질 수 있다. 조사연구를
위한 질문대상이 몇 명이어야 한다는 규칙은 없으나, Gall-Up에서 서울시
내 성인의 의견조사를 하는 경우 500명을 넘지 않는다고 한다. 문헌연구와
모집단의 크기에 따라 연구대상 수를 결정해야 하며, 일반적으로 300명 이
상이면 적절하다고 할 수 있다. 각 연구방법에 따른 연구대상 수는 제6장에
서 설명하였다.

3) 안내문 작성

연구의 목적을 밝히고 연구에 협조를 당부하는 안내문은 질문지를 이용
한 조사연구에서 중요한 기능을 한다. 연구대상자들에게 호감을 주어 연구
에 적극적으로 참여하고 솔직하게 응답할 수 있도록 하기 위해서는 **안내문**
에 다음과 같은 내용을 포함해야 한다.

첫째, 연구의 목적을 간결·명확하게 제시한다.
둘째, 질문지를 받는 사람들에게 그들의 응답이 매우 중요하다는 인식을
　　　주어야 한다.
셋째, 응답에 소요되는 시간을 밝힌다. 응답에 소요되는 시간을 제시하면
　　　응답자가 그에 필요한 시간을 준비하여 질문지에 응답하게 되므로
　　　신뢰도를 증진시킬 수 있다.
넷째, 개인의 비밀을 보장한다는 언급이 필요하다. 응답결과는 익명으로
　　　처리되어 연구 이외의 목적에 사용되지 않을 것임을 명기해야 한다.

다섯째, 회수기일을 명기한다. 회수기일을 명기하지 않을 경우 바로 응답지를 회수할 수도 있으나, 응답자에게 심리적 부담을 주지 않음으로써 질문지 회수율이 떨어지게 될 수도 있다. 일반적으로 회수기일은 질문지가 발송되어 도착되는 기간과 응답자가 발송하여 연구자에게 회송하는 기간에 더하여 일주일 정도의 여유를 주는 것이 바람직하다. 우편우송 소요시간을 3일씩 계산하고 응답시간을 7일로 잡으면 13일이 되므로 대략 질문지 발송일로부터 15일 후를 회수기일로 잡는 것이 합리적이다. 연구자가 연구논문의 완성을 위하여 자신의 편의대로 회수기일을 매우 짧게 잡을 경우, 응답자들에게 반감을 주어 바쁜 응답자들은 응답하지 않을 수가 있다. 만약 연구가 급히 이루어져야 할 경우에는 안내문에 응답자들이 이해할 수 있는 이유를 밝히고 양해를 구한다.

여섯째, 감사를 표현해야 한다. 조사대상에게 연구에 참여해 준 것에 대한 진심 어린 감사의 뜻을 전하도록 한다. 안내문의 예는 다음 페이지에 있다. 한편 안내문에 연구기관의 로고나 마크를 넣는 것도 바람직하다. 또한 권위 있는 연구자의 연구일 경우 연구자의 소속과 이름을 밝힘으로써 연구대상들의 자발적인 협력을 얻을 수도 있다.

스포츠 소비자의 의사결정과정에 관한 설문지

○　　○　　대　　학　　교
체육과학대학 동작과학 연구소
서울특별시 서대문구 대현동 11-1 (전화): 360-○○○○, 595-○○○○

_____ 귀하

안녕하십니까?

저는 ○○대학교 대학원에서 스포츠 경영을 전공하고 있으며, 스포츠 소비자의 의사결정과정에 대하여 박사학위 논문을 준비하고 있습니다.

본 연구를 위해 여러분의 도움이 절대적으로 필요합니다. 본 설문지는 무기명으로 작성되며, 여러분께서 응답하신 내용은 오직 학문적 연구를 위하여 사용할 것입니다.

다음의 질문들은 옳고 그른 답이 없습니다.

번거로우시더라도 설문 내용을 잘 읽으신 후, 한 문장도 빠짐없이 솔직하게 응답하여 주시면 대단히 감사하겠습니다. 본 설문 응답에 소요되는 시간은 15분 정도이며 ○월 ○○일까지 돌려 주시면 대단히 감사하겠습니다. 본 설문에 응해 주셔서 진심으로 감사의 말씀을 드립니다.

20○○년 ○월 ○○일
○○대학교 대학원
연구자 ○　○　○　올림

4) 질문지 제작

연구와 관련된 질문지의 내용은 크게 두 부분으로 나뉜다. **첫 번째 부분**은 연구에 참여하는 **연구대상들의 개인 신상정보**를 묻는 부분이고, **두 번째 부분**은 **연구대상의 지각, 태도, 의견 등을 묻는 부분**이다.

개인 신상정보를 물을 때에는 연구에 필요한 정보만을 물어야 한다. 연구에 필요한 개인 정보가 무엇인지를 열거하여 그 내용을 분석한 다음 구체적으로 질문을 해야 한다. 불필요한 개인 신상정보를 묻는 것은 바람직하지 않으며, 때로는 개인의 사생활을 침해하는 것이 되어 질문지의 회수율을 저하시키는 중요한 원인이 되기도 한다. 일반적으로 개인의 신상정보는 연구에서 독립변수로 이용되므로 독립변수의 형태로 구분해야 한다. 연구의 목적 부분에서 설명하였듯이 집단비교를 목적으로 하는 연구의 경우에는 응답자가 해당하는 집단을 선택할 수 있도록 고정된 형태의 문항으로 제작해야 하고, 두 변수 간의 관계를 밝히고자 할 때는 개방형(open form) 문항으로 제작해야 한다.

질문지의 두 번째 부분은 응답자의 의견, 느낌, 지각, 인식, 태도, 가치관 등을 묻는 부분이다. 연구의 목적에 따라서 응답자의 의견을 묻는 질문은 다양할 수밖에 없다. 양질의 질문지를 제작하기 위하여 **질문지를 제작하는 사람이 지녀야 할 특성**은 다음과 같다.

첫째, 연구의 목적을 완전히 이해해야 한다. 연구의 목적에 따라 독립변수와 종속변수가 규명되고 그 변수들의 특성이 질적변수인지 양적변수인지, 범주변수인지 아닌지를 결정할 수 있기 때문이다. 특히 질문지의 두 번째 부분이 인간의 정의적 행동특성인 도덕성, 자아개념, 인성 등을 측정할 때 이러한 심리적 구인의 특성을 알고 있으면 질문지 제작이 용이하다.

둘째, 연구대상의 집단특성을 이해해야 한다. 질문에 응답한 대상들의 어휘수준과 집단의 특성을 이해해야 그들에게 적합한 형태의 문항을 제작하기가 용이하다.

셋째, 문장력이 필요하다. 질문의 내용을 간결, 명확하게 표현하는 능력이 필요하다. 산만한 질문은 질문의 요지가 불분명하여 응답자의 혼란을 야기시키므로 질문지의 신뢰도를 저하시킬 뿐 아니라 연구의 목적을 달성하기가 어렵다.

넷째, 검사이론을 숙지해야 한다. 문항유형, 각 문항유형의 장단점, 문항 유형에 따른 문항제작 요령, 문항분석, 타당도, 신뢰도 등의 이론을 숙지해야 한다.

다섯째, 질문지를 제작하여 본 경험이 있으면 도움이 된다. 질문지의 목적에 따라 질문지의 제작, 분석, 수정의 경험과 조사연구를 실시해 본 경험은 좋은 질문지를 제작할 수 있는 밑거름이 된다.

이상에서 설명한 질문지 제작의 자격을 갖추고 질문지를 제작할 때 다음의 고려사항을 준수하면 보다 **좋은 질문지**를 만들 수 있다.

첫째, 질문지 응답 소요시간을 고려한다. 일반적으로 20분에서 40분 정도가 바람직하며, 1시간 이상 소요되는 질문지는 응답 회수율이 낮을 뿐만 아니라 응답자의 집중력이 떨어져 질문지의 신뢰도를 저해할 가능성이 크다.

둘째, 문항유형을 결정한다. 연구목적에 따라 독립변수와 종속변수, 변수의 특성에 따라 고정형 문항 또는 개방형 문항, 양분형 문항, Likert 척도를 이용한 문항 등으로 문항의 유형을 결정한다.

셋째, 문항 수를 결정한다.

넷째, 지시사항을 정리한다.

다섯째, 시행절차를 고려한다.

여섯째, 응답결과를 수량화하는 방법을 고려한다.

특히 질문지의 두 번째 부분인 지각, 느낌, 의견, 태도를 묻는 질문의 문항유형, 문항 수 등을 결정하고 나면 다음의 규칙에 의하여 **문항을 제작**해야 한다.

첫째, 자세하고 정확한 지시문을 제시한다.

둘째, 어렵거나 혼동되는 질문일 경우 이해를 위하여 예를 제시한다.

셋째, 질문이 매력적이어야 한다.

넷째, 질문에 따라 응답이 쉽고 편리하게 진행되도록 질문을 배열한다.

다섯째, 논리적 연계성에 따라서 질문을 배열한다.

여섯째, 가능하면 앞부분에 중요한 질문을 배열한다.

일곱째, 가능한 한 짧게 질문한다.

여덟째, 각 질문에 번호를 부여하고 편집된 질문지에 쪽 번호를 부여한다.

5) 사전연구 실시

안내문과 질문지 제작이 끝나면 질문지가 연구의 목적을 수행하기에 충분한지, 연구목적이 분명하고 연구의 대상이 적합한지를 밝히고 연구의 문제점을 예측하고 이를 미연에 방지하기 위하여 사전연구를 실시한다. 사전연구는 실제 연구와 같이 모집단을 대표하는 표본을 추출하여 연구를 수행하기가 어려우므로 응답자료를 얻기가 용이한 연구대상을 선택하는 경우가 많다. 예를 들어, 평소에 친분이 있는 개인이나 학교의 학생이나 교사들이 사전연구의 대상이 될 수 있다.

사전연구는 일반적으로 30명에서 100명을 대상으로 실시하며 연구의 결과를 예상하고 연구에서 나타날 수 있는 문제점을 찾는다. 모호한 문항들은 질문지의 타당도와 신뢰도를 저하시키며 연구의 목적과는 다른 결과를 얻도록 할 수 있기 때문에 사전연구를 통하여 문항이 제거되거나 수정되어야 한다. 사전연구를 통하여 얻은 응답결과로 질문지의 타당도 및 신뢰도 분석, 문항분석 등을 실시하여 연구에서 나타날 수 있는 문제점을 미리 발견해야 한다.

6) 질문지 분석과 수정

　사전연구 자료를 분석하여 질문지의 문제점을 발견하고 문제가 있는 문항을 제거하거나 수정한다. 질문지의 개인 신상정보를 묻는 질문 중 많은 응답자가 응답하지 않은 문항이 있다면 그 문항은 연구의 목적과 관계가 없거나 응답자가 응답하기 곤란한 문항인지 검토해 볼 필요가 있다. 또한 어떤 특정한 범주에만 응답한 문항이 있다면 문항의 답지를 수정하기도 한다. 예를 들어, 학력을 물었을 때 거의 대부분의 응답자가 대졸에 응답하였다면 이를 대졸, 대학원졸 등으로 분류하거나 더 구체적으로 대졸, 석사, 박사 등으로 분류할 수 있다. 개인신상정보를 묻는 경우 무응답이 발생하는 또 하나의 이유는 응답자가 해당되는 답지가 존재하지 않기 때문일 가능성이 있다. 간혹 해당 질문에 답을 하지 않은 응답자 중 자신에게 해당하는 내용을 기록해 주는 경우가 있는데, 이와 같은 경우는 사전조사를 통하여 문항을 수정하도록 한다.

　질문지의 두 번째 부분인 개인의 지각, 느낌, 태도를 묻는 질문 중 응답자의 5% 이상이 답변하지 않았다면 그 문항을 검토하는 작업이 반드시 이루어져야 한다. 이 같은 문항은 연구의 목적에 부합되지 않거나 응답자와 관계가 없는 문항일 가능성이 크다. 이와 같은 문항은 문항의 타당성 여부와 응답자들의 개인 사생활을 침해하는 문항이 아닌지의 여부도 재검토해야 한다.

　또한 문항의 변별도를 계산하여 문항변별도가 낮은 문항은 수정하거나 제거한다. 문항변별도란 문항이 연구대상을 얼마나 잘 변별해 주는지의 정도다. 어떤 지각이나 인식을 측정하는 질문지에서 어떤 문항에 높은 점수를 얻은 연구대상의 총점이 높다면 그 문항은 변별력이 높다고 할 수 있다. 만약 총점이 높은 응답자들이 특정 문항에서 낮은 점수를 얻었다면 이 문항은 변별력이 낮은 문항이다. 문항변별도는 검사의 총점과 문항 점수와의 상관계수에 의하여 추정한다. 또한 질문지의 타당도와 신뢰도를 추정하여 타당도와 신뢰도를 낮게 하는 문항이 어떤 문항인지, 그리고 그 원인이 무엇인지를 밝혀 문항을 수정하거나 제거하도록 한다.

7) 표본 추출

연구대상인 표본이 모집단을 대표할 수 있도록 체계적인 표집 절차에 의거하여 표본을 추출해야 한다. 표본을 추출하는 방법은 제6장을 참고하기 바란다.

8) 질문지 발송

안내문과 개인 신상정보 및 느낌, 태도, 지각 등을 묻는 질문지를 반송봉투와 함께 응답자에게 발송한다. 반송봉투에는 질문지를 받을 연구자의 주소를 미리 적어 두고 우표나 수취인 납부 도장을 찍어 최대한 응답자의 번거로움을 덜어 주는 것이 바람직하다.

질문지를 발송하기 전에 전화나 공문 혹은 편지로 질문지 발송을 사전에 알리면 질문지의 회수율을 높일 수 있다. 질문지의 분량이 많아 질문지의 회수율이 낮아질 것이 우려되면 부담 없는 선물을 하는 것도 질문지의 응답률과 신뢰도를 높이는 방법이 될 수 있다. 예를 들어, 유아의 부모를 연구대상으로 한 질문지일 경우에는 응답자에게 유아용 동요 CD 등을 선물할 수 있을 것이다.

9) 미회송자에 독촉

조사연구에서 질문지의 회수율이 낮은 경우에는 연구결과의 타당성이 상실된다. 일반적으로 질문지에 응답하지 않은 사람들은 해당 연구에 대하여 무관심하거나 부정적인 견해를 지니고 있는 사람일 가능성이 크기 때문이다. 그러므로 미회송자에게 편지를 보내 그들의 응답결과를 얻도록 해야 한다. 연구자가 질문지 회송목록을 준비해 두면 미회송자 파악에 도움이 된다.

미회송자에게 질문지의 응답을 독촉하는 편지를 쓸 때는 질문지의 원래 안내문과 동일한 내용이 아니라 응답을 부탁하는 내용과 새로운 회수기일을 명기해서 다시 작성해야 한다. 일반적으로 응답하지 않은 연구대상들은 질문지를 버렸거나 분실하였을 가능성이 높으므로 질문지와 반송봉투를 다시 발송하는 것이 바람직하다.

10) 응답자료 분석

회수된 질문지의 응답결과를 모두 수합하여 자료분석을 실시한다. 자료수집과 분석에 대해서는 제15장~제18장을 참조하기 바란다. 회수된 모든 질문지가 연구에 이용되는 것은 아니다. 때로는 응답하지 않은 문항이 많거나, 불성실한 응답지도 있을 수 있다. 그러므로 연구자는 수집한 자료를 분석하기에 앞서 사전에 응답자료의 신뢰성을 검토하는 것이 바람직하다.

④ 연구의 장단점

조사연구는 현재의 사실, 즉 현상이 어떠한가를 밝히는 연구다. 그러므로 어떤 처치를 가하거나 상황을 통제하지 않은 자연적 상황에 대한 연구를 실시할 수 있다는 것이 장점이다. 그러나 통제되거나 처치가 가해지지 않은 있는 그대로의 자연 상황에서 연구를 실시하므로 인과관계 해석이 용이하지 않다. 특히 교육연구에서 다양한 교육 현상의 원인과 결과를 밝히고자 하는 연구일 경우에 원인 규명이 용이하지 않다.

⑤ 연구 시 주의사항

조사 연구의 시행에 있어 특히 **주의해야 할 사항**은 다음과 같다.

첫째, 타당하고 신뢰로운 질문지를 제작해야 한다.

둘째, 연구목적에 적합한 대상을 표집해야 한다.

셋째, 사전연구를 실시해야 한다.

넷째, 질문지 회수율이 높아야 한다.

다섯째, 연구목적에 부합하는 통계적 방법으로 자료를 분석해야 한다.

조사연구는 질문지나 면접에 의하여 연구가 진행되므로 무엇보다도 질문지나 면접지가 타당하고 신뢰로워야 한다. 조사도구의 타당도와 신뢰도가 조사연구의 질을 좌우하기 때문이다.

조사연구는 모집단을 대표하는 표본을 추출하여 모집단의 특성을 추론하는 연구이므로 연구대상의 선정과 그에 따른 표집에 주의를 기울여야 한다. 표집의 대표성을 상실하면 연구결과의 일반화에 문제가 발생한다.

또한 사전연구를 실시하는 것이 바람직하다. 조사연구는 표집뿐 아니라 질문지 발송 및 회수에 따르는 여러 가지 문제가 발생할 수 있으므로 연구에서 나타날 수 있는 문제점을 제거할 뿐 아니라, 연구를 보다 용이하고 효율적으로 진행할 수 있게 하기 위해서 사전연구를 실시해야 한다.

또 **질문지 회수율**이 높아야 하는데, 회수율이 낮은 조사연구는 연구결과의 타당성에 문제가 될 뿐 아니라 기대하는 연구결과를 얻기가 용이하지 않다. 일반적으로 회수율이 낮은 것은 질문지나 연구의 목적이 연구대상에게 적합하지 않아서 그럴 경우가 많다. 이러한 경우 낮은 회수율이 연구결과를 왜곡시킬 수 있으므로 회수율이 높도록 해야 한다.

마지막으로 연구목적을 구체화한 가설에 따라 적합한 통계방법을 이용하여 자료를 분석해야 한다. 연구의 목적이 집단비교에 있는지 상관관계 규명에 있는지에 따라서 그리고 변수의 특성에 따라서 올바른 통계방법으로 자료를 분석할 때 타당한 결론에 도달할 수 있다.

연◇습◇문◇제

1. 다음 단어를 설명하라.
   조사연구
   전화면접
   면접
   횡단적 연구
   종단적 연구
   경향성 연구
   동류집단 연구
   패널연구
   개방형 문항

2. 조사연구의 절차를 요약하라.

3. 안내문에 포함되어야 하는 내용을 설명하라.

4. 조사연구에 사용된 안내문을 찾아 분석하고 수정하라.

5. 조사연구를 위한 안내문을 작성하라.

6. 조사연구를 찾아 다음의 질문에 답하라.

   1) 제목이 조사연구와 관련이 있는지를 분석하라.

   2) 연구대상이 연구목적과 부합하는지를 판단하라.

   3) 표집방법을 분석하고 교정하라.

   4) 안내문에 생략된 내용이나 불필요한 내용이 없는지를 분석하라.

   5) 질문지가 질문지 작성방법에 의하여 작성되었는지를 분석하라.

   6) 사전연구를 실시하였는지 확인하라.

   7) 질문지 회수율을 확인하라.

   8) 자료분석이 타당한지를 분석하라.

   9) 연구보고서의 양식을 갖추었는지를 분석하라.

7. 질문지나 면접지를 이용한 조사연구를 실시하라.

제11장 실험연구

있는 그대로의 현상을 파악하기보다는 더 나아가 그러한 현상들 간의 원인과 결과를 밝히고자 하는 연구가 있다. 인과관계를 규명하기 위해서는 어떤 처치를 연구대상에게 가하고 그 처치에 따른 변화를 분석해야 한다. 이와 같이 인위적으로 설계된 상황에서 처치를 가한 후 그 결과를 분석하는 연구를 실험연구라 한다. 이 장에서는 실험연구의 정의, 종류, 통제집단과 실험집단, 매개변수의 통제, 실험연구의 절차, 장단점, 실험연구에 대한 평가기준을 설명한다.

① 정 의

조사연구는 통제되지 않은 자연적 상황에서 질문을 통하여 현상을 파악하는 연구로서 변수들의 인과관계보다는 상관관계 분석을 연구의 목적으로 하고 있다. 반면 **실험연구**(experimental research)는 처치, 자극, 환경 조건을 인위적으로 조작하거나 통제한 후 연구대상이나 물체에 어떤 변화가 있는지를 분석함으로써 인과관계를 밝히는 연구다. 멀티미디어를 사용한 교수법이 학습 증진에 미치는 영향을 밝히거나, 어떤 약물을 투여하여 나타나는 반응을 분석하는 경우를 예로 들 수 있다. 즉, 처치를 가하고 그 처치의 효과를 밝히는 연구가 실험연구다.

실험연구는 독립변수인 처치변수의 조작과 처치변수 이외에 종속변수에 영향을 주는 변수의 통제 여부가 연구의 질을 좌우한다. 예를 들어, 알코올 섭취량에 따른 반응시간의 차이를 연구할 때, 알코올 섭취량 이외에 반응시간에 영향을 주는 변수인 성별이나 개인의 신체적 특성 등이 통제되어야 한다. 특히 반응시간에 영향을 줄 수 있는 개인 특성 변수가 통제되어야 알코올이 반응시간에 미치는 효과를 설명할 수 있다. 이와 같은 실험연구를 통해서 얼마만큼 알코올을 섭취했을 때 반응시간이 얼마만큼 늦어지는가를 분석하여 음주운전에 대한 벌금이나 처벌의 강도를 조정할 수 있다.

❷ 종 류

실험연구는 실험의 체계성과 엄격성에 따라 실험설계와 준실험설계로 구분된다. **실험설계**(experimental design)란 조건통제가 완벽한 상태에서 처치변수의 조절이 수월하고 매개변수가 철저하게 통제된 연구를 말한다. 완벽한 실험연구로는 실험실 연구(laboratory experiment)를 들 수 있다. 실험실 연구는 철저하게 통제된 상태에서 연구대상에게 처치나 자극을 주었을 때 나타나는 현상을 관찰하여 처치나 자극이 미치는 효과를 분석한다. 실험실 연구는 주로 동물을 대상으로 이루어지는데 쥐와 토끼 등이 흔히 사용된다. 인간을 실험실에서 감금상태로 연구하는 것은 불가능하고, 특히 해로운 처치가 가해질 경우 윤리적인 문제가 발생하므로 동물을 대상으로 실험을 한다.

실험실 연구의 장점은 매개변수를 완벽하게 통제할 수 있으므로 인과관계 분석이 가능하다는 것이다. 즉, 어떤 변화가 있었다면 이는 처치변수에 의한 결과라고 볼 수 있으므로 독립변수인 처치변수의 효과를 알 수 있다는 것이다. 반면 단점은 연구결과를 실제 상황에 적용하는 데 문제가 따른다는 점이다. 예를 들어, 실험실 연구결과 표고버섯이 항암효과가 있다는 연구결과가 나왔다고 하여 암환자에게 표고버섯을 복용하게 할 경우, 다른 음식이나 의약품과의 상호작용에 의하여 예상치 못한 부작용이 발생할 수도 있다. 즉, 사람들의 일상생활은 통제된 실험실 상황과는 차이가 있기 때문에 실험실 연구에서 얻어진 연구결과를 실제 상황에 적용할 경우에는 예상하지 못했던 제한점이나 문제가 발생할 수 있다는 것이다.

준실험설계(quasi-experimental design)는 조건통제가 느슨하고 처치변수의 조절이 철저하지 않은 실험연구를 말한다. 다시 말해서 준실험설계란 자연적 상태에서의 실험이나 실험조건을 충분히 통제하지 못한 연구설계를 말한다. 교육현장에서 행해지는 대부분의 실험연구가 준실험설계에 해당된다. 교육현장에서의 준실험설계는 연구대상을 철저하게 통제할 수 없는 일반 학습 상황에서 처치를 가하게 되므로 실험실보다는 체계성이 떨어진다. 학교 현장에서 이루어지는 연구를 **현장실험연구**(field experimental research)라고도 한다.

준실험설계연구의 장점은 자연상태에서 처치를 가해 얻은 결과이므로 실제 상황에 적용이 쉽다는 것이다. 예를 들어, 암환자에게 항암 처치를 하고 음식도 섭취하는 상태에서 표고버섯을 먹게 하여 항암효과를 얻었다면, 이 결과를 실제 암환자에게 적용하여 표고버섯을 섭취하라고 권장할 수 있다. 단점은 실험의 통제 조건을 조작할 수 없으므로 인과관계의 분석이 모호하다는 것이다. 앞의 예에서 표고버섯의 항암성이 확실하게 확인되었다고 보기는 어렵다. 표고버섯과 함께 투여된 항암제의 효과일 수도 있기 때문이다.

과거에는 실험연구를 실험조건 통제 여부에 따라 실험연구와 준실험연구로 구분하고 Campbell과 Stanley(1963)는 준실험연구를 강조하였으나 최근에는 실험연구와 준실험연구의 구분을 강조하지 않는 경향이 있다. 왜냐하면 실험실 연구라도 실험조건을 완벽하게 통제할 수는 없기 때문이다.

③ 통제, 변수, 집단

실험연구에서 가장 많이 쓰이는 단어 중에는 통제변수, 처치변수, 통제집단, 처치집단 등이 있으며, 실험연구에서 이러한 용어들의 의미를 이해하는 것이 필요하다.

1) 통 제

실험연구는 실험상황을 통제하는 연구라고 하였다. 여기서 **통제**(control)란 처치변수를 조절(manage)한다는 것과 매개변수를 규제 혹은 고정(fixed)시킨다는 두 가지 의미를 포함하고 있다. 어떤 기계를 통제할 수 있다는 말은 기계를 자유자재로 다룰 수 있다는 뜻이며, 온도를 통제하고 부피를 증가시키면 압력이 내려간다고 할 때의 통제는 온도라는 조건을 일정 수준으로 고정시킨다는 의미다.

예를 들어, 초등학교 3학년 학생의 어휘력에 전통적 교수법과 멀티미디어를 사용한 교수법이 어떤 영향을 미치는지를 연구할 때 두 집단에 할당되는 연구대상의 어휘력 수준이 유사하다고 하여도 어휘력에 영향을 줄 수 있는 이해력, 표현력 등의 능력에서 차이가 있다면 이러한 다른 능력이 어휘력에 영향을 주어 실험 결과를 왜곡시킬 수 있으므로 교수법 이외의 다른 변수들의 영향을 가능한 한 배제시켜야 한다. 이를 위해서 매개변수가 되는 능력을 같게 하여 두 집단의 연구 시작 전 단계를 같게 하거나 그 능력의 영향을 제거해야 하는데 이를 통제라고 한다.

2) 처치변수와 매개변수

실험연구는 인과관계를 밝히는 것이 연구의 목적이므로 무엇이 영향을 주는 변수고, 무엇이 영향을 받는 변수인지를 규명해야 한다. **독립변수**는 영향을 주는 변수고, **종속변수**는 영향을 받는 변수다. 실험연구에서는 독립변수를 처치변수라고 하며, **처치변수**(treatment variable)는 연구 상황에 가해지는 변수로서 종속변수의 변화를 유도하는 변수를 말한다.

실험연구에서 처치에 따라 어떤 변화가 일어났는지는 종속변수를 통해서 알 수 있다. 즉, 종속변수의 변화는 처치에 의한 것이라고 분석하게 된다. 이런 과정에서 처치변수 이외의 다른 변수가 종속변수에 영향을 줄 수 있는데, 이와 같은 변수를 매개변수라고 한다. **매개변수**란 독립변수 이외에 종속변수에 영향을 주는 변수를 말한다. Best와 Kahn(1989)은 매개변수를 혼재변수(confounding variable)라고 하고, 이를 간섭변수(intervening variable)와 외재변수(extraneous variable)로 구분하였다. 간섭변수는 독립변수와 종속변수의 관계에 개입되는 변수를 말한다.

예를 들어, 직접강화가 말하기 학습효과에 미치는 영향을 알아보는 연구에서는 불안, 피로, 동기 등이 간섭변수로 취급될 수 있다. 외재변수는 연구 결과에 영향을 미칠 수 있으나 연구에서 직접적으로 통제되지 않은 변수를 말한다. 종속변수에 영향을 미치는 모든 외재변수를 완전히 통제할 수는 없지만 체계적인 연구 설계를 통하여 그 영향을 최소화할 수 있도록 주의를 기울여야 한다.

교육측정·평가·연구·통계 용어사전(1995)은 종속변수에 영향을 주는 독립변수 이외의 변수를 매개변수(intervening variable), 혼재변수(confounding variable), 잡음변수(nuisance variable), 외재변수(extraneous variable), 관련변수(concomitant variable) 등으로 부르고 있으며 통계적으로는 covariate라고 한다. 물론 용어들의 영문 표기가 다르므로 다소 다른 의미로 정의될 수 있지만 교육측정·평가·연구·통계 용어사전에서는 이를 유사한 용어로 정의하고 있다.

실험연구에서는 매개변수의 통제 여부가 실험연구의 성패를 좌우한다. 예를 들어, 두 교수법에 따른 어휘력의 차이를 비교할 때, 지능이나 사전 어휘능력 등이 매개변수로 작용할 수 있다. 이와 같은 매개변수는 실험설계로 통제되거나 통계적으로 통제할 수 있다. 매개변수를 통제하는 설계방법이나 통계적 방법은 제16장에서 다루고 있다.

실험연구 중 연구자가 고려해야 할 매개변수로는 반복설계 시 처치변수의 누적효과, 실험기간 중 피험자의 성숙, 사전·사후검사 시 기억이나 검사에 대한 지혜, 측정도구의 난이도 등이 있다. 특히 검사로 피험자의 능력을 측정할 때 피험자의 능력수준에 맞지 않게 매우 어렵거나 쉬운 검사를 실시한다면 처치효과를 밝혀낼 수 없다. 왜냐하면 전자의 경우 대부분의 피험자의 점수가 매우 낮을 것이고, 후자의 경우 대부분의 피험자의 점수가 높을 것이기 때문이다. 처치가 매우 효과적이거나 검사의 난이도가 너무 낮아서 모든 피험자가 검사에서 높은 점수를 얻는 경우를 천장효과(ceiling effect)라고 한다. 반대로 처치효과가 전혀 없거나 검사의 난이도가 높아서 모든 피험자가 매우 낮은 점수를 얻는 경우를 바닥효과(bottom effect)라고 한다. 천장효과나 바닥효과가 있는 경우에는 집단비교가 불가능하다.

3) 통제집단과 실험집단

실험연구에서 처치의 효과를 알아보기 위하여 사전검사를 실시하고 처치를 가한 뒤 사후검사를 실시하여 사전점수에 비하여 사후검사에서의 변화정도가 처치에 기인한다고 분석할 수 있다. 그러나 사전검사의 경험이 사후검사에 영향을 주는 경우가 있다. 즉, 동일한 검사를 두 번 실시하므로 검사에 대한 기억이나 지혜가 발생할 수 있다. 이와 같은 문제를 해결하기 위하여 두 집단 간 비교를 실시할 수 있다. 한 집단에는 처치를 가하지 않고, 다른 집단에는 처치를 가한 뒤 두 집단 간에 차이가 있는지를 비교한다. 이럴 경우 처치를 가하지 않은 집단을 **통제집단**(control group)이라고 하고, 처치를 가한 집단을 **실험집단**(experimental group)이라고 한다.

④ 연구대상 선정과 연구의 타당성

1) 연구대상 선정

조사연구의 경우 모집단을 대표하는 연구대상을 표집하기 위하여 단순무선표집이나 층화표집, 군집표집을 실시한다. 그러나 실험연구는 실험의 특성상 모집단을 대표하는 연구대상을 각지에서 추출할 수 없으므로 연구자가 접촉이 가능한 집단을 선정하여 이들을 대상으로 연구를 한다. 이때 주로 사용되는 방법이 무선할당이다. 무선할당을 하여 연구대상을 선정하는 자세한 방법은 제6장을 참고하라.

2) 연구의 타당성

연구의 타당성은 내재적 타당성과 외현적 타당성으로 구분된다. **내재적 타당성**은 연구결과에 대한 타당성으로 매개변수의 통제 여부와 관련이 있으며, **외현적 타당성**은 연구결과를 얼마나 일반화할 수 있는가의 문제로 표집과 관련이 있다. 실험연구에 있어서 내재적 타당성을 보장받았다고 하여 외현적 타당성이 보장되는 것은 아니며, 외현적 타당성이 확보되었다고 하여 내재적 타당성이 보장되는 것도 아니다. 두 타당성은 별개의 문제다. 매개변수의 통제가 완벽하여 내재적 타당성이 보장되었다고 하더라도 연구대상이 모집단을 대표하지 못하면 외현적 타당성을 보장받지 못한다. 즉, 연구에 참여한 접촉집단이 얼마나 모집단을 대표하느냐가 외현적 타당성의 보장과 직결되어 있다. 그러므로 접촉집단을 연구대상으로 할 때 접촉집단이 연구의 모집단을 대표하였는지를 검증해야 한다. 또한 실험연구의 진행 중에 연구대상의 손실이 있을 경우 연구의 내재적 타당성에 의문이 제기될 수 있으므로 주의해야 한다.

⑤ 매개변수를 통제하는 실험설계

실험연구에서 매개변수를 통제하는 방법은 실험설계에 의해 통제하는 방법과 통계적으로 매개변수의 영향을 제거하는 방법이 있다. 설계에 의한 방법은 연구대상을 무선할당하거나 대응집단이나 균형집단이 되도록 구성하여 각 집단을 유사하게 하여 통제할 수 있으며 무선할당이나 배치가 어려울 경우에는 두 종속표본 t 검정, 반복설계, 무선화구획 설계, 무선화구획요인 설계, 분할구획요인 설계 등의 방법이 있다. 통계적인 방법으로는 공분산분석을 활용할 수 있다. 이상의 방법은 이 책의 제16장이나 Kirk(1982, 1995)를 참고하기 바란다.

⑥ 연구절차

실험연구의 일반적인 연구절차는 다음과 같다.

첫째, 연구목적을 명료화한다.
둘째, 연구가설을 구체화한다.
셋째, 처치변수, 종속변수, 매개변수를 규명하고 그 특징을 파악한다.
넷째, 연구대상을 규명한다.
다섯째, 종속변수의 변화를 측정할 도구를 개발한다.
여섯째, 사전연구를 실시한다.
일곱째, 사전연구에서 나타난 문제점을 제거한다.
여덟째, 본연구를 위하여 연구대상을 선정한다.
아홉째, 실험을 실시한다.
열째, 자료를 수집한다.

열한째, 결과를 분석한다.

연구목적의 명료화, 연구가설의 구체화, 처치변수, 종속변수, 매개변수 규정 등은 이론적 배경에 의하며, 선행연구를 통해서 측정도구를 개발하거나 선택할 수 있다. 연구대상은 연구의 목적에 따라 선정된다. 특히 실험을 실시할 때는 실험절차가 매우 중요하다. 처치를 몇 회, 얼마 간격으로, 얼마만큼 실시할 것인지 등의 절차가 사전 문헌연구를 통한 이론적 배경이나 연구자의 경험적 배경에 의하여 구체화되어야 한다. 그러나 연구절차가 구체화되었다고 해서 연구가 꼭 순조롭게 진행된다는 보장은 없다. 그러므로 소수의 연구대상을 선발하여 사전연구를 실시해야 한다. 사전연구의 연구대상 수는 연구목적에 따라 달라지나 한 집단에 5명 이하로 실시할 수 있다. 사전연구를 통하여 연구목적이 타당한지, 처치가 제대로 이행되었는지, 매개변수의 통제가 제대로 이루어졌는지, 측정도구가 타당하고 신뢰성 있었는지, 실험절차가 체계적이었는지 등을 검토한다.

⑦ 연구의 장단점

실험연구와 준실험연구에서 설명한 것과 같이 실험연구의 장점은 변수를 조작하고 통제할 수 있어서 연구결과를 통하여 인과분석을 할 수 있다는 것이다. 조사연구를 통해서는 인과관계를 분석하는 것이 불가능하나 실험연구를 통해서는 인과관계를 분석하는 것이 가능하다.

그러나 실험연구의 결과는 변수의 처치 혹은 통제에 의한 실험 상황의 결과이며 실제 상황의 결과가 아니다. 따라서 실제 상황에 실험연구의 결과를 적용하는 데는 제한점이 있을 수 있으며, 실제 상황에 적용하고자 할 때에는 세심한 주의를 해야 한다. 또한 실험연구에 의한 연구결과는 일반화하는 데 문제가 있다. 특수한 실험상황에서 얻은 결과일수록 연구결과를 일반화하는 데 제약이 따른다. 실험연구의 한계점은 변수의 처치, 조작이 가능한 경우에만 연구가 가능하다는 것이다. 즉, 변수의 처치, 조작이 불가능할 경우에는 연구를 시행할 수 없다는 단점이 있다.

⑧ 연구에 대한 평가

실험연구에 대한 평가 요인은 다음과 같다.

첫째, 연구의 명료성
둘째, 연구목적을 위한 변수나 요인의 고려
셋째, 매개변수 통제
넷째, 변수 측정의 타당도와 신뢰도
다섯째, 실험절차의 공정성
여섯째, 자료수집절차의 타당성
일곱째, 가설 검증방법의 타당성
여덟째, 올바른 해석

실험연구를 평가하기 위해서는 무엇보다도 먼저 연구의 목적이 명확한지, 연구를 위하여 고려해야 할 모든 변수를 고려하였는지를 검토해야 한다. 처치변수뿐 아니라 매개변수의 영향을 간과하면 연구의 내재적 타당성이 상실되므로 매개변수의 통제 여부도 확인해야 한다. 또한 변수 측정을 위하여 사용한 검사도구의 타당도와 신뢰도는 물론 실험절차의 과학성, 자료수집절차의 타당성, 올바른 통계적 방법으로 가설을 검증했는지의 여부, 분석결과의 올바른 해석 등에 대해서도 확인을 해야 한다.

연◇습◇문◇제

1. 다음 단어를 설명하라.

   실험연구

   준실험설계

   통제

   처치변수

   매개변수

   혼재변수

   잡음변수

   외재변수

   관련변수

   통제집단

   실험집단

   천장효과

   바닥효과

   무선할당

   내재적 타당성

   외현적 타당성

   대응집단

   균형집단

   반복설계

   무선구획설계

   공분산분석

2. 실험연구의 절차를 요약하라.

3. 실험연구에서 매개변수를 통제하는 방법을 설명하라.

4. 두 종속표본 t 검정을 실시하여 매개변수를 통제하는 실험연구의 예를 들라.

5. 반복설계로 매개변수를 통제하는 실험연구의 예를 들라.

6. 무선화구획설계로 매개변수를 통제하는 실험연구의 예를 들라.

7. 무선화구획요인설계로 매개변수를 통제하는 실험연구의 예를 들라.

8. 공분산분석으로 매개변수를 통제하는 실험연구의 예를 들라.

9. 실험연구를 찾아 다음 질문에 답하라.
   1) 연구제목이 적합한지를 분석하라.
   2) 연구대상이 모집단을 대표하는지를 검증하라.
   3) 처치변수를 밝히고 처치가 체계적으로 가해졌는지를 분석하라.
   4) 매개변수 통제가 이루어졌는지를 분석하라.
   5) 종속변수 측정이 타당하고 신뢰성 있는지를 증명하라.
   6) 연구결과 해석이 타당한지를 분석하라.
   7) 실험대상의 손실을 분석하라.
   8) 연구를 평가하라.

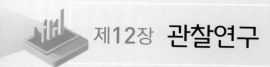

제12장 관찰연구

연구를 위한 다양한 방법 중에서 관찰법은 그 역사가 가장 오래된 연구방법이다. 관찰연구는 실제 현상을 직접 관찰하여 수행하는 연구로서 조사연구나 실험연구에 비하여 절차가 간단하기 때문에 많이 이용되고 있다. 관찰연구가 과학적 연구인가에 대한 규명은 체계적 관찰을 통하여 연구가 진행되었느냐에 따라 평가한다. 이 장에서는 관찰연구의 정의, 종류, 관찰기록방법, 관찰자 훈련, 관찰자간 신뢰도 그리고 관찰연구 시 주의사항을 설명한다.

❶ 정 의

조사연구나 실험연구에서 사용되는 측정도구는 질문지나 표준화 검사다. 질문지나 표준화 검사에 의한 응답결과는 자기기록(self-report)에 의한 것이므로 응답결과가 응답자의 허위반응이나 가치 중립화에 의한 왜곡된 정보일 수 있다. 이와 달리 관찰연구는 연구대상이 아닌 관찰자에 의하여 관찰결과가 기록되므로 자기기록방법의 한계를 극복할 수 있다.

관찰연구(observational research)는 관찰자의 관찰에 의하여 연구대상의 특성을 파악하고 분석하는 연구다. 관찰대상이 다수이고 관찰내용이 수량화되어 분석되면 양적연구가 되고, 관찰대상이 소수이고 관찰내용이 서술된다면 질적연구가 된다.

② 종 류

관찰연구는 **세 가지 기준**에 의하여 구분된다.

- 관찰의 통제 여부
  - 통제적 관찰
  - 비통제적 관찰
- 관찰의 조직성 여부
  - 자연관찰
  - 조직적 관찰
- 연구참여 여부
  - 참여관찰
    - 완전참여관찰
    - 부분참여관찰
  - 비참여관찰

관찰연구는 통제 여부에 따라 통제적 관찰과 비통제적 관찰로, 관찰의 조직성 여부에 따라 자연관찰과 조직적 관찰로, 연구자의 참여 여부에 따라 참여관찰과 비참여관찰로 구분된다.

통제적 관찰은 처치를 가하거나 자극을 준 어떤 실험적 상황에 대한 관찰을 통하여 처치나 자극의 효과를 분석하는 연구방법이다. 예를 들어, 학급 내에서 학급환경을 변화시켰을 때 학생들의 목소리 변화를 관찰하는 연구가 이에 해당된다. **비통제적 관찰**이란 처치를 가하지 않은 상태에서 관찰하는 연구를 말한다. 인류학에서의 관찰연구의 대부분은 비통제적 관찰이다.

　조직적 관찰은 관찰의 내용이 제한적이어서 관찰내용, 관찰방법, 기록방법 등이 사전에 규명되어 있는 관찰이며, 일반적으로 점검표에 의하여 관찰할 경우 관찰방법이 구조화되어 있다고 할 수 있다. **자연관찰**은 조직적 관찰과 반대되는 관찰방법으로 관찰의 내용, 시기, 방법 등을 규명하지 않고 자연스럽게 관찰하는 방법이다.

　참여관찰이란 연구자가 관찰 상황에 참여하여 관찰하는 연구방법이다. 참여관찰은 완전참여관찰과 부분참여관찰로 나뉘는데, **완전참여관찰**이란 관찰자가 역할을 숨기고 연구 상황에 참여하여 관찰하는 방법이다. 완전참여관찰의 경우 연구대상들이 관찰자에 의하여 영향을 받지 않는다는 장점이 있지만 연구자가 신분을 숨김으로써 연구대상을 기만하는 것이므로 윤리적 문제가 제기될 소지가 있다. 또한 관찰결과의 기록이 용이하지 않으며, 관찰자로 밝혀질 때 연구에 차질을 빚는 경우도 발생할 수 있다. **비참여관찰**이란 연구대상과의 상호작용을 극소화하기 위하여 관찰자가 관찰 상황에 참여하지 않고 관찰하는 방법이다. 관찰결과의 기록을 극대화시킬 수 있다는 장점이 있으며, 비디오를 사용하여 촬영한 후 관찰하는 방법과 일방경이 있는 관찰실을 이용하는 방법이 있다.

③ 관찰기록

　관찰 못지않게 중요한 것은 관찰결과를 정확하게 기록하는 것이다. 체계적이고 과학적인 방법으로 관찰을 실시하였다고 하더라도 기록이 체계적이고 충실하지 못하면 관찰연구의 타당성에 문제가 생길 수 있다. 즉, 관찰기록에서는 무엇을 어떻게 기록하고 기록 시 어떤 점에 유의해야 하는가가 중요하다.

1) 관찰기록내용

기록내용은 크게 행위단위와 시간단위로 구분된다. **기록내용**은 다음과 같다.

행위 지속시간
행위 빈도
일정 시간의 행동유형
계속적 관찰
시간표집행위

행위 지속시간(duration recording)은 특정한 행위를 계속 지속한 시간을 기록한다. 예를 들어, 이야기를 시작하여 끝나는 시간까지의 계속된 시간을 측정하는 것으로 초시계를 사용한다. **행위 빈도**는 특정 행위가 일어나는 횟수를 기록한다. 공격적 행위를 한 횟수를 기록하는 경우가 이에 해당이 되며 검수표나 계수기를 사용한다. 일정 시간의 **행동유형**은 시간간격을 두고 일정 시간마다 행동유형을 분류하는 것이다. 10분마다 30초 동안의 행위를 관찰하는 경우를 예로 들 수 있다. **계속적 관찰**은 관찰하는 동안 특정 행위에만 관심을 기울이는 것이 아니라 모든 행위에 관심을 기울인다. 계속적 관찰은 문화기술연구에서 주로 사용된다. **시간표집행위**는 어떤 특정한 시간을 설정하여 그 시간에 발생하는 특정 행위나 사건을 기록한다. 예를 들어, 어떤 약을 투여하고 몇 시간이 지난 후 몇 분 동안의 행위를 관찰하는 경우가 이에 해당된다. 시간표집행위 관찰은 기록과 분석이 용이하다는 장점이 있다.

2) 관찰기록방법

관찰기록방법으로는 지필에 의한 방법이 주로 사용되어 왔으나 최근에는 비디오가 많이 사용되고 있다. 기록방법으로는 크게 일화기록법, 점검표, 평정지, 오디오와 비디오, 컴퓨터를 이용하는 방법이 있다.

일화기록법은 관찰내용을 일기 쓰듯이 기술하는 방법으로 구체적 절차나 양식이 있는 것은 아니다. **점검표**(check list)는 관찰하고자 하는 행위나 내용이 발생하였을 때 이를 기록하기 위한 도구로서 행동유형이나 관찰행동을 분류할 때 주로 사용된다. 관찰결과를 기록하는 점검표의 예는 [그림 12-1]과 같다.

사건표집법: 분류행동

관찰아동: _____   생년월일: _____   (남 · 여)
관 찰 자: _____   관 찰 일:

관찰의 대상: 분류-사물을 유사점이나 상이점에 따라 나누는 능력
지시: 아동이 다음의 활동 영역에서 분류행동을 보였을 때 적합한 항에 ✔로 표시를 한다.

분류 / 영역	주도형	비논리적		동일성		유사성(실수)		유사성		재분류	
		아동	교사	아동	교사	아동	교사	아동	교사	아동	교사
적목 영역 미술 영역 극놀이 영역 조작놀이 영역 언어 영역 과학 영역											
기 타											

⟨주도형⟩
1. 아동이 활동을 스스로 시작하였을 때(아)
2. 교사가 활동을 먼저 제시하였을 때(교)

[그림 12-1] 점검표

평정지는 관찰자가 관찰한 내용을 3단계나 5단계 척도에 의하여 평정하는 방법으로 면접뿐 아니라 관찰연구에도 면접대상자의 태도, 인상, 가치관, 느낌 등을 평정하기 위하여 많이 사용된다. 평정지의 예는 [그림 12-2]와 같다.

유아의 자주성 평정척도						
관찰유아: _____		생년월일: _____ (남 · 여)				
관 찰 자: _____		관 찰 일: _____				

지시: 유아의 자조성에 대해서 다음과 같이 1~5로 평가하여 해당 숫자에 O표를 하시오.

	5	4	3	2	1	n/o
	매우잘함	잘함	보통	못함	매우못함	관찰못함
옷 입기	5	4	3	2	1	n/o
간식 먹은 책상 치우기	5	4	3	2	1	n/o
화장실 가기	5	4	3	2	1	n/o
손 씻기	5	4	3	2	1	n/o
장난감 치우기	5	4	3	2	1	n/o
자신의 의사 표현하기	5	4	3	2	1	n/o
활동을 스스로 선택하기	5	4	3	2	1	n/o
갈등 상황 해결하기	5	4	3	2	1	n/o

요약:

[그림 12-2] 평정지

관찰결과를 즉시 기록하는 것에는 한계가 있으므로 관찰 현장을 그대로 소리나 영상으로 담아 계속적으로 관찰함으로써 관찰의 객관성을 높일 수 있다. 최근에는 오디오와 비디오가 연구에 많이 사용되고 있으며, 특히 비디오는 영상매체의 발달과 더불어 관찰연구에서 널리 사용되고 있다. 최근 컴퓨터 공학의 발달로 관찰결과의 자료를 곧바로 컴퓨터에 입력시키는 방법도 개발되어 사용되고 있다. 특히 교육학과 심리학 연구에서는 많은 양의 관찰 정보를 수집·분석할 때 손으로 자료를 수집하고 기록, 분석하는 과정에서 실수를 범할 가능성이 있다. 이러한 문제를 해결하기 위하여 컴퓨터, event-recording device, 스캐너 등이 사용된다. 이와 같은 입력장치를 사용하면 손쉽고 정확하게 많은 자료를 부호화하고 입력할 수 있다.

이상의 관찰방법을 사용하여 관찰결과를 **기록할 때의 주의점**은 다음과 같다.

첫째, 기록 시 활용방법을 미리 염두에 두어야 한다.
둘째, 기록결과를 수량화하는 방법을 구안해야 한다.
셋째, 관찰 즉시 관찰내용을 기록해야 한다.

④ 관찰자 훈련

관찰자는 예리한 감각기관, 신속하고 정확한 판단력, 정서적 안정성을 갖추고 있어야 하며 편견이 없어야 한다.

관찰자는 관찰 상황에서 일어나고 있는 수많은 사건이나 현상 속에서 작은 변화까지 감지할 수 있는 예민한 오감의 감각능력이 있어야 한다. 일반적으로 관찰은 시각에 의존하나 청각, 후각 등도 관찰을 보다 정확하게 하는 데 도움을 준다. 관찰자는 순간에 포착되는 관찰행동이 어느 행동으로 분류될 수 있을지를 빠르게 판단하는 능력이 필요하다. 이는 연구대상의 행동들이 연속적으로 발생하므로 연속행동을 분류, 한정하기 위해서다. 또한 관찰자는 관찰

순간의 상황 그리고 주변 환경 등에 영향을 받지 않고 정서적으로 안정된 상태를 유지해야 한다. 왜냐하면 관찰자가 정서적으로 안정되어 있지 않으면 동일한 관찰행동이 관찰 상황에 따라 달리 분류될 수 있기 때문이다.

관찰연구에서 중요한 부분 중의 하나가 관찰자 훈련이라고 할 수 있다. 물론 연구과정에서 중요하지 않은 부분이 없겠지만, 특히 관찰자 훈련은 자료수집의 매우 기본적인 절차로서 연구결과의 타당성과 직결된다.

관찰자에게 무엇을 관찰하고, 어떻게 기록할 것인가, 즉 관찰내용, 관찰방법, 관찰규칙 및 기록방법을 훈련시켜야 한다. 이와 같은 훈련은 일반적인 관찰자 훈련과 토의를 병행시키는 것이 바람직하다. 관찰을 하다 보면 의외의 상황이 발생하여 관찰 훈련내용에 포함되지 않는 내용도 관찰되므로 사전에 서로 논의하는 것이 도움이 된다. 토의를 병행한 **훈련에 포함되는 내용**은 다음과 같다.

첫째, 무엇을 관찰할 것인지를 구체적으로 규명한다.
둘째, 측정방법을 명료화한다. 기록하고 수량화하는 방법을 구체화한다.
셋째, 토의를 거쳐 기록하고, 분류하는 방법을 일치시킨다.
넷째, 관찰자의 관찰결과의 일관성 여부를 검토한다.

이와 같은 훈련을 마친 후 실제 관찰 상황을 담은 비디오테이프를 반복 관찰하여 관찰자 훈련 시 문제가 되었던 점이나 예상하지 못했던 점에 대해 논의한다. 특히 비디오테이프를 보면서 관찰행위가 발생할 때마다 기록하게 하여 기록 상황에 차이가 있을 경우 불일치의 원인을 분석하여 관찰자간 신뢰도를 증진시켜야 한다.

관찰자의 자질 중 하나는 편견을 지니고 있지 않아야 한다는 것이다. 성별 및 인종에 대한 편견뿐 아니라 문화적인 편견도 지니고 있지 않아야 한다. 관찰자내 신뢰도 및 관찰자간 신뢰도를 저하시키는 관찰자의 일반적 경향으로는 다음과 같은 것이 있다.

어떤 관찰자들은 관찰대상이 뚜렷하게 다른 행위를 하고 있음에도 불구하고 동일한 행동으로 기록하는 경향이 있다. 일부 관찰자들은 관찰결과를 기록할 때 가능하면 중립적인 행동으로 기록하려고 한다. 질문지법에서 나타나는 가치 중립과 유사한 경향으로 웬만하면 중간 수준으로 관찰결과를 기록하고자 하는 것이다. 또 관찰자가 관찰대상에 대하여 좋은 인상을 가지고 있으면 관찰결과를 보다 좋은 쪽으로 기록하려는 경향이 있는데, 이것을 후광효과(halo effect)라고 한다. 이와 같은 관찰자의 일반적인 오류 경향을 관찰자 훈련을 통하여 극소화하도록 노력해야 한다.

⑤ 관찰자간 신뢰도

1) 정 의

관찰연구에서 사용되는 종속변수는 일반적으로 연구에 참여한 관찰자의 관찰결과다. 그러므로 관찰결과를 분석하여 연구결과를 밝히기 전에 관찰결과가 타당하고 신뢰로운지를 검증하는 절차가 선행되어야 한다. 관찰연구에서 한 관찰자의 관찰결과를 가지고도 연구결과를 분석할 수 있으나, 이런 경우 관찰결과가 주관적일 수 있으므로 두 사람 이상의 관찰자에 의한 관찰결과를 가지고 연구결과를 분석하는 것이 바람직하다.

관찰자에 대한 신뢰도는 한 관찰자가 다른 관찰자와 얼마나 유사하게 평가하였느냐의 문제와 한 관찰자가 많은 측정대상에 대하여 계속적으로 일관성 있게 측정하였느냐의 문제로 구분된다. 전자를 관찰자간 신뢰도(inter-observer reliability)라고 하며, 후자를 관찰자내 신뢰도(intra-observer reliability)라고 한다.

관찰결과에 점수를 부여하기보다는 등급으로 나누는 경우 관찰자라는 용어 대신에 평정자라는 용어를 사용하여 평정자간 신뢰도 혹은 평정자내 신뢰도라고 표현하기도 하나, 관찰연구에서는 관찰결과를 어떻게 표현하든 관찰자라는 용어를 사용하는 것이 일반적이다.

관찰자간 신뢰도란 관찰결과가 관찰자들 사이에서 얼마나 유사한가를 의미하므로 관찰자간 신뢰도를 검증하는 절차는 관찰연구에서 필수적이다. 또한 관찰자간 신뢰도를 검증하기 전에 관찰자내 신뢰도를 먼저 검증해야 한다. **관찰자내 신뢰도**는 관찰자가 많은 관찰대상들을 일관성 있게 관찰하였느냐에 대한 문제이므로 통계적인 방법으로 검증하기보다는 관찰자 훈련을 통하여 관찰자내 신뢰도를 확보해야 한다. **관찰자간 신뢰도를 추정하기 위한 기본가정**은 다음과 같다.

첫째, 관찰자는 상호 독립적이어야 한다.
둘째, 관찰자는 동일 대상들을 동시에 관찰해야 한다.

관찰의 공정성을 확보하기 위하여 위의 두 가정이 충족되어야 함에도 불구하고 관찰자가 모든 연구대상들을 관찰하는 것이 쉽지 않기 때문에 관찰자 A는 전반부의 연구대상을, 관찰자 B는 후반부의 연구대상을 관찰하여 얻은 자료로 관찰자간 신뢰도를 추정하는 경우가 있다. 이와 같은 경우 일반화가능도 이론을 이용하여 관찰자의 영향을 추정한 후 연구결과를 분석할 수도 있다.

2) 종류

관찰자간 신뢰도를 추정하는 방법은 다음과 같다.

- 상관계수
- 일반화가능도
- 일치도 통계

• Kappa 계수

관찰자간 신뢰도 추정방법은 관찰결과에 따라 두 가지로 분류된다. 첫 번째는 관찰결과가 연속변수인 점수로 부여될 때의 관찰자간 신뢰도 추정방법이며, 두 번째는 관찰결과가 점수가 아니라 항목으로 분류될 때 사용되는 관찰자간 신뢰도 추정방법이다. 첫 번째에 해당하는 관찰자간 신뢰도의 추정방법은 상관계수법과 일반화가능도이론이며, 두 번째에 해당하는 관찰자간 신뢰도 추정방법은 일치도 통계와 Cohen의 Kappa 계수다.

관찰자간 신뢰도를 추정하는 일반적인 방법으로는 Pearson(1896)의 단순적률상관계수를 이용한 방법과 관찰자 혹은 관찰자간의 분류 일치도를 분석하는 일치도 통계, 일치도 통계에서 우연에 의한 확률을 제거하고 관찰자간의 일치도를 추정하는 Cohen(1960)의 Kappa 계수, 그리고 일반화가능도이론 등이 있다.

(1) 상관계수

상관계수법은 관찰자의 평정결과가 점수로 부여될 때, 즉 연속변수일 때 두 관찰자가 동일한 집단의 피험자에게 얼마나 유사하게 점수를 부여하였나를 분석하는 방법으로, 단순적률상관계수 공식에 의하여 관찰자간 신뢰도가 추정된다.

$$r_{XY} = \frac{n\sum X_i Y_i - \sum X_i \sum Y_i}{\sqrt{n\sum X_i^2 - (\sum X_i)^2}\sqrt{n\sum Y_i^2 - (\sum Y_i)^2}}$$

n: 관찰대상의 수
X_i: 한 관찰자가 부여한 점수
Y_i: 다른 관찰자가 부여한 점수

상관계수가 높으면 두 관찰자가 동일한 관찰 기준에 의하여 관찰한 것으로 분석되며, 상관계수가 낮으면 관찰자가 각기 다른 관찰 기준에 의하여 관찰한 것으로 분석된다. 예를 들어, 3명의 관찰자가 5명의 유아들의 어휘발달 수준을 관찰한 후 〈표 12-1〉과 같이 점수를 부여하였을 때, 3명의 관찰자간 신뢰도 추정은 〈표 12-2〉와 같다.

〈표 12-1〉 유아들의 어휘발달 수준에 대한 관찰결과

연구대상 유아	관찰자		
	O_1	O_2	O_3
A	9	8	9
B	10	9	9
C	6	6	5
D	8	7	7
E	6	9	6

〈표 12-2〉 세 관찰자간 신뢰도

	O_1	O_2
O_2	.41	
O_3	.97	.59

첫 번째 관찰자와 두 번째 관찰자간 신뢰도는 .41이며, 두 번째 관찰자와 세 번째 관찰자간의 신뢰도는 .59로서 신뢰도가 낮다. 그러나 첫 번째 관찰자와 세 번째 관찰자간의 신뢰도는 .97로서 신뢰도가 매우 높다. 〈표 12-2〉를 통하여 첫 번째 관찰자와 세 번째 관찰자는 유사하게 점수를 부여하였으나, 두 번째 관찰자는 다르게 점수를 부여하였다는 것을 알 수 있다.

상관계수법은 관찰자간 신뢰도의 추정이 용이하다는 장점이 있다. 또 관찰자간 신뢰도를 나타내는 상관계수가 낮게 추정될 경우 어느 관찰자에 문제가 있는가를 간단하게 찾을 수 있다. 단점으로는 일반화가능도이론과는 달리 관찰자간 신뢰도가 낮은 원인에 대하여 다각도로 분석을 하는 것이 불

가능하다는 것이다.

(2) 일치도 통계

일치도 통계는 관찰자가 관찰대상의 행위나 수행결과에 점수를 부여하기보다는 어떤 유목이나 범주로 분류할 때 관찰자간의 분류 일치도를 추정하는 방법이다. 즉, 일치도 통계는 관찰법에서 관찰자들이 관찰대상들의 행위를 분류하여 관찰자간 분류의 유사성을 추정하고자 할 때 주로 사용된다. 예를 들어, 두 관찰자가 어떤 행위나 수행결과를 J개의 범주로 분류하여 평정하였을 때 평정결과가 〈표 12-3〉과 같았다.

〈표 12-3〉 두 관찰자에 의한 행위나 수행결과 평정

		관찰자 O_2						
		1	2	3	……	j-1	J	
관찰자 O_1	1	N_{11}					N_{1J}	
	2	N_{21}	N_{22}					
	3	N_{31}		N_{33}				
	⋮							
	j-1							
	J	N_{J1}					N_{JJ}	
								N

두 관찰자에 의하여 일치되게 평정된 피험자 수는 $J \times J$ 분할표에서 대각선에 위치한 N_{11}, N_{22}, N_{33}, …, N_{JJ}로서 두 관찰자간 **일치도 통계**(agreement statistics)는 다음과 같다.

$$P_A = \frac{N_{11} + N_{22} + N_{33} + \cdots + N_{JJ}}{N}$$

예를 들어, 3명의 관찰자들이 10명의 아동들의 행위를 관찰하여 공격적 행위, 방어적 행위, 우호적 행위, 중립적 행위로 분류한 결과는 〈표 12-4〉와 같다.

첫 번째 관찰자와 두 번째 관찰자는 아동들의 행위를 유사하게 분류하였으나 세 번째 관찰자는 다소 상이하게 아동들의 행위를 분류하였음을 알 수 있다.

〈표 12-4〉 아동들의 행위 관찰결과

	O_1	O_2	O_3	
1	D	D	N	
2	F	F	F	
3	O	O	F	
4	F	F	O	
5	N	N	N	
6	D	D	N	
7	N	N	F	O: 공격적 행위
8	F	N	F	D: 방어적 행위
9	O	O	O	F: 우호적 행위
10	D	D	D	N: 중립적 행위

첫 번째 관찰자와 두 번째 관찰자의 일치도 통계를 계산하기 위한 절차는 〈표 12-5〉와 같다.

〈표 12-5〉 일치도 통계의 계산 절차

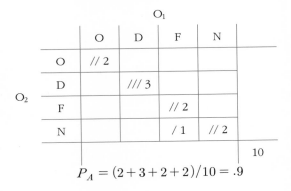

$$P_A = (2 + 3 + 2 + 2)/10 = .9$$

〈표 12-5〉에 의한 일치도 통계 계산절차에 의하여 세 관찰자간 아동의
행위 관찰결과의 일치도 통계를 산출해 보면 〈표 12-6〉과 같다.

〈표 12-6〉 아동 행위에 대한 세 관찰자간 일치도

	O_1	O_2
O_2	.9	
O_3	.5	.4

첫 번째 관찰자와 두 번째 관찰자간 일치도는 .9로서 매우 높으나 첫 번째
관찰자와 세 번째 관찰자간, 그리고 두 번째 관찰자와 세 번째 관찰자간 일
치도 통계는 .5와 .4로서 높지 않다. 일반적으로 관찰자간 일치도 통계는
.85 이상일 때 높다고 한다.

일치도 통계는 평정이나 관찰의 결과가 이름이나 유목으로 분류될 때 관
찰자간 신뢰도를 추정하는 방법이다. 일치도 통계는 계산이 매우 손쉽다는
것이 장점이나 우연에 의하여 동일하게 평정되는 확률을 포함하므로 관찰자
간 신뢰도를 과대 추정하는 것이 단점이다.

(3) Kappa

① 정 의

일치도 통계는 두 관찰자가 일치하게 평정하는 대각선 부분에 우연에 의하
여 평정된 피험자가 포함되어 있어서 두 관찰자 간의 일치도가 과대 추정되는
문제점을 지니고 있다고 하였다. 이 문제점을 해결하기 위하여 Cohen(1960)
은 우연에 의한 확률을 제거한 Kappa계수를 제안하였다. 우연에 의하여 $J \times J$
분할표의 대각선에 있는 칸에 분류되는 사례 수는 다음과 같이 계산된다.

$$N_{jc} = \frac{N_{.j} \times N_{j.}}{N}$$

우연히 확률적으로 동일하게 분류되는 사례 수는 해당 칸과 관계된 주변 피험자 수들을 곱한 값을 총 사례 수로 나누어 준 것이다. 그리고 $J \times J$ 분할표의 대각선에 있는 모든 칸에 두 관찰자가 우연에 의하여 동일하게 분류하는 모든 사례 수는 다음 공식과 같이 우연히 두 관찰자에 의하여 동일하게 분류되어 대각선 칸에 있는 모든 피험자를 더한다.

$$N_C = \sum_{j=1}^{J} \frac{N_{.j} \times N_{j.}}{N}$$

전체 N명의 피험자 중 우연히 두 관찰자에 의하여 일치된 평정을 받은 피험자의 확률은 다음 공식에 의하여 계산된다.

$$P_C = \frac{N_C}{N}$$

관찰자 간에 우연에 의하여 일치된 평정결과를 제거하고 순수하게 평정이 일치한 두 관찰자간의 일치도를 계산하기 위하여 Cohen(1960)이 제안한 **Kappa 계수** 계산 공식은 다음과 같다.

$$k = \frac{P_A - P_C}{1 - P_C}$$

k계수의 이론적 범위는 0~1.0이며, 우연에 의하여 두 관찰자의 평정결과가 일치하는 확률을 제거하였으므로 일치도 통계보다 추정치가 항상 낮다.

Fleiss(1981)는 k계수가 .40에서 .60이면 '관찰자간 신뢰도가 있다.' .60에서 .75이면 '관찰자간 신뢰도가 높다.' .75 이상이면 '관찰자간 신뢰도가 매우 높다.'라고 분류하였다.

② 추정방법

예를 들어, 2명의 관찰자가 100명의 아동들의 행위를 분류한 결과가 〈표 12-7〉과 같다고 하자.

〈표 12-7〉 100명의 아동들의 행위에 대한 두 관찰자의 분류결과

		O_1			
		O	D	N	
O_2	O	15	1	4	20
	D	5	35	10	50
	N	4	6	20	30
		24	42	34	100

O: 공격적 행위
D: 방어적 행위
N: 중립적 행위

행위 분류의 일치도 통계는 (15+35+20)/100으로 .7이다.

두 관찰자가 우연히 확률에 의하여 아동들의 행위를 공격적이라고 일치되게 분류한 아동들의 수는 다음과 같다.

$$24 \times \frac{20}{100} = 4.8$$

총 100명의 아동 중에 20명의 아동이 두 번째 관찰자에 의하여 공격적 행위로 분류되었으므로 확률적으로 첫 번째 관찰자에 의하여 공격적 행위로 분류된 24명의 아동 중 최소한 두 번째 관찰자가 공격적 행위로 분류한 비율만큼의 아동이 일치된 부분에 존재한다는 것이다. 반대로 100명의 아동 중 24명의 아동이 첫 번째 관찰자에 의하여 공격적 행위로 분류되었으므로 두

번째 관찰자에 의하여 공격적 행위로 분류된 20명의 아동 중 첫 번째 관찰자가 공격적 행위로 분류한 비율만큼의 아동이 확률상 일치한다는 것이다. 그러므로 이는 다음과 같이 계산된다.

$$20 \times \frac{24}{100} = 4.8$$

즉, 두 관찰자가 확률에 의하여 우연히 일치되게 공격적이라고 분류한 아동 수는 4.8명이다. 그리고 두 관찰자가 방어적 · 중립적 행위로 우연하게 확률에 의하여 일치되게 분류하는 아동의 수는 다음과 같다.

$$42 \times \frac{50}{100} = 21$$

$$34 \times \frac{30}{100} = 10.2$$

두 관찰자가 우연히 동일하게 평정한 피험자는 총 36명으로, 우연히 동일하게 평정되는 확률은 .36이다. 그러므로 Kappa 계수는 다음과 같이 계산된다.

$$k = \frac{.70 - .36}{1 - .36} = .53$$

Kappa 계수는 .53으로 Fleiss의 기준에 의하면 '두 관찰자간 신뢰도가 있다'라고 할 수 있다. 여기서 Kappa 계수는 .53이나 일치도 통계는 .70이므로 Kappa 계수가 일치도 통계보다 낮다는 것을 알 수 있다.

Kappa 계수는 우연에 의하여 확률적으로 동일하게 평정되는 부분이 제거되기 때문에 일치도 통계보다 과학적이라고 볼 수 있다. Kappa 계수를 계산하는 것이 다소 번거롭게 여길 수도 있으나 이를 단점이라 지적할 수는 없다.

(4) 일반화가능도

일반화가능도는 관찰결과가 연속변수인 점수로 표기될 때 관찰자간 효과와 관찰자내 효과가 얼마인지를 분석하는 통계적 방법으로 분산분석 원리를 이용한다. 신뢰도의 개념에서 신뢰도는 진점수의 분산을 관찰점수의 분산으로 나눈 값이라고 설명하고 오차점수의 분산을 하나의 덩어리로 보아 더 세분하지 않았으나, 일반화가능도(generalizability)이론은 오차점수의 분산을 여러 개의 구성 요소로 세분하여 각 요소의 영향력을 분석하므로 각 오차의 원인을 밝혀낼 수 있다는 특징을 지니고 있다. 그러므로 일반화가능도이론은 측정방법, 절차 그리고 관찰자에 의한 영향 등 오차점수 분산의 원인을 분석할 수 있다. 그러므로 다양한 관찰방법, 다른 관찰대상을 다른 관찰자가 관찰하는 경우 일반화가능도이론을 적용하여 관찰자간 신뢰도를 추정할 수 있다. 일반화가능도이론에 대해서는 김성숙과 김양분(2001), 성태제(2002), 이종성(1988), Brennan(1983)을 참고하기 바란다.

일반화가능도이론을 이용하면 관찰자 간의 영향뿐 아니라 다른 요인을 종합적으로 분석하여 오차점수 분산의 원인을 규명할 수 있다는 장점이 있다. 그러나 일반화가능도이론을 이해하기 위해서는 분산분석의 기본원리를 이해해야 하며 분산분석의 계산절차가 복잡하다는 단점이 있다. 일반적으로 일반화가능도이론에 의한 관찰자간 신뢰도를 계산하기 위해서는 GENOVA 프로그램을 이용한다.

⑥ 연구의 장단점

관찰연구의 장점은, 첫째, 질문지나 표준화 검사에서 측정할 수 없는 개인의 내면적 특성을 파악할 수 있다는 것이다. 예를 들어, 교직적성 시험지 면접을 통하여 학생들의 가치관을 물으면서 태도를 관찰하면 교직적성 검사에서 알아낼 수 없는 개인특성을 많이 파악할 수 있다. 둘째, 자기보고서에 의해서 얻을 수 있는 자료보다 더 객관적인 자료를 얻을 수 있다. 예를 들어, 교실에서 유아들 간의 상호작용을 분석하기 위하여 비디오로 촬영한 내용을 관찰한다면 보다 자세하고 많은 정보를 얻을 수 있다.

관찰연구의 단점은, 첫째, 관찰자의 주관이 개입될 수 있다는 것이다. 관찰기록은 관찰내용에 대한 관찰자의 견해가 반영되므로 관찰자의 편견이 개입될 소지가 있다. 이와 같은 관찰자의 주관성은 관찰자 훈련과 관찰자내 신뢰도 및 관찰자간 신뢰도를 통하여 통제할 수 있다. 둘째, 관찰자에 의하여 관찰 상황이 변화된다. 특히 참여관찰을 할 경우 연구대상의 행동이 부자연스러워지거나 연구목적에 부합하는 가식적인 행위를 하는 경우가 많다. 셋째, 많은 시간이 소요된다. 관찰을 통하여 자료를 수집하는 과정은 간단하지 않을 뿐만 아니라 많은 시간이 소요되는 작업이다.

⑦ 연구 시 주의사항

관찰연구에서 주의할 점은, 첫째, 관찰절차를 체계적으로 자세하게 설정해야 한다. 무엇을 어떻게 관찰하고 기록하며 어떻게 사용하는지가 명료해야 한다. 둘째, 관찰자 훈련을 실시해야 한다. 각 관찰자마다 일관된 관찰을 시행할 뿐만 아니라 관찰자 간의 관찰결과가 일치하도록 관찰자들을 훈련시켜야 한다. 셋째, 관찰자간 신뢰도를 검증해야 한다. 관찰자 훈련으로 관찰자간 신뢰도를 보장받을 수 있는 것은 아니다. 관찰자 훈련이 철저하였다고 하더라도 관찰결과를 연구에 적용하려면 관찰자간 신뢰도를 확인해야 한다. 넷째, 관찰 상황에 대한 고려가 있어야 한다. 어떤 상황에서 그와 같은 결과가 나타났는지를 분석하면 관찰결과에 보다 많은 의미를 부여할 수 있다. 다섯째, 관찰행동에 대한 표집의 대표성이다. 일반적으로 나타나는 행동 중에서 나타나는 행위가 연구를 위하여 표집되어야 연구결과를 일반화할 수 있다. 여섯째, 관찰결과의 해석이다. 관찰결과를 객관적 입장에서 해석해야 한다.

이상의 여섯 가지 주의점 이외에도 많은 점을 고려하여 세심한 주의를 기울일 때 보다 타당한 연구결과를 얻을 수 있다.

연◇습◇문◇제

1. 다음 용어를 설명하라.

관찰연구

통제적 관찰

자연관찰

참여관찰

비참여관찰

후광효과

관찰자내 신뢰도

관찰자간 신뢰도

일치도 통계

Kappa 계수

일반화가능도

2. 관찰기록 내용의 종류를 열거하고 예를 들라.

3. 관찰자내 신뢰도와 관찰자간 신뢰도는 어떤 관계가 있는지 설명하라.

4. 관찰기록 시 염두에 두어야 할 내용을 설명하라.

5. 관찰자 훈련 시 강조해야 할 내용을 설명하라.

6. 상관계수를 사용하여 관찰자간 신뢰도를 추정하는 예를 들어 설명하라.

7. 일치도 통계를 이용하여 관찰자간 신뢰도를 추정하는 예를 들어 설명하라.

8. 일치도 통계와 Kappa계수의 차이점을 설명하라.

9. 관찰연구를 찾아 다음 질문에 답하라.
   1) 연구제목이 적절한지를 분석하라.
   2) 관찰방법을 규명하라.
   3) 관찰기록의 종류를 분류하라.
   4) 관찰기록 방법이 과학적인지를 분석하라.
   5) 관찰자간 훈련을 실시하였으며 체계적인지를 분석하라.
   6) 관찰자내 신뢰도와 관찰자간 신뢰도를 검증하라.
   7) 관찰연구를 평가하라.

제5부

질적 교육연구방법

제13장 **문화기술적 연구**

교육연구는 연구방법에 따라 양적연구와 질적연구로 구분되며, 질적연구의 대표적인 예는 문화기술적 연구다. 미국의 경우 이삼십 년 전부터 질적연구에 관심을 두기 시작하여 교육연구에 인류학적 연구방법을 도입하였다. 우리나라에서도 최근 교육현장에 대한 질적연구에 관심을 가지기 시작하여 인류학적 연구방법에 기초한 문화기술적 연구를 실시하고 있다. 이 장에서는 문화기술적 연구의 정의, 연구절차, 연구의 타당성과 신뢰성, 연구의 공헌을 설명한다.

❶ 정 의

교육연구를 위한 문화기술적 접근방법은 인류학에서 비롯되었다. **인류학**(anthropology)은 인류의 기원, 발달, 변화, 종말을 과학적으로 탐구하는 학문으로 종족의 변화, 민족문화, 관습, 민속신앙 등의 내용을 연구주제로 다룬다. 인류학의 한 분야인 문화기술학은 개인 문화에 대해 과학적인 설명을 하는 학문으로서, Conklin(1968)은 문화기술적 연구는 문자화되어 있지 않은 원시 문화를 과학적으로 연구하려는 현장연구의 한 형태라고 하였다.

교육연구에서 **문화기술적 연구**(ethnographic research)는 교육에 대한 자료를 집단적이고 대량으로 수집하여 분석하는 양적연구와는 달리 교육현상, 교육의 진행과정, 교육의 구조 등에 대하여 총체적이고 과학적으로 접근을 한다. 김병성(1996)은 문화기술적 연구는 어떤 특정 집단 구성원들의 삶의 방식, 행동, 그들이 만들어 사용하는 사물들을 현지인의 관점에서 이해하고, 과학적으로 기술하기 위한 방법론이라고 정의하였다. 그리고 이 정의에 입각하여 교육연구에서의 문화기술적 연구는 교육이라는 특수한 상황을 구성하고 있는 교육 체제, 과정, 현상을 과학적으로 서술하는 과정이라고 주장하였다. 문화기술 연구가들은 사회 상황뿐만 아니라 사회 상황에서 벌어지고 있는 문화, 즉 사람들이 어떻게 지각하고 행동하는가에도 관심을 가진다. 그러므로 문화기술적 연구는 문화를 창조하는 구성원 간의 관계, 즉 구성원 간의 의미구조에 관심을 두며 그것을 사회적 맥락에서 이해하려고 한다.

문화기술적 연구는 총체적인 연구방식을 취하므로 어떤 제한된 연구방법을 사용하기보다는 가능한 한 다양한 연구방법을 동원한다. 그러므로 문화기술적 연구에서는 무엇보다도 연구자의 경험이 중요하다.

문화기술적 연구의 특징은 다음과 같다.

- 현상학적 특징
- 자연적 특징
- 총체적 특징
- 반복적 특징

현상학(phenomenology)은 현상을 연구하는 학문으로 자연적으로 일어나는 현상을 서술하는 데 중점을 두고 있으며, 다양한 문화 속에서 구성원들의 언어와 행동이 어떤 상황에서 어떻게 일어나고, 어떻게 상호작용을 하는지를 이해하고 기술하고자 한다. 현상학은 연구의 가설이 없으며 연구자가 어떤 특정한 결과를 기대하지 않는다. 문화기술적 연구도 현상학의 특성을 지니고 있으므로 연구자가 구체적인 연구가설을 설정하지 않고 현상을 관찰한다는 특징을 가지고 있다.

　양적연구인 실험연구는 처치를 가하며, 조사연구는 질문지를 사용하여 연구자가 관심을 가지고 있는 어떤 사실을 알아내고자 한다. 다시 말해 연구상황을 연구목적에 부합되게 통제하거나 조작한다. 그러나 문화기술적 연구는 연구 상황을 조작하지 않고 자연 그대로의 상태에서 연구를 실시한다. 다시 말해 문화기술적 연구는 있는 그대로를 탐구하는 특징을 지니고 있다. 문화기술적 연구를 위하여 자료를 수집하고자 할 때 자연적 상황에서 자료를 수집하는 것이 바람직하므로, 문화기술적 연구를 위해 관찰을 할 경우 연구자는 연구대상과 자연스러운 관계를 유지하도록 해야 한다. 문화기술적 연구는 일반적으로 학급, 학교 혹은 교육과 관계된 어떤 자연적 집단을 연구대상으로 한다. 이런 의미에서 문화기술적 연구를 현장연구(field research)라고도 한다.

　문화기술적 연구는 자연상태에서 총체적 접근방법을 사용하여 연구를 실시한다. 어떤 한 부분을 분석하는 것이 아니라 연구의 장에서 일어나는 모든 현상을 종합적으로 분석한다는 특징을 가지고 있다. 실험연구나 조사연구의 경우는 구체적 연구가설이 있어서 분석적으로 구체적 사실을 검증하지만 문화기술적 연구는 일부분의 정보를 이용하는 것이 아니라 부분적인 정보를 모두 수합하여 종합적으로 분석한다. 그러므로 문화기술적 연구에서는 다양한 연구방법을 사용한다.

　또한 문화기술적 연구는 반복적 특징을 지닌다. 질적연구는 연구가설이 없다는 것이 특징인데, 질적연구의 일종으로서 문화기술적 연구도 역시 구체적 연구가설이 있는 것이 아니라 연구하는 과정에서 가설이 형성되고, 그 형성된 가설이 검증되고, 다시 새로운 가설이 만들어지는 반복적 특성을 지닌다. Ogbu(1994)는 문화기술적 연구를 통하여 연구문제와 수집된 자료 간의 대화가 계속되고 이런 과정에서 이론이 생성되어 증명되거나 거부됨으로써 새로운 사실을 발견하게 된다고 하였다. 이러한 문화기술적 연구의 반복적 특징은 연구방법이 유연성을 갖도록 한다.

문화기술적 연구의 예를 들면 다음과 같다.

- 도시와 농촌 초등학교 학생들의 학교생활 비교
- 남녀공학 고등학교 학생들의 이성관계
- 사립학교의 교장, 교감, 교사들의 상호관계
- 인문계 고등학교의 실업반 학생들의 학교생활

이상의 연구들은 연구목적은 있으나 사전 문헌연구가 제시한 연구결과에 의존하지는 않는다. 그러므로 연구제목에서와 같이 연구대상에 보다 총체적으로 접근하고, 학교나 학급의 자연적인 상태를 유지하면서 연구를 진행하며, 현상을 있는 그대로 분석한다. 연구의 내용 안에서 연구가 진행되며, 연구자가 특별히 어떤 연구결과를 기대하지는 않는다.

Charles(1995)는 문화기술적 연구를 〈표 13-1〉과 같이 요약하고 있다.

〈표 13-1〉 문화기술적 연구

구 분	내 용
목적	교육과 관계된 현상이나 사실을 묘사하거나 설명
가설, 질문	광범위한 질문. 구체적 질문은 연구를 하는 동안 자연적으로 통합
자료	연구대상인 사람, 환경, 사회에 대한 언어적 서술
자료원	주로 사람 및 그와 관련된 상황
자료수집방법	관찰과 면접
자료분석방법	언어적 서술과 논리적 분석

② 연구절차

　문화기술적 연구는 다른 연구에 비해 연구절차가 통합적이며, **문화기술적 연구의 일반적인 절차**는 다음과 같다.

　첫째, 연구하고자 하는 현상을 규명한다.
　둘째, 연구대상을 선정한다.
　셋째, 연구목적과 관계된 일반적 가설을 만든다.
　넷째, 자료를 수집한다.
　다섯째, 자료를 분석한다.
　여섯째, 연구의 결론을 유도한다.

　첫째, 연구현상을 규명한다. 연구는 연구의 목적을 지닌다. 그러므로 문화기술적 연구도 어떤 현상을 탐구해야 할 것인지를 결정해야 한다. 또한 연구의 범위를 설정해야 한다. 즉, 연구단위를 거시적으로 할 것인지, 미시적으로 할 것인지를 결정해야 한다.

　사회는 급변하고 있으며 특히 여성들의 사회활동이 증가하고 있으므로 이성에 대한 인식, 특히 다른 성에 대한 이해를 돕기 위하여 교육이 필요하나, 우리 교육제도는 이를 충족시켜 주지 못하고 있다. 남녀공학 학생들이 앞으로 사회생활을 하는 데 도움이 되는 학교생활을 하고 있는지, 현재 남녀공학 고등학교의 문제점은 무엇이고 개선점은 무엇인지를 연구하고자 할 때, 먼저 연구현상을 규명해야 한다. 이 연구의 경우, 연구현상은 남녀공학 학교의 학급이 될 수도 있으며, 학교에서 남녀 학생들이 자연스럽게 만나는 특별활동 시간이 될 수도 있다. 그러므로 연구자는 연구 상황을 연구목적에 맞게 규명해야 한다.

　둘째, 연구대상을 선정한다. 문화기술적 연구는 총체적으로 연구를 실시하므로 연구 현상과 관련된 모든 대상을 연구대상으로 한다. 그러나 연구대상을 선정하는 것이 연구 진행을 용이하게 한다. 문화기술적 연구는 연구대상을 선정하지만 선정된 연구대상만을 연구하는 것은 아니다. 즉, 선정된 연구대상을 중심으로 하고, 연구 시에 연구 상황과 관련된 모든 대상을 연구한다.

남녀공학의 학급생활을 연구할 때 일차적으로 남녀 고등학생이 연구대상이지만 교사도 연구대상에 포함될 수 있다. 왜냐하면 남녀 학생들의 상호작용에는 남녀 학생만이 관계되는 것이 아니라 교사와의 상호작용도 영향을 미치기 때문이다. 만약 특별활동을 연구대상으로 하였을 경우 특별활동과 관련된 학생, 교사, 활동, 환경, 특별활동 주제 등이 연구대상이 된다. 학급활동을 연구대상으로 할 때는 한 시간만을 연구할 것인지, 오전 학급시간을 연구할 것인지, 혹은 하루 종일 학급생활을 연구할 것인지를 결정해야 한다. 교육연구에서 연구대상은 일반적으로 사람이 되지만 반드시 사람만이 연구대상이 될 수 있는 것은 아니다.

셋째, 연구목적과 관련된 일반적 가설을 만든다. 문화기술적 연구에서는 자료수집을 위하여 일반적 가설을 만드는 것이 바람직하다. 일반적 가설이란 실험연구와 조사연구에서처럼 구체화된 연구가설이 아니라 연구의 목적을 달성할 수 있는 일반적이고 총체적인 가설을 말한다. 문화기술적 연구를 위한 가설은 일반적이기 때문에 연구를 하는 과정에서 수정, 변화될 수 있다. 문화기술적 연구가 지니는 반복적 특징 때문에 연구가설은 만들어졌다가 수정, 변화되고 다른 가설을 만들 수도 있다. 즉, 연구가 반복적으로 순환하게 된다.

앞의 연구에서 남녀 학생의 관계는 교사들이 긍정적 역할을 많이 할수록 이성에 대해 올바른 자세를 가지고 상호관계가 향상된다는 일반적 가설을 세울 수 있다. 이와 같은 일반적 가설은 연구를 진행하는 데 도움을 준다.

넷째, 자료를 수집한다. 문화기술적 연구를 위한 자료수집방법은 관찰에 의존한다. 관찰연구에서도 관찰방법을 사용하나, 문화기술적 연구에서는 관찰연구에서보다 광범위한 관찰이 이루어진다. Wolcott(1988)는 문화기술적 연구를 위한 관찰자를 능동적 참여관찰자(active participant), 관찰 우선자(privilege observer), 제한된 관찰자(limited observer)로 구분하였다. 문화기술적 연구에서는 주로 관찰 우선자에 의하여 자료가 수집되며, 연구자가 연구 상황에서 수동적이기보다는 능동적 역할을 하는 것이 자료수집에 용이하다. 문화기술적 연구를 위한 관찰의 특징은 종합적이고 지속적이라는 것이다.

문화기술적 연구에서의 관찰방법은 서술관찰, 집중관찰, 선별관찰로 나누어진다. 서술관찰은 관찰한 내용을 기술하려는 목적을 지니고 있으며, 집중관찰은 보다 자세하게 관찰하기 위한 방법이다. 이용숙(1989)은 중요한 것으로 판단되는 영역에 대해서는 집중관찰이 바람직하다고 하였다. 선별관찰은 집중관찰보다 초점을 좁힌 관찰을 말한다. 세 가지 관찰방법은 확연히 구분되는 것이 아니라 관찰과정에서 관찰내용의 중요성에 따라 다소 다른 관찰태도를 취할 수 있다는 것을 의미한다.

특히 관찰자는 관찰을 함에 있어서 연구의 구도에서 관찰을 해야 하며, 관찰한 행위를 이해하고 해석할 수 있어야 한다. 즉, 관찰한 내용을 기록하는 수준을 벗어나서 해석하고 의미를 부여할 수 있어야 한다. 문화기술적 연구에서 관찰결과를 기록한 것을 현장노트(field note)라고 한다. 현장노트는 관찰 상황과 시간적으로 밀착하여 관찰결과를 기록한 것이므로 다소 거칠고 조직화되어 있지 않다. 연구자는 관찰 후 관찰한 내용을 가능한 한 빨리 기록하는 것이 바람직하며, 언제, 어디서, 무엇을 관찰한 것인지에 대해서 상세히 기록해야 한다.

관찰이 용이하지 않거나 연구내용을 반복하여 분석하고자 할 경우 비디오로 녹화를 한다. 최근에는 비디오의 기능이 향상되고 가격이 저렴해 비디오로 관찰내용을 녹화하는 경향이 늘어나고 있다. 비디오를 이용한 관찰은 녹화내용을 반복하여 분석할 수 있다는 장점이 있으나, 총체적 상황을 녹화하기가 어렵다는 단점이 있다. 그러나 최근에 기술의 발전으로 넓은 범위도 녹화할 수 있는 비디오가 만들어지고 있어서 기존의 단점을 보완해 가고 있다.

또한 면접을 관찰과 병행하거나 별도로 실시하여 자료를 수집할 수 있다.

면접은 연구자가 연구를 진행하면서 관찰한 내용을 보다 심층적으로 분석하기 위하여 실시한다. 일반적인 연구와는 달리 문화기술적 연구를 위한 면접에서는 개방형이고 비형식적인 형태의 질문을 한다. 조사연구를 위한 면접은 면접내용이 제한되어 있어서 연구에 필요한 내용만을 질문하고 질문과 직접적으로 관련이 있는 자료만이 수집되지만, 문화기술적 연구를 위한 면접에서는 구체적 면접보다 광범위하고 포괄적인 형태의 질문을 할 수 있으므로 연구대상으로부터 많은 자료를 수집할 수 있다. 이러한 면접을 잘 수행하기 위해서는 면접자는 훌륭한 청취자가 되어야 한다.

문화기술적 연구를 위해서는 면접을 실시할 때 연구자는 면접대상과의 대화를 신속하게 기록할 수 있는 능력을 가지고 있어야 한다. 신속한 기록을 위해서 부호나 기호 등으로 대화내용을 표기할 수 있다. 면접과 동시에 기록을 하기가 어려우므로 녹음기로 면접내용을 녹음하기도 한다. 녹음기를 사용하여 면접내용을 녹음할 경우 소리만이 녹음되며 연구대상의 표정이나 자세 등을 기록할 수 없으므로 최근에는 비디오로 대화내용뿐 아니라 태도, 자세, 표정 등을 모두 녹화하는 방법이 많이 사용되고 있다.

자료를 기록할 때 연구자들이 주의해야 할 점은 수집된 자료에 해석을 가하거나 단순화하지 말고 관찰된 내용이나 면접한 내용 그대로를 기록해야 한다는 것이다. 정보제공자의 언어로 기술해야 원래의 정보를 상실하지 않는다. Spradely(1988)는 자료를 기록할 때 지켜야 할 원칙으로 언어를 분별하는 원칙, 말한 그대로 적는 원칙, 구체적 언어를 쓰는 원칙을 제시하고 있다. 언어를 분별하는 원칙이란 같은 언어라도 다른 상황에서는 다른 의미로 사용될 수 있으므로 이를 분별하라는 것이다. 말한 그대로를 적는 원칙은 연구과정에서 얻은 자료를 현지인의 용어 그대로 적는 것을 말한다. 연구자가 요약하거나 해석하여 기록할 때 연구자의 주관이 개입되어 자료가 누락되거나 왜곡될 수 있다. 구체적인 언어를 쓰는 원칙은 자세하게 구체적으로 일어난 일을 기술하라는 것이다. 연구자들은 구체적으로 자세하게 기술하기보다는 압축, 요약하려는 경향이 있기 때문에 이런 경우 원정보를 상실할 가능성이 있다.

　문화기술적 연구를 위한 자료수집방법은 관찰과 면접만 있는 것은 아니다. 사진이나 연구대상과 관계된 기록도 문화기술적 연구를 위한 자료가 된다. 연구대상과 관련된 기록의 예로는 학생생활기록부, 학업성취도 검사, 인성검사 결과 등이 있다.

　다섯째, 자료를 분석한다. 문화기술적 연구에서 자료를 분석하는 방법은 관찰, 면접, 기록 등에 의해 얻은 자료를 종합하는 것이다. 양적연구에서와 같이 연구가설에 따라 특정한 통계방법을 사용하여 자료를 분석하는 것이 아니라 수집된 자료를 분류하는 작업을 한다. 즉, 자료가 어떤 내용을 포함하고 있으며 무엇을 의미하는지를 분석해야 한다. Bogdan과 Biklen(1992)은 수집된 자료의 각 페이지에 번호를 부여하고 최소한 두 번 이상 읽을 것을 추천한다. Bogdan과 Biklen은 자료를 두 번 이상 읽음으로써 자료분석을 위한 아이디어를 얻을 수 있으며, 자료의 범위와 의미를 파악하여 내용에 따라 적절하게 분류할 수 있고 종합적으로 해석할 수 있다고 주장하였다.

　질적연구라고 하더라도 수집된 자료를 분석하기 위하여 부호화(coding)하는 작업이 필요하다. 부호화는 크게 세 가지 수준, 즉 major code, sub code, supplementary code로 분류할 수 있다. major code는 가장 큰 범주로서, 세부 코드로 세분화될 수 있다. sub code는 major code를 보다 세분한 코드이며, supplementary code는 다소 부수적인 부호로서 연구에서 크게 중요하지는 않지만 무시할 수 없는 정보를 부호화하는 코드다. 관찰이나 면접내용을 너무 많이 부호화하는 것은 기록된 정보를 그대로 나열하는 것과 마찬가지다. 그러므로 문화기술적 연구자는 부호화 종류 및 내용에 대한 전문적 지식을 지니고 있어야 한다. 문화기술적 연구에서 때로는 어떤 사건에 대한 빈도를 수로 나타내는 것도 연구를 보다 명확히 하는 데 도움이 된다.

　여섯째, 연구결론을 유도한다. 양적연구는 연구가설에 의하여 연구결과를 서술하고 그에 따라 연구결론을 유도한다. 반면 문화기술적 연구는 현장에서 얻어진 정보를 종합하여 결론을 유도한다. 그러므로 연구과정에서 나타난 많은 현상을 조리 있고 체계적으로 서술해야 한다. 만약 연구자가 서술한 내용이 교육적·사회적·심리적 의미를 상실한다면 연구의 가치가 상실되는 것이다. 그러므로 문화기술적 연구에서는 연구자의 통찰력과 반성력(reflection), 특히 결론을 유도하는 능력이 중요하다.

③ 연구의 타당성과 신뢰성

질적연구에서 논쟁의 쟁점은 연구의 타당성과 신뢰성이다. 제8장에서 설명한 타당도와 신뢰도의 개념을 문화기술적 연구에 그대로 적용하는 것은 무리가 있다. 그러나 연구의 타당성과 신뢰성을 고려하면서 연구를 진행해야 연구의 질을 높일 수 있다.

1) 타당성

검사의 타당도는 측정하고자 하는 내용을 제대로 측정하였는가의 문제로 측정도구의 적합성 문제다. 실험연구의 경우는 매개변수의 통제가 제대로 되었느냐가 연구의 타당성을 결정한다. **문화기술적 연구의 타당성**은 연구를 하는 상황이 얼마나 자연적인 상황인가와 관계된다. 인위적으로 조작되거나 연구자나 제삼자에 의하여 상황이 변화되었을 경우 문화기술적 연구는 연구의 타당성을 상실한다. 문화기술적 연구는 장시간에 걸쳐 이루어지므로 자연상태에서 연구할 수 있어야 한다.

또 문화기술적 연구의 타당성과 관련하여 연구결과를 얼마나 일반화할 수 있는가 하는 것도 문제로 제기된다. 그러나 질적연구는 연구결과를 다른 상황에 일반화하지 않는 것을 특정으로 하므로 연구결과의 일반화 정도를 문화기술적 연구의 타당성과 연결하는 것은 바람직하지 않다.

2) 신뢰성

검사의 신뢰도는 검사가 얼마나 일관성 있게 피험자의 능력을 측정하는 가, 즉 오차 없이 얼마나 정확하게 측정하는가의 문제다. 문화기술적 연구에 신뢰도의 개념을 적용하면 연구자가 동일한 상황에서 연구를 실시하였을 때 동일한 연구결과를 얻을 수 있느냐가 신뢰성이 된다. 그러나 자연적 상황에 서 실시하는 문화기술적 연구의 경우 같은 상황이 재현될 수 없기 때문에 이 러한 신뢰도는 개념적 수준에서 고려될 수밖에 없다. Goetz와 LeCompte (1984)는 문화기술적 연구의 신뢰도를 외적 신뢰도와 내적 신뢰도로 구분하 였다. **외적 신뢰도**(external reliability)는 연구자가 같은 연구 상황이나 유사 한 연구 상황에서 연구를 실시할 때, 얼마나 유사한 연구결과를 얻느냐의 문 제로 연구결과의 유사성 정도를 말한다. **내적 신뢰도**(internal reliability)는 연구자가 생각하는 구인과 얻은 자료의 일치 정도를 말한다.

문화기술적 연구는 관찰과 면접에 의해 연구가 이루어지며, 현상을 설명 하고 해석하며 추론한다. 그러므로 관찰연구에서 고려하는 신뢰도의 개념과 같이 두 사람의 연구자가 한 연구의 상황을 얼마나 유사하게 관찰하며 유사 한 해석을 하고 있는가가 문화기술적 연구에서의 신뢰도가 된다. 만약 관찰 의 일치성이 결여되고 자료해석의 일관성이 없다면 연구는 신뢰도를 상실한 다. 일반적으로 문화기술적 연구의 신뢰도를 높이기 위해서는 두 사람 이상 의 연구자가 참여할 것을 권장한다. 만약 두 사람 이상의 연구자가 자료를 수집하고 해석하는 과정에서 의견이 다를 경우에는 관찰연구와 같이 상호 의견교환이나 워크숍을 하는 것이 필요하다. 연구자들이 서로 자료수집, 해 석, 결론 유도 등에 대해 의견을 교환함으로써 신뢰성 있는 연구결과를 얻을 수 있다. 신뢰도를 검증하지 않은 문화기술적 연구는 연구자의 주관이 개입 되어 연구의 특성을 상실하게 되므로 연구라기보다는 개인적인 주장이 될 수 있다.

④ 문화기술적 연구의 공헌

인류학적 연구방법을 응용한 문화기술적 연구에서는 연구자의 주관이 개입되므로 과학성을 결여한다는 비판이 적지 않다. 즉, 연구자가 의도한 대로 연구결과를 유도하므로 객관성을 결여한다는 것이다. 그러나 이런 비판에도 불구하고 문화기술적 연구는 교육현상을 총체적으로 분석하여 교육문제 해결에 시사점을 제공함으로써 교육에 많은 공헌을 하고 있다.

문화기술적 교육연구의 주제는 광범위하고 개괄적이다. 물론 연구가 제대로 진행되지 않으면 추상적이어서 수필같이 될 수 있지만 체계적으로 연구가 진행된다면 양적연구를 통해서 발견하기 어려운 사실을 발견할 수 있다. 학교에서 학생들의 생활, 학교 구성원 간의 관계, 학교 밖에서 학생들의 활동 등 교육 전반을 전체적으로 조망할 수 있는 감각을 문화기술적 연구를 통하여 얻을 수 있다. 연구방법이 지니는 제한점을 가지고 연구가 좋지 않다고 비판하기보다는 연구의 장점을 살려 새로운 사실을 발견하도록 노력해야 한다. 또 서로 다른 연구방법에 의하여 발견한 모든 사실을 종합하여 교육문제를 해결하고, 새로운 접근방법의 시도를 통해 교육을 개선, 발전시키려는 노력이 필요하다.

문화기술적 연구는 그러한 측면에서 매우 중요한데, 문화기술적 연구를 체계적이고 과학적으로 하기 위해서는 많은 연구경험이 필요하다. 특히 현장경험이 풍부한 교사들은 교육 현장에 대한 많은 정보를 가지고 있으므로 문화기술적 연구를 수행하는 데 많은 도움이 된다. 문화기술적 연구에 대해서는 이용숙(1989, 1995)을 참고하라.

연◇습◇문◇제

1. 다음 단어를 설명하라.
   문화기술적 연구
   현상학
   현장연구
   서술관찰
   인류학
   집중관찰
   선별관찰
   현장노트
   타당성
   외적 신뢰도
   내적 신뢰도

2. 문화기술적 연구의 특징을 설명하라.

3. 자료 기록 시 연구자가 취해야 할 태도를 설명하라.

4. 문화기술적 연구의 타당성과 신뢰성을 높이기 위한 방법을 설명하라.

5. 문화기술적 연구의 장단점을 논하라.

6. 문화기술적 연구가 교육에 공헌할 수 있는 점을 논하라.

7. 문화기술적 연구를 찾아 다음의 질문에 답하라.

   1) 연구제목이 체계적이고 과학적인지 분석하라.

   2) 연구 현상이 무엇인지 규명하라.

   3) 연구목적을 분석하라.

   4) 자료수집방법이 객관적인지를 분석하라.

   5) 연구의 타당성과 신뢰성을 분석하라.

   6) 연구가 교육에 공헌하는 바를 논하라.

제14장 역사연구

　역사연구는 과거에 대한 사실을 발견하고 해석하며 의미를 부여하고 더 나아가 미래에 전개될 현상을 역사에 비추어 예견하고자 하는 데 목적이 있다. 과거가 없는 현재는 존재하지 않으며 과거가 없이는 미래가 있을 수 없다는 데 역사연구의 중요성이 있다. 역사연구의 이와 같은 특성은 교육에 있어서 특히 강하게 나타나, 교육에 있어서 역사연구는 지난 교육을 분석하여 미래의 교육을 인도하는 데 목적이 있다.

① 정 의

　역사연구는 과거사에 대한 자료를 수집하여 종합하고 설명하며 해석하는 귀납적 방법을 사용한다. 역사학은 인간의 과거 사실에 대한 체계적 연구라는 점에서 자연과학과 다르다. 역사학과 자연과학의 다른 점은 〈표 14-1〉과 같다.

〈표 14-1〉 역사학과 자연과학의 비교

	역사학	자연과학
연구 중심	인간 중심	자연현상 중심
시간	시간의 분절	시간의 연속
반복	반복 불가능	반복 가능

역사연구(historical research)는 어떤 특정 시대에 사람들을 둘러싸고 일어난 일들이나 특정 사람에 대한 연구로서, 자연 현상을 연구대상으로 하는 자연과학연구와는 다르다. 그러므로 역사연구는 제한된 시대에 국한하여 그 연구의 반복이 불가능한 것이 특징이다. 역사연구의 주제와 마찬가지로 교육역사연구의 주제 또한 매우 다양하다. 학교의 역사나 교육사조의 변화, 대학입학제도의 변천사, 교육적 사건에 대한 연구, 교육에 공헌한 인물에 대한 연구 등을 교육역사연구의 예로 들 수 있다.

교육역사연구는 교육과 관련된 역사자료를 수집하여 역사적 사실에 대하여 검증하고 분석하여 현재와 미래에 대한 역사를 전개하는 연구다. 역사연구는 객관적으로 과거 사실을 탐구하고 이를 주관적으로 해석하는 연구이므로 역사연구가는 먼저 역사철학을 소유하고 있어야 한다. 특히 교육역사연구는 조작된 환경보다는 과거의 자연적 상황에서 일어난 사실들에 대한 연구로서 대부분 사료에 의존한다. 교육역사연구를 위해서는 주로 서류나 서적 등을 참고하며, 그렇게 수집된 역사자료에 대한 해석에 중점을 둔다. Stricker(1992)는 **역사연구의 가치**를 다음과 같이 주장하였다.

첫째, 역사는 많은 아이디어의 보고다.
둘째, 과거는 시대의 혼동에 대한 보루다.
셋째, 과거에 대한 지식은 현재에 일어나는 사건을 이해하고 판단하는 기초가 되며 현재의 문제를 예견한다.

넷째, 역사는 무엇이 가능하고 불가능한지를 알려 준다. 즉, 의사결정에
   중요한 역할을 한다.

교육역사연구를 통해 얻은 과거에 대한 지식은 미래를 예견하는 데 도움
을 주므로 의사결정을 함에 있어서 중요한 역할을 한다. 예를 들어, 대학입
학제도를 변화시키고자 할 때 지난 대학입학제도의 변천사를 체계적으로 분
석한다면, 앞으로 결정하게 될 새로운 대학입학제도 수립에 도움을 받을 수
있다. 실제로 어떤 특별한 대학입학 전형방법을 사용하였을 때 나타난 문제
점을 알고 있다면 그 제도를 현재 적용할 경우 나타날 문제점을 예견할 수
있으므로 대학입학제도 수립에 큰 도움이 된다.

또한 교육역사연구를 통하여 앞으로 전개될 교육현상을 예견하고 앞으로
의 경향을 분석할 수 있다. 교육사조 연구를 통하여 강조하는 교육내용을 추
측하고 그에 따라서 전개될 교육현상과 문제점 등을 예견할 수 있다. 교육과
정의 변천과정을 연구하여 21세기에 펼쳐질 교육사조는 무엇이고, 그에 따
른 교육의 비전과 문제점은 무엇인지, 또 대비책은 무엇인지를 알 수 있다.
교육역사연구는 지난 과거에 대한 광범위하고 보다 정확한 지식을 제공하여
이해를 돕기 때문에 교육에 대한 의사결정뿐 아니라 정책 결정에도 중요한
역할을 한다.

교육역사연구는 다음과 같은 특징을 지닌다.

첫째, 역사자료에 의존한다.
둘째, 조직적이고 체계적으로 다각적인 분석을 실시한다.
셋째, 문헌연구의 성격을 띤다.

그러므로 역사연구에서는 얼마나 타당한 역사자료에 의존하였느냐가 관
건이 된다. 사료가 타당성이 없을 때 역사연구는 타당성을 잃게 된다. 그러
므로 연구자의 주관적 해석이나 의미를 부여하기 이전에 사료의 진실성을

확인하는 것이 중요하다.

교육역사연구의 영역은 무한하다. 시간과 공간을 초월하여 수없이 많은 연구주제를 선택할 수 있다. 교육제도 변화, 특정 기간의 교육 현상, 교육과 사회와의 관계, 특정 시대의 학교생활 등 교육 전 분야에 걸친 과거 사실이 교육역사연구의 대상이다. 최근 10년간 두드러진 교육역사연구의 한 분야로서 개화기 한국교육에 대한 연구를 예로 들 수 있다.

② 연구자료

교육역사연구는 대부분 사료에 의존하는 문헌연구다. 사료는 문자에 의하여 기록된 자료로 제한하여 생각하는 경향이 있으나, 역사책, 신문, 정기간행물, 일기, 회의자료, 유물이나 유적, 사진이나 그림, 민요나 전설, 영화, 비디오테이프, 녹음 테이프, 어떤 역사와 관계있는 사람과의 면담내용 등 사료의 종류는 매우 다양하다. 예를 들어, 민요의 내용을 분석하여 교육의 형태나 방법에 대한 사실을 알 수 있다.

일반적으로 교육역사연구를 위한 자료는 1차 사료와 2차 사료로 구분된다. **1차 사료**는 어떤 사건이나 경험과 직접 관련이 있는 자료를 말한다. 즉, 어떤 사건이나 경험에 관련된 사람이 직접 서술한 문서, 자서전, 일기 또는 일지, 협정서 등이 1차 사료에 해당된다. 또한 유물과 유적, 민요와 전설, 구전 자료도 1차 사료에 해당된다. 1차 사료는 해당 사건이나 경험 혹은 그때 상황과 직접 관련이 있는 자료이므로 역사연구에 있어서 매우 중요한 위치를 차지하고 있다.

Gall, Borg와 Gall(1996)은 1차 사료를 네 가지로 분류하였다.

- 문서(written documents or records)
- 수량적 기록(quantitative records)

- 구전자료(oral records)
- 유적(relics)

문서로는 일지, 일기, 법정 진술문, 정기간행물, 메모, 노트, 자격증, 회의록 등을 들 수 있다. 문서는 다시 의도적 문서와 비의도적 문서로 나뉜다. 의도적 문서(intentional document)는 역사자료로 남길 목적으로 쓰인 문서이며, 비의도적 문서(unpremeditated documents)는 그때그때 특정 목적을 위하여 쓰인 문서로서 나중에 역사에 남길 것을 의도하여 쓰인 문서가 아니다.

수량적 기록은 교육현상에 대한 양적 정보를 기록한 내용으로 교육연감, 학교 예산이나 학교 학생 수, 혹은 검사결과 등을 들 수 있다. 구전자료로는 이야기나 전설, 어떤 역사적 사건이나 경험에 참여한 사람의 인터뷰 내용 등을 들 수 있다. 유적은 과거의 정보를 제공하는 물리적 · 시각적인 자료를 말하며, 학교건물, 학교집기, 교구, 교재 등을 들 수 있다.

2차 사료는 어떤 사건이나 경험과 일차적 관계가 아닌 이차적 관계에 있는 자료를 말한다. 어떤 사건이나 경험과 직접 관계가 없고 간접적으로 관계가 있는 사료로서 역사책, 신문 등을 2차 사료로 들 수 있다. 예를 들어, 일제 강점기의 우리나라 교육에 대하여 저술한 책을 교육역사연구를 위한 2차 사료라고 할 수 있다.

교육역사연구에 있어서 자료의 타당성은 매우 중요한 문제다. 그것은 자료의 타당성이 교육역사연구의 질을 결정하기 때문이다. 역사자료의 타당성은 외적 준거와 내적 준거로 구분되며, 외적 준거는 교육사료가 진품인지 그리고 시대가 정확한지의 여부고, 내적 준거는 교육사료의 진실성 여부다.

교육역사연구를 수록하는 학술지는 다음과 같다.

Educational Studies (American Educational Studies Association)

Comparative Education (the World Council of Comparative Education Societies)

Harvard Education Review (Harvard University Press)

   American Educational Research Journal (American Educational

   Research Association)

『한국교육사학』(한국교육사학회)

③ 연구방법 및 절차

　역사연구방법은 크게 두 가지 범주로 구분된다. 연구 접근방법에 따라 비판적 연구방법과 논리적 서술방법으로 구분되며, 자료의 특성에 따라 질적 연구와 양적연구로 구분된다. 연구 접근방법에서 비판적 연구방법은 사료를 고증하여 사료의 순수성 및 진실을 밝히는 연구방법이고, 논리적 서술방법은 역사적 시간성을 중시하는 연구방법이다.

　역사연구는 사료에 의존하는 문헌연구로서 질적연구가 대부분이었으나 최근에 와서는 수량화할 수 있는 자료에 의하여 양적 역사연구도 이루어지고 있다. 경우에 따라서는 역사연구에서 양적 자료를 이용한 양적연구를 하는 것이 효과적인 경우도 있다. Kaestle(1988)은 과거의 교사 수급에 대한 역사연구를 통하여 교사 수급에 대한 경향을 분석하였으며, Teese(1989)는 1946년부터 1985년까지 매년 오스트레일리아 빅토리아 주 post-primary school의 등록학생 수와 졸업학생 수의 비율을 분석하기도 하였다.

　일반적으로 **교육역사연구는 다섯 가지 절차**를 거친다.

첫째, 연구문제를 설정한다.

둘째, 역사적 자료를 수집한다.

셋째, 사료를 검증한다.

넷째, 사료를 종합한다.

다섯째, 사료를 분석·해석하고 결론을 유도한다.

교육역사연구의 절차를 그리면 [그림 14-1]과 같다.

첫째, 연구문제를 설정한다. 모든 다른 연구에서처럼 교육역사연구에서
도 연구문제를 명확히 해야 한다. 역사연구에서 실험연구와 같은 정도로 연
구문제를 세분화하거나 구체화할 수는 없다고 하더라도 연구를 통하여 무엇
을 알고자 하는지는 명확히 해야 한다. 역사연구는 어떤 사건이 언제, 어디
서, 왜 일어났고, 그때의 시대적 상황은 어떠하였으며, 주로 누가 혹은 어떤
집단이 영향을 주었으며, 역사적으로 왜 중요하고 어떤 의미가 있는지, 그
리고 어떤 영향을 주었는지를 연구한다. 예를 들어, 우리나라 교육에 있어
서 사교육비 문제와 관련하여 1980년 교육특별조치법에 의한 과외금지법에
대한 연구를 할 때 다음과 같은 문제들을 구체적 연구문제로 설정할 수 있다.

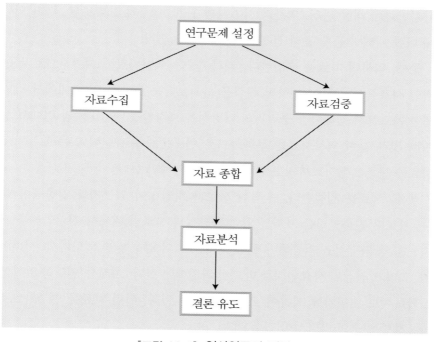

[그림 14-1] 역사연구의 절차

- 언제, 누구에 의하여 과외금지법이 발효되었는가?
- 어떤 과정을 통하여 그 법이 진행되었는가?
- 그 당시 시대적 배경은 어떠했는가?
- 과외금지법에 대한 사회 여론은 어떠했는가?
- 과외금지법의 문제점과 사회에 미친 부작용은 무엇이었는가?
- 과외금지법이 학교와 사회에 준 영향은 무엇인가?
- 현재 교육에 어떤 변화를 가져왔는가?

이상과 같이 보다 구체적인 연구문제를 제기하면 역사자료 수집도 용이하며, 연구를 보다 명확히 할 수 있다.

Gall, Borg와 Gall(1996)은 역사연구의 문제는 사회적 쟁점, 개인, 기관, 사회변화에 대한 관심, 역사적 사건과의 관계, 역사자료의 종합, 과거 역사에 대한 재해석 등을 통해 선정될 수 있다고 하였다.

둘째, 역사적 자료를 수집한다. 역사연구는 역사자료에 의존하므로 부분적인 사료를 수집하여 분석적 해석을 하기보다는 필요한 범위 내에서 광범위한 자료를 수집해야 연구결과의 타당성을 보장받을 수 있다. 앞 절에서 설명한 것과 같이 역사자료는 무한하므로 연구문제와 관련이 있는 모든 1차 사료는 물론 2차 사료까지도 종합적으로 수집해야 한다.

셋째, 사료를 검증한다. 수집된 사료가 타당성이 있는지를 검증해야 한다. 사료가 진품인지를 가리는 외적 타당성과 사료의 내용이 진실인지를 가리는 내적 타당성을 검증해야 한다. 역사사료의 경우 발행 연도가 그 시대인지, 그리고 진실된 사료인지를 반드시 확인해야 한다. 때로는 연도와 날짜는 정확하여도 대필자에 의하여 쓰여진 사료가 있다. 이런 자료를 연구자료로 사용하면 연구의 타당성이 결여된다.

외적 타당성을 검증받은 자료라고 하더라도 진술된 내용이 허위라면 이는 역사연구를 위한 자료가 되지 못한다. 그러므로 사료의 진실성 여부를 판단하는 검증절차를 거쳐야 한다. 내적 타당성 검증은 사료의 내용과 관련된 문제로서 사료의 정확성, 진실성이 문제가 된다. 사료의 내적 타당성과 관련하여 저자가 누구인가 하는 것이 중요한 문제가 될 수 있다. 왜냐하면 역사적 사건이나 경험과 관련된 저자일수록 보다 정확하고 자세한 사실을 기술할 수 있기 때문이다. 내적 타당성 검증은 여러 사료를 종합하면 보다 용이하다. 공통적으로 발견되는 사실과 다른 내용을 수록하고 있는 사료는 내적 타당성을 결여한 사료라고 볼 수 있기 때문이다. 만약 두 사료가 서로 상치하는 내용을 수록하고 있다면 최소한 하나의 사료는 내적 타당성을 결여하고 있다고 판단할 수 있다.

연구자는 사료의 외적 타당성과 내적 타당성의 검증 못지않게 저자의 성향을 파악하고 사료를 분석해야 한다. 저자가 어떤 역사적 사건이나 제도에 동의하는 중심적 인물이었을 때와 그에 반대하는 입장에 있는 인물이었을 때는 다른 시각에서 역사적 사실이나 사건을 서술할 수 있기 때문이다. 즉, 보다 긍정적인 시각의 견해를 기록하는 저자와 부정적인 시각의 견해를 기록하는 저자가 있을 수 있다는 것이다. 또한 저자의 특성을 파악하는 것도 역사자료를 해석하는 데 도움이 된다. 어떤 사람은 다른 사람들의 견해를 기록하는 경향이 있는 반면, 어떤 사람은 보다 주관적인 해석의 결과를 기록하는 경향이 있기 때문이다.

넷째, 사료를 종합한다. 수집된 자료의 타당성을 검증하면서 자료를 종합한다. 자료를 종합하는 과정에서 타당성이 없는 자료를 다시 한 번 검증할 수 있게 된다. 다양한 자료를 종합하면서 연구문제에서 명확히 규명되지 않은 문제를 명확히 할 수 있을 뿐더러 부수적인 연구문제를 발견하게 될 수도 있다. 일반적으로 사료를 종합할 때 1차 사료를 보다 중요시한다.

자료를 종합할 때, 내용에 따라서 수집하는 경우도 있으며 시간에 따라서 수집할 수도 있다. 연구자료의 범위에 따라 자료종합방법은 다를 수 있으나 시간적 순서에 따라 자료를 정리하는 것이 편리하다.

다섯째, 사료를 분석, 해석하고 결론을 유도한다. 교육역사연구는 의사결정과 정책결정에 도움을 준다고 하였다. 즉, 종합된 자료를 분석하여 주관적 해석을 내릴 수 있다는 것이다. 이때 객관적 자료에 의존하여 자료를 해석해야 하며 연구목적에 기초하여 결론을 유도해야 한다. 그러므로 연구자는 종합적으로 자료를 해석하고 결론을 유도하는 능력을 지니고 있어야 한다.

④ 역사연구를 위한 조언

역사연구는 연구자의 연구경험이 중요하며, 해당 연구 분야의 역사에 대한 전문적 식견이 요구된다. 또 역사연구자는 역사철학을 지니고 있어야 한다. **역사연구를 위하여** 다음의 내용을 **권장**한다.

첫째, 역사 개론서를 정독한다.

둘째, 전문 역사서적, 논문 등을 숙독한다.

셋째, 사료의 해독력을 배양한다. 사료를 직접 해석해야 하므로 한문은 물론 고어에 대한 해독능력도 필요하다. 만약 고어에 대한 해독능력이 없어서 역사연구를 2차 자료인 해설서에 의존하게 되면 연구의 타당성을 상실할 가능성이 높다.

넷째, 역사적 사건을 이해하기 위하여 폭넓은 독서를 한다. 역사는 정치, 경제, 문화, 교육, 예술 모든 분야를 종합하므로 지식이 풍부할 때 정확한 해석을 할 수 있으며 새로운 시각으로 분석하는 것이 가능하다.

다섯째, 문장력을 배양한다.

교육역사연구 보고서를 작성하는 표준양식은 없다. 실험연구와 사회조사연구와 같이 연구보고서의 표준양식이 있으면 보고서 작성이 용이하나 역사연구는 연구문제에 따라 양식이 달라진다. 시대순으로 연구보고서를 작성할 수도 있으며 유사한 주제별로 보고서를 작성할 수도 있다. 또한 연구보고서를 작성할 때 단어 사용에 주의를 기울여야 한다. 왜냐하면 단어의 사용은 연구자의 해석을 반영하기 때문에 적절하지 않은 단어의 사용은 역사적 사건에 대해 잘못된 의미를 부여할 수도 있기 때문이다. 예를 들어, '……사건'이라는 표현과 '……항쟁', '……운동'이란 표현은 그 말이 함의하고 있는 바가 다르다. 그러므로 역사연구를 위해서 연구자는 적절한 단어를 사용하고 역사적 사실을 전개하는 문장력을 기르는 것이 필요하다.

연◇습◇문◇제

1. 다음 용어를 설명하라.

   역사연구

   1차 사료

   2차 사료

   구전자료

   유적

   사료의 외적 타당성

   사료의 내적 타당성

2. 역사학과 자연과학의 차이점을 논하라.

3. 역사연구의 가치와 특징을 설명하라.

4. 1차 사료와 2차 사료의 예를 들고, 역사연구에 있어서 어떤 자료가 중요한
   지를 논하라.

5. 역사연구 절차를 설명하라.

6. 역사연구를 위하여 연구자가 지녀야 할 자격을 논하라.

7. 역사연구를 찾아 다음 질문에 답하라.

   1) 연구제목이 체계적이고 과학적인지를 분석하라.

   2) 어떤 사료에 의존하였는지를 분석하라.

   3) 사료의 타당성을 분석하라.

   4) 연구결과가 공헌하는 바가 무엇인지를 논하라.

   5) 연구보고서가 체계적으로 서술되어 있는지를 논하라.

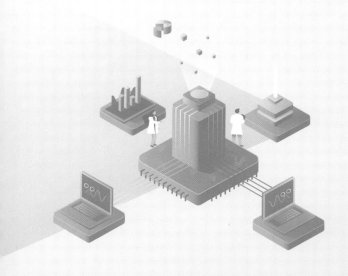

제15장 연구를 위한 통계의 기본개념

① 통계의 개념

자연과 사회에서 일어나는 현상을 체계적으로 설명하기 위하여 이론을 수립하고, 이론을 지지하거나 거부하기 위하여 자료를 수집하여 분석하는 과학을 경험과학이라고 한다. 경험과학에는 통계가 필요하다. **통계**란 이론을 도출, 지지, 거부, 수정하기 위하여 수집된 자료를 가지고 확률적으로 가설을 검증하는 수리적 논리다. 예를 들어, 멀티미디어를 사용한 교수법이 전통적 교수법보다 학업성취도를 높이는지의 여부를 검증하기 위해서 두 교수법으로 연구대상에게 교수를 실시한 후 학업성취도검사를 실시하여 얻은 자료를 가지고 두 교수법에 따른 학업성취도에 차이가 있는지의 여부를 검증할 수 있다. 이와 같이 검사점수에 있어서 두 집단 간에 차이가 있는지를 확률적으로 밝히기 위해 사용되는 것이 통계다.

주관적 판단에 의한 외침과 구호로 이론이나 의견의 타당성을 주장하기보다는 객관적 자료에 입각하여 이론이나 의견을 주장하는 것이 보다 합리적이고 바람직하므로 자료분석을 위한 통계는 경험과학에 있어서 필수적인수단이다.

② 통계의 종류

통계의 종류는 크게 두 가지로 나뉜다. 하나는 얻어진 자료만을 일목요연하게 정리하고자 하는 목적을 가진 **기술통계**(descriptive statistics)로, 서술통계라고도 한다. 다른 하나는 얻어진 자료를 가지고 그 자료를 추출한 모집단의 현상이나 사실을 추정, 예견, 더 나아가 일반화하려는 목적을 지닌 **추리통계**(inferential statistics)다.

기술통계와 추리통계의 근본적인 차이점은 연구결과의 일반화에 있다. 연구결과를 일반화하려면 일반화의 대상이 되는 표본과 일반화의 목적이 되는 모집단이 있어야 한다. 기술통계에서는 모집단을 고려하지 않고 표본의 자료를 요약, 정리하므로 일반화가 고려되지 않지만, 추리통계에서는 표본의 자료를 모집단에 일반화하여 연구결과를 해석한다.

기술통계와 추리통계는 그 목적이 다를 뿐 중요도에 차이가 있는 것은 아니다. 일반적으로 추리통계가 기술통계보다 복잡하고 때로는 어려운 계산절차를 거친다고 하여 추리통계가 기술통계보다 더 중요하다거나 모든 연구에 추리통계가 사용되어야 한다고 생각하는 것은 잘못된 것이다. 연구의 목적에 따라 기술통계만으로도 충분할 수 있고, 추리통계가 꼭 필요한 경우도 있다. 추리통계에서도 보다 복잡한 통계적 방법을 사용해야 논문의 질이 높아진다고 생각하는 것은 잘못된 것이다. 연구문제 및 연구가설에 따라 적절한 통계적 방법이 선택되어야 한다.

③ 변 수

연구의 목적은 크게 집단비교와 상관연구로 나뉜다. 연구의 목적이 어떤 것이든 연구에는 연구하고자 하는 내용이 있으며 이 내용을 일컬어 변수라고 한다. 예를 들어, 학력과 수입의 관계를 연구하고자 할 때 학력과 수입이 변수가 된다. 남녀 대졸자의 초임의 차이를 연구하고자 할 때는 성별과 수입이 변수가 된다. 이와 같이 연구문제는 변수에 의하여 서술된다. **변수**(variable)는 변하는 수를 말하며, 일반적으로 X나 Y로 표기하고 X_i나 Y_i와 같이 아래 첨자를 가지는 경우에는 i번째 사례의 값을 의미한다. 변수를 변인(變因)이라고도 한다.

변수의 반대개념은 상수로서, 상수(constant)는 변하지 않는 수를 말한다. 변수는 인과관계에 의하여 다음과 같이 구분된다.

1) 인과관계에 의한 변수 구분

- 독립변수
- 종속변수
- 매개변수

독립변수(independent variable)는 영향을 주는 변수고, **종속변수**(dependent variable)는 영향을 받는 변수다. 앞에서 예로 든 학력과 수입의 관계에 대한 연구에서 학력은 독립변수, 수입은 종속변수가 된다. 성별에 따른 임금차 연구에서는 성별이 독립변수, 수입이 종속변수가 된다.

매개변수(confounding variable)는 독립변수 이외에 종속변수에 영향을 주는 변수를 말한다. 예를 들어, 교수법에 따른 학업성취도의 차이연구에서 독립변수는 교수법이다. 하지만 교수법 이외에 학업성취도인 종속변수에 영향을 주는 변수가 있을 수 있다. 선수학습 능력이나 지능 등도 학업성취도에 영향을 주기 때문에 이와 같은 변수를 매개변수라고 한다. 매개변수를 잡음 변수라고 하기도 한다. 매개변수의 동의어에 대해서는 제11장을 참고하라.

연구는 독립변수와 종속변수의 성격이 확실히 규명되어야 하며, 특히 실험연구에서는 매개변수의 통제가 연구의 질을 결정하는 요인이 된다. 매개변수의 통제가 제대로 되지 않으면 연구의 내재적 타당성을 상실하게 된다.

2) 특성에 의한 변수 구분

연구가설은 변수를 통해 규명되며, 변수의 특성에 따라 연구가설을 검증하는 통계적 방법이 달라지게 된다. 그러므로 변수의 특성이 무엇인지를 규명하는 것이 중요하다.

변수는 **변수가 지닌 특성**에 의하여 다음과 같이 분류된다.

- 양적변수
  - 연속변수
  - 비연속변수
- 질적변수
  - 서열변수
  - 비서열변수

변수는 수로 표시할 수 있는지의 여부에 따라 양적변수와 질적변수로 나뉜다. **양적변수**(quantitative variable)는 수로 표기되는 변수로서, 다시 연속적 양적변수와 비연속적 양적변수로 구분된다. 양적변수 중 **연속변수**(continuous variable)는 어떤 값도 지닐 수 있는 변수를 말하는 것으로, 체중, 키 등이 연속변수의 대표적인 예이다. 양적변수 중 **비연속변수**(discontinuous variable)는 변수의 값이 정해진 단위로 부여되는 변수로서, 일반적으로 소수점보다는 정수로 표현된다. 비연속변수로는 사람 수, 자동차 수, 지능, 학업성취도 점수 등을 들 수 있다.

지능이나 학업성취도 점수는 정수이기 때문에 비연속변수로 간주되나 인간의 능력이 어떤 간격을 두고 분절된 것은 아니다. 비록 얻은 점수는 정수이나 그 정수는 어느 점수 간격 사이에 존재하므로 연속성을 위한 교정을 실시하여 연속변수로 치환하는 경우가 많다. 예를 들어, 어떤 사람의 불안도 점수가 50점 중 30점으로 나왔을 때, 그 사람의 불안 정도는 30점의 정지된 점수가 아니라 29.5점과 30.5점 사이에 존재한다는 것이다. 그러므로 양적 변수라고 할지라도 연속변수인지 비연속변수인지는 내용분석에 기초하여 결정하는 것이 바람직하다. 예를 들어, 나이는 일반적인 나이와 태어난 순간 의 나이 두 가지가 있다. 일반적 나이는 매 순간 변하고 있으므로 양적 연속 변수이나, 태어난 순간의 나이는 정수로 표현하므로 양적 비연속변수다.

　질적변수(qualitative variable)는 수로 표현할 수 없는 변수로 사물을 구분하기 위한 변수다. 예를 들어, 성별, 인종, 색 등이 이에 해당된다. 질적변수는 서열변수와 비서열변수로 나뉜다. **서열변수**(ordered variable)는 사물이나 사람을 위계에 의하여 구분하는 변수로서, 군인들의 계급을 예로 들 수 있다. **비서열변수**(non-ordered variable)는 질적변수 중에서 위계에 의하여 구분되지 않는 변수로서 성별이나 인종 등을 예로 들 수 있다. 성차별주의자, 백인 우월주의자 등은 성이나 인종을 서열적 질적변수로 구분할 수도 있겠지만, 이는 인간을 보는 철학이나 윤리의식이 결여된 특정 집단의 관점일 뿐이다.

　또 '예/아니요', '찬성/반대', '정답/오답'과 같이 둘로 양분되는 변수가 있다. 이런 변수는 일반적으로 질적변수로 분류된다. 이와 같이 둘로 양분되는 변수를 **이분변수**(dichotomous variable)라고 한다. 이분변수라고 하더라도 성별과 같이 질적인 속성에 의해 구분되는 변수가 있는가 하면, 정도에 의존하여 어느 수준을 넘음으로써 양분되는 변수도 있다. 즉, 기저에는 양적 변수의 속성이 있으나 결과적으로 양분되는 이분변수가 있다는 것이다.

　또한 많은 연구에서 5단계 혹은 7단계 Likert 척도를 사용하여 연구대상의 느낌, 태도, 가치관 등을 묻는다. 어떤 사실이나 사건에 대한 느낌을 '매우 만족한다', '만족한다', '보통이다', '불만족한다', '매우 불만족한다'로 묻는 이와 같은 변수는 질적변수로 분류하기도 애매하고 양적변수라고 단언하기도 어렵다. 이러한 변수를 **범주변수**(categorical variable)라고 한다. 그러나 범주변수의 특성을 지닌 다수의 문항으로 개인의 느낌, 태도, 가치관 등을 측정하였을 때 그 점수들은 양적변수로 간주된다. 예를 들어, 학교에 대한 만족도를 여러 개의 문항으로 질문하여 얻은 측정치는 양적변수가 된다.

변수의 특성에 따라 가설을 검증하는 통계적 방법이 달라진다. 예를 들어, 한 문항으로 학교에 대한 만족도를 물었을 때, 대학원생과 학부생들 간의 만족도에 차이가 있는지를 검증하기 위해서는 χ^2검정을 실시해야 한다. 반면 만족도를 묻는 질문이 여러 문항으로 구성되었다면 만족도의 정도는 점수로 나타나서 양적변수가 되므로 두 독립표본 t 검정을 실시한다.

④ 가 설

가설(hypothesis)은 연구를 유도하기 위한 잠정적 진술을 말한다. 예를 들어, 성별에 따라 수학능력에 차이가 있는지를 연구하고자 할 때 수학능력에 있어서 '남녀 간의 차이가 없다.' 또는 '차이가 있다.'라는 두 가지의 진술이 가설이 될 수 있다. Kirk(1982)는 가설이 어떤 사실을 설명하기 위하여 잠정적으로 적용되며 다른 연구를 유도한다는 점에서 가설을 검증 가능한 상상적 추측이라고 정의하였다. Good(1959)도 가설이란 어떤 사실을 설명하기 위하여 잠정적으로 적용되며 다른 연구를 유도하는 검증 가능한 상상적 추측이라고 정의하였다.

가설은 영가설과 대립가설로 구분되며, 서술방법에 따라 서술적 가설과 통계적 가설로, 부등호를 가지는지의 여부에 따라 등가설과 부등가설로 구분된다.

1) 영가설과 대립가설

연구는 그 자체가 의사결정이다. 체계적이고 과학적인 방법을 통해 우주에 존재하는 많은 사실에 대해 긍정하거나 부정하는 것이 연구이므로 연구자체가 의사결정일 수밖에 없다. 그렇다면 연구는 검증해야 할 가설을 필요로 한다. 일반적으로 연구에서 검증하는 가설을 **영가설**이라고 하고, 영가설과 반대되는 진술을 **대립가설**이라고 한다.

예를 들어, 기독교인과 비기독교인 간의 도덕성에 차이가 있는가를 검증하기 위한 연구에서 검증해야 할 진술을 영가설로 채택한다. 연구에 익숙하거나 많은 연구논문을 읽은 학생은 쉽게 기독교인과 비기독교인 간의 도덕성에 차이가 없다는 진술을 영가설로 설정하고, 그와 반대되는 진술인 기독교인과 비기독교인 간의 도덕성에 차이가 있다는 진술을 대립가설로 설정할 것이다. 기계적으로 집단간 비교연구에서는 '집단 간에 차이가 없다.'를 영가설로, 그리고 '집단 간에 차이가 있다.'를 대립가설로 설정한다. 또한 상관연구에서는 '두 변수 간에 관계가 없다.'를 영가설로, '두 변수 간에 관계가 있다.'를 대립가설로 규정한다. 이와 같이 기계적으로 영가설과 대립가설을 설정하는 기본적 배경은 연구를 통하여 저지를 수 있는 잘못된 판단, 즉 오판과 관계가 있다.

모든 연구에서 연구자는 두 가지의 오판을 범할 수 있다. 예를 들어, 수질연구를 할 때 연구자는 물이 오염되었는데 물을 마셔도 된다는 오판과 물이 깨끗함에도 불구하고 마시면 안 된다는 오판을 할 수 있다. 이 두 가지 오판 중 연구자가 절대로 범해서는 안 되는 오판은 물이 오염되었는데 마셔도 된다는 오판이다. 연구자는 윤리적으로 심각한 오판을 가능한 한 범하지 말아야 한다. 왜냐하면 심각한 오판은 연구대상에게 치명적이거나 큰 해를 입히게 되기 때문이다. 그러므로 연구에서 검증해야 하는 가설은 심각한 오판과 관계된 사실을 검증하는 것이어야 한다. **영가설**(null hypothesis)은 연구에서 심각한 오판의 사실인 내용이 되며 연구는 이를 검증한다. 영가설을 귀무가설이라고도 한다. **대립가설**(alternative hypothesis)은 영가설의 반대되는 사실을 말한다. 앞의 수질연구에서 '물이 오염되었다.'가 영가설이 되고, '물은 오염되지 않았다.'가 대립가설이 된다.

다른 예로 전통적 교수법과 멀티미디어 교수법에 의하여 학업성취도에 차이가 있는가를 연구할 때 영가설과 대립가설이 무엇인지를 생각해 보자. 우선 연구자가 범할 수 있는 잘못된 판단은 두 교수법에 의한 학업성취도에 차이가 없는데 차이가 있다고 판단을 내리거나, 두 교수법에 의한 학업성취도의 차이가 있는데 차이가 없다고 판단을 내리는 경우가 있을 수 있다. 두 오판 중 심각한 오판은 두 교수법에 의한 학업성취도의 차이가 없는데 차이가 있다고 판단을 내리는 것이다. 왜냐하면 두 교수법에 의한 학업성취도의 차이가 없음에도 불구하고 두 교수법에 의한 학업성취도에 차이가 있다는 판단을 하게 되면 많은 학생에게 불필요한 교수법을 강요하게 되므로 학생들에게 피해를 주게 되기 때문이다. 영가설은 심각한 오판의 사실인 내용이 되므로 앞의 연구에서 영가설은 '교수법에 따른 학업성취도에는 차이가 없다.'가 되고, 대립가설은 '교수법에 따라 학업성취도에 차이가 있다.'가 된다.

연구에서 연구가설이란 용어가 자주 사용된다. 교육평가연구회(1995)에서 발간한 교육측정 · 평가 · 연구 · 통계 용어사전에 의하면, **연구가설**(research hypothesis)이란 연구자가 연구문제에 대한 잠정적인 해답의 형태로 표현한 진술문이라고 정의되어 있다. Kerlinger(1986)는 연구를 위한 가설을 실질적 가설과 연구가설로 구분하였다. 실질적 가설(substantive hypothesis)이란 간혹 연구가설(research hypothesis)로 불리며 연구자가 기대하는 연구결과에 대한 서술을 말한다. 예를 들어, 보상이 학업성취도에 미치는 영향을 분석하는 연구에서 실질적 가설은 '보상이 초등학생의 학업을 증진시킨다.'이다. 연구가설은 연구자가 연구에서 주장하고자 하는 가설이므로 대립가설을 연구가설이라고 한다. 앞의 교수법에 의한 학업성취도 연구에서 연구가설은 '두 교수법에 의한 학업성취도에 차이가 있다.'이다.

연구보고서를 작성할 때 영가설이나 대립가설 혹은 연구가설은 연구방법 부분에 서술한다. 많은 통계책에는 영가설과 대립가설을 연구문제마다 동시에 서술하고 있으나 연구논문에서는 영가설과 대립가설을 모두 서술할 필요가 없다. 일반적으로 대립가설 혹은 연구가설로 서술하는 것이 바람직하다.

2) 서술적 가설과 통계적 가설

서술적 가설과 통계적 가설은 가설의 서술형태에 의하여 분류된다. 언어로 표현된 가설이 **서술적 가설**이고, 수식이나 기호로 표기된 가설이 **통계적 가설**이다. 앞의 교수법에 의한 학업성취도 연구의 예에서 서술적 가설과 통계적 가설은 다음과 같다.

- 서술적 가설
  두 교수법에 위한 학업성취도에 차이가 없다.
  두 교수법에 의한 학업성취도에 차이가 있다.

- 통계적 가설
  $\mu_j = \mu_{j'}$
  $\mu_j \neq \mu_{j'}$

연구보고서에는 가설을 서술적 가설형태로 진술한다. 일반적으로 수학이나 통계학과 관련이 있는 연구논문은 통계적 가설형태로 가설을 진술하고, 그 외의 대부분의 논문은 서술적 가설 형태로 가설을 진술한다.

3) 등가설과 부등가설

연구자는 이론적 배경에 기초하여 두 가지 형태로 가설을 설정할 수 있다. 일반적으로 집단 간에 차이가 있다 혹은 없다라는 형태로 표현하거나, 보다 구체적으로 한 집단의 종속변수 값이 다른 집단의 종속변수 값보다 크다 혹은 작다로 표현할 수 있다. 전자의 표현형태는 등호를 포함하고 있으므로 **등가설**이라고 하고, 후자는 부등호를 포함하고 있으므로 **부등가설**이라고 한다.
　연구가설을 등가설로 하느냐, 부등가설로 하느냐는 연구자의 이론적 배경에 의존한다. 만약 이론적 배경이 약하면 특정 방법이나 집단이 다른 방법 혹은 다른 집단보다 높은지 또는 낮은지를 알지 못하므로 '차이가 있다.' 혹은 '차이가 없다.'의 등가설 형태로 표현하게 된다. 이론적 배경이 강하면 많은 사전연구를 통하여 어느 집단이 다른 집단보다 높다든지 혹은 낮다든지를 결정하여 연구를 수행할 수 있다. 많은 연구의 가설이 등가설의 형태로 표현되어 있으나 연구자의 이론적 배경이 강하면 부등가설을 설정할 수 있다. 많은 사전연구가 이루어져 있거나 이론적 배경이 강한 연구일 경우 부등가설을 설정하여 연구를 실시하는 것이 바람직하다.

⑤ 오류와 유의수준

1) 1종 오류와 2종 오류

연구자는 모집단의 특성인 모수치를 모르는 경우가 대부분이므로 표본을 추출하여 표본에서 나온 추정치, 즉 표본의 평균과 표준편차 등으로 모집단을 추정하게 된다. 여기에서 연구자는 확률이론에 입각하여 가설을 검증하게 되며, 잠정적으로 진술한 가설을 통계적 가설로 바꾸게 된다.

연구자는 연구에서 심각한 오판을 할 경우 진실인 내용을 영가설로, 영가설이 기각되었을 때 채택되는 가설을 대립가설로 설정하여 연구의 가설을 검증하게 된다. 연구자는 추정치를 가지고 확률적으로 모집단의 특성에 대한 결론을 내리게 되므로 판단의 오류를 범하게 된다. 판단의 오류에는 두 가지 종류가 있는데, 심각한 오판을 1종 오류라 하고 덜 심각한 오판을 2종 오류라 한다. 영가설과 대립가설에 의하여 설명하면, **1종 오류**(type I error)는 영가설이 진일 때 영가설을 기각하고 대립가설을 채택하는 오류인 α이고, **2종 오류**(type II error)는 영가설이 거짓일 때 영가설을 채택하는 오류인 β이다. 이때 α의 수준을 **유의수준**(significant level)이라고 한다. $1-\beta$는 영가설이 진이 아닐 때 영가설을 기각하는 확률로 **검정력**(power)이라 한다. α, β, $1-\beta$는 [그림 15-1]과 같다.

	H_0	H_A
H_0	$1-\alpha$	β (2종 오류)
H_A	α (1종 오류)	$1-\beta$ (검정력)

[그림 15-1] 1종 오류, 2종 오류, 검정력

예를 들어, 수질이 식수로 사용할 수 있는지의 여부를 연구할 경우, 심각한 오판인 1종 오류는 식수로 사용하는 것이 불가능한데 가능하다고 판단하는 것이다. 그러므로 영가설은 '물이 오염되었다.'이고, 대립가설은 '물이 오염되지 않았다.'이다.

2) 유의수준 설정과 해석

연구보고서의 결과 부분에서 '유의수준 .05에서 영가설이 기각되었다.' 또는 '유의수준 .05에서 집단 간의 능력에 차이가 있었다.'라고 하는 경우를 자주 보게 된다. **유의수준** .01 혹은 .05 등은 연구자가 심각한 오판인 1종 오류를 범할 확률을 말한다. 오판을 했을 때 그 영향이 심각할 것이라고 생각되는 경우는 유의수준을 낮추어야 한다. 예를 들어, 수질검사의 경우 심각한 오판은 물이 오염되었는데 마셔도 된다고 판단하는 것이다. 이럴 경우에는 유의수준을 매우 낮추어야 하며, 때로는 전혀 오판을 해서는 안 된다. 그러므로 이와 같은 경우에는 유의수준을 .00000001 혹은 .0000000001로 하는 것이 바람직하다. 생명과학의 경우는 유의수준을 매우 낮게 설정한다. 유의수준은 연구자가 이론적·경험적 배경에 근거하여 정하는데, 사회과학에서는 .01이나 .05로 정하는 것이 일반적이다. 유의수준이 .01이라는 것은 영가설이 진인 가정하에서 100번 중에 사건이 일어날 확률이 1번이어서 그 사건이 일어날 확률이 매우 낮다고 보아 영가설이 진이 아니라고 판단하며, 이때 발생할 수 있는 오판의 확률을 말한다. 연구자가 어떤 검정 통계치를 얻었을 때 그 검정 통계치가 유의수준 이하일 경우 이 검정 통계치가 일어날 확률은 매우 낮으므로 그것이 일어난 것은 우연이라고 보고 영가설을 기각하게 된다.

유의수준은 연구에서 범할 수 있는 오판과 관련되어 있음에도 불구하고 연구자는 연구결과를 해석할 때 많은 실수를 범한다. 예를 들어, 유의수준 .05에서 남녀 초등교사들 간에 교직에 대한 직업만족도의 차이가 있다는 결론을 얻었다면 이에 대한 올바른 해석은 다음과 같다.

남녀 초등교사 모집단에서 일정 수의 교사들을 추출하여 직업만족도검사를 실시하였을 때, 두 초등교사 집단 간 직업만족도에 차이가 없다는 영가설 아래서 두 집단에 대한 연구결과만큼의 직업만족도 차이가 나타날 확률은 .05의 확률로서 매우 드문 경우이므로 영가설을 기각한다는 의미다. 다시 말해서 연구에서 얻은 남녀 초등교사 집단 간의 교직만족도 점수 차이는 두 집단 간의 교직만족도에 차이가 없다는 영가설 아래서 100번 연구를 하였을 때 5번 이하의 연구가 그런 결과를 얻는다는 뜻이다. 그러므로 이와 같은 연구결과는 두 집단간 차이가 없다는 영가설 아래서 흔히 일어나지 않는 결과이므로 영가설을 기각하고 대립가설을 채택한다는 의미다.

연구보고서를 작성할 때 유의수준에 의거하여 연구결과를 논하지 않고 유의확률인 p값을 보고하는 경우가 있다. 예를 들어, 특수목적 고등학교와 일반 고등학교 학생들의 수리능력을 비교하였더니 100점이 만점인 검사에서 4점 차이가 있었으며, 그에 해당하는 통계값의 확률인 p값은 .03이었다. 이는 두 고등학교 집단 간의 수리능력의 차이가 없다는 영가설 아래서 일정 수의 학생들을 추출하여 검사를 실시하는 똑같은 연구를 100번을 반복하였을 때 수리점수의 차이가 4점이 될 확률은 .03으로서 3번 나타난다는 뜻이다. 유의수준 α값에 의하여 영가설의 기각 여부를 결정하지 않고 통계값에 의한 p값을 보고하기보다는 유의수준에 의하여 연구결과를 말하는 것이 바람직하다.

유의수준과 관련하여 많은 연구자가 종종 다음과 같은 오해를 하고 있다. 앞에서 예로 든 초등교사의 직업만족도 연구에서 유의수준 .05에서 남녀 초등교사 간의 직업만족도에 차이가 있다는 결론을 내렸을 경우, 남녀 초등교사 간에 직업만족도의 차이가 있다는 사실이 95%는 맞고 5%는 틀리다고 해석하는 오류를 범한다. 의사결정은 맞거나 틀리거나 둘 중의 하나이며, 몇 %는 맞고 몇 %는 틀리다고 해석할 수는 없다. 유의수준의 결정도 일종의 의사결정이라고 보았을 때 유의수준을 맞고 틀리는 것의 %라고 해석하는 것은 논리적으로도 모순이다.

3) 통계적 유의성과 실제적 유의성

통계적 검증결과 검정 통계치가 일정 유의확률을 나타내면 통계적 가설을 수용하거나 기각해야 한다. 그러나 연구결과를 어떻게 해석하느냐의 문제는 주관적인 판단과 의사결정의 과정이다. 통계적 가설의 검증결과가 중요하기는 하지만 이에 대한 해석은 판단의 과제로서 많은 과학적 통찰을 필요로 한다.

유의도 검증에 있어서 일반적으로 일어날 수 있는 가장 심각하고 잘못된 해석은 연구결과의 통계적 유의성과 실제적 유의성을 혼동하여 통계적 유의성만 강조하는 점이다. **통계적 유의성**(statistical significance)은 통계적 가설검증을 위해 설정한 유의수준에 입각한 유의성을 말하며, **실제적 유의성**(practical significance)은 연구결과 실질적으로 집단 간에 차이가 있는지, 변수 간에 고려할 만한 관계가 있는지를 의미하는 것이다.

유의수준에 의한 통계적 검정결과는 연구에 참여한 연구대상의 수에 의해 영향을 받는다. 연구대상이 많거나 표본의 크기가 커질수록 일정한 유의수준에 도달하는 데 필요한 차이는 작아진다. 예를 들어, 1,000명의 피험자 표본에 대한 상관계수 .08은 .01 유의수준에서 유의한 반면, 22명의 피험자 표본에 대한 상관계수 .42는 .05 유의수준에서 유의하지 않다. 그러나 후자의 상관계수가 전자보다 훨씬 더 크기 때문에 전자보다 더 실제적 유의성을 지닌다. 또 다른 예로 전통적인 교수법과 시청각 매체를 사용한 교수법에 따라 학업성취도에 차이가 발생하는가를 비교하는 연구에서 영가설은 '두 방법 간의 차이가 없다.'이고, 대립가설은 '두 방법 간의 차이가 있다.'이다. 이 연구에서 표본 수를 각각 1,000명으로 하여 두 교수법에 의한 평균점수의 차이가 2점이 나왔을 때 2점이 나타날 확률은 유의수준 .05보다 작으므로 영가설을 기각하게 된다. 이에 따라 유의수준 .05에서 두 교수법에 의한 학업성취도에 차이가 있다고 해석을 하는 것이다. 그러나 실제 상황에서 시청각 매체를 사용한 교수의 결과로 얻은 점수의 평균이 88점이고 전통적 학습의 결과로 얻은 점수의 평균이 86점이라고 할 때, 이 두 점수 간의 차이가 실질적으로 의미 있는 차이인지는 확신할 수 없다. 즉, 통계적 검정결과 연구자가 얻은 통계값은 영가설을 기각할 만큼 유의성이 있었지만 실제적으로 평균점수 2점의 차이는 그렇게 의미가 있는 것이 아니라는 해석을 할 수가 있다. 만약 앞의 연구에서 표본의 수를 줄여 50명을 대상으로 하여 연구하였을 때 두 교수법에 의한 학업성취도의 평균점수 차이가 6점이 나왔다고 하더라도 6점이 나타날 확률이 유의수준 .05보다 크게 되면 영가설을 기각할 수 없게 된다. 이는 두 교수법에 의한 실질적인 점수의 차이가 6점이어도 사례 수가 작아서 통계적으로 유의한 차이가 나타나지 않음을 말한다. 즉, 표본의 수에 따라 영가설의 기각과 수용이 결정되어 연구의 유의성에 영향을 미치게 되는 것이다.

표본의 수가 많을수록 표집오차가 줄어들기 때문에 표집분포의 폭은 좁아지게 되고, 표본의 수가 적을수록 표집오차가 커져서 표집분포는 넓게 퍼지게 된다. 사례 수가 1,000명일 때는 2점의 차이로 영가설을 기각했는데, 사례 수가 50명일 때는 평균점수의 차가 6점이라도 영가설을 기각하지 못하게 된다.

표본의 수를 늘리거나 줄임으로써 실제적으로 의미 있는 차이가 없는데도 통계적으로는 의미가 있을 수도 있고, 반대로 실제적으로 유의하더라도 통계적으로는 유의하지 않은 경우가 있을 수 있다. 그러므로 연구자는 연구결과의 해석에 있어서 항상 주의를 기울여야 한다. 결국 통계적 유의도 검증이란 표본의 크기에 의해 결정됨을 알 수 있다.

많은 연구자가 통계적 유의성에 관심을 두고 있으나 현대통계학에서는 통계적 유의성 못지않게 실제적 유의성을 강조하고 있다. 앞에서 설명한 바와 같이 연구에서 통계적 유의성은 연구대상 수와 관련이 있으므로 연구대상 수를 많이 하면 집단 간의 차이가 적거나 두 변수 간의 상관관계가 높지 않더라도 통계적 유의성을 얻을 수 있다. 그러므로 최근의 많은 연구에서는 실제적 유의성에 관심을 두고 있다. 이는 연구결과를 분석할 때 통계적 유의성에만 치중하지 말라는 것이다. 비록 통계적으로 유의한 결과를 얻지 못하였어도 두 집단 간에 의미 있는 차이가 있거나 혹은 두 변수 간에 의미 있는 상관관계가 밝혀졌다면 의미 있는 연구결과를 얻은 것이다. 반대로 통계적으로 의미 있는 결과를 얻었지만 두 집단 간에 주지할 만한 차이를 발견하지 못하거나 차이가 경미하다면 또는 두 변수 간의 상관관계가 낮다면 그 연구결과는 전자보다 의미가 없는 연구결과일 수 있다. 모든 연구결과는 [그림 15-2]에서와 같이 네 가지 경우 중의 하나에 해당된다.

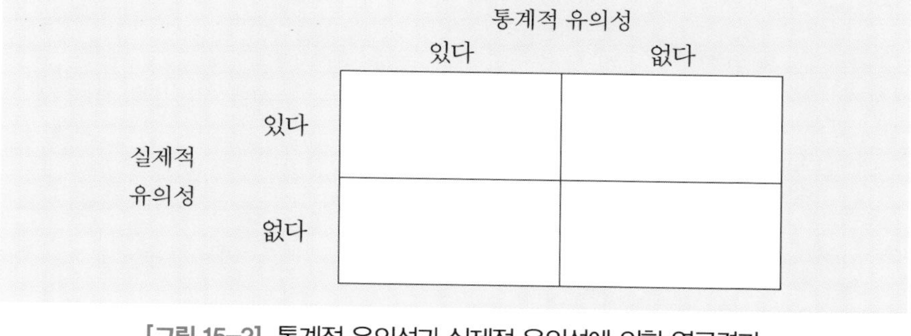

[그림 15-2] 통계적 유의성과 실제적 유의성에 의한 연구결과

　　결론적으로 연구자는 연구결과를 통계적으로만 해석해서는 안 되며, 실제적인 차이도 고려해야 함을 명심해야 한다. 가장 바람직한 연구결과는 실제적 유의성과 통계적 유의성을 동시에 지니는 연구결과고, 그다음으로 바람직한 연구결과는 실제적 유의성은 있으나 통계적 유의성을 결여한 연구결과다. 그리고 그다음이 통계적 유의성은 있으나 실제적 유의성이 없는 연구결과다. 일반적으로 통계적 유의성을 강조하나 연구결과는 결국 의사결정의 문제이므로 실제적 유의성에도 관심을 기울여야 한다. 그러므로 통계 프로그램으로 자료를 분석한 후 유의확률이 유의수준보다 작지 않다고 낙담하는 것은 현명하지 못한 일이다.

연◇습◇문◇제

1. 다음 단어를 설명하라.

통계
기술통계
추리통계
변수
독립변수
종속변수
매개변수
양적변수
질적변수
이분변수
범주변수
가설
영가설
대립가설
연구가설
서술적 가설
통계적 가설
등가설
부등가설
1종 오류
2종 오류
검정력
유의수준
통계적 유의성
실제적 유의성

2. 독립변수와 종속변수, 매개변수가 있는 연구를 구안하고, 매개변수의 통제 방법을 설명하라.

3. 독립변수와 종속변수가 양적변수인 연구의 제목을 설정하고 설명하라.

4. 독립변수가 이분변수 혹은 범주변수이고, 종속변수가 양적변수인 연구의 제목을 설정하고 설명하라.

5. 부등가설에 의한 연구문제를 설정하라.

6. 1종 오류와 2종 오류의 관계를 설명하라.

7. 연구자가 오류에 대하여 취해야 할 태도를 설명하라.

8. 통계적 유의성은 있으나 실제적 유의성이 없는 연구논문을 찾아 통계적 유의성과 실제적 유의성을 분석하라.

9. 통계적 유의성은 없으나 실제적 유의성이 있는 연구논문을 찾아 통계적 유의성과 실제적 유의성을 분석하라.

10. 양적연구를 찾아 중요한 가설을 선택하여 다음 질문에 답하라.

　1) 독립변수, 종속변수, 매개변수가 무엇인지 밝혀라.

　2) 각 변수의 특성을 규명하라.

　3) 가설이 등가설인지 부등가설인지를 밝히고 타당한 가설인지를 분석하라.

　4) 유의수준에 의한 해석이 옳은지를 분석하라.

　5) 통계적 유의성이 있는지를 밝히고 그 이유를 설명하라.

　6) 실제적 유의성이 있는지를 규명하라.

제16장 집단비교를 위한 통계방법

많은 연구가 집단비교를 목적으로 한다. 남녀 간에 차이가 있는지, 전통적 교수법과 새로운 교수법으로 학습한 집단 간에 차이가 있는지 혹은 교사와 학생 간에 교육개혁에 대한 만족도의 차이가 있는지를 검증하는 예와 같이 집단 간의 비교를 목적으로 하는 연구를 검증하는 통계적 방법은 모집단의 분포가 정규분포인지 편포인지에 따라 달라진다. 또한 연구에서 측정되는 종속변수가 단일 속성인지, 여러 속성이 혼합된 복합적 속성인지에 따라 다른 통계적 방법을 사용한다.

모집단의 분포가 정규분포일 때 사용하는 통계는 **모수통계**(parametric statistics)이고, 모집단의 분포가 편포일 때 사용하는 분포는 **비모수통계**(non-parametric statistics)다. 모집단 분포가 정규분포인지 아니면 편포인지는 연구자가 이론적 배경과 경험적 배경에 의하여 판단한다. 예를 들어, 일반적으로 정상인들의 학업능력은 정규분포이나 정신지체아들의 학업능력은 편포다.

연구에서 종속변수가 단일 속성을 지닌 변수일 경우는 **단일분산분석**(uni-variate analysis)방법을 사용하고, 다양한 변수들이 섞인 복합변수일 때는 **다변량분석**(multivariate analysis)방법을 사용한다. 또한 종속변수가 양적변수인지, 질적변수 내지는 범주변수인지에 따라서도 집단간 비교를 위한 통계적 방법이 달라진다. 종속변수가 양적변수일 때는 Z검정, t검정, F검정을 실시하고, 종속변수가 질적변수 또는 범주변수일 때는 χ^2검정을 실시한다.

① Z검정

　Z검정은 모수통계로 어떤 집단의 특성이 특정 수와 같은지 혹은 집단 간의 차이가 있는지를 밝히는 통계적 방법이다. **Z검정**을 실시하기 위해서는 다음과 같은 **조건**이 충족되어야 한다.

　첫째, 연구의 종속변수가 양적변수이어야 한다.
　둘째, 종속변수에 대한 모집단의 분포가 정규분포이어야 한다.
　셋째, 두 집단의 비교일 경우 두 모집단의 분산이 같아야 한다.
　넷째, 모집단의 분산을 알고 있어야 한다.

　연구에서 통계적 방법을 선택할 때는 우선 그 통계적 방법을 사용하기 위해 요구되는 기본가정을 점검해야 한다. 만약 연구의 특성들이 통계적 기본가정과 부합하지 않으면 가장 부합하는 통계적 방법을 선택하여 자료를 분석하여 타당한 결과를 얻을 수 있다.

　경험과학과 관련된 많은 연구의 경우 일반적으로 모집단의 분산을 아는 경우가 흔하지 않다. 국가 단위의 조사나 국제 조사를 통하여 수집된 자료가 있을 경우는 모집단의 분산을 아는 것이 가능하나, 일반적으로는 모집단의 분산을 아는 경우가 드물다. 그러므로 연구에서 Z검정을 사용하는 경우는 드물다. 간혹 지능검사나 전국단위 학력고사 경우와 같이 표준화 검사가 개발되어 전체 모집단의 평균과 분산을 아는 경우에는 Z검정을 사용한다.

　Z검정을 하는 방법은 연구가설이나 연구목적에 따라 단일표본 Z검정, 두 종속표본 Z검정, 두 독립표본 Z검정으로 나뉜다.

1) 단일표본 Z검정

교육연구에서 단일표본 Z검정을 사용하는 경우는 흔하지 않지만, 학업성취도나 많이 알려진 인간의 속성에 대한 연구를 실시할 경우에는 Z검정을 사용한다. 예를 들어, 전국 고등학생들의 어휘력에 대한 평균과 표준편차를 알고 있을 때, 어떤 특정 학교나 학군 학생들의 어휘력을 검증하기 위하여 **단일표본 Z검정**을 사용할 수 있다. 예전에는 지능에 관한 연구에 Z검정을 많이 사용하였다. 지능 향상을 위한 프로그램을 개발한 후 이 방법을 사용하여 교육을 받은 학생들의 지능이 일반 학생들의 지능과 같은지의 여부를 단일표본 Z검정을 사용하여 검증할 수 있다. 즉, 전체 학생의 지능 평균이 100이고 분산이 15점 혹은 16점이라는 사실을 알고 있으므로 지능 향상 프로그램에 참여한 학생들의 지능 평균이 110점이라는 연구결과를 Z검정을 사용하여 검증할 수 있다. 이는 특정한 수와 한 집단의 속성을 비교하는 것이므로 단일표본 Z검정에 해당이 된다.

2) 두 종속표본 Z검정

두 종속표본 Z검정은 하나 혹은 두 모집단에서 추출된 표본들이 종속적이고 모집단의 분산을 알고 있을 경우에 사용하는 통계적 방법이다. 교육연구에서 두 종속표본 Z검정을 사용하는 경우는 흔하지 않다. 남녀 지능을 비교할 때 쌍둥이들을 추출하여 연구를 실시할 경우, 두 종속표본 Z검정을 사용할 수 있다. 쌍둥이의 남녀가 독립적이지 않기 때문이다.

3) 두 독립표본 Z검정

두 독립표본 Z검정은 두 모집단에서 각기 추출된 표본들이 상호 독립적이고 두 모집단의 분산을 알고 있으며 종속변수가 양적변수일 때 두 집단 간의 차이가 있는가를 분석하기 위해서 사용하는 통계적 방법이다. 예를 들어, 남녀 초등학교 3학년 학생들의 키에 대한 비교나 널리 알려진 인지능력에 있어서 성별에 따른 차이가 있는지를 검증하고자 할 때 이 방법을 사용할 수 있다. 남녀 초등학생들의 키에 대한 비교연구를 할 경우, 일반적으로 예전 학생들의 키에 대한 정보를 가지고 있으므로 두 독립표본 Z검정을 사용할 수 있다. 만약 두 모집단의 분산을 알지 못할 경우에는 두 독립표본 t 검정을 사용한다. 사전연구가 많아 모집단에 대한 정보가 많으면 Z검정을 사용하나 그렇지 않을 경우에는 t 검정을 사용한다.

② t 검정

t 검정도 모집단의 분포가 정규분포이며 종속변수가 양적변수일 경우, 평균 혹은 집단 간 비교를 위하여 사용하는 통계적 방법이다. t 검정을 사용하기 위해서는 다음과 같은 **기본가정**이 충족되어야 한다.

첫째, 연구의 종속변수가 양적변수이어야 한다.
둘째, 종속변수에 대한 모집단의 분포가 정규분포이어야 한다.
셋째, 두 집단의 비교일 경우 두 모집단의 분산이 같아야 한다.

Z검정과 다른 것은 오직 모집단의 분산을 모른다는 사실이다. 많은 연구가 알지 못하는 사실을 밝히기 위해 이루어지므로 모집단의 분산을 아는 경우가 많지 않다. 따라서 이와 같은 경우에 t 검정을 사용하게 된다. 특히 복잡하지 않은 설계에 t 검정을 사용하는 경우가 흔하다. t 검정도 Z검정과 같이 단일표본 t 검정, 두 종속표본 t 검정, 두 독립표본 t 검정으로 나뉜다.

1) 단일표본 t 검정

단일표본 t 검정은 단일표본 Z검정과 동일한 연구목적을 지닌 가설을 검증하되 모집단의 분산을 알지 못하는 경우에 사용되는 통계적 방법이다. 예를 들어, 새로운 교수법을 개발하였을 때 새로 개발된 교수법에 의하여 학습한 집단의 평균이 어떤 특정 수치와 같은지를 검증하는 데 이 통계적 방법을 사용할 수 있다. 초등학생의 과학탐구 능력을 증진하기 위하여 새로운 학습방법을 개발하고 나서 모집단인 서울시 초등학교 3학년 학생 중에서 30명을 추출하여 새로운 교수법으로 가르친 후 그 학생들의 탐구능력 점수가 80점인지 아닌지를 검증하고자 할 때 단일표본 t 검정을 사용한다. 단일표본 t 검정은 간단히 연구결과를 검증할 수 있다. 그러나 단일표본 t 검정이 간단하다고 하여 연구의 가치를 저하시키지는 않는다. 단일표본 t 검정은 연구의 목적을 명쾌하게 밝힐 수 있기 때문에 연구에서 자주 쓰이는 통계적 방법이다.

2) 두 독립표본 t 검정

두 독립표본 t 검정은 두 표본이 추출된 모집단이 서로 독립적일 때, 두 집단의 평균이 같은지를 비교하기 위해 사용되는 통계적 방법이다. 두 독립표본 t 검정을 위한 기본가정은 두 독립표본 Z검정과 동일하되, 두 모집단의 분산을 모르는 경우에 사용한다. 유아 양육에 대한 부모 간의 인식 차이 연구라든지 남녀 고등학생들의 도덕성에 대한 차이 연구와 같은 두 집단 간 비교 연구에 두 독립표본 t 검정이 많이 사용된다. 유아 양육에 대한 부모 간의 인식 차이 연구의 경우, 유아 양육에 대한 인식이란 변수는 양적변수이어야 하고 엄마나 아빠 모집단은 독립적이며 각 모집단의 인식점수 분포는 정규분포이어야 한다. 모집단의 정규분포 여부는 연구자의 경험적 배경이나 이론적 배경에 의하여 판단한다. 그렇다고 해서 연구자의 주관적 판단에 의해서 모집단 분포의 정규성 여부를 판단해서는 안 된다. 만약 두 모집단의 분산이 같지 않을 경우는 Welch-Aspin검정을 실시한다.

연구에서 사용되는 척도가 서열척도라도 서열척도 점수의 합이 종속변수면 양적변수로 간주할 수 있으므로 두 독립표본 t 검정을 사용할 수 있다. 종속변수가 질적변수일 경우에는 t 검정을 사용하지 않는다.

3) 두 종속표본 t 검정

두 종속표본 t 검정(two dependent samples t-test; matched pair t-test)은 종속변수가 양적변수이고 두 집단이 독립적이지 않을 경우, 두 집단의 종속변수에 대한 차이 연구를 위하여 사용하는 통계적 방법으로 교육연구에서 자주 사용된다. 두 집단이 종속적이라는 것은 추출된 표본의 모집단들이 서로 관계가 있음을 뜻한다. 대표적인 예로 남녀 비교의 경우, 남녀 표본을 남녀 모집단에서 독립적으로 추출하는 것이 아니라 부부 모집단이나 남매 모집단에서 추출하는 경우를 들 수 있다. 이때 남녀 표본은 서로 관계를 가지고 있으며 두 모집단 역시 관계가 있다. 또 다른 예는 사전-사후 검사다. 사전검사를 실시하고 난 후 어떤 처치를 가하고 처치효과가 있는지를 검증하기 위하여 사후검사를 실시하였을 때, 사후검사에서 연구대상에 어떤 변화가 나타났다면 이는 처치효과가 있음을 말해 준다. 이때 사전검사 자료와 사후검사 자료는 동일한 연구대상에게 검사를 두 번 실시하여 얻은 자료기 때문에 서로 독립적이지 않으며 종속되어 있다. 이런 경우의 자료를 짝지어진 자료(matched pair data)라고도 한다.

예를 들어, 어떤 초등학교 교사가 수줍음을 타는 여학생이 있음을 알고 수줍음을 줄이기 위한 프로그램을 개발하여 그 프로그램이 효과가 있는지를 알아보고자 할 때 두 종속표본 t 검정을 사용할 수 있다. 연구대상이 되는 초등학교 3학년 학생 20명을 표집하여 사전검사를 실시한 다음, 교사가 개발한 수줍음을 줄이는 프로그램으로 수업을 하거나 실험을 한 후 수줍음에 변화가 있는지를 알기 위하여 다시 수줍음의 정도를 측정하는 사후검사를 실시한다. 이때 수줍음을 타는 정도를 측정할 수 있는 측정도구가 있어야 하는데 사전-사후 검사에 동일한 도구를 사용할 수도 있으나 기억효과가 있을 것으로 예상되는 경우에는 동형검사를 사용할 수도 있다.

　실험연구에서 두 종속표본 t 검정은 연구대상이 지니고 있는 매개변수를 완벽하게 통제하기 위하여 사용한다. 예를 들어, 알코올을 섭취하였을 때와 알코올을 섭취하지 않았을 때 자극에 대한 반응속도에 차이가 있는지를 검증하고자 할 때는 두 종속표본 t 검정이 사용된다. 만약 알코올을 섭취한 성인집단과 알코올을 섭취하지 않은 성인집단으로 구분하여 실험을 한다면 어느 집단에는 여자들이 많을 수 있으며, 남녀비율이 같더라도 주량의 정도가 개인마다 다를 수 있고, 더 나아가 개인의 특성에 따라 반응속도가 다를 수 있기 때문에 이런 경우 통제해야 할 매개변수가 너무 많아져서 실험결과의 타당성이 상실될 수 있다. 그러므로 동일한 연구대상들을 선정하여 알코올을 섭취하게 한 후 자극을 부여하고 반응시간을 측정한다면, 성별뿐 아니라 나이, 개인 특성에 따른 모든 매개변수를 통제할 수 있다. 이상의 설계는 [그림 16-1]과 같다.

피험자	음주 전	음주 후
A		
B		
C		
D		
E		

[그림 16-1] 알코올 섭취량에 따른 반응속도

　동일한 연구대상에게 두 가지의 처치를 가하여 반응을 분석할 수 있으며 이는 반복설계에 해당된다. 두 종속표본 t 검정을 사용하는 반복설계의 장점은 매개변수를 철저하게 통제할 수 있으며 실험이 간단하다는 것이다. 반면에 단점은 연구대상들에게 실험의 결과로 행동이나 특성에 누적효과가 발생한다면 이 설계를 사용할 수 없다는 점이다. 그러므로 두 종속표본 t 검정을 이용한 반복설계는 학습효과에 대한 연구에는 사용되지 않는다.

4) t 검정 선택

연구의 목적과 연구대상에 따라 통계적 방법이 달라진다. 설령 동일한 연구목적이라도 연구설계가 다르면 다른 통계적 방법을 선택할 수 있다. 예를 들어, 창의력 증진 교수법을 개발하였을 때 그 창의력 증진 교수법이 효과가 있는지를 검증하기 위한 방법은 네 가지가 있다. 여기서 연구대상은 초등학교 2학년 남학생으로 가정한다.

먼저, 창의력 증진법을 배운 학생들의 창의력과 특정 수치를 비교할 수 있다. 연구자가 현재 초등학교 2학년 남학생의 창의력 수준이 얼마인지를 알기 위하여 초등학교 2학년 학생이라는 모집단을 대표하는 표본을 추출한 후 창의력 수준을 측정하여 어떤 점수를 알고 있거나 또는 표준화 검사 자료나 국가 단위의 믿을 만한 자료가 있을 때 사용할 수 있는 연구방법이다. 초등학교 2학년을 대표하는 일정 수의 학생들을 추출하여 창의력 증진법을 학생들에게 가르친 후 그 학생들의 점수가 이미 알고 있는 점수와 같은지를 검증하며, 이 경우 단일표본 t 검정을 사용한다.

다음은 창의력 증진법을 배우지 않은 집단과 창의력 증진법을 배운 집단을 비교할 수 있다. 즉, 창의력 증진법을 배우지 않은 모집단과 배운 모집단이 있음을 가정하고 두 모집단 간에 차이가 있는지를 검증함으로써 창의력 증진법이 효과가 있는지를 검증하는 방법이다. 초등학교 2학년 학생들을 추출하여 그 학생들에게는 창의력을 증진시키는 어떤 교수법도 가하지 않고, 달리 추출된 집단에게는 창의력 증진법을 교수한 후 두 집단 간의 창의력에 차이가 있는지를 검증한다. 이 경우 두 독립표본 t 검정을 사용한다. 전자의 집단은 어떤 처치도 가하지 않았으므로 통제집단이라고 하고, 후자의 집단은 실험집단 혹은 처치집단이라고 한다. 이 경우의 두 집단비교를 실험연구의 설계방법으로는 **사후검사 통제집단 설계**(posttest-only control group design)라고 하며 [그림 16-2]와 같다.

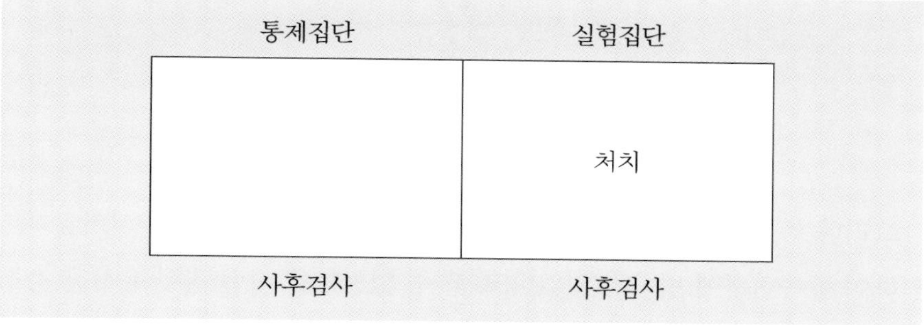

[그림 16-2] 사후검사 통제집단 설계

세 번째는, 모집단에서 추출된 연구대상에게 사전 창의력 검사와 사후 창의력 검사를 실시하여 두 점수 간에 변화가 있는지를 밝힐 수 있다. 연구자가 초등학교 2학년 남학생의 창의력에 대한 정보를 지니고 있지 않으며 또한 통제집단을 가질 필요가 없을 경우 사용하는 설계방법이다.

모집단에서 초등학교 2학년 남학생을 추출하여 창의력 증진법을 투입하기 전에 창의력 수준을 측정한 후 일정 기간 동안 창의력 증진법을 투입한 후 창의력을 측정하여 창의력 증진법을 받은 후에 변화가 있었는지를 검증하는 방법이다.

이 경우 두 종속표본 t 검정을 사용한다. 매우 간단한 연구설계방법이면서 처치효과 여부를 명확하게 검증할 수 있으므로 자주 사용되는 방법이다. 실험연구에서는 이 설계방법을 **단일집단 사전-사후 검사 설계**(one-group pretest-posttest design)라고 하며 [그림 16-3]과 같다.

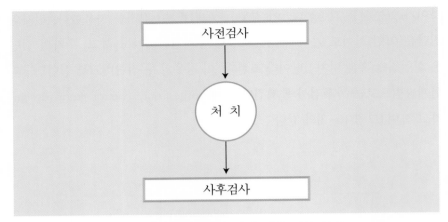

[그림 16-3] 단일집단 사전-사후 검사 설계

그러나 측정도구나 검사가 연구대상에게 기억되는 경우에는 처치효과로 인하여 종속변수에 변화가 있었다고 볼 수 없으므로 이런 경우 유사한 측정도구나 검사를 사후검사에 사용한다. 연구대상에게 처치효과 이외의 다른 기억효과가 작용할 경우에는 두 종속표본 t 검정을 사용할 수 없다.

네 번째로, 통제집단과 실험집단을 설정하고 각 집단의 변화량의 차이가 있는지를 분석할 수 있다. 앞에서 설명한 세 가지 방법보다는 절차상으로 복잡한 듯하나 연구의 목적에 따라서는 이 방법을 사용할 수 있다. 실험집단과 통제집단을 설정한 후 실험집단에서 창의성에 대한 사전점수와 사후점수 간의 차이를 계산하고, 통제집단에서도 역시 창의력의 사전-사후 점수 간의 차이를 계산하여 실험집단과 통제집단의 창의력 변화량에 차이가 있는지를 검증하는 방법이다. 이 설계방법에서 종속변수는 창의력의 변화량, 즉 증가분이다. 두 번째 설계에서는 실험집단과 통제집단의 창의력 점수가 종속변수이지만 이 설계에서는 창의력의 사전-사후 검사의 차인 변화량이 종속변수다. 이 경우 두 독립표본 t 검정을 사용한다. 종속변수가 창의력의 사후점수와 사전점수의 차이임을 분명히 해야 하고 연구결과 해석 시 종속변수를 정확하게 보고해야 한다. 실험연구에서 이 설계법을 **사전-사후 검사 통제집단 설계**(pretest-posttest control group design)라고 하며 [그림 16-4]와 같다.

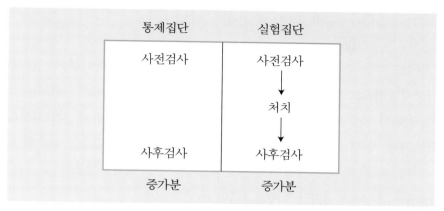

[그림 16-4] 사전-사후 검사 통제집단 설계

　이와 같이 연구의 목적이 같더라도 연구설계에 따라 다른 통계적 방법을 사용할 수 있으며, 어떤 방법이 가장 타당하고 과학적인지는 연구환경에 따라 판단한다.

③ 분산분석

　분산분석(analysis of variance: ANOVA)은 세 집단 이상의 집단 간에 차이가 있는지를 검증하는 통계적 방법으로 다음의 **기본가정**을 전제조건으로 한다.

　첫째, 종속변수가 양적변수이어야 한다.
　둘째, 각 모집단의 모집단 분포가 정규분포이어야 한다.
　셋째, 모집단의 분산이 같아야 한다.

　분산분석은 두 독립표본 t 검정의 연속으로 세 집단 이상일 경우 집단 간의 차이가 있는지를 검증하는 통계적 방법이며, 독립변수의 수와 설계방법에 따라 분산분석방법의 이름이 결정된다.

1) 독립변수 수에 의한 분산분석방법

분산분석은 독립변수의 수에 따라 일원분산분석, 이원분산분석, 삼원분산분석방법으로 이름이 달라진다. 일원분산분석방법은 독립변수가 하나로서, 전통적 교수법, 멀티미디어 교수법, 개인교수법을 투입한 후 학습효과가 있는지를 비교하는 연구를 예로 들 수 있다. 이 경우 독립변수는 교수법 하나이며 세 가지 다른 수준의 처치를 하므로 이를 **일원분산분석**(one way analysis of variance)이라고 하고, [그림 16-5]와 같다.

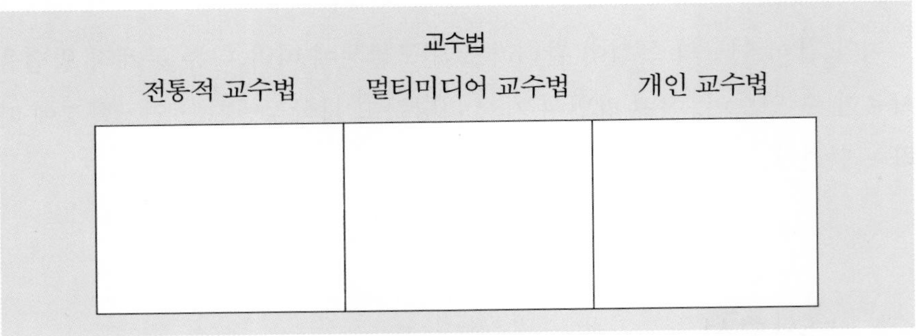

교수법		
전통적 교수법	멀티미디어 교수법	개인 교수법

[그림 16-5] 일원분산분석(완전무선화 설계)의 예

이원분산분석방법은 교수법에 송환효과를 처치변수로 추가하여 독립변수가 두 가지가 되었을 경우 사용한다. 교수법과 송환효과를 분석하는 이원분산분석(two way analysis of variance)은 [그림 16-6]과 같다.

이원분산분석방법은 교수법의 효과가 있는지, 송환효과가 있는지를 알 수 있을 뿐만 아니라 교수법과 송환효과의 상호작용도 분석할 수 있다.

이원분산분석의 다른 예로 교수법과 성별을 들 수 있는데, 교수법은 처치변수이나 성별은 처치변수가 아니라 매개변수 혹은 구획변수이므로 이런 경우 교수법과 성별 사이에 상호작용이 있는가를 알아보는 것은 연구의 주요 목적이 아닐 수 있다. 이와 같이 상호작용에 관심이 없는 설계도 이원분산분석이라고 한다.

		교수법		
		전통적 교수법	멀티미디어 교수법	개인 교수법
송환효과	송환(보상)함			
	송환(보상) 안 함			

[그림 16-6] 이원분산분석(완전무선화요인 설계)의 예

삼원분산분석은 독립변수가 3개 이상일 경우에 집단 간 차이가 있는지, 즉 처치효과가 있는지 그리고 상호작용이 있는지를 검증하는 방법이다.

2) 설계에 의한 분산분석

이원분산분석 및 삼원분산분석방법을 사용하더라도 연구목적이나 연구변수의 특성, 매개변수의 특성에 따라 설계방법이 각각 달라지며, 다음과 같은 설계방법이 있다.

- 완전무선화 설계(completely randomized design: CR)
- 완전무선화요인 설계(completely randomized factorial design: CRF)
- 무선화구획 설계(randomized block design: RB)
- 무선화구획요인 설계(randomized block factorial design: RBF)
- 반복설계(repeated design)
- 분할구획요인 설계(spilt-plot factorial design)
- 공분산분석(analysis of covariance: ANCOVA)

완전무선화 설계와 완전무선화요인 설계는 독립변수가 모두 처치변수로서 각 처치변수의 효과 그리고 상호작용 효과를 검증하는 분산분석방법으로 매개변수를 고려하지 않는다. 실험연구에서 실험설계는 매우 중요하며, 특히 매개변수의 통제 여부는 연구결과의 내재적 타당성을 결정짓는 요인이 된다. 그러므로 연구자는 매개변수를 통제하는 가장 타당한 설계방법을 구안해야 한다. 무선화구획 설계, 무선화구획요인 설계는 질적변수인 매개변수를 구획으로 설정하여 매개변수의 영향을 통제한다. 이 설계는 매개변수를 설계를 통하여 통제하는 방법이다.

반복설계와 분할구획요인 설계는 통제해야 할 변수가 많을 경우 동일 대상에게 각기 다른 처치를 가하는 설계다. 이 역시 실험설계에 의하여 매개변수를 통제한다. 공분산분석은 매개변수가 질적인 변수가 아니라 양적인 변수일 때 매개변수의 영향을 통계적으로 제거하는 방법이다. 매개변수를 통제하기 위하여 어떤 설계방법을 사용할 것인가는 연구대상, 독립변수 그리고 매개변수의 특성에 따라 결정해야 한다.

(1) 완전무선화 설계

완전무선화 설계(completely randomized design: CR)는 일원분산분석과 같다. 독립변수가 하나이고 처치변수이며 독립변수가 3개 이상의 처치수준을 지니는 설계방법을 말한다. 교수법에 따른 학업성취도 연구를 예로 들 수 있다. 전통적 교수법, 멀티미디어 교수법, 개인교수법에 따라 학생들의 수리능력에 차이가 있는지를 연구할 때 교수법이 독립변수이며 처치변수이므로 이를 완전무선화 설계라고 하며, [그림 16-5]와 같다.

(2) 완전무선화요인 설계

완전무선화요인 설계(completely randomized factorial design: CRF)는 이원분산분석의 일종으로 독립변수가 두 개 이상으로서 모든 독립변수가 처치변수일 때를 말한다. 완전무선화 설계의 예인 교수법에 따른 수리능력의 차이 연구에 연구자가 다른 처치변수를 추가한다면 이는 완전무선화요인 설계가 된다. 예를 들어, 학생들이 교수법을 택하는 동안 잘한다거나 혹은 격려하는 등의 보상을 하는 집단과 전혀 보상을 하지 않는 집단으로 나누어 처치를 하였을 때 교수법과 보상이 각각 독립변수고 두 독립변수가 모두 처치변수이므로 이를 완전무선화요인 설계라고 한다. 완전무선화요인 설계의 예는 [그림 16-6]과 같다.

완전무선화요인 설계는 처치변수가 2개 이상이므로 연구에서 두 처치변수 간의 상호작용을 분석할 수 있는 장점이 있다. 위의 예에서 수리능력에 영향을 주는 변수는 교수법 효과, 보상효과 그리고 교수법과 보상 여부의 상호작용 효과다. 여기서 교수법과 보상효과를 주효과(main effect)라고 하고, 교수법과 보상 여부의 상호작용을 상호작용 효과(interaction effect)라고 한다.

만약 교수법, 보상 여부 이외에 다른 처치변수인 독립변수를 추가하면 이는 삼원분산분석이 되며, 이 설계도 완전무선화요인 설계라고 한다. 예를 들어, 학급규모를 20, 30, 40명으로 변화시켜 연구를 실시한다면, 이 경우의 실험설계는 [그림 16-7]과 같다.

		교수법					
		전통적 교수법		멀티미디어 교수법		개인교수법	
		보상안 함	보상함	보상안 함	보상함	보상안 함	보상함
	20						
학급규모	30						
	40						

[그림 16-7] 삼원분산분석(완전무선화요인 설계)의 예

이 연구의 주효과는 교수법 효과, 보상효과, 학급크기 효과가 되며 상호작용 효과는 교수법과 보상의 상호작용 효과, 교수법과 학급크기의 상호작용 효과, 보상과 학급크기의 상호작용 효과가 있고, 마지막으로 교수법, 보상 그리고 학급크기의 상호작용 효과가 있다. 완전무선화요인 설계는 상호작

용 효과를 분석할 수 있는 것이 특징이나 세 변수 이상의 상호작용은 해석이 곤란하다.

(3) 무선화구획 설계

무선화구획 설계(randomized block design: RB)는 이원분산분석에 포함되며 두 독립변수 중 한 독립변수는 처치변수고, 다른 변수는 매개변수로 구획변수다. 구획변수(blocking variable)란 종속변수에 영향을 주는 독립변수 이외의 매개변수 중 구획으로 되어 있는 변수를 말한다. 이와 같이 구획 설정을 하는 이유는 구획변수를 통제함으로써 독립변수가 종속변수에 주는 영향을 정확하게 측정하기 위해서다. 교수법에 따른 수리능력 차이 연구에서 연구자가 이론적 배경에 의하여 교수법 이외에 수리능력에 영향을 주는 매개변수로 성별을 설정하였다면 성별이 구획변수다.

교수법과 성별이 모두 독립변수이나 교수법은 처치변수이고 성별은 구획변수이므로 이는 무선화구획 설계이며 [그림 16-8]과 같다.

	교수법		
	전통적 교수법	멀티미디어 교수법	개인 교수법
남			
여			

[그림 16-8] 구획변수가 하나인 무선화구획 설계의 예

연구에서 성별을 통제하는 이유는 수리능력에서 성별의 차이가 있거나 어떤 교수법이 특정 성에 유리하거나 불리할 경우가 있으므로 남녀를 각 교수법 집단에 균등하게 배분하기 위해서다. 만약 한 집단에는 남학생이 주로

할당되고 다른 집단에는 여학생이 주로 할당된다면, 연구의 시발단계가 동일하지 않기 때문에 연구의 타당성이 결여된다. 이러한 문제가 발생하는 것을 사전에 배제하기 위해서 성별을 구획변수로 하여 같은 수의 남녀 학생을 각 처치집단에 배치할 수 있다.

성별 대신에 사전 수리능력을 매개변수로 설정해야 할 필요도 있다. 세 교수법 집단에 동일한 사전 수리능력을 지닌 연구대상이 할당된다는 보장이 없을 때 사전 수리능력을 상, 중, 하로 구분하여 할당할 수 있다. 사전 수리능력을 매개변수라고 보아 구획변수로 설정할 때 어려운 점은 상, 중, 하 집단으로 구분하는 기준을 정하기가 어렵다는 것이다. 이를 위하여 집단 구분을 위한 이론적 배경이 필요하다. 왜냐하면 집단을 구분하는 기준에 따라 연구결과가 달라질 수 있기 때문이다. 그러므로 매개변수를 통제하는 구획변수는 성별이나 인종, 거주지역과 같은 명명척도로 되어 있는 질적변수를 선택하는 것이 바람직하다.

연구자가 고려할 매개변수가 2개 이상이고 이 매개변수들이 구획변수일 경우도 무선화구획 설계라고 한다. 예를 들어, 성별과 사전 수리능력을 구획변수로 하고 교수법을 처치변수로 하였을 경우 무선화구획 설계는 [그림 16-9]와 같다.

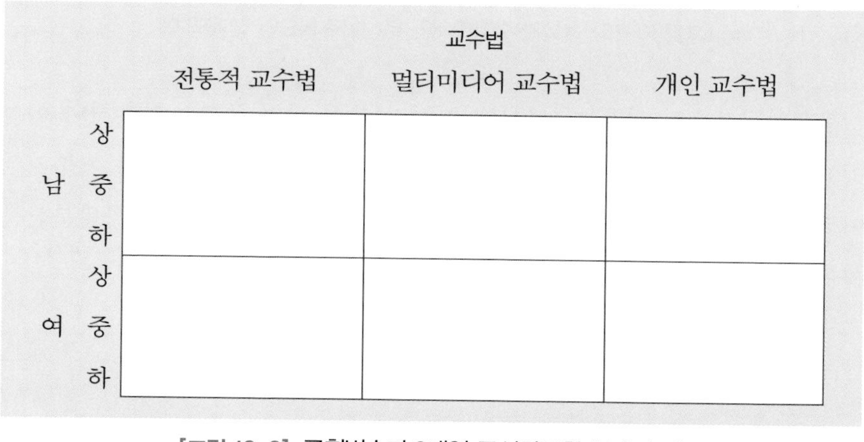

[그림 16-9] 구획변수가 2개인 무선화구획 설계의 예

이 설계는 삼원분산분석으로서 상호작용에는 관심이 없고 성별과 사전 수리능력을 통제하기 위한 설계방법이다.

(4) 무선화구획요인 설계

무선화구획요인 설계(randomized block factorial design: RBF)란 무선화 구획설계에 독립변수인 처치변수를 더 추가한 설계방법이다. 즉, 하나의 구 획변수와 두 개 이상의 처치변수를 사용한 설계로서, 다음과 같은 예를 들 수 있다. 성별을 통제하고 교수법에 따른 수리능력에 차이가 있는지를 밝히 는 연구에 보상 여부를 추가할 경우, 이는 무선화구획요인 설계가 되며 [그 림 16-10]과 같다.

	전통적 교수법		멀티미디어 교수법		개인교수법	
	보상 안 함	보상함	보상 안 함	보상함	보상 안 함	보상함
남						
여						

[그림 16-10] 처치변수가 2개인 무선화구획요인 설계의 예

무선화구획요인 설계는 삼원분산분석 이상이 되며 구획변수가 하나 이상 이고 처치변수가 두 개 이상인 설계방법이다. 구획변수가 성별과 거주지역 이고 처치변수가 교수법과 보상 여부인 무선화구획요인 설계는 사원분산분 석이 된다.

(5) 반복설계

반복설계(repeated design)는 독립변수의 처치효과를 분석할 때 매개변수 가 많아서 통제가 불가능할 경우에 사용한다. 무선화구획 설계를 이용하여

매개변수를 모두 통제할 수 없을 경우, 즉 개인의 특성까지 고려해야 할 연구인 경우에 반복설계를 사용한다. 반복설계란 동일한 연구대상에게 다른 처치를 반복적으로 가하여 그 처치 간에 차이가 있는지를 검증하는 설계방법이다. 주로 생리학이나 약학, 체육학 등에서 사용하는 실험설계법이다.

　예를 들면, 일정 거리를 달리고 난 후 혈압에 어떤 변화가 있는지를 분석하고자 할 때 반복설계가 사용된다. 100m, 500m, 1,000m 그리고 2,000m를 달리고 나서 혈압에 어떤 차이가 있는지를 분석하기 위해서는 통제해야 할 변수가 매우 많다. 우선 남녀에 따라 차이가 있을 수 있고, 나이, 체중, 평소 혈압 등에 따라 혈압의 차이가 달라질 수 있으므로 모든 매개변수를 통제하는 것이 불가능하다. 따라서 이와 같은 경우에는 동일한 피험자에게 100m, 500m, 1,000m, 2,000m를 달리게 한 후 혈압을 측정하여 달리는 거리가 혈압에 영향을 주는 정도를 분석해야 한다. 달리는 거리가 혈압에 주는 영향을 연구하는 반복설계는 [그림 16-11]과 같다.

피험자 ＼ 거리	100m	500m	1,000m	2,000m
1				
2				
3				
4				
5				

[그림 16-11] 반복설계의 예

　피험자 5명에게 100m를 달리게 한 후 혈압을 측정하고 일정 기간이 지나 혈압이 정상으로 돌아온 후 500m를 달리게 한다. 만약 100m를 달린 후 바로 500m를 달리게 하면 100m를 달리고 난 후의 혈압이 그대로 남아 있어서 500m를 달린 후의 혈압이 매우 높아질 수 있으므로 달린 거리에 의한 혈압

효과를 측정할 수 없다.

반복설계는 처치 간에 충분한 시간을 두어 전 단계의 처치효과가 완전히 사라진 뒤에 다음 단계의 처치를 가해야 한다. 그렇지 않으면 전 단계의 처치효과가 잔존하여 다음 단계의 처치효과를 제대로 측정할 수 없다. 이런 이유 때문에 반복설계는 학습효과 연구에는 사용되지 않는다. 인간의 학습은 바로 소멸되지 않으므로 시행효과와 누적효과가 있어서 처치변수의 영향을 정확하게 분석할 수 없기 때문이다. 만약 교수법에 따른 학습효과 연구를 위하여 반복설계를 사용한다면, 사실상 가장 효과적인 교수법보다는 가장 나중에 사용한 교수법이 학습의 누적효과 때문에 가장 높은 학습효과를 가진 것으로 나타나게 될 것이다.

(6) 분할구획요인 설계

분할구획요인 설계(split plot factorial design)는 독립변수 중 구획변수가 하나 이상이며 동일 연구대상에게 처치를 반복하여 가하는 반복설계의 일종이다. 예를 들어, 음주량에 따른 반응속도를 연구하고자 할 때 연구대상을 남자로 하거나 남자 중 술고래로 한다면 음주량에 따른 반응속도의 변화를 알 수가 없다. 또한 최근에는 여성 음주운전자도 늘고 있는 추세이므로 성별을 고려하여 연구하고자 할 때 분할구획요인 설계를 사용할 수 있다. 즉, 남녀 집단에서 각각 연구대상을 추출하여 맥주를 마시지 않았을 때, 100cc, 500cc, 1,000cc, 2,000cc를 마시고 난 후의 반응속도를 측정한다. 이 또한 반복설계의 일종이므로 술이 깨고 난 상태에서 다시 다른 양의 술을 마시게 하여 반응속도를 측정해야 한다. 이 예는 [그림 16-12]와 같다.

(7) 공분산분석

무선화구획 설계와 반복설계는 매개변수를 실험설계 방법으로 통제하는 방법이다. 무선화구획 설계에서 매개변수로 사전 수리능력을 고려하여 사전 수리능력을 상, 중, 하 집단으로 구분할 수 있다고 하였다. 이때 발생하는

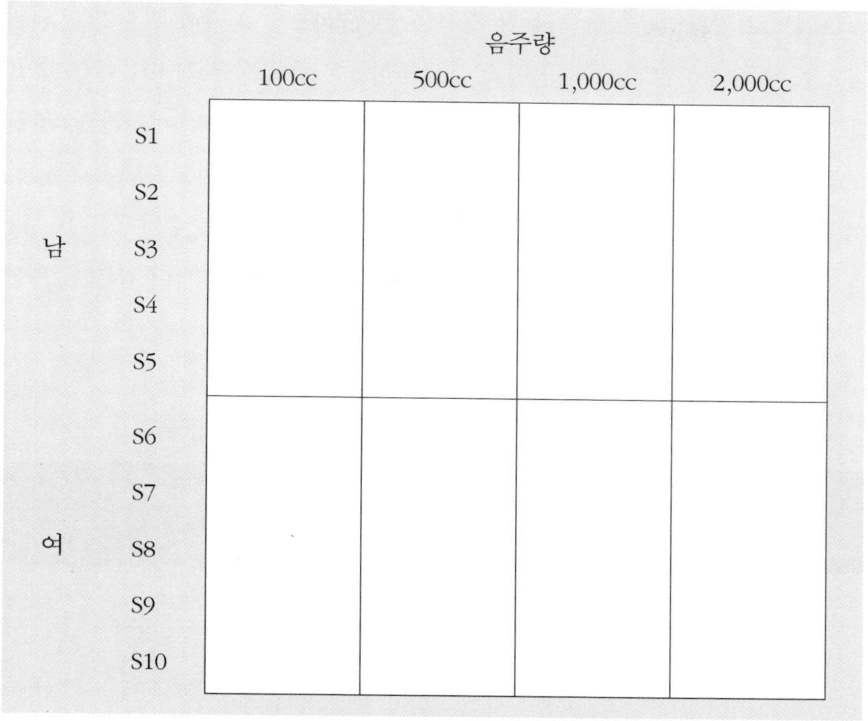

[그림 16–12] 분할구획요인 설계의 예

문제는 사전 수리능력에 따라 집단을 상, 중, 하로 구분하는 기준이 모호하고 그 기준에 따라 분석결과가 달라진다는 것이다. 이와 같이 매개변수가 집단변수가 아니고 연속변수일 경우 매개변수의 영향을 통계적으로 제거하는 방법이 **공분산분석**(analysis of covariance: ANCOVA)이다.

　예를 들어, 교수법에 따라 수리점수에 차이가 있는지를 분석하고자 할 때 학습의 누적효과 때문에 반복설계는 사용할 수가 없으며 사전 수리능력에 따라 집단을 구분하는 것이 쉽지 않으므로 무선화구획 설계를 사용하기도 어렵다. 이와 같은 경우에 사용할 수 있는 가장 타당한 통계적 방법이 공분산분석이다. 사전 수리능력을 측정하여 유사한 능력의 피험자를 각 교수집단에 똑같이 할당할 수 없으므로 교수법을 투입한 후 측정한 수리점수에서 사전 수리능력이라는 매개변수의 영향을 공분산분석으로 제거할 수 있다.

그러므로 공분산분석을 사용할 경우 사전 수리능력에 따라 피험자를 인위적으로 균등 배분할 필요가 없이 공분산분석을 사용하여 각기 다른 교수법을 받고 난 후 측정된 수리점수에서 사전 수리능력이 준 영향을 제거하면 된다.

공분산분석의 개념을 간단히 설명하면 다음과 같다. 세 교수법을 사용하여 학습을 하고 난 후 측정한 수리점수와 사전 수리능력 점수가 〈표 16-1〉과 같을 때 각 교수법 집단에 있는 피험자들의 사전 수리능력이 같지 않음을 알 수 있다.

〈표 16-1〉 사전 수리능력과 교수법에 따른 학습 후 수리점수

	전통적 교수법		멀티미디어		개인교수법	
	사전능력	수리점수	사전능력	수리점수	사전능력	수리점수
	9	10	5	8	2	7
	8	9	5	7	1	5
	7	8	2	3	3	9
평균	8	9	4	6	2	7

각기 다른 교수법을 받고 난 후 측정한 수리점수를 비교하면 전통적 교수법으로 학습한 피험자들의 수리점수가 9점으로 가장 높은 점수를 얻었고, 그다음이 개인교수법, 멀티미디어 교수법의 순임을 알 수 있다. 단순히 수리점수만 보면 전통적 교수법이 수리능력에 가장 효과적인 교수법이라고 결론지을 수 있으나, 사전 수리능력 점수를 보면 우연히도 전통적 교수법 집단에 우수한 학생들이 할당되었음을 알 수 있다. 개인교수법을 받은 학생들이 전통적 교수법을 받은 학생들보다 높은 수리점수를 얻지 못한 것은 사전 수리능력이 우수하지 못하였기 때문이다. 그러나 수리능력이 낮은 학생들이었음에도 불구하고 개인교수법을 받은 학생들은 평균점수가 7점이 되어 개인교수법이 매우 효과적인 교수법임을 알 수 있다. 그러므로 수리점수에 영향

을 준 사전 수리능력을 통계적으로 제거하고 난 후 가장 높은 수리점수를 얻는 교수법은 개인교수법이 된다.

수리점수에 대한 사전 수리능력의 영향력을 제거하는 통계적 방법은 세 집단 간의 수리능력 수준이 모두 다른 상태에서 실험이 이루어졌으므로 수리능력의 수준이 같은 상태에서 실험을 한 것으로 가정하고 수리점수의 교정값을 계산한다. 즉, 전통적 교수법을 받은 피험자들의 사전 수리 평균 능력은 8이고, 멀티미디어 교수를 받은 피험자들의 평균 수리능력은 4 그리고 개인교수법을 받은 피험자의 사전 수리 평균 능력은 2로 사전능력이 각각 다르다. 각 집단의 다른 사전 수리능력을 회귀분석을 사용하여 사전 수리능력의 전체 평균 능력점수인 4.7을 기점으로 교수법이 끝난 후 측정한 각 피험자의 수리점수를 교정하여 집단 간 수리점수 차이를 검증하는 것이 공분산분석의 기본 개념이다. 회귀분석을 이용한 공분산분석을 설명하면 [그림 16-13]과 같다.

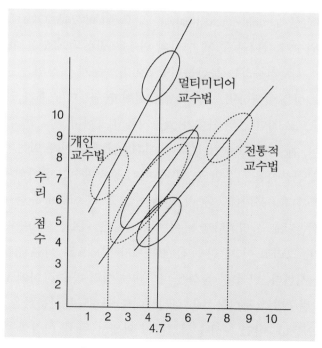

[그림 16-13] 공분산분석의 원리

전통적 교수법에 의한 수리점수가 높았던 이유는 그 교수법을 택한 학생들의 사전능력이 높았기 때문이며, 멀티미디어 교수법에 의한 수리점수가 낮았던 이유는 그 교수법을 택한 집단의 사전능력이 낮았기 때문이다. 그러므로 세 집단의 사전 능력을 같은 수준으로 고정하면 전통적 교수법 집단의 분포형태는 아래로 내려가게 되고 멀티미디어 교수법 집단은 위로 올라가게 된다. 즉, 사전능력 점수가 4.7인 수준으로 점수들을 조정하게 되면 각 교수법에 따른 수리점수의 교정값을 계산할 수 있게 된다. 앞의 그림에서 각 교수법에 따른 수리점수의 교정 평균값은 개인교수법, 멀티미디어 교수법, 전통적 교수법의 순으로 높다.

④ 다변량분산분석

다변량분산분석(multivariate analysis of variance: MANOVA)은 종속변수가 하나의 변수가 아니라 두 개 이상의 변수로 합성되어 있을 때 집단 간의 차이가 있는지를 검증하는 분산분석방법이다. 두 개 이상의 변수가 합성되어 하나의 특성을 설명하며, 변수로서 합성된 변수들이 관계가 있을 때 독립변수의 영향으로 집단 간의 차이가 있는지를 검증한다.

예를 들어, 세 가지 교수법에 따라 어휘발달에 차이가 있는지를 검증할 때, 다변량분산분석을 사용할 수 있다. 이때 종속변수인 유아의 어휘발달이 단일변수가 아니라 문자해독 능력, 말하는 빈도 수, 어휘수준 등이 합쳐져서 유아의 어휘발달을 설명한다면 유아 어휘발달은 최소한 세 변수 이상이 합성된 것이다. 그리고 이 세 변수 간에 관계가 있으므로 이런 경우 다변량분산분석을 실시한다. 만약 한 특성을 나타내는 여러 변수 사이에 관계가 전혀 없다면, 각 변수별로 분산분석을 실시하여도 다변량분산분석을 한 것과 같은 결과를 얻는다. 어떤 특성을 설명하기 위해서 두 개 이상의 변수가 합성되었을 때 이 변수 간에 관계가 있는지는 연구자의 이론적 혹은 경험적 배경에 의하여 판단한다. 사전연구를 통하여 변수 간의 관계가 있는지의 여부를 검증할 수 있다.

　다변량분산분석의 경우 종속변수가 합성된 변수에 의하여 설명되는 것이 분산분석과 다를 뿐 설계방법은 독립변수의 수에 의한 분산분석과 동일하다. 인간의 속성은 단일변수로 설명되기보다는 많은 변수로서 설명되는 경우가 많으므로 다변량분산분석방법의 사용이 증가되고 있는 추세다.

⑤　χ^2검정

　Z검정, t 검정, 분산분석은 집단비교에 있어서 종속변수가 양적변수일 때 사용하는 통계적 방법이다. 종속변수가 질적변수 혹은 범주변수일 때 집단 간의 차이와 두 변수 간의 관계를 알아보기 위하여 **χ^2검정**을 사용한다.

　예를 들어, 한국이 직면한 가장 어려운 문제에 대한 연령별 인식의 차이를 연구하기 위하여 고등학생, 대학생, 직장인, 노인들을 대상으로 의견조사를 하여 〈표 16-2〉와 같은 조사결과를 얻었을 때 χ^2검정을 실시할 수 있다.

　χ^2검정을 통하여 집단 간의 인식차이를 알아내어 한국이 직면한 문제를 해결하기 위한 정책을 수립할 수 있다.

　χ^2검정을 이용하여 집단 간의 차이가 있는지를 검증하기 위해서는 다음의 기본가정이 충족되어야 하며 구체적 내용은 성태제(2019)의 『현대 기초 통계학(8판)』을 참고하기 바란다.

〈표 16-2〉 한국이 직면한 어려운 문제에 대한 의견 조사결과

문제 \ 집단	고등학생	대학생	직장인	노인
경제문제				
정치문제				
대학입시				
사회복지				
부정부패				
도덕성				

첫째, 각 표본은 모집단으로부터 추출되어야 한다.

둘째, 종속변수가 질적변수 혹은 범주변수이어야 한다.

셋째, 각 범주의 응답이 독립적이어야 한다.

넷째, 응답이 되지 않은 칸이 전체 칸수의 20%를 넘지 말아야 한다.

연구대상에게 느낌이나 인식의 정도를 Likert척도를 사용한 한 문항으로 질문하여 집단 간의 차이가 있는지를 검증하기 위하여 t 검정이 아니라 χ^2검정을 실시해야 함을 제7장의 측정단위에서 설명하였다.

6 집단간 비교연구를 위한 사후비교와 사전비교

집단 간의 차이를 밝히는 연구의 대부분은 집단 간에 차이가 있다고만 결론을 짓고, 어느 집단과 어느 집단이 차이가 있는지를 구체적으로 밝히지 않는 경우가 많다. A, B, C 세 집단의 비교연구에서 세 집단 간의 차이가 있다고 하였을 때 구체적으로 다음과 같은 경우가 있을 수 있다.

- A vs B
- A vs C
- B vs C
- A vs (B+C)
- B vs (A+C)
- C vs (A+B)

이와 같이 집단 간의 차이가 있음을 알고 난 후 어느 집단 간에 차이가 있는 지를 밝히는 방법을 **사후비교분석**(post hoc comparison analysis)이라고 하며, 구체적인 대비에 의해서 흥미로운 집단 간의 차이를 밝힐 수 있다.

이론적 · 경험적 배경이 강한 연구자는 어느 집단과 어느 집단에 차이가 있는지를 미리 예상할 수 있으므로 차이가 있을 것으로 예상되는 집단을 사전에 구체적으로 설정하고 연구를 실시할 수 있는데, 이를 **사전비교분석** (planned comparison analysis)이라고 한다. 사전비교분석 방법은 이론적 배경이 강하고 구체적인 연구 관심이 있을 경우에 사용할 수 있다. 사후비교분석과 사전비교분석은 분산분석이나 χ^2검정 모두에 가능하며, 자세한 절차는 성태제(2019), Kirk(1982, 1995)를 참고하기 바란다.

연◇습◇문◇제

1. 다음 단어를 설명하라.

Z검정

t 검정

단일표본 t 검정

두 독립표본 t 검정

두 종속표본 t 검정

F검정

분산분석

일원분산분석

이원분산분석

매개변수

사후검사 통제집단 설계

단일집단 전후검사 설계

전후검사 통제집단 설계

완전무선화 설계

완전무선화요인 설계

무선화구획 설계

무선화구획요인 설계

반복설계

분할구획요인 설계

공분산분석

다변량분석

χ^2검정

사후비교분석

사전비교분석

2. 다음 설계방법을 이용한 가설을 만들고 설계를 하라.

　　사후검사 통제집단 설계

　　단일집단 전후검사 설계

　　전후검사 통제집단 설계

　　완전무선화 설계

　　완전무선화요인 설계

　　무선화구획 설계

　　무선화구획요인 설계

　　반복설계

　　분할구획요인 설계

　　공분산분석

　　다변량분석

　　χ^2검정

3. 집단비교를 실시한 연구논문을 찾아서 다음 질문에 답하라.

　　1) 실험설계 방법을 분석하고 수정·보완하라.

　　2) 사후·사전비교분석을 실시하였는지를 확인하고 비교분석을 실시하라.

제17장 인과관계분석을 위한 통계방법

집단비교연구 못지않게 중요한 연구가 상관관계를 분석하는 연구다. 상관관계연구를 기초로 회귀분석, 경로분석, 구조방정식모형 등이 발전하였다. 사회경제적 배경과 학업이 관계가 있는지, 수업 연한과 수입이 관계가 있는지, 청소년 비행의 원인이 무엇인지 등을 분석하는 것이 그 예라고 할 수 있다.

① 상관계수 검정

상관계수는 Fisher(1924)의 분산분석방법이 소개되기 전까지 사회현상을 설명하는 데 주로 사용되었다. 지능과 학업성취도 간의 관계, 체중과 키 간의 관계 등이 Karl Pearson(1896)의 상관계수 공식에 의하여 해결되었다.

상관계수 검정은 두 변수가 양적변수일 때 사용한다. 예를 들면, 수업 연한과 수입이 관계가 있는지를 상관계수를 사용하여 검증할 수 있다. 이때 수업 연한은 수업을 받은 총 연수 혹은 개월 수로 표현하여 양적변수가 되도록 해야 한다. 만약 고졸 이하, 대졸, 대학원 이상으로 변수를 구분한다면 이는 양적변수가 아니라 범주변수가 되기 때문에, 이런 경우에는 수업 연한이 아닌 학력에 따른 수입의 차이가 있는지를 검증하는 것이 바람직하다. 그러나 상관연구를 위해서 수집된 양적변수인 원자료를 범주화하거나 변형하는 것은 바람직하지 않다. 이럴 경우 자료가 왜곡되거나 중요한 정보를 상실할 수 있기 때문이다.

② 회귀분석

회귀분석(regression)은 하나의 종속변수에 영향을 주는 변수가 무엇이고 그 변수 중 가장 큰 영향을 미치는 변수가 무엇인지, 또 종속변수를 설명해 줄 수 있는 가장 적합한 모형이 무엇인지를 밝히는 통계적 방법으로 상관계수에 기초한다. 회귀분석은 종속변수가 양적변수이고 독립변수는 양적 혹은 질적변수일 때 사용이 가능하다. 만약 독립변수가 하나면 **단순회귀분석**(simple regression analysis)이라고 하고, 독립변수가 다수일 경우에는 **중다회귀분석**(multiple regression analysis)이라고 한다. 회귀분석을 사용하기 위하여 충족시켜야 할 조건과 가정은 다음과 같다.

첫째, 종속변수는 양적변수이어야 한다.
둘째, 종속변수는 정규분포 가정을 충족해야 한다.

중다회귀분석은 알지 못하는 사회 현상을 설명하는 데 널리 사용되고 있다. 예를 들어, 어머니의 유아에 대한 양육태도에 영향을 주는 변수를 밝혀 내기 위해서 중다회귀분석을 사용할 수 있다. 사전 참고문헌 연구를 통하여 연구자는 학력, 직업 종류, 자녀 수, 수입, 부부 애정 등을 독립변수로 설정하고, 각 변수들이 유아에 대한 양육태도에 얼마만큼 영향을 주는지를 밝힐 수 있다.

[그림 17-1]에서 나타내는 것처럼 다섯 개의 변수가 유아양육태도에 영향을 주는 정도는 **결정계수**인 R^2 값에 의하여 설명되고, 각 독립변수가 종속변

수에 영향을 주는 정도는 회귀계수인 B나 표준화 회귀계수인 β에 의하여 설명된다.

결정계수 R^2은 유아양육태도의 총 변화량 중 독립변수가 설명한 총 변화량의 비율을 말하므로 결정계수 R^2이 높을수록 독립변수들의 설명력이 높다. 회귀계수는 각 변수가 종속변수에 주는 영향을 말하며, 이는 회귀등식의 기울기에 해당한다.

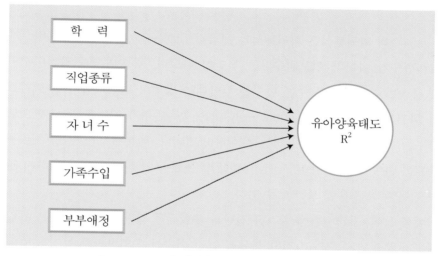

[그림 17-1] 유아양육태도에 영향을 주는 변수

중다회귀분석의 회귀등식은 다음과 같다.

$$\widehat{Y} = B_0 + B_1 X_1 + B_2 X_2 + B_3 X_3 + B_4 X_4 + \cdots + B_K X_K$$

일반적으로 회귀계수인 B가 높을수록 각 변수의 영향력은 크다고 볼 수 있으나 각 변수들의 측정치가 다르므로 쉽게 단언할 수 없다. 독립변수들의 각기 다른 측정치를 표준화하여 각 독립변수가 종속변수에 주는 영향을 분석하기 위해서는 표준화 회귀계수인 β를 참조한다.

종속변수를 효율적으로 설명하는 모형을 찾기 위하여 전진선택법(forward selection), 후진제거법(backward selection), 단계선택법(stepwise selection) 등의 방법을 사용하며, 모형 선택을 위하여 스크리 검사(scree test)나 Mellow의 Cp 통계를 사용한다.

③ 로지스틱 회귀분석

로지스틱 회귀분석은 회귀분석과 개념적으로 동일하다. 다만 종속변수가 양적변수가 아니라 이분변수라는 점만이 다르다. 종속변수가 양적변수일 때 종속변수에 영향을 주는 변수를 찾아내는 방법이 회귀분석이며, **로지스틱 회귀분석**(logistic regression analysis)은 종속변수가 집단을 두 집단으로 나누는 이분변수일 때 사용하는 통계적 방법이다. 이분변수는 두 범주로 구분되는 변수로 맞고/틀리고, 합격/불합격, 물건 구입 집단/물건 구입하지 않는 집단 등의 경우를 생각할 수 있다.

예를 들어, 자격시험에 합격한 집단과 불합격한 집단에 영향을 주는 독립변수가 무엇인지 그리고 집단 분류를 어떤 변수들이 얼마만큼 설명하고 있는지를 로지스틱 회귀분석으로 설명할 수 있다. 그러므로 로지스틱 회귀분석은 두 집단 판별분석과 유사하다. 자료가 판별분석을 사용하기 위한 기본 가정에 위배될 경우 로지스틱 회귀분석을 사용한다. 로지스틱 회귀분석은 다음과 같은 경우에 사용한다.

첫째, 종속변수가 이분변수다. 즉, 종속변수가 정규분포가 아니라 이항분포다.

둘째, 종속변수가 정규분포 가정을 충족하지 못한다.

셋째, 두 모집단 간의 등분산 가정을 충족하지 못한다.

두 집단 판별분석보다 로지스틱 회귀분석을 선호하는 이유는 종속변수의 정규분포 가정과 등분산성 가정 충족 여부에 제한을 받지 않을 뿐만 아니라 회귀분석과 매우 유사하기 때문이다. 로지스틱 회귀등식은 다음과 같다.

$$\frac{P(\text{한 집단})}{P(\text{다른 집단})} = e^{B_0 + B_1 X_1 + B_2 X_2 + \cdots + B_K X_K}$$

앞 등식의 앞부분을 승산비(odd ratio)라고 하며 B_1, B_2, B_K 를 로지스틱 회귀계수라고 한다.

회귀분석은 잔여분을 최소화하는 모형을 찾아내는 데 주안점을 두고 있으나, 로지스틱 회귀분석은 사건이 일어나는 가능도(likelihood)를 최대화하는 모형을 찾아내는 데 관심을 두고 있다. 가능도 함수에 −2 log 함수를 곱한 −2LL 값이 0일 경우 최적합 모형이 된다. 즉, 가능도 함수(likelihood function)가 1일 때가 최적합 모형이 되므로 여기에 log 함수를 취하면 0이 된다. 최적합 모형을 찾기 위하여 회귀분석과 같이 전진선택법(forward selection), 후진제거법(backward elimination), 단계선택법(stepwise selection) 등의 방법을 사용한다. 로지스틱 회귀계수에 대한 검정은 회귀분석 시 t 검정을 사용하는 것과 같으며 Wald 통계를 사용한다.

④ 판별분석

판별분석(discriminant analysis)은 종속변수가 질적변수 혹은 범주변수일 때 종속변수에 영향을 주는 독립변수가 무엇이며, 그러한 독립변수 중 영향력이 가장 큰 변수가 무엇인지를 밝히는 통계적 방법이다. 판별분석은 회귀분석과 개념이 동일하며 다만 종속변수가 질적변수라는 점만 다르다. 또한 로지스틱 회귀분석과 다른 것은 종속변수 판별분석의 경우 종속변수는 질적변수이거나 집단을 구분하는 범주변수다.

예를 들어, 어떤 정책에 찬성하는 집단과 반대하는 집단이 있을 때 그 집단의 구성원들이 지니는 다른 변수를 독립변수로 설정하고 어떤 독립변수가 집단구분에 영향을 주는지를 분석할 수 있다. 또 판별분석으로 이혼에 영향을 주는 변수들이 무엇인지 밝힐 수 있다. 연구대상의 이혼 여부에 영향을 줄 수 있다고 고려되는 변수로서 학력, 수입, 직업, 자녀 수, 부부 애정, 혼전 성경험, 종교 등을 들고 판별분석으로 어떤 변수가 가장 많은 영향을 주는지를 밝힐 수 있다. 판별분석으로 특정 대학의 입학 여부를 결정하는 중요한 변수가 무엇인지를 밝힐 수 있다. 합격과 불합격에 영향을 주는 변수로서 대학 수학능력시험점수, 내신점수, 생활기록부 내용, 성별, 거주지역 등을 열거한 후 어떤 변수가 대학입학에 결정적인 영향을 주는지를 분석할 수 있다.

또한 연속변수인 종속변수를 연구자가 어떤 준거에 의하여 상, 중, 하의 집단으로 구분한 후 그 집단 구분이 효율적일 때 어떤 독립변수가 영향을 주는지도 판별분석으로 분석할 수 있다.

예를 들어, 사회계층을 상, 중, 하로 구분하고 그에 영향을 주는 독립변수로 성별, 직업, 수입, 자녀 수, 거주 지역, 학력, 스포츠 참여 정도 등의 변수를 설정하여 연구자가 설정한 상, 중, 하의 구분이 효율적이며 어떤 독립변수가 사회계층 구분에 영향을 주는지, 그리고 사회계층 구분을 위하여 어떤 변수들이 보다 효율적인지를 밝힐 수 있다. 세 집단 이상의 구분을 분석하는 판별분석을 중다판별분석(multiple discriminant analysis)이라고 한다. 판별분석도 중다회귀분석과 같이 다음과 같은 선형등식을 갖는다.

$$Z = W_1 X_1 + W_2 X_2 + W_3 X_3 + \cdots + W_K X_K$$

$\quad Z$: 판별점수

$\quad W_K$: 판별계수

$\quad X_K$: 독립변수

판별분석의 등식은 회귀등식과 동일하며, 다만 판별점수와 판별계수가 다를 뿐이다. 판별계수가 높으면 해당 독립변수가 집단을 구분하는 데 영향을 많이 주는 변수라고 해석할 수 있다. 즉, 판별분석에서 각 독립변수가 집단 구분에 어떤 영향을 주는지는 판별계수에 의하여 해석된다. 판별분석을 위해서는 다음과 같은 **조건과 가정**을 충족해야 한다.

첫째, 종속변수가 질적변수이거나 최소한 집단을 구분하는 범주변수이어야 한다.
둘째, 각 독립변수가 정규분포를 가정해야 한다.
셋째, 각 집단 간의 등분산성 가정이 충족되어야 한다.
넷째, 독립변수들이 상호 독립적이어야 한다.
다섯째, 국외자(outlier)가 없어야 한다.

독립변수가 양적변수일 때 각 모집단의 분포가 정규분포를 이룬다는 가정을 충족해야 한다. 모수통계에서와 같이 정규분포 가정은 이론적이거나 경험적 가정에 근거한다. 정규분포 가정을 충족하지 않을 때는 로지스틱 회귀분석을 사용하는 것이 바람직하다. 또한 각 모집단의 양적 독립변수의 분산이 같아야 한다. 집단 구분에 영향을 주는 독립변수 간에 관계가 없어야 한다. 만약 어떤 독립변수가 다른 독립변수와 높은 상관관계를 지니고 있다면 판별분석이 용이하지 않다. 국외자는 회귀분석의 경우와 같이 판별분석에 영향을 주므로 자료분석 전에 검토하는 것이 바람직하다. 판별분석을 사용할 때 여러 집단으로 구분되어 있으면 판별분석이 불가능해진다. 만약 집단 구분이 많아지면 이는 회귀분석이 된다. 일반적으로 판별분석은 다섯 집단 이하로 구분된 집단연구에 사용된다.

판별분석을 위한 연구대상 수에 절대적인 규칙은 없으나 독립변수 수에 20을 곱한 사례 수를 권장한다(Hair, Anderson, Tatham, & Black, 1995). 예를 들어, 독립변수 수가 5개라면 100명 이상의 연구대상이 필요하다. 최소한 한 집단의 사례 수가 독립변수 수보다 많으면 판별분석이 가능하다고 보나 대체로 20명 이상의 연구대상을 필요로 한다.

⑤ 정준상관

정준상관은 상관관계의 확장된 개념으로 다변량분석의 한 종류다. 상관은 한 변수와 다른 변수와의 관계 혹은 하나의 종속변수와 하나의 독립변수의 관계를 설명하는 반면, **정준상관**(canonical correlation)은 두 개 이상의 종속변수와 독립변수의 관계를 설명한다. 그러므로 정준상관은 다변량분석으로 분류된다. 정준상관관계를 식으로 표시하면 다음과 같다.

$$r_{(Y_1 + Y_2 + Y_3) \cdot X_1}$$

앞의 예에서 독립변수는 하나고 종속변수는 세 개다. 일반적으로 정준상관은 두 개 이상의 독립변수와 두 개 이상의 종속변수와의 관계를 검증한다. 독립변수의 합성이나 종속변수의 합성은 선형조합이다. 정준상관관계에서는 독립변수나 종속변수가 여러 개일 경우 변수들끼리 상호 관련된 부분을 제거하고 순수한 독립변수들의 합성부분과 종속변수의 합성부분 간의 상관계수를 추정한다. **정준상관**을 실시하기 위해서는 다음의 **가정**이 충족되어야 한다.

첫째, 변수들의 관계가 선형이어야 한다.
둘째, 독립변수의 합성과 종속변수의 합성 간의 관계가 선형이어야 한다.
셋째, 가능하면 변수들이 정규분포 가정을 충족해야 한다.

이 가정은 상관계수를 추정할 때의 가정과 동일하다. 변수 간의 관계가 선형관계가 아니라 곡선형 관계일 때 정준상관 분석결과는 타당하지 않다. 또한 가능하면 변수들이 정규분포 가정을 충족할 때 정준상관 분석이 가능하다. 정준상관 분석절차는 다음과 같다.

첫째, 이론적 배경에 의하여 독립변수들과 종속변수를 추출한다.

둘째, 독립변수와 종속변수들을 선형 조합하고, 경우에 따라 가중치를 고려한다.

셋째, 정준상관을 추정한다.

넷째, 결과를 해석한다.

6 경로분석

경로분석(path analysis)이란 변수가 세 개 이상일 때 변수 간의 인과관계를 밝혀 인과 모형을 찾아내는 통계적 방법이다. 경로분석은 변수 간의 상관계수에 근거하여 원인과 결과를 찾아내어 어떤 현상을 설명하려는 데 목적이 있다. 경로분석은 독립변수가 세 개 이상일 때 다른 통계방법보다 인과관계의 모형을 구체적으로 밝혀낼 수 있다. 즉, 독립변수가 여러 개일 때 어떤 독립변수는 종속변수에 직접 영향을 주고, 어떤 독립변수는 종속변수에 영향을 주는 다른 독립변수에 영향을 주어 간접적으로 종속변수에 영향을 줄 수 있다. 또한 독립변수들끼리 서로 영향을 줄 수도 있다. 이런 변수 간의 관계를 모형으로 구안하는 통계적 방법을 경로분석이라고 한다. 종속변수에 영향을 주는 독립변수를 밝혀내고 현상을 설명하는 최적 모형을 찾아내려는 목적은 중다회귀분석과 같으나, 중다회귀분석은 간접적으로 종속변수에 영향을 주는 독립변수 간의 인과관계를 밝혀내지는 못한다.

연구에서 **경로분석**을 실시하기 위한 **절차**는 다음과 같다.

첫째, 연구의 관심이 되는 변수 간의 인과관계를 가정하여 모형을 설정한다.

둘째, 변수들을 타당하고 신뢰성 있게 측정한다.

셋째, 변수 간의 상관계수를 추정한다.

넷째, 수집한 자료가 설정한 모형과 일치하는지를 분석한다. 설정한 모형
     이 수집한 자료를 적합하게 설명하고 있는지 분석한다.

다섯째, 모형이 수집한 자료와 일치하지 않으면 인과관계 모형을 수정한다.

여섯째, 수정한 모형이 수집한 자료와 일치하는지를 검증한다.

연구자는 연구목적을 설정한 후 이론적 배경과 경험적 배경에 의하여 어떤 현상과 관계된 변수들을 추출하고 그 현상을 설명하기 위한 변수 간의 인과관계 모형을 설정한다. 인과관계 모형을 설정하기 위해서는 연구자의 이론적 · 경험적 배경이 강해야 한다. 특히 많은 변수가 개입된 연구나 복잡한 현상 및 이론을 설명하기 위한 인과 모형은 매우 복잡하다. 그러므로 연구에서 설정된 변수들을 타당하고 신뢰성 있게 측정해야 인과관계 모형으로 현상을 설명할 수 있다. 측정결과가 타당하고 신뢰성 있지 않으면 연구의 내재적 타당성이 떨어지는 것은 말할 것도 없고, 경로분석의 경우는 모형을 설정할 수 없어서 위에서 언급한 경로분석의 다섯째와 여섯째의 단계를 반복해야 하는 어려움에 처하게 된다. 자료를 수집하고 난 후 측정한 변수 간의 상관계수는 경로분석의 기초자료로서 인과관계 모형을 설정하는 데 사용된다. 연구자가 설정한 인과 모형이 자료에 적합하여 현상을 설명하고 이론을 정립할 수 있는지를 분석하였을 때, 인과 모형이 자료와 적합하지 않으면 이는 모형이 현상을 설명하지 못하는 것이기 때문에 연구자가 이론적 · 경험적 배경에 의존하여 설정한 모형을 수정해야 한다. 독립변수가 종속변수에 직접적으로 영향을 주는지, 간접적으로 영향을 주는지, 독립변수 간에 어떠한 관계가 있는지 등을 재검토하여 수정해야 한다. 새로운 인과관계 모형을 수립한 후 경로분석을 다시 실시하여 이 모형이 자료와 적합한지를 확인한다. 연구자의 이론적 배경이나 경험적 배경이 강할수록 모형 수정의 빈도가 줄

어든다.

경로분석의 예로 초등학교 성적에 영향을 주는 변수 간의 인과관계를 모형으로 구축할 수 있다. 연구자는 초등학교 성적에 영향을 주는 변수로서 가정의 사회적 배경, 지능, 교사와의 관계, 출석률을 설정하고 변수 간의 인과관계를 모형으로 구안한다. 연구자는 이론적 배경과 경험적 배경에 의하여 [그림 17-2]와 같은 모형을 설정할 수 있다.

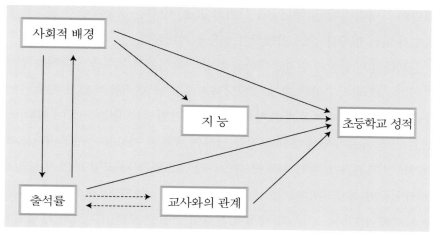

[그림 17-2] 초등학교 성적에 영향을 주는 변수의 인과 모형

이의 모형은 학생 가정의 사회경제적 배경과 출석률은 상호관계가 있으며 지능에 영향을 주어 지능이 초등학교 성적에 영향을 준다고 분석한다. 또한 출석률은 교사와의 관계를 결정지으며 교사와의 관계는 학교 성적에 직접적으로 영향을 미친다는 것을 나타내고 있다. 그러므로 사회적 배경과 출석률은 초등학교 성적에 간접적으로 영향을 주는 변수이며, 지능과 교사 간의 관계는 초등학교 성적에 직접적으로 영향을 주는 변수임을 알 수 있다.

인과 모형에서 화살표는 영향의 방향을 나타내며 두 변수 간에 쌍방향의 화살표가 있으면 상호 인과관계가 있음을 나타낸다. 인과관계 모형을 나타낼 때 인과관계를 일방적 방향으로만 나타내는 모형을 **일방 모형**(recursive model)이라고 하고, 두 변수 간의 관계를 상호 영향을 주는 양방적 형태로 나타내면 **비일방 모형**(nonrecursive model)이라고 한다. 앞의 모형은 일방 모형과 비일방 모형을 혼합한 모형이다. 경로분석에서 독립변수 간에 전혀 상관이 없는 변수들이 있다. 이런 변수들을 **외생변수**(exogeneous variable)라고 하고, 서로 관계가 있는 변수를 **내생변수**(endogenous variable)라고 한다.

경로분석에서는 회귀분석에서의 회귀계수와 같이 경로계수가 있다. 경로계수(path coefficient)는 표준화 회귀계수로서 한 변수가 다른 변수에 주는 영향력을 나타내며 −1에서 +1 사이의 값을 지닌다. 경로계수가 클수록 한 변수가 다른 변수에 주는 영향력이 높음을 의미한다.

경로분석은 현상의 인과관계들을 설명하여 이론적 모형을 구축하는 장점이 있다. 그러나 수집된 자료가 타당하지 않거나 신뢰롭지 않고 자료 수가 충분하지 않으면 인과관계 모형을 제대로 구안할 수가 없는 단점이 있다. 설령 수집한 자료가 타당하고 신뢰할 만하며 충분한 자료를 수집하였다고 하더라도 인과관계 모형이 자료에 적합하지 않으면 인과 모형을 다시 설정하는 작업을 반복할 수밖에 없어서 경로분석에 익숙하지 않은 연구자는 혼란을 느끼게 된다. 즉, 이론적 배경에 의하여 구안한 모형이 자료와 부합되지 않으면 새로운 인과 모형을 구안하고 분석하는 작업을 반복해야 한다. 경로분석의 특성상 기존에 연구된 인과 모형에 새로운 변수를 하나만 추가하더라도 인과 모형은 많은 변화를 가져오기 때문에 경로분석을 사용하는 연구에는 많은 자료분석 경험이 필요하다.

경로분석은 Wright(1934)에 의하여 생리학 분야에서 개발된 분석방법으로 통제가 철저한 실험 상황의 자료를 분석하기 위하여 고안되었다. 통제가 가능하므로 인과관계를 쉽게 결정할 수 있으나 이런 방법을 사회과학에 적용하기에는 많은 문제점이 있다는 지적도 적지 않다. 사회현상에 존재하는 변수들은 상호관계가 있는 변수들이 거의 대부분이며 일방적 인과관계가 있는 경우는 드물기 때문에 경로분석을 사화과학에 적용하는 데 제한이 따른다는 비판도 있다.

⑦ 구조방정식 모형

구조방정식 모형(structural equating model: SEM)은 경로분석보다 발전된 통계적 방법으로, 종속변수에 영향을 주는 두 개 이상의 변수들과의 인과관계를 밝혀 현상을 설명하는 인과 모형을 구축하는 방법이다. 이때 원인이 되는 변수는 다수의 하부변수로 구성된다. 구조방정식 모형은 경로분석과는 달리 보다 타당하고 신뢰로운 자료를 변수로 사용하기 때문에 인과관계를 더 과학적으로 설명한다. 구조방정식 모형을 LISREL, 잠재변수인과 모형(latent variable casual modeling), 공분산구조 모형 혹은 공분산구조분석이라고 하기도 한다. 구조방정식 모형을 LISREL이라고 하는 이유는 공변량구조분석을 위하여 사용하는 컴퓨터 프로그램 이름인 Analysis of Linear Structural Relationship의 약어가 LISREL이기 때문이다. 잠재변수인과 모형이라고 하는 것은 인과관계를 밝히기 위하여 사용하는 변수 중 잠재변수(latent variable)들이 자료분석에 포함되기 때문이다.

예를 들어, 대학의 서열을 결정하는 변수에 대한 연구에서 어떤 변수들이 영향을 주는지, 그리고 변수 간에 어떤 인과관계가 있는지를 밝히기 위하여 구조방정식 모형을 사용할 수 있다. 외국의 경우, 대학의 서열이 전공별로 매년 발표되며 발표 기관마다 다소 다른 기준을 적용하고 있어서 다른 서열을 발표하는 경우를 흔히 볼 수 있다. 연구자는 대학의 순위를 결정하는 중요한 요인으로 학교크기와 연구실적, 대학원생의 질을 이론적 배경에 의하여 도출하였다. 학교의 크기는 교수 수, 대학원 졸업생 수 그리고 대학원 재학생 수로 결정하였고, 연구실적은 학회지 발표 연구논문 수, 학회지나 학회에 논문을 발표한 교수의 비율, 연구비를 지원받고 있는 교수의 비율로 결정하였다. 또한 대학원생의 질은 최근 3년간 대학이나 연구와 관련된 기관에 취직한 졸업생의 비율로 결정하였다. 이론적 배경에 의하여 구성한 변수들의 인과관계 모형은 [그림 17-3]과 같다.

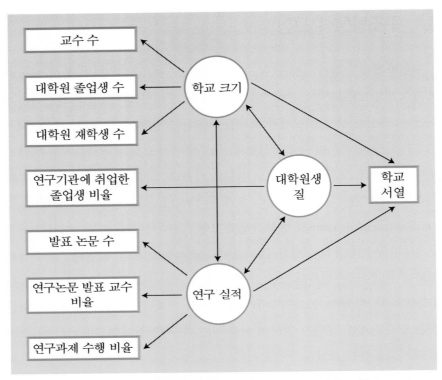

[그림 17-3] 학교 서열을 결정하는 변수들의 인과 모형

　이 모형에서 학교크기, 연구실적 그리고 대학원생 질은 잠재변수라고
하고, 교수 수, 대학원 졸업생 수, 재학생 수, 발표 논문 수, 연구논문 발표
교수 비율, 연구과제 수행 교수 비율은 표명변수라고 한다. **잠재변수**(latent
variable)는 구조방정식 모형에서 인과관계를 설명하는 이론적 구인이며 타
원형으로 나타낸다. 교육연구에서 측정이 정확하지 않을 경우 잠재변수를
여러 측정치로 나타내는 것이 바람직하다. **표명변수**(manifest variable)는 연
구자에 의하여 직접 측정이 가능한 변수이며 사각형으로 표시한다. 이 모형
에서 대학원생의 질은 인과 모형의 이론적 구인으로 잠재변수이나 측정이
명확한 자료를 사용하고 있다. 잠재변수를 나타내기 위하여 다양한 검사를
사용하여 점수를 얻을 수 있으며 이 점수는 요인분석에 의하여 각 요인으로
구분된다.

경로분석과 비교했을 때 구조방정식 모형은 측정치나 변수들을 조합하여 이론적 구인을 구성한 후 이론적 구인인 잠재변수들과 종속변수 간의 인과관계를 분석하는 방법으로 경로분석보다 한 단계의 과정이 더 필요하다. 경로분석은 연구의 관심이 되는 변수 간의 인과관계를 분석하는 연구로서, 변수들을 이론적 구인으로 구성하지 않는다. 수집된 자료를 분석하여 경로계수를 추정하며, 경로분석과 같이 경로계수의 크기는 −1에서 +1 사이의 값을 지닌다. 그리고 경로계수 값이 클수록 인과관계에 대한 영향력 또한 크다고 해석된다.

구조방정식 모형은 경로분석보다 복잡하지만 인과관계를 잘 규명할 수 없다. 인과관계를 밝히기 위해서는 측정이 타당하고 신뢰성 있어야 하며 충분한 사례 수가 필요하다. 변수가 많아지면 사례 수가 늘어나며 인과관계 모형에 의해서도 사례 수가 변화된다. 경로분석보다 인과관계 모형 설정을 위해서 한 단계를 더 고려해야 하므로 구조방정식 모형으로 연구를 하기 위해서는 이론적 배경이나 경험적 배경이 강해야 한다. 인과관계 모형이 수집한 자료와 부합하지 않을 경우 인과관계 모형을 수정하는 작업이 반복되어야 한다는 점은 경로분석과 같다. 구조방정식 모형은 경로분석, 회귀분석 그리고 요인분석이 합성되어 발전된 통계적 방법이다.

⑧ 요인분석

요인분석(factor analysis)이란 알지 못하는 특성을 규명하기 위하여 문항이나 변수 간의 상호관계를 분석하여 상관이 높은 문항이나 변수들을 모아 요인으로 규명하고 그 요인의 의미를 부여하는 통계적 방법이다. 요인분석은 인간의 심리적 특성을 규명하기 위하여 개발된 통계적 방법으로 지능을 밝히는 데 사용되었다. 최근에는 구조방정식 모형에서 잠재변수를 밝히는 데에도 요인분석이 사용되고 있다.

요인분석을 통하여 Spearman은 지능을 일반요인과 특수요인으로 구분하였으며, Thurstone은 지능이 일곱 가지 기본 정신능력으로 구성되어 있다고 주장하였다. 일곱 가지 기본 정신능력은 어휘력, 수리력, 공간력, 지각력, 추리력, 암기력, 언어유창성이다. 즉, 알지 못하는 지능을 연구하기 위해서 많은 문항으로 제작된 지능 검사를 실시하여 얻은 자료를 가지고 요인분석을 한 결과, 지능은 일곱 가지 하부능력으로 합성된 것임을 알게 된 것이다. 이 하부능력을 구인이라고 하며, 구인타당도를 검증하는 데 요인분석이 사용된다.

요인분석은 다소 복잡한 통계적 방법이지만 이 또한 문항 혹은 변수 간의 상관계수에 근거한다. 즉, 관계가 높은 문항들이나 변수들을 묶어 하나의 요인으로 의미를 부여한다. **요인분석의 절차**는 다음과 같다.

첫째, 문항점수를 얻거나 변수들을 측정한다.
둘째, 문항이나 변수 간의 상관계수 행렬을 구한다.
셋째, 회전하지 않은 요인을 추출한다.
넷째, 요인구조의 명확한 해석을 위하여 요인을 회전시킨다.
다섯째, 회전된 요인과 관계있는 요인부하량이 큰 문항이나 변수들의 내용에 근거하여 요인을 해석하고 이름을 부여한다.

알지 못하는 잠재적 특성을 측정하기 위하여 검사를 실시하거나 변수를 측정하여 그들 간의 상관계수를 구하면 관계가 깊은 문항이나 변수들이 묶여지게 된다. 묶여진 문항이나 변수들은 요인이 되며 해석을 쉽게 하기 위하여 요인들을 회전하고 회전된 결과에 따라 요인을 분석한다.

요인분석에는 탐색적 요인분석과 확인적 요인분석이 있다. 탐색적 요인분석(exploratory factor analysis)은 연구자가 어떤 요인들과 요인의 수에 대하여 확실한 정보가 없을 경우 실시하는 분석이고, 확인적 요인분석(confirmatory factor analysis)은 연구자가 요인 수에 대한 정보를 가지고 있을 때 실시하는 분석이다. 탐색적 요인분석을 실시할 때 요인의 수를 결정하기 위하여 고유값(eigen value)을 참고한다. 일반적으로 고유값이 1 이상일 때 하나의 요인으로 간주한다.

  문항이나 각 변수가 어떤 요인과 관련이 있는지는 요인부하 값(factor loading)에 의하여 결정된다. 일반적으로 요인부하 값이 .4 이상인 문항이나 변수를 해당 요인과 관계가 있다고 분석한다. 요인분석의 통계적 방법이 발전되면서 소수의 연구대상으로 요인분석을 실시할 수 있다. 일반적으로 안정적인 상관계수를 얻기 위해서는 300명 이상의 연구대상이 필요하나, 100명 이상의 사례 수로도 요인분석이 가능하다. 요인분석을 적용한 예로는 지능이나 창의성 규명 연구를 들 수 있다. 이론적 배경에 의하여 연구자는 창의성을 측정하기 위한 문항을 제작하여 검사를 실시한 후 문항 간의 상관계수를 구하여 요인분석을 실시한 결과 각 문항들이 여섯 개의 요인으로 묶임을 발견하였다. 여러 문항으로 측정된 각 요인에 의미를 부여하였더니 요인은 각각 민감성, 이해성, 도전성, 개방성, 자발성, 자신감으로 나타났다.

⑨ 다층모형분석

  다층모형분석은 특정 수준에서 측정된 변수가 상위수준에 내재되어 있는 위계적 구조를 가질 때 활용할 수 있는 통계적 기법이다. 이러한 자료를 다층자료(multilevel data)라고 하며, 개인수준(1수준)에서 측정된 변수와 집단수준(2수준)에서 측정된 변수를 동시에 포함한다. 예를 들면, 학생이 학교에 속해있거나, 학교가 각 시·도 교육청에 속해 있는 구조를 가진 자료를 말한다. 다층모형을 통하여 연구자는 각 집단의 평균 차이, 각 집단의 기울기 차이, 개인수준 변수와 집단수준 변수 간의 상호작용 효과(cross-level interaction) 등을 확인할 수 있다.

  또한 다층모형은 종단자료(longitudinal data) 분석에도 적용할 수 있다. 종단자료나 시간의 간격을 두고 반복 측정된 자료는 개인 안에 여러 측정값이

내포된 다층자료이기 때문이다. 종단자료에 다층모형을 적용한 모형 중 가장 단순한 형태는 1수준이 반복 측정된 값이고 2수준이 개인인 2단계 모형이다. 종단자료를 분석할 때, 시간 간격이 일정하지 않은 경우와 개인별로 측정횟수가 동일하지 않을 때에도 적용이 가능하기 때문에 패널이 탈락하거나 자료가 손실된 경우에도 분석에 지장을 받지 않는다는 큰 장점이 있다 (Hox, 2002).

다층모형은 다음 다섯 가지 가정이 1수준과 2수준 모두에서 만족되어야 한다.

첫째, 1수준의 잔차는 상호 독립적이고, 평균은 0이며, 정규분포를 갖는다.
둘째, 1수준 독립변수는 1수준의 잔차와 독립적이어야 한다.
셋째, 2수준 잔차의 평균은 0이고, 각 집단의 분산-공분산은 다변량 정규분포를 갖는다.
넷째, 2수준 독립변수는 2수준의 잔차와 독립적이어야 한다.
다섯째, 1수준의 잔차와 2수준의 잔차는 서로 독립적이어야 한다.

각 수준별로 하나의 독립변수가 투입된 다층모형은 다음과 같다.

$$1수준 \quad Y_{ij} = \beta_{0j} + \beta_{1j}X_{ij} + e_{ij}$$
$$2수준 \quad \beta_{oj} = \gamma_{00} + \gamma_{01}W_j + u_{0j}$$
$$\beta_{1j} = \gamma_{10} + \gamma_{11}W_j + u_{1j}$$

1수준 모형에서 Y_{ij}는 집단 j에서의 개인 i의 측정치로, 모형의 종속변수에 해당한다. X_{ij}는 집단 j에서의 개인 i의 특성변수로 종속변수를 예측 또는 설명하기 위한 독립변수다. β_{0j}와 β_{1j}는 1수준의 계수(level-1 coefficients)로 각각 평균과 X_{ij}의 영향력에 대한 회귀계수다. e_{ij}는 1수준의 무선 효과

(level-1 random effect)로 집단 j에서의 개인 i의 측정치에 대하여 독립변수에 의해 설명되지 않는 부분인 잔차(residual), 즉 무선 오차를 의미한다.

2수준 모형은 1수준의 계수인 β_{0j}와 β_{1j}를 예측 또는 설명하기 위한 모형이다. 1수준의 절편과 기울기를 예측하기 위한 2수준 독립변수 W_j는 집단 j의 특성변수다. γ_{00}와 γ_{10}, γ_{01}, γ_{11}는 2수준의 계수(level-2 coefficients)로 γ_{00}와 γ_{10}는 2수준 모형의 절편을, γ_{01}는 2수준 독립변수 W_j의 효과를, 그리고 γ_{11}는 1수준 독립변수와 2수준 독립변수의 상호작용 효과를 의미한다. u_{0j}와 u_{1j}는 2수준의 무선효과(level-2 random effect)로 집단수준의 독립변수가 설명하지 못한 각 집단별 잔차다. 위 모형에서 γ_{00}, γ_{10}, γ_{01}, γ_{11}는 고정효과(fixed effects) 모수이고, e_{ij}, u_{0j}, u_{1j}는 무선효과(random effects) 모수를 의미한다.

이와 더불어, 종속변수의 분산을 1수준과 2수준으로 나누어 추정한 후, 전체 분산 중 집단수준의 분산이 차지하는 비율, 즉 집단내 상관계수(intraclass correlation: ICC)를 구할 수 있다. 식으로 표현하면 다음과 같다.

$$\text{ICC} = \frac{\sigma_{u0}^2}{\sigma_{u0}^2 + \sigma_e^2}$$

σ_{u0}^2: 집단간 분산

σ_e^2: 집단내 분산

2수준 무선효과(u_{0j}, u_{1j})의 통계적 유의성과 함께, 기초모형(null model)에서 산출한 ICC 역시 2수준 다층모형 적용의 적절성을 판단하는 근거가 된다.

다층모형은 각 수준의 독립변수 투입 여부와 무선효과 허용 여부 등에 따라 다양한 모형이 존재한다. 무선효과모형(one-way ANOVA with random effects, fully unconditional model), 무선절편모형(random intercept regression model with fixed slope), 무선계수모형(random-coefficients regression model), 무선절편·기울기 모형(intercepts-and slopes-as-outcomes regression model) 등이다. 무선효과모형은 1수준과 2수준 모형에 독립변수를 투입하지 않고, 절편과 1수준의 효과(e_{ij})와 2수준의 효과(u_{0j})만을 추정하는 모형이다. 무선절편모형은 1수준 모형에 투입된 독립변수의 효과는 2수준의 집단별로 동일하지만, 집단에 따라 절편값은 다르다고 가정하는 모형이다. 무선계수모형은 1수준 모형에 투입된 독립변수의 효과가 집단에 따라 다르다고 가정하는 모형이며, 무선절편·기울기 모형은 2수준 모형에 독립변수를 투입함으로써 집단의 특성과 집단 내 개인 특성 변수의 상호작용까지 추정하는 모형이다.

1. 다음 단어를 설명하라.

상관계수

단순회귀분석

다중회귀분석

회귀계수

결정계수

전진선택법

후진제거법

단계선택법

로지스틱 회귀분석

판별분석

판별계수

정준상관

경로분석

경로계수

일방적 모형

비일방 모형

구조방정식 모형

LISREL

잠재변수

요인분석

고유값

요인부하 값

다층모형

2. 다음 통계방법을 이용한 연구문제를 설정하고 설명하라.

   상관계수
   중다회귀분석
   로지스틱 회귀분석
   판별분석
   경로분석
   구조방정식 모형
   요인분석
   다층모형분석

3. 연구에서 상관계수와 단순회귀분석을 사용할 때 같은 점과 다른 점은 무엇
   인지 설명하라.

4. 회귀분석, 로지스틱 회귀분석, 판별분석의 관계를 설명하라.

5. 회귀분석, 경로분석, 구조방정식 모형의 관계를 설명하라.

6. 다음 통계방법을 사용한 논문을 찾아서 연구목적과 부합하는 통계방법을
   사용하였는지를 분석하고 수정하라.

   중다회귀분석
   로지스틱 회귀분석
   판별분석
   경로분석
   구조방정식 모형
   요인분석

제18장 자료입력과 분석

연구결과를 분석하기 전에 수집된 자료를 분석하기 쉬운 형태로 입력하기 위해 코딩양식을 정하고, 그 규칙에 따라 자료를 입력해야 한다. 이 장에서는 코딩양식의 설계와 자료파일을 작성하는 방식 및 분석절차에 대해 설명한다.

① 코딩양식의 설계

자료수집 과정에서 문제가 있는 자료들이 포함되어 있으면 타당한 연구결과를 얻을 수 없으므로 자료를 입력하기 전 혹은 자료를 입력하는 과정에서 수집된 자료들이 타당하고 신뢰로운지 확인하는 절차가 필요하다. 수집된 자료를 일정한 규칙에 따라 정리하는 단계를 **코딩**이라 하며, 코딩을 보다 효과적으로 수행하기 위해서는 **코딩양식**(coding scheme)을 미리 정해야 한다. **코딩양식을 설계**할 때 다음의 사항들을 고려하면 자료 분석에 도움이 된다.

첫째, 응답대상자를 구별하기 위한 일련번호가 설문지와 자료 파일 모두에 기록되어 있어야 한다. 일련번호가 있어야 자료를 분실하거나 입력 오류가 있을 때 어떤 자료에 문제가 있는지를 쉽게 발견할 수 있기 때문이다. 설문조사의 경우 설문지를 발송할 때부터 일련번호를 기재하여 발송하면 회수 여부를 확인하기도 쉽고 입력 오류를 확인하기도 편하다. 일련번호를 미리 부여하지 못했을 때에는 설문지가 수거된 후에라도 반드시 기록하도록 한다.

둘째, 각 문항에 대한 응답이 상호 모순적이거나 응답하지 않은 문항이 많은 설문지들은 자료입력에서 제외한다. 불성실한 응답은 결과 해석의 타당성과 신뢰성을 떨어뜨리므로 입력하기 이전에 응답자들의 응답경향성에 대해 검토해 볼 필요가 있으며 신뢰할 수 없는 자료는 제거해야 한다. 이는 연구자가 의도한 형태의 응답자료가 아니면 자료를 제거하라는 뜻은 아니다. 연구자가 기대하는 결과와 반대되는 자료라도 신뢰할 수 없는 경우 새로운 이론을 제기할 수 있는 좋은 자료가 될 수 있다.

셋째, 한 가지만 응답하도록 요구하였으나 두 가지 이상 응답했을 경우 조사자의 의도와 응답자 간의 이해에 차이가 있는 것이므로 앞뒤 문항의 내용을 기초로 한 가지만을 골라내거나, 판단이 어려울 때는 무작위로 하나만 남기고 나머지는 제거한다.

넷째, 범주형 질적 변수의 경우에는 각 범주를 구별할 수 있는 값을 할당한다. 예를 들어, 성별과 같이 응답이 범주형으로 구분되는 경우에는 남자는 '1', 여자는 '2'와 같이 숫자로 변환해 준다. 개방형(자유반응형) 질문일 경우에도 유사한 내용의 응답끼리 범주화하여 값을 부여하면 자료분석을 효율적으로 수행할 수 있다.

다섯째, 한 문항에서 두 가지 이상의 항목을 선택하도록 구성된 다중응답 문항의 경우 한 가지 항목만을 선택하는 문항과 자료를 입력하는 방식에서부터 차이가 있으므로 코딩양식을 설계할 때 이를 고려해야 한다. 다중응답 문항의 경우 각 항목을 하나의 변수로 취급하여 그 값을 입력한다. 값을 할당하는 방식은 해당 항목을 선택했을 때 '1', 선택하지 않았을 때 '0'으로 입력하는 이분법과 선택한 항목의 번호를 그대로 입력하는 중복법이 있다. 다중응답문항의 입력과 분석에 관한 구체적인 내용은 통계 프로그램을 다루는 책들에서 대부분 소개하고 있으므로 참고하기 바란다.

코딩양식을 설계하는 예는 〈표 18-1〉과 같다. 이 연구에서는 수입과 직업만족도에 영향을 주는 요인들을 알아보기 위해 연구대상자의 성별, 학력, 근무 연한, 자격증 소지 유무, 나이에 대한 정보를 수집하였다. 코딩양식에는 각 변수의 이름과 변수의 구체적인 내용을 기록하며, 각 변수들이 자료파일의 어디에 위치하며 몇 칸을 차지하는지, 각 변수들을 어떤 값으로 부호화할 것인지를 기록한다. 이와 같이 코딩양식이 기록되어 있는 종이를 자료입력 정보용지라고 한다.

〈표 18-1〉 코딩양식의 설계

변수명	변수 설명	위치	칸 수	변수값 설명
일련번호	연구대상의 일련번호	1~3	3	
성 별	성별	5	1	1: 남자, 2: 여자
학 력	최종 학력	7	1	1: 중졸 이하, 2: 고졸, 3: 대졸, 4: 대학원 이상
근무연한	현 직장에서의 근무연한	9~10	2	
자 격 증	자격증 소지 유무	12	1	0: 없다, 1: 있다
나 이	만 나이	14~15	2	
수 입	한 달 수입 (단위: 만 원)	17~19	3	
만족도 1~ 만족도 10	직업만족도 (10문항)	21~30	각 1칸	1: 매우 불만, 2: 불만, 3: 보통, 4: 만족, 5: 매우 만족

❷ 자료파일의 작성

　자료의 입력은 다양한 프로그램을 이용하여 수행할 수 있다. 한글이나 MS 워드와 같은 프로그램을 활용할 수도 있고, 메모장이나 워드패드 같은 편집기를 쓰거나 엑셀과 같은 스프레드시트를 사용하여 입력하여도 된다. 또한 SPSS, SAS 등의 통계분석 프로그램에 직접 입력할 수도 있다. 응답자료가 한글을 포함하고 있는 경우에는 엑셀이나 SPSS, SAS 등을 이용하여 입력하는 것이 더 편리하며, 한글이나 MS 워드와 같은 프로그램을 사용하여 입력하였을 때는 ASCII 코드로 인식되도록 파일을 텍스트 형식(*.txt)으로 저장해야 한다는 점을 주의해야 한다.

　학위논문을 준비하는 대학원생의 경우 설문지에 응답된 내용을 보고 코딩설계 양식에 따라 개인 컴퓨터에 자료를 입력하는 방법을 많이 사용한다. 한글이나 MS 워드 혹은 메모장이나 워드패드 같은 텍스트 편집기에 텍스트 형식(ASCII 코드)으로 자료를 입력하는 예는 [그림 18-1]과 같다.

```
001 2 3 24 0 51 400 2345432344
002 1 2 17 1 37 300 3524443335
003 2 2 03 0 23 150 2211122222
004 1 4 15 1 48 500 2333332222
005 2 3 22 1 51 400 3444444344
006 1 3 24 1 40 600 4444345554
007 2 3 04 0 30 200 2332322332
008 2 3 22 0 48 250 2233332333
009 1 2 09 1 29 300 3332444333
010 1 4 20 1 56 700 5555445544
```

[그림 18-1] 텍스트 형식에 의한 자료파일의 작성(data.txt)

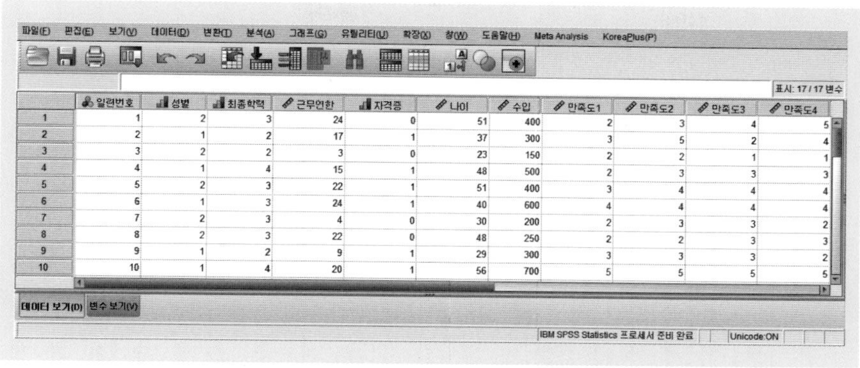

[그림 18-2] SPSS를 이용한 자료파일의 작성(data.sav)

　　IBM SPSS Staticties(이하 SPSS라 함) 프로그램에 직접 자료를 입력하는 예는 [그림 18-2]와 같다. SPSS의 데이터 편집기는 스프레드시트 형식으로 되어 있어 엑셀에 자료를 입력하는 방식과 동일하며 변수의 이름과 특성을 지정할 수 있는 변수 보기 창이 별도로 구성되어 있다는 점만 다르다. 엑셀에서 입력된 자료와 SPSS에 입력된 자료는 쉽게 호환이 가능하다. SPSS 프로그램을 이용하여 자료를 입력하는 방법은 [부록 4-1]에서 자세히 소개한다.

　　수작업으로 자료를 입력하지 않고, 스캐너(scanner)로 응답지를 읽어 자료파일을 자동적으로 생성하게 하는 방법도 있다. 응답지(answering sheet)란 질문지나 검사지와는 별도로 연필이나 수성펜으로 응답만 하게 하는 용지로서 [그림 18-3]과 같다.

　　국가단위나 많은 양의 자료를 분석하는 연구기관에서는 질문지에 맞게 응답지를 도안하여 자동적으로 자료파일이 생성되도록 하고 있다. 응답지를 사용하는 이유는 연구시간을 단축할 수 있으며 자료입력을 수작업으로 할 때 발생할 수 있는 실수를 방지할 수 있기 때문이다. 단점으로는 응답지 인쇄에 따른 비용과 응답용지를 읽는 스캐너가 필요하다는 점을 들 수 있다.

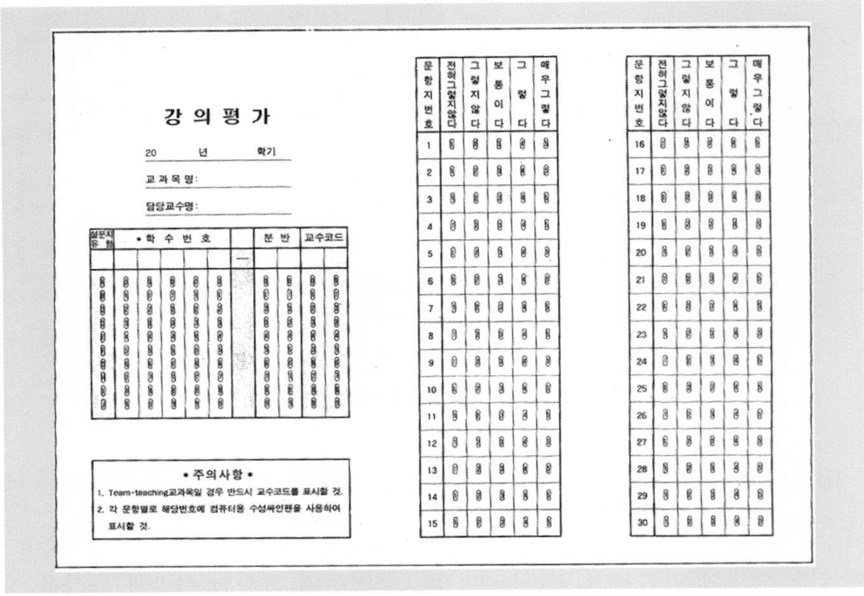

[그림 18-3] 응답지(answering sheet)

❸ 자료분석

　자료분석에 앞서 자료가 제대로 입력 혹은 변환되었는지에 대한 검토작업이 반드시 필요하다. 입력오류가 있을 경우 이 실수가 분석결과에 지대한 영향을 미칠 수 있기 때문이다. 입력오류는 다양한 곳에서 다양한 형태로 일어날 수 있으므로 가능하면 응답지 원본과 입력된 자료파일을 하나하나 확인해 보는 것이 좋지만 자료가 너무 많아서 일대일 확인이 어려울 경우에는 최소한 응답지의 10% 정도라도 임의 추출하여 대조해 보아야 한다. 또한 각 변수별로 기본적인 기술통계치를 산출해 보는 것도 입력오류를 확인할 수 있는 좋은 방법이 될 수 있다.

　예를 들어, 연속변수의 경우에는 평균, 표준편차, 최소값, 최대값 등을 구해 보고, 범주변수의 경우에는 빈도표 등을 산출해 보면 자료에 포함될 수 없는 이상한 값들을 발견할 수 있다. 이러한 절차를 통해 완벽한 자료 파일이 만들어졌으면 연구가설을 검증하기 위해 자료분석을 실시한다. 자료분석을 위해서는 통계 프로그램이 필요하며 사회과학에서는 다양한 종류의 통계 프로그램이 사용된다. 사회과학, 자연과학 그리고 생명과학에서 사용되는 통계는 연구의 목적에 따라 다소 상이하나 흔히 사용되는 **통계 프로그램**은 다음과 같다.

BMDP(Bio-Medical Development Program)
MINITAB
SAS(Statistical Analysis System)
SPSS(Statistical Package for Social Science)
SPSSX
SPSS/PC+
jamovi

BMDP는 생명과학 분야에서 주로 쓰이는 통계 프로그램으로, 1990년대 이후에 개인용 컴퓨터(Personal Computer)를 위한 프로그램이 개발되었다. MINITAB은 펜실베이니아 대학에서 개발된 통계 프로그램으로 기초 통계 분석을 위해 일반인들이 쉽게 사용할 수 있도록 개발되었다. MINITAB 프로그램의 특징은 통계 분석을 위한 명령어가 통계에서 사용하는 용어와 일치하도록 제작되어 통계를 통해 얻은 지식을 컴퓨터로 즉시 전환하여 자료를 분석할 수 있다는 장점이 있다. SAS는 통계 분석뿐 아니라 간단한 용어를 사용하여 프로그램을 제작하고 자료분석을 할 수 있는 프로그램으로, 현재 널리 사용되고 있다. SPSS와 SPSSX는 사회과학에서 흔히 사용되는 프로그램으로 두 프로그램 모두 대형 컴퓨터용이다. 1980년대 이후 개인용 컴퓨터의 출현으로 인하여 대형 컴퓨터에 사용되던 SPSS와 SPSSX 프로그램을 개인용 컴퓨터에 맞게 변환한 것이 SPSS/PC+이다.

　최근에는 많은 컴퓨터 프로그램이 Windows용으로 개발되고 있어서 명령어를 치지 않고 화면에 나타난 표식에 마우스로 클릭만 하여도 자료분석을 할 수 있게 되었다. 급속히 보급되고 있는 Windows용 통계분석 프로그램으로는 SPSS와 SAS 등이 있다.

　SPSS는 현재 영문과 한글 모두 version 26.0까지 개발이 된 상태이며, 데이터 파일(*.sav)과 명령어 파일(*.sps)을 작성하여 분석을 수행하면 그 수행 결과가 출력결과 파일(*.spv)로 자동생성된다. Windows용 프로그램이므로 특수한 경우를 제외하고는 별도의 명령어 파일을 만들지 않고 마우스에 의한 선택만으로도 분석을 수행할 수 있다. SPSS를 이용한 자료분석의 절차는 [그림 18-4]와 같다.

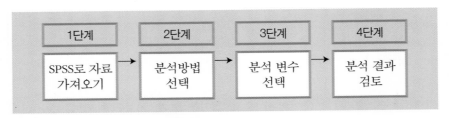

[그림 18-4] SPSS Win을 이용한 자료분석의 절차

　jamovi는 오스트레일리아 통계학자 Jonathon Love, Damian Dropmann, Ravi Selker가 개발한 통계분석 프로그램으로 R기반의 GUI(Graphic User Interface) 프로그램이다. jamovi는 실행이 편리하고 데이터와 분석 결과를 한 화면에서 확인할 수 있을 뿐 아니라 SPSS나 SAS에 비해 컴퓨터 용량을 많이 필요로 하지 않는 장점을 가지고 있다(성태제, 2019). jamovi 프로그램은 https://www.jamovi.org/download.html에서 무료로 내려받을 수 있으며, jamovi를 이용한 분석 예는 [부록 4-2]에 소개하였다.

연◇습◇문◇제

1. 다음 단어를 설명하라.

    자료파일

    부호화

    자료입력 정보용지

    스캐너

    ASCII 코드

    SAS

    SPSS

    BMDP

    MINITAB

    jamovi

2. 질문지에 의한 자료입력의 정보용지를 작성하라.

3. 자료파일을 작성하여 제출하라.

제7부

연구보고서 작성 및 평가

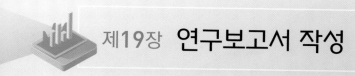

제19장 연구보고서 작성

　수집된 자료를 분석하고 나면 연구결과를 얻을 수 있으므로 실질적으로 연구는 종료된 것이나 다름없다. 하지만 아무리 좋은 연구결과를 얻었다고 하더라도 연구보고서를 제대로 작성하지 못하면 연구의 질이 저하된다. 연구보고서는 학위논문 형태로, 학회지에 게재되는 형태로 혹은 특정한 기관에 제출하는 형태로 작성되므로 보고서의 형태에 따라 양식이 다소 상이하다. 그러므로 연구보고서를 작성하는 형식은 제출하는 기관의 연구보고서 양식에 따르는 것이 일반적이다.

　학위논문인 경우 대학에서 정한 논문 작성 지침에 따라 연구보고서를 작성한다. 또한 학회마다 다소 다른 논문작성 지침을 제시하는 경우도 있다. 외국에 논문을 게재할 경우 행동과학의 경우에는 일반적으로 **APA**(American Psychological Association) 양식에 따른다. 또한 연구기관이나 정책기관에 연구보고서를 제출할 경우에는 각 기관에서 요구하는 보고서 양식에 따르는 것이 일반적이다.

　연구보고서마다 목적이 다르고 제출되는 기관에 따라 보고서의 양식이 다소 다르더라도 연구가 진행되어 온 과정을 간단 · 명료하게 기록하는 것이기 때문에 기본 양식은 유사하다. 연구보고서의 기본 골격은 일반적으로 다음의 다섯 장으로 구성된다.

Ⅰ. 서론

Ⅱ. 이론적 배경

Ⅲ. 연구방법

Ⅳ. 결과

Ⅴ. 결론 및 논의

연구주제 혹은 연구방법에 따라 다소 다른 목차를 사용할 수 있으나 일반적으로 앞의 다섯 장에 연구의 모든 내용이 포함될 수 있다. 제4장에서 연구계획서 작성시 각 장에 서술될 내용을 상세히 설명하였기 때문에 이 장에서는 연구계획서 작성과 연구보고서 작성의 다른 점을 중심으로 설명한다.

❶ 서 론

서론은 논문의 도입 부분으로서 연구주제와 관련된 교육현상에 대한 설명과 그에 따른 문제점과 의문점, 연구의 필요성과 연구의 목적 등을 기록한다. 연구계획서의 서론 부분과 다른 점은 별로 없다. 그러나 연구를 진행하는 과정에서 얻게 되는 교육현장에 대한 비판적 분석, 교육문제에 대한 구체적인 설명 그리고 연구의 필요성을 보다 체계적이고 매력적으로 기술하고 연구의 목적을 보다 명료하게 서술해야 한다. 즉, 연구계획서의 서론 부분을 보강하여 보다 논리적이고 구체적으로 서술한다.

❷ 이론적 배경

이론적 배경은 연구에 기초가 되는 이론을 전개하는 부분으로 참고서적이나 문헌의 내용을 체계적으로 정리하는 부분이다. 연구계획서 작성 시 이론적 배경은 연구논문의 뼈대가 되는 주요 참고문헌을 수록하므로 일반적으로 소수의 참고문헌이 인용된다. 그러나 연구보고서의 이론적 배경 부분은 연구에서 참고한 모든 참고문헌을 참고하여 서술하므로 다수의 서적과 논문이 인용된다. 어떤 문헌이든 연구를 위해 참고하였을 경우 반드시 참고문헌으로 기록해야 한다. 이를 명시하지 않고 연구결과를 서술하면 마치 본인의 연구가 새로운 사실을 발견한 것처럼 오해를 불러일으켜 논문내용의 도용이라는 논란을 야기한다. 다른 연구자의 연구결과를 인용하였을 때는 반드시 참고문헌에 명시하는 것이 연구자의 기본 자세다.

참고문헌이 많이 수록된 연구보고서가 우수한 논문으로 평가된다고 착각하여 인용하지 않은 참고문헌을 게재하는 경우가 있으나 이는 바람직하지 않으며 연구를 위하여 참고한 문헌만을 기록해야 한다. 참고문헌 수에 의해서 연구보고서가 평가되는 것은 아니며, 참고문헌이 하나도 없는 연구보고서도 훌륭한 논문이 될 수 있다. 왜냐하면 그와 같은 연구보고서는 독창적인 연구일 가능성이 있기 때문이다.

③ 연구방법

연구방법은 연구를 진행하는 절차를 기록하는 부분으로 연구대상, 연구대상 표집방법, 연구절차, 실험도구, 측정도구, 연구가설 등을 포함한다. 연구계획서에서는 연구방법 부분을 미래형으로 서술하는 반면, 연구보고서에서는 과거형으로 서술한다. 연구보고서는 연구를 실시하고 난 후 작성하므로 과거형으로 서술할 수밖에 없다. 또한 연구보고서의 연구방법 부분은 연구를 시행한 절차에 따라 연구계획서보다 구체적이고 체계적으로 서술되어야 한다. 또한 연구보고서의 연구방법 내용은 연구계획서의 연구절차 내용과 다소 다를 수 있다. 왜냐하면 연구를 진행하는 과정에서 나타나는 문제점이나 연구의 장애를 해결하기 위하여 다른 방법을 사용하는 경우가 있기 때문이다.

연구대상의 경우는 연구계획서와 같은 내용이지만 모집단으로부터 연구대상을 표집하는 방법과 연구대상의 특징을 보다 구체적으로 설명한다. 또한 **연구절차**는 연구 수행과정에 비추어 서술하는 것이 바람직하다. **측정도구와 검사도구**의 특징을 설명하고 내용과 구성을 자세하게 기술하도록 한다.

학위논문의 경우는 연구방법을 가능한 한 상세히 서술해야 심사위원의 이해를 도울 수 있다. 반면 학회지에 게재되는 논문인 경우는 연구방법 부분을 요약하여 기술한다. 학술지는 전문성을 띠고 있으므로 일반적인 연구방법에 대해서는 독자들이 알고 있다고 가정하여 간단하게 서술하고, 특이한 연구방법이나 절차인 경우에만 상세하게 서술한다.

❹ 결 과

양적연구인 경우는 연구목적과 구체화된 가설에 따라 **연구결과**를 서술한다. 질적연구의 경우는 연구를 진행하면서 얻은 결과를 서술한다. 관찰연구의 경우 관찰한 내용을 체계적으로 기록한다. 양적연구는 체계화된 연구목적과 이를 구체화한 가설이 있으므로 가설에 따라 연구결과를 서술하는 것이 가장 과학적이다. 일반적으로 가설은 연구의 중요도 순서에 따라 서술되므로 연구가설에 따라 연구결과를 서술하는 것이 바람직하다. 일반적으로 알고자 하는 속성에 대한 기술통계 및 추리통계를 서술한다.

예를 들어, 세 교수법에 따른 수리점수의 차이를 비교하는 연구에서 교수법에 따라 수리점수에 차이가 있을 것이라는 연구가설이 있다면 이를 검증한 연구결과를 가지고 각 교수법을 처치한 집단의 수리점수의 기술통계로 평균, 표준편차 등을 기록하고 그에 대한 설명을 한다. 연구결과를 표나 그림으로 제시하면 명료하고 이해가 쉽다. 교수법에 따른 수리점수의 예에서 서술통계 결과는 다음과 같이 제시할 수 있다.

교수법에 따른 전통적 교수법, 멀티미디어 교수법, 개인교수법을 택한 세 집단의 기술통계는 〈표 19-1〉과 같다.

〈표 19-1〉 교수법에 따른 수리점수의 기술통계

기술통계	전통적 교수법	멀티미디어 교수법	개인교수법
평　균			
표준편차			
최저점수			
최고점수			
사 례 수			

이어서 제시된 표의 내용을 간단히 설명하는데, 표에 기록된 모든 내용을 서술할 필요는 없으며 각 집단의 평균과 표준편차 및 표의 내용 중 특이한 내용만을 서술하도록 한다. 다음으로 교수법에 따라 집단 간의 수리점수에 유의한 차이가 있는지를 분산분석으로 검증한 결과를 〈표 19-2〉와 같이 서술한다.

〈표 19-2〉 교수법에 따른 수리점수의 분산분석 결과

분산원	제곱합	자유도	제곱평균	F
교수법				
오　차				
합　계				

제시된 분산분석표의 내용을 간단하게 기술하고 연구자가 설정한 유의수준에서 집단 간 유의한 차이가 있는지를 밝힌다. 연구결과를 기록할 때는 연구를 통해 얻은 연구결과만을 객관적으로 서술한다. 이때 연구결과를 해석하거나 결론을 내릴 필요는 없다. 왜냐하면 연구결과에서는 연구결과만 기술하고 해석이나 결론은 제5장 결론 및 논의에서 논의하기 때문이다. 보다

섬세한 연구자는 집단 간 차이가 있을 때 어느 집단 간에 차이가 있는지를 사후 검증한 결과도 연구결과 부분에 서술하며, 이 분석결과도 분산분석표 안에 기술할 수 있다. 연구결과를 표로 제시할 때 세로줄을 그어 칸을 구분하지 않는 것이 최근의 일반적인 경향이다. 세로줄을 그을 경우 많은 자료를 수록하지 못할 뿐만 아니라 시각적으로도 편안하지 않기 때문이다.

질적연구의 경우 연구결과를 서술할 때 연구 진행 중에 일어난 일들을 체계적으로 서술하는데, 시간에 따라 서술할 수도 있고 특정 내용에 따라 서술할 수도 있다.

연구보고서의 연구결과를 작성할 때 연구자가 주의해야 할 점은 연구결과를 객관적으로 서술해야 한다는 점이다. 연구결과를 연구자가 의도하는 혹은 기대하는 방향으로 서술할 경우 연구의 타당성을 잃게 된다. 또한 연구결과를 해석하는 것도 바람직하지 않다. 연구결과에 대한 해석이나 결론은 연구자의 주관적 판단이 될 가능성이 있으므로 연구결과 부분에서는 연구결과 내용만을 서술하는 것이 바람직하다. 연구결과에 대한 해석은 결론 및 논의 부분에서 서술한다.

⑤ 결론 및 논의

결론 및 **논의** 부분은 연구에서 얻은 결과에 기초하여 결론을 내리고, 연구결과를 다른 연구들과 비교하여 논의하며, 연구의 문제점, 연구를 진행하는 과정에서 발생한 문제점, 그로 인한 연구의 제한점 등을 기록한다. 연구의 결론을 서술할 경우 때로는 연구결과의 해석이 필요한 경우도 있다. 마지막으로 후속연구를 위한 아이디어를 제공하거나 연구방향을 제시한다.

연구의 결론 부분에 연구결과 내용을 재정리하는 것은 바람직하지 않다. 그러므로 연구결론 부분에는 연구결과에서 얻은 수치를 서술하지 않는 것이 일반적이다. 가능하면 연구보고서는 간단·명료하게 서술해야 하므로 같은 내용을 중복되게 서술하는 것을 피해야 한다. 어떤 논문은 연구결론 앞부분에 연구보고서의 요약된 내용을 기록하는 경우도 있으나 연구내용의 요약은 연구보고서의 제일 앞부분인 '요약' 혹은 '초록'에 서술되는 내용이므로 연구결론 부분에 포함시키지 않는다.

연구결론에 이어 다른 연구와의 비교분석을 통해 진행한 연구와 기존 연구들과의 공통적 결론과 상이한 결론을 **논의**한다. 그리하여 진행한 연구가 발표된 연구결과들과 어떤 관계가 있는지를 알게 한다. 연구결론은 발표된 이론과 일치할 수도 있고 반대되는 결과가 나타날 수도 있다. 그러므로 어떤 이유에서 이런 결론을 도출하게 되었는지를 논의하도록 한다. 그에 따라 연구결과를 보다 심층적으로 해석할 수 있게 되고 연구결과가 미치는 영향도 재음미할 수 있게 된다.

연구가 반드시 연구계획서대로 또는 연구자가 의도하는 대로 진행되는 것은 아니다. 연구대상 선정뿐 아니라 실험 혹은 관찰 과정에서 기대하지 않았던 일들이 발생한다. 이 같은 일들이 때로는 연구에 도움이 되기도 하지만 때로는 연구를 어렵게 만들기도 한다. 연구에 어려움이 있으면 기대하지 않았던 연구결과를 얻게 되거나 보다 명확한 연구결과를 얻지 못하게 된다. 그러므로 연구보고서에는 연구 중에 일어났던 문제점을 기록해야 한다. 이는 후속 연구자를 위해서도 바람직할 뿐 아니라 연구내용을 자세히 설명하기 위해서도 필요하다. **연구의 제한점**은 형식적으로 기록하는 부분이 아니라 실질적으로 연구 도중 경험하였던 연구문제에 따른 한계점을 기록하도록 한다.

6 기 타

연구보고서의 구성에 있어서 서론, 이론적 배경, 연구방법, 결과, 결론 및 논의 이외에 첨부되어야 할 부분은 다음과 같다.

- 인사말
- 요약
- 참고문헌
- 부록

인사말과 요약은 연구보고서의 앞에 위치한다. 연구보고서가 학위논문일 경우 논문을 완성하기까지 도와준 사람에게 인사말로 감사를 표시한다. 학회지에 게재하는 논문인 경우 연구비 지원기관이나 연구를 도와준 사람, 게재를 위하여 조언이나 지적을 해 준 심사자에게 감사를 표한다. 이 경우 논문 앞 페이지 하단이나 논문 맨 뒤에 간단하게 서술한다.

요약은 연구의 내용을 짧은 시간에 알 수 있도록 서술한 부분으로, 연구의 목적, 연구방법, 연구결과 그리고 결론을 간략히 서술한다. 가능하면 1페이지 이내의 분량으로 독자들이 쉽게 이해할 수 있도록 서술한다. 많은 연구자들이 요약 부분을 통하여 자신의 연구에 참고가 되는지를 판단하므로 간결하고 명확하게 서술해야 한다.

참고문헌을 기록하는 형태는 각주와 후주가 있으나 후주가 일반적이다. **각주**는 참고문헌이 인용된 해당 페이지의 하단에 참고문헌의 정보를 기록하는 형태이고, **후주**는 모든 참고문헌의 내용을 논문 맨 뒤에 함께 기록하는 형태다. 각주는 해당 참고문헌을 해당 페이지에서 쉽게 볼 수 있다는 장점이 있으나 편집이 어려울 뿐 아니라 해당 페이지에 참고문헌이 많을 경우 서술이 불편하고 같은 참고문헌이 여러 부분에서 인용될 경우 중복 기재된다는 문제가 있으므로 후주로 서술하는 것이 최근의 일반적인 경향이다. 참고문헌을 후주로 기록할 때 연구를 위하여 인용된 모든 문헌을 기록한다.

"논문의 서술, 편집양식, 참고문헌 인용, 부록 작성은 제20장에서 설명한다."

연◇습◇문◇제

1. 다음 단어를 설명하라.

   APA 양식

   각주

   후주

   참고문헌

2. 다음 연구보고서의 각 부분에 어떤 내용을 기록하는지 설명하라.

   요약

   서론

   이론적 배경

   연구방법

   결과

   결론

3. 연구계획서와 연구보고서의 차이점을 설명하라.

4. 관심 있는 연구논문을 선택하여 서론, 이론적 배경, 연구방법, 결과, 결론의
   내용을 평가하고 수정하라.

제20장 논문 편집과 참고문헌 인용

우리나라를 비롯한 세계 여러 나라 사회과학분야의 대학원이나 학회에서는 학위논문이나 학회지에 제출하는 논문의 체제에 대해 APA 양식을 따르도록 요구하고 있다. APA 양식은 미국심리학회(American Psychological Association)의 편집위원회에서 논문 작성자들에게 도움을 주기 위하여 제작한 출판지침서(publication manual)에 제시되어 있는 일정한 기준을 의미한다. **APA 출판지침서**는 1944년 초판을 발행한 이래 모두 여섯 차례의 개정과정을 거쳤으며, 2019년에 제7판을 출판하였다. 제7판은 총12개의 장으로 구성되어 있으며, 각 장의 구성을 살펴보면, 제1장은 학문적 집필과 출간 원칙, 제2장은 논문의 구성 요소와 형식, 제3장은 학회지 논문 작성 기준, 제4장은 집필 양식과 문법, 제5장은 비편파적 언어 사용을 위한 지침, 제6장은 형식적 양식, 제7장은 표와 그림, 제8장은 본문에서의 저작물 인용, 제9장은 참고문헌 목록, 제10장은 참고문헌 예시, 제11장은 법 관련 참고문헌, 제12장은 출판과정으로 이루어져 있다.

이 장에서는 APA에서 출간한 출판지침서와 국내 학회지 논문 작성 지침을 참고하여 학위논문의 작성 및 편집과 관련된 서술방법, 편집양식, 참고문헌, 부록 작성에 대해 설명한다.

1 서 술

1) 일반원칙

APA(2019)의 출판지침서는 **논문서술을 위한 원칙**으로 글의 연속성과 흐름(Continuity and flow), 간결성과 명료성(conciseness and clarity)을 제시하고 있다. 연속성은 글의 논리성 및 일관성, 흐름은 단어와 문장의 자연스러운 연결, 간결성은 장황하고 중복적인 서술의 지양, 명료성은 연구자가 의도한 바를 정확히 전달하기 위한 적절한 단어와 문장 구조의 선택과 관련된다. 논문 서술 시 유의해야 할 사항을 구체적으로 설명하면 다음과 같다.

(1) 연속성과 흐름

글의 연속성과 흐름을 학보하기 위해서는 서론에서부터 결론까지 개념, 주제, 아이디어 간의 관계를 명확히 하고 논리적으로 일관성을 위하여 단어와 문장을 매끄럽게 연결하여 독자가 의미를 쉽게 파악할 수 있도록 자연스럽게 서술해야 한다. 특히 명사와 접속사의 사용이 글의 흐름에 영향을 미칠 수 있음에 유의할 필요가 있다. 예를 들어, 특정 개념을 설명할 때 여러 개의 명사를 연속적으로 나열할 경우 글의 흐름을 방해하여 의미를 파악하기 쉽지 않으므로 이를 풀어서 설명할 필요가 있다. 또한 개념, 문장, 문단 사이에 접속사, 대명사, 구두점 등을 적절히 사용할 경우 논리적 연계성을 높일 수 있다.

(2) 간결성과 명료성

글의 가독성을 높이기 우해서는 꼭 필요한 내용으로 구성하여 글이 산만해지지 않도록 하여야 한다. 따라서 장황한 설명이나 반복적인 표현, 은유적인 표현은 피해야 한다. 문장과 문단의 길이는 맥락에 따라 다양하게 구성하되, 의미가 명확히 전달되도록 간단하고 일반적인 단어를 사용하여 직접적으로 표현한다. 글의 톤(tone)도 명료성에 영향을 미친다. 연구 논문은 문학 작품 등의 창의적 글과 성격이 다르므로 독자에게 혼란을 주지 않도록 예상치 않은 내용을 포함하거나 기대한 내용을 생략하지 않아야 하며, 주제나 대상의 갑작스러운 변화 등도 지양해야 한다. 비공식적 인상을 줄 수 있는 단어의 축약과 일상적인 대화와 글쓰기에 사용되는 구어체, 의인법(Anthropomorphism)의 사용도 피하도록 한다. 또한 연구자의 아이디어나 연구결과를 설득력 있게 전달하기 위해서는 소수의 전문가에게만 익숙한 속어(gargon)의 사용을 피하고 논쟁적이지 않은 톤을 유지할 필요가 있다. 개념 비교 시 핵심적인 단어를 빠뜨리거나 어법이 일치하지 않는 문장 구조를 사용하게 될 경우 의미가 명확히 전달되지 않을 수 있으므로 안어와 문장 구조 선택에 신중을 기해야 한다.

2) 시제의 표기

논문 작성에서 **시제**는 현재형과 과거형을 주로 사용하지만, 연구가설이나 제언을 진술할 때에는 미래형을 사용할 수 있다. 또한 문장의 태와 관련하여 APA 출판지침서에서는 수동태 문장보다는 능동태 문장을 권장한다.

(1) 과거형을 사용하는 경우

연구기간 중 구체적으로 명시된 시간에 일어난 행위나 연구결과를 서술할 때, 선행연구결과를 인용하거나 연구결과를 선행연구의 결과와 비추어 논의할 때에는 과거형으로 진술한다.

- 본 연구에서는 『한국학교명감』(한국학교명감편찬위원회, 1999)에서 소재지와 학교유형별로 분류되어 있는 '전국 고등학교 목록'을 표집틀로 다단계 비율층화군집 표집방법을 사용하여 총 41개 학교를 표집하였다.
- 자기주도성 수준에 따라 학습만족도에 차이가 있는지 알아보기 위해 일원분산분석을 실시한 결과, 자기주도성이 높은 집단의 학습만족도 평균

은 3.40, 자기주도성 수준이 낮은 집단의 학습만족도 평균은 2.81이었으며 유의수준 .01에서 통계적으로 유의하였다($F = 45.79$, $p < .01$).
- Bandura(1993)는 피드백을 주었을 때, 피험자의 자신감, 분석적 사고, 수행이 모두 높아졌음을 밝혔다.

(2) 현재형을 사용하는 경우
- Bandura(1993)는 창의성을 독창성, 유창성, 융통성으로 구성된 확산적 사고능력이라 정의한다.
- Holland(1985a)에 의하면 개인은 자기와 유사한 성격유형을 가진 사람들이 취업하고 있는 직업을 선택하려는 성향이 있다고 한다.
- 본 연구의 목적은 교수 · 학습과정에 따른 학습자 개개인의 변화와 성장 정도를 정확히 측정하여 개별 학습자의 성장가능성을 예측하고 그에 적절한 교수 · 학습방법을 제공함으로써 개인의 잠재력을 최대한 신장시킬 수 있는 평가방안을 모색하는 데 있다.
- 이는 학생의 동기수준이 교사의 기대수준에 영향을 받은 결과라 해석할 수 있다.

3) 인칭의 표기

객관적인 진술을 위해 '나' 혹은 '우리'보다는 '저자', '연구자', '필자'와 같은 3인칭으로 표현하고, 존칭어, 경어 등은 사용하지 않는다.

② 편집양식

1) 목차의 표기

(1) 내용 목차

내용 목차는 논문의 내용과 구성의 논리성을 평가할 수 있는 하나의 지표가 되므로 전체적인 구성이 일관성과 논리성을 유지하도록 하여야 한다. 논문의 목차에 번호를 부여하는 방법은 여러 가지가 있으며, 목차의 기호를 표기하는 방식의 예는 다음과 같다.

〈예 1〉	〈예 2〉	〈예 3〉
I.	I.	제1장
A.	1.	제1절
1.	1.1	1.
a.	1.1.1	가.
(1)	1.1.1.1	(1)
(a)		(가)
①		①
ⓐ		

(2) 표 목차

표는 일반적으로 열과 행으로 구성되어 있다. 논문에서 제시하는 표는 연구의 내용이나 결과를 한눈에 파악할 수 있게 하므로 불필요한 설명을 생략하여 지면을 절약할 수 있다. 그러므로 표는 독자들이 쉽게 볼 수 있도록 구성하여야 한다.

① 일반 원칙

표의 제목은 간결 · 명료하게 제시하여야 하고 표 안의 항목명은 자료의 구조 및 구성원칙을 파악할 수 있는 단어나 용어로 표기하여야 한다. 기술통계나 추리통계 결과를 보고하는 표는 독자들의 시각적 편의를 위하여 세로

줄을 긋지 않는다.

② 표 점검 내용

표를 제시할 때 다음 내용을 점검하는 것이 바람직하다. 첫째, 꼭 필요한 표인가? 둘째, 제목과 항목명은 표의 전체적인 내용을 함축하고 있는가? 셋째, 모든 표가 일관성 있게 제시되었는가? 넷째, 제목이 간결·명료하게 제시되었는가? 다섯째, 표 안의 항목명이 제대로 표기되었는가? 여섯째, 약어, 기호, 이탤릭체, 괄호, 특수기호가 제대로 표기되었는가? 일곱째, 표에서 세로줄을 제거하였는가? 여덟째, 표가 본문에서 인용되었는가?

③ 표 번호

논문에서 표의 수가 3개 이상 될 경우 표 목차를 따로 만들어 제시해야 한다. 표의 일련번호는 순서에 의하여 번호를 부여하나 표가 많을 경우 아래의 〈예〉와 같이 해당 장과 번호를 동시에 부여할 수 있다. 표 목차에 제시되는 표의 번호와 제목은 본문 속에서 제시된 표의 번호와 제목과 일치해야 하고 표가 제시되어 있는 본문의 페이지를 제시하여야 한다. APA(2010)는 표 번호를 제시할 때 〈 〉를 하지 않고 '표 X' 형태로 표기하도록 하고 있으나 국내 많은 학회지는 〈 〉를 사용하고 있다. 표 제시 방법에 대해서는 APA(2010, pp. 128-150)를 참고하라.

〈예〉

〈표 1〉 측정도구 문항의 구성 ·· 30

〈표 IV-1〉 연구대상 ·· 35

(3) 그림 목차

표나 글이 아닌 묘사 형태의 자료를 그림으로 나타낸다. 그림은 연구의 내용이나 결과를 알아보기 쉽게 시각적으로 도식하여야 하며 단순하고 명료하여야 한다.

① 일반 원칙

그림에는 차트, 그래프, 사진, 실물 그림 등이 포함된다. 차트나 그래프를 통해 자료의 분석결과를 시각적으로 일목요연하게 이해할 수 있다. 그러나 표로 제시하는 것이 가능한 그림은 APA 양식의 서술 원칙 중의 하나인 경제성을 고려하여 표로 제시하는 것이 바람직하다. 그림의 종류는 그래프, 차트, 지도, 드로잉, 사진 등이 있다. 최근에는 연구에서 현상을 설명하기 위한 구조방정식 모형이나 영상 등의 그림이 다루어지고 있다.

좋은 그림은 단순하고 명료하며 연속성을 지녀야 한다. 그러므로 서술 내용이 중복되지 않고, 중요한 사실을 전달할 수 있도록 불필요한 부분을 삭제하고 인쇄 양식을 단순화하여 이해하기 쉽게 그려야 한다. 또한 한 논문 안에서 크기, 글자체, 선의 굵기 등이 일관성 있게 제시되도록 하여야 한다. 구체적이고 세부적인 사항은 APA(2010, pp. 150-169)를 참조하라.

② 그림 점검 내용

좋은 그림인지를 점검하기 위하여, 첫째, 꼭 필요한 그림인가? 둘째, 그림이 정보를 공유하기 위한 가장 좋은 방법인가? 셋째, 단순 명료하고 깨끗하게 제시되었는가? 넷째, 자료가 정확히 제시되었는가? 다섯째, 눈금은 정확한 비율과 크기로 그려져 있는가? 여섯째, 글자의 크기와 진하기가 읽기 편하게 되어 있는가? 일곱째, 철자와 약어, 기호, 부호가 제대로 표기되었는가? 여덟째, 일련번호가 제시되었는가? 아홉째, 모든 그림이 논문 안에서 언급되었는가? 등을 점검한다.

③ 그림 번호

논문에서 여러 개의 그림이 제시될 경우 그림 목차를 따로 만들어 제시해야 하며, 그림의 번호, 제목, 그림이 삽입되어 있는 본문의 페이지를 순서대로 정리하여 목차로 제시하여야 한다.

국내 논문은 그림을 제시할 때 [　]를 사용하여 식별이 용이하게 하나 APA

(2010)는 '그림 X'로 표기한다.

〈예〉

[그림 1] 초등교원보수의 1인당 GDP 대비 비율의 변화: 1965-1997

2) 문장부호의 사용

(1) 마침표(.)

한 문장이 끝나는 경우, 약어, 인용, 숫자, 참고문헌 등의 표기에서 마침표를 사용하며, 제목에는 마침표를 쓰지 않는다.

(2) 쉼표(,)

- 세 가지 이상의 항목이 연속적으로 열거되는 경우 사용한다.

  〈예〉 불안감, 우울증, 수줍음은…
- 문장 첫머리의 접속이나 연결을 나타내는 말 다음에 사용한다.

  〈예〉 첫째, 본 연구는…
- 1,000 이상의 숫자를 표기할 때에 세 숫자를 한 단위로 하고 쉼표를 사용한다.

  〈예〉 연구대상은 총 1,742명으로…
- 소괄호로 참고문헌을 간접 인용하는 경우 연도 앞에 쉼표를 사용한다.

  〈예〉 (Cohen, 2003)

(3) 세미콜론(;)

- 본문에서 여러 개의 참고문헌을 나열할 때에 각 문헌을 구분하기 위해 사용한다.

  〈예〉 (Bandura, 1982; Ames & Archer, 1988; Pintrich & Degroot, 1990)
- 쉼표로 열거된 구나 절을 구별할 때 사용한다.

  〈예〉 인과연구, 실험연구, 준실험연구; 사례연구, 역사연구, 문화기술적

(4) 콜론(:)

- 포함되는 종류를 열거하거나 이미 서술한 내용의 예를 열거할 때 사용한다.

  〈예〉 선택형 문항의 종류: 진위형, 선다형, 연결형, 배열형
- 비율을 표시할 때 콜론을 사용한다.

  〈예〉 남녀의 비율은 3 : 4였다.
- 참고문헌의 출판지역과 출판사 사이에 콜론을 사용한다.

  〈예〉 서울: 학지사

  　　　NJ: Lawrence Erlbaum Associates

(5) 인용부호

① 큰따옴표("   ")

- 글 가운데서 직접 대화를 표시할 때 사용한다.
- 원자료에서 직접 인용 시에는 반드시 큰따옴표(" ")을 사용한다.

  〈예〉 Thorndike(1918)는 "존재하는 것은 무엇이나 양적으로 존재하며, 무엇을 완전히 안다는 것은 그것의 질뿐 아니라 양까지도 안다는 것이다."라고 주장하였다.

② 작은따옴표('   ')

- 큰따옴표로 인용한 인용문 내에서 또 인용부호를 사용해야 할 경우 사용한다.

  〈예〉 "학생들에게 '하던 것을 멈추고 주목하세요.'라고 말하자 곧 조용해졌어요."
- 문장에서 중요한 부분을 두드러지게 하기 위해 사용할 수 있다.

  〈예〉 어떤 교수들은 지식을 '전달'하거나 '주입'하는 어떤 것으로 인식한다.

- 속어, 은어, 풍자적 표현, 새로 만들어진 용어를 표기할 때 사용할 수 있다. 단, 이러한 용어를 처음 소개할 때에만 인용부호를 쓰고 그 이후에는 사용하지 않는다.

  〈예〉 한국형 재벌은 독특한 모습을 띠기 때문에 이전의 용어들로 설명할 수 없어 아예 'chaebol'이라는 조어가 사용되기도 한다.

  〈예〉 '사회경제적 지위' 변수는… 여기서 사회경제적 지위는

(6) 소괄호(( ))

- 독립된 요소를 묶을 때 사용한다. 이때 문장 전체를 괄호로 묶을 때는 마침표를 괄호 안에 찍고, 문장의 일부분만 괄호로 묶을 때에는 마침표를 괄호 밖에 찍는다.

  〈예〉 성별에 따른 수학성취도의 차이는 통계적으로 유의하였다(표 7 참조).

- 참고문헌을 인용할 때 사용한다.

  〈예 1〉 Linn과 Kessel(1995)은 일반적으로 여성이 남성보다 더 높은 학급 성적을 받는다고 설명하였다.

  〈예 2〉 일반적으로 여성이 남성보다 더 높은 학급 성적을 받는다(Linn & Kessel, 1995).

- 약어를 제시할 때 사용하며, 처음 소개할 때는 원래 용어로 풀어 써 주고 그 이후부터는 약어만 사용한다.

  〈예〉 Mental Measurement Yearbook(MMY)은 표준화검사를 수록한 참고문헌이다.

- 간접 또는 직접 인용한 페이지를 표기할 때 사용한다.

  〈예〉 Thorndike(1918)는 "존재하는 것은 무엇이나 양적으로 존재하며, 무엇을 완전히 안다는 것은 그것의 질뿐 아니라 양까지도 안다는 것이다."(p. 16)라고 주장하였다.

- 통계값 또는 자유도를 표기하고자 할 때 사용한다.

〈예 1〉 성별에 따른 수학성취도의 차이가 유의한 것으로 나타났다($p < .05$).

〈예 2〉 $F(2, 116) = 3.71$

(7) 대괄호([ ])

- 신뢰구간을 명시할 때 사용한다.

  〈예〉 95% 신뢰구간 [   ]

- 소괄호 안의 문장에서 다시 괄호로 묶어야 할 경우 사용한다.

  〈예〉 (남자집단[$n = 102$]과 여자집단[$n = 114$]의 영역별 성취도는 다음과 같다.)

3) 외래어의 표기

외래어는 번역어로 표현하는 것이 좋으나 측정도구명이나 단체명과 같이 번역이 필요하지 않은 고유명사나 아직 번역된 말이 통일되지 않은 용어의 경우 표기에 주의를 기울여야 한다.

(1) 전문적 용어

- 사용이 빈번하지 않은 특수 용어를 번역하여 쓰는 경우 의미의 혼동을 피하기 위해 원어를 ( ) 속에 표기한다.

  〈예〉 차별기능문항(differential item function)

- 적절한 번역어가 없거나 공통된 번역어를 발견하기 어려운 외래어는 원어의 발음을 한글로 표기하고 ( ) 속에 원어를 제시한다. 한글 표기는 교육부 제정 「외래어 표기법」을 따른다.

  〈예〉 유비쿼터스(ubiquitous)

(2) 영문에서 대문자의 사용

- 측정도구명, 단체명, 기관명을 약어로 표기하는 경우

  〈예〉 Wechsler Adult Intelligence Scale → WAIS

The American Psychological Association → APA

- 영문 제목을 표현할 때에는 전치사와 접속사를 제외한 모든 단어의 첫 글자를 대문자로 시작한다.

〈예〉 Taxonomy of Educational Objective

(3) 약어

- APA 양식은 Webster 사전에 나와 있는 약어의 사용을 인정하므로 이에 해당하는 약어들을 본문에서 따로 설명할 필요가 없다.

〈예〉 AIDS, ESP, HIV, IQ, NADP, REM 등

- 사전에 나와 있지는 않지만 학회지 등에서 자주 쓰이는 약어들이 있으며, 이러한 약어들은 처음 한 번은 ( ) 속에 생략하지 않은 전체 명칭을 표기하고, 이후부터는 약어를 사용한다.

〈예〉 Scholastic Aptitude Test(SAT)

　　　Minnesota Multiphasic Personality Inventory(MMPI)

- 영문에서 행이 바뀔 때

영문 단어의 중간에서 행이 바뀌게 되면 한 음절이 끝나는 곳에서 하이픈(-)을 표시한 후 다음 행에서 계속 표기한다.

〈예〉 Validity refers to the degree to which evidence … support the inter-pretations of test scores entailed by proposed uses of tests.

④ 한자와 외래어를 동시에 표기할 때

한자와 외래어는 소괄호를 사용하여 표기하고, 한자와 외래어를 동시에 표기하고자 할 경우에는 한자를 먼저 쓰고 쉼표를 한 다음에 외국어를 제시한다.

〈예〉 구인(構因, construct)

4) 숫자의 표기

논문에 사용될 수 있는 숫자 체계로는 아라비아 숫자, 로마 숫자, 한문 숫자, 순수한 우리말 등이 있으며, 어느 체계를 사용하든 일관성을 가지고 사용해야 한다. 수를 표기하는 기본원칙은 10 이상의 경우에는 아라비아 숫자로 표기하고, 10 미만의 한 자리 숫자인 경우에는 문자로 표기한다. 숫자표기는 APA(2010)를 참고하여 다음과 같이 설명한다.

(1) 아라비아 숫자를 사용하는 경우
- 측정단위, 백분율, 비율, 분수
  〈예〉 10kg

     전체 집단의 60%

     1:5의 비율로 구성되어 있다.

     2/3
- 날짜, 시간, 연도, 표집 크기, 척도점수, 돈의 액수

(2) 문자로 수를 표기하는 경우

정확한 측정값을 나타내지 않거나, 10 이상의 수와 비교하지 않는 경우의 수
〈예〉 두 시간, 네 단어, 두 페이지, 다섯 가지 응답, 이원분산분석

(3) 아라비아 숫자와 문자를 함께 표기하는 경우
- 너무 큰 숫자인 경우 숫자와 문자를 함께 표기한다.
  〈예〉 이러한 이유로, 1945년 5월에 1,590만 명이었던 남한 인구가…
- 연속적인 수식어로 사용될 경우 숫자와 문자를 함께 표기한다.
  〈예〉 첫 번째 10개 항목들은

(4) 소수 표기법

- 문자와 단위를 함께 나타낼 경우 소수점은 숫자 옆에 찍고, 1 미만의 수에는 0을 사용한다. 그러나 통계와 관련된 상관계수, 비율, 유의수준, 유의확률 등과 같이 최대값이 1.0 이하일 경우에는 0을 사용하지 않는다.

  〈예 1〉 0.7km, 0.43초, 0.5세

  〈예 2〉 $r = -.35$, $p < .05$

- 상관이나 비율, t, F, χ^2과 같은 통계값들은 보통 소수 두 번째 자리까지 표시한다. 그러나 Bonferroni 검정과 같이 정확한 판단이 요구될 때에는 소수점 자리를 더 많이 표시하기도 한다.

(5) 숫자에서 쉼표를 표기하는 경우

- 1,000 이상의 수에서는 세 자리마다 쉼표를 사용한다.

  〈예〉 123,456,789

- 1,000 이상의 수라도 다음의 경우에는 쉼표를 사용하지 않는다.

  〈예〉 페이지 수(1156페이지)

  　　　일련번호(123567)

  　　　자유도 $F(34, \ 1021) = 17.21$

  　　　이진수(110101)

  　　　주파수 1830 Hz

  　　　온도 1127 $^\circ$F

5) 통계와 관련된 표기

(1) 참고문헌 및 공식

넓리 사용되고 있는 통계와 관련된 공식이나 통계값에 대한 참고문헌은 제시하지 않는다. 그러나 새롭거나 흔히 사용되지 않는 통계값이나 논란이 제기될 수 있는 경우, 예를 들어 자료가 통계의 기본가정을 충족시키지 못할 때, 통계적 검정을 정당화하기 위해서 참고문헌을 제시한다.

(2) 추리통계

추리통계값을 제시할 때는 연구결과를 얻기 위하여 실시한 분석방법이나 결과해석을 독자가 충분히 이해할 수 있도록 정보를 제공하여야 한다.

〈예 1〉 성별에 따른 사전읽기점수의 두 독립표본 t검정 결과, 유의수준 .05에서 남자의 사전읽기점수($M=76.31$, $SD=21.26$)와 여자의 사전읽기점수($M=81.30$, $SD=20.05$)의 평균에 유의한 차이가 있는 것으로 나타났다($t=-2.09$, $p=.037$).

〈예 2〉 사후읽기점수에 있어 초과시험시간의 주효과는 $F(3, 299)=6.45$, $p<.01$로 통계적으로 유의함이 밝혀졌다.

(3) 통계적 기호

• 서술적으로 통계적 용어를 사용할 때 기호나 약어보다는 일반적 용어를 서술한다.

• 모집단을 대표하는 모수치는 그리스 문자로 표기하며, 표본의 통계값, 즉 추정값은 일반적으로 이탤릭체 라틴어로 표기한다.

• 대문자 N은 전체 참여자 수를 의미하고, 소문자 n은 연구 내의 소집단의 참여자 수를 의미한다.

• % 기호는 앞에 숫자가 있을 때만 사용하여야 하나, 표, 그림의 제목에서는 숫자가 없더라도 사용할 수 있다. 숫자를 사용하지 않고 한글로 표기하기 위해서는 퍼센트라고 표시해야 한다.

〈예 1〉 전체 참여자 중 21%가 긍정적인 태도를 보이는 것으로 나타났다.

〈예 2〉 전체 참여자 중 긍정적인 태도를 보이는 사람들의 퍼센트를 알아보면 다음과 같다.

(4) 글씨체

통계 기호와 수리적 기호는 보통 글씨체, 진한 글씨체, 이탤릭체의 세 가지 글씨체를 사용하며, 본문, 표 또는 그림에서 기호는 동일한 글씨체를 사용한다.

- 그리스 문자, 아래첨자, 위첨자, 약어(예, sin, log)들은 보통 글씨체를 사용한다.

  〈예〉 μ_{girls}, α, ϵ, β

- 벡터 기호는 진한 글씨체로 표기한다.

  〈예〉 V, Σ

- 기타 통계 기호들은 이탤릭체로 표기한다.

  〈예〉 N, M, df, p, SS_b, SE, MSE, t, F

(5) 통계적 약어와 기호

통계적 방법을 나타내는 약어 및 통계의 의미를 나타내는 기호 중 자주 사용되는 것을 제시하면 다음과 같다. 설명하지 않은 약어와 기호는 APA(2010, pp. 119-123)를 참조하라.

약어/기호	내용	약어/기호	내용
ANCOVA	공분산분석	N	표본의 전체 사례 수
ANOVA	분산분석	ns	유의하지 않음
df	자유도	p	확률
f	빈도	P	퍼센테이지, 백분율
F	Fisher의 F비	r	단순적률상관계수
H_0	영가설	R	중다상관계수
H_A	대립가설	R^2	결정계수
KR-20	Kuder-Richardson 공식	SD	표준편차
LR	우도비	SEM	측정의 표준오차
M	평균	SS	제곱합
MANOVA	다변량 분석	α	알파, 1종 오류의 확률
Mdn	중앙값	β	베타, 2종 오류의 확률
n	하위집단의 사례 수		

6) 인용 방법

(1) 문장의 직접 인용

연구자나 다른 연구자의 글, 측정도구의 문항, 검사의 지시문 등은 있는 그대로 직접 인용하는 것이 보통이다. 직접 인용할 때에는 철자 및 부호 등을 원문 그대로 옮겨야 한다.

- 짧은 인용문은 큰 따옴표(" ")를 붙여서 인용하고 소괄호 안에 저자, 출판년도, 페이지를 명기해야 한다. 인용문의 쪽수 표시는 '1995, p. 25' 또는 '1995: 25' 중 어느 방식을 택해도 무방하다.

  〈예〉 "존재하는 것은 무엇이나 양적으로 존재하며, 무엇을 완전히 안다는 것은 그것의 질뿐 아니라 양까지도 안다는 것이다."(Thorndike, 1918, p. 16)는 주장은 널리 알려져 있다.

- 긴 인용문이나 한 문단 전체를 인용할 경우에는 본문과 위·아래 한 줄씩 간격을 두고 별도의 문단으로 작성한다. 이때 인용문단의 좌우는 본문의 좌우에서 3글자 정도 들어가도록 하고, 각 문단의 첫줄 역시 3글자 정도 들어쓰기를 한다. 본문과 구별되도록 글자 크기를 한 포인트 작게 하거나 글씨체를 달리 할 수도 있다. 인용문장의 뒤에는 괄호를 하고 출처 등 참고사항을 기록한다.

  〈예〉 교육은 홍익인간의 이념 아래 모든 국민으로 하여금 인격을 도야하고 민주적 생활 능력과 민주시민으로서 필요한 자질을 갖추게 하여 인간다운 삶을 영위하게 하고 민주국가의 발전과 인류공영의 이상을 실현하는 데 이바지하게 함을 목적으로 한다(교육법전편찬위원회, 1999).

- 인용문 중 일부를 생략할 때에는 생략부호(…)를 사용한다. 한 문장 내에서 내용을 생략할 때는 세 개의 점(…)으로 표시하고, 두 문장 사이의 내용을 생략할 때에는 네 개의 점(….)으로 표시한다.

(2) 문장의 간접 인용

간접인용이란 다른 연구자의 저술 내용을 그대로 옮기는 것이 아니라 문장 작성자의 말로 바꾸어 표현하는 것이다. 논문 작성자는 원문의 논지를 충분히 이해하여 원문의 내용과 원저자가 전달하고자 하는 내용이 그릇되지 않도록 주의해야 하며 출처를 반드시 밝혀야 한다(문수백, 2003).

(3) 참조 인용

참조 인용 방법은 다음과 같다.

① 단일저자의 자료

저자의 이름이 원문에 나타나 있는 경우 괄호 안에 발행연도(가능하다면 페이지도 포함)를 표시하고, 인용하는 저서 및 논문의 저자명이 원문에 표기되지 않는 경우 관계되는 내용의 끝 부분에 괄호를 하고 저자명, 발행연도, 페이지를 표시한다. 인용한 정보를 자세히 알려주기 위하여 예와 같이 페이지를 밝히는 것이 바람직하다.

〈저서의 예〉 성태제(2005, p. 29)는…

② 공동저자의 자료

저자가 2명인 경우에는 저자의 이름을 모두 적고 연도를 표시한다. 본문에서 인용할 때는 두 연구자를 '와'나 '과'로 연결하고, 문장 밖의 (   )에 제시할 때는 국내문헌의 경우, 또는 ·로 연결하며, 외국문헌의 경우 &를 사용한다.

저자가 3명 이상 5명 이하인 경우에는 처음 인용할 때 저자 이름들을 모두 제시하지만 그다음부터는 주저자의 이름만 기입하고 국내문헌의 경우 '외'라고 표기하고, 외국문헌의 경우 'et al.'이라 표기한다.

6인 이상인 경우에는 공저자의 이름만 기입하고 '외' 혹은 'et al.'로 표기한다(APA, 2010).

〈예 1〉 Gronlund와 Linn(1990, p. 95)에 따르면…

〈예 2〉 전공적성 척도의 기계-기술 분야는 Holland의 흥미유형 중 탐구형 및 현실형과 상관이 높은 것으로 나타났다(성태제, 시기자, 2002).

〈예 3〉 수업평가는 판단의 근거에 따라 교수능력평가, 교수수행평가, 교수효과성평가로 분류되기도 한다(Medley et al., 1982).

〈예 4〉 김성숙, 김희경, 서민희 그리고 성태제(2015)는 평가는 학습을 위한 평가이어야…

③ 한 저자의 두 개 이상의 자료

한 저자의 참고문헌이 2개 이상일 경우 발행연도가 다르면 발행연도 순으로 서술한다. 만약 한 해에 둘 이상인 경우에는 연도 뒤에 a, b, c로 표기한다.

〈예〉 Holland(1985a)는 개인은 자기와 유사한 성격유형을 가진 사람들이 취업하고 있는 직업을 선택하려는 성향이 있음을 주장하고, 후속연구(1985b)에서 직업적 성격 이론의 기초를 완성하였다.

④ 여러 저자의 각각 다른 연구가 동일한 연구결과를 가져와 동시에 인용하였을 경우 인용된 연구를 전부 표시한다. 국내문헌이 인용되었을 경우 국내문헌을 앞에 제시하며 연구자의 성에 따라 가, 나, 다 순으로 배열하고, 그다음에 외국문헌 연구자의 성에 따라 a, b, c 순으로 나열한다.

〈예〉 결과타당도가 제기되면서 결과타당도를 타당도의 범주 안에 포함하는가에 대한 논쟁이 제기되었다(성태제, 1999; Linn, 1997; Mehrens, 1997; Popham, 1997; Shepard, 1997).

APA(2019, p. 177)에서는 저자 유형에 따른 인용 방법을 다음과 같이 제시하고 있다.

저자 유형	괄호 안 인용	문장 인용
단독 저자일 경우	(Luna, 2020)	Luna (2020)
저자가 2인일 경우	(Sales & D'Agostino, 2020)	Sales and D'Agostino (2020)
저자가 3인 이상일 경우	(Martine et al., 2020)	Martine et al., (2020)
단체 연구일 경우(약어 사용 시) – 첫 번째 인용 시 – 연속 인용 시	(National Institute of Mental Health(NIMH, 2020) (NIMH, 2020)	National Institute of Mental Health (NIMH, 2020) NIMH, 2020
단체 연구일 경우(약어 미사용시)	(Stanford University, 2020)	Stanford University (2020)

(4) 기관 또는 단체 연구의 인용

기관에 의하여 실행된 연구를 인용할 경우 공식적 기관명을 정확히 밝혀야 한다. 외국기관의 경우 처음 인용 시에는 완전한 기관명을 표기하고, 그 이후에는 생략된 약어를 표기한다. 그러나 약어로 표현하면 이해하기가 어렵거나 이름이 짧은 경우에는 정식 명칭을 사용한다.

- 완전하게 표기
  〈예〉 본문에서 인용 시: (한국교육과정평가원, 2005).
  　　　참고문헌 목록 적을 때: 한국교육과정평가원(2005).
- 약자로 표기
  〈예〉 처음 인용 시: (American Educational Research Association: AERA, 2005)
  　　　두 번째 이후 인용: (AERA, 2005)
  　　　참고문헌 표기 시: American Educational Research Association (2005).

(5) 익명의 연구자

• 국내문헌의 경우

〈예〉(익명, 2005)

• 외국문헌의 경우

〈예〉(Anonymous, 2005)

(6) 재인용

인용은 원자료인 1차 자료(primary source)에서 하는 것이 원칙이나 원자료를 구할 수 없는 경우 부득이 2차 자료(seconde source)를 이용할 수밖에 없다. 재인용은 본문에서 인용할 경우 다른 연구의 인용방법과 같다. 국내문헌이나 외국문헌 모두 인용 연구논문의 연도 뒤에 쉼표(,)를 하고 '재인용'이라고 표시한다. 참고문헌에서는 '재인용'이라는 표기 없이 재인용한 연구나 저서를 그대로 기록한다.

〈예〉성태제(1999, 재인용)는 …고 하였다.

(성태제, 1999, 재인용).

(7) 인용 허가

출판하기 위한 논문에 저작권이 설정된 문헌의 내용을 인용하고자 한다면 저작권자로부터 서면승인을 받아야 한다. 허가를 받기 위한 조건은 저작권자마다 다르며, 저작권자로부터 허가를 받을 것인지의 여부는 연구자의 책임이다. APA의 경우 APA가 저작권을 가지고 있는 학회지의 내용을 단일문헌에서 400단어 미만, 여러 문헌에서 800단어 미만으로 발췌할 경우 공식적인 인용 허가를 받지 않아도 인용할 수 있다고 제시하고 있으며, 저작권자가 공정한 사용으로 인정할 수 없는 논문은 출판할 수 없다.

(8) 구체적인 출처 제시

본문에서 인용된 자료의 출처를 제시하는 형태는 인용한 자료가 인쇄물인지, 전자 형태의 자료인지에 따라 달라진다. 인용한 문헌을 구체적으로 제시하고자 할 때에는 본문의 페이지 번호, 장, 그림, 표, 공식을 적는다. 특정 페이지는 p., 여러 페이지는 pp., 장은 chap.로 줄여서 표시한다. 그러나 전자 형태의 자료들은 대체로 PDF의 형태가 아닌 경우 페이지 번호를 제공하지 않는다. 따라서 문단번호가 있으면 페이지 번호 대신 문단번호를 사용한다. 이때 ¶ 기호나 약어 para.를 사용한다.

〈예 1〉 (김철수, 2002, p. 30), (이민수, 1999, chap.2), (김일우, 2003, pp. 12-23)

〈예 2〉 As Myers(2000, ¶5) aptly phrased it,

③ 참고문헌

논문의 참고문헌은 연구에서 인용한 문헌의 정보를 제공하고 인용된 문헌들을 되찾아볼 수 있게 한다. 그러므로 참고문헌에 제시된 정보는 매우 구체적이고 자세하며 정확한 내용이 기재되어야 한다.

참고문헌을 통해서 독자는 연구자가 참고한 문헌의 출판연도와 연구에 대한 내용, 연구의 동향 및 의의 등을 간접적으로 파악할 수 있다. 따라서 연구자는 논문에서 인용한 논문이나 저서, 자료 등을 하나도 빠짐없이 자세하고 정확하게 기록하여야 한다. 참고문헌의 기록방법은 학회나 논문발행 기관의 편집지침에 따라야 한다.

참고문헌의 형태는 크게 '참고문헌(reference)'과 '**서지목록**(bibliography)'으로 구분된다. 참고문헌은 본문에서 인용한 자료를 제시하는 것이고, 서지목록은 본문에서 인용한 자료뿐만 아니라 연구를 하는데 있어서 간접적으로 사용한 보충자료와 독자들의 이해를 돕기 위해 추천하는 자료를 포함하는 것으로 reference보다는 광범위한 개념이라고 할 수 있다. 논문에서 참고문헌이라고 하면 일반적으로는 reference를 의미한다.

1) 참고문헌의 제시순서

　참고문헌은 크게 저자명, 도서명, 출판사항의 세 부분으로 나뉘며, 이들은 마침표(.)로 구분한다. APA 양식을 토대로 참고문헌 작성법을 소개하면 다음과 같다.

APA 양식 → 저자명(발행연도). 도서명. 출판지명: 출판사명.

- 참고문헌은 기본적으로 저자명을 기준으로 국내문헌, 동양권 문헌(중국, 일본), 서양문헌의 순서가 되도록 구성한다. 국내문헌은 가, 나, 다 순으로, 해외문헌은 a, b, c 순으로 한다.
- 두 줄 이상으로 계속 이어질 때에는 첫째 줄 글자를 기준으로 둘째 줄부터는 5칸 정도 들여쓰기를 한다.

2) 참고문헌 표기 시 사용하는 약어

외국문헌의 경우에는 약어가 많이 쓰이는데 그 내용은 다음과 같다.

약어	원어
chap.	chapter: 장
ed.	edition: 판
rev. ed.	revised edition: 개정판
2nd ed.	second edition: 제2판
Ed. (Eds.)	Editor (Editors): 편집자
Trans.	Translator (s): 역자
p. (pp.)	page (pages): 페이지 번호
Vol.(vols.)	Volume(volumes): 권
No.	Number: 호
Pt.	Part: 부
Tech, Rep.	Technical Report
Suppl.	Supplement: 보충 자료

3) 참고문헌 제시양식

참고문헌을 제시함에 있어 단행본과 정기간행물은 달리 제시하며 단행본과 정기간행물이 참고문헌 목록으로 제시되는 경우 순서, 방법 및 내용은 다음과 같다.

(1) 단행본

- 저자의 성명: 성과 이름을 쓰되 서양 인명은 성을 먼저 쓰고 쉼표(,)를 찍으며 이름은 첫 글자를 쓰고 마침표(.)를 찍는다.
- 출판사 명: 출판지역과 출판사 이름을 기록한다.
- 페이지: 밝혀야 할 필요성이 있는 경우에 한하며, 한 페이지일 경우에는 p. 두 페이지 이상일 경우에는 pp.라고 표시하고 해당 페이지를 기록한다.
- 개정판일 경우 개정판수를 기록한다.
- 편집한 책의 경우: 저자 명의 위치에 편집자 명을 쓴 다음 ( ) 속에 '편'이라고 표기한다. 양서의 경우에는 편집자 명을 적고 한 사람이 편역했을 때에는 ( ) 속에 'Ed.', 여러 사람이 편역했을 때는 ( ) 속에 'Eds.'라고 표기한다.
- 번역서의 경우: 원서의 책명이 표시되어 있는 번역서의 경우 원저자 명, 번역서의 발행연도, 원서의 제목을 쓰고, 그 뒤에 번역자 명을 쓴 다음 ( ) 속에 '역'이라고 적는다. 그 뒤에 번역서 명과 출판사항을 기재한다. 반면, 원서의 책명이 표시되어 있지 않은 번역서의 경우 원저자의 이름을 먼저 쓰나, 그 밖의 출판사항에 관한 정보는 번역서의 것을 적는다. 한편, 원래의 저자 명과 도서 명이 분명하지 않거나, 원서보다는 번역서 자체에 중점을 두어 참고문헌을 표기하고자 할 경우에는 저자 명을 쓰는 위치에 번역자 명을 쓴 다음 ( ) 속에 '역'이라 표기하고 그 이하는 다른 단행본 표기와 동일하게 한다.

⟨예 1⟩ 국내단행본

　　박정(2001). 다분 문항반응이론 모형. 서울: 교육과학사.

　　성태제(2014). 현대교육평가(4판). 서울: 학지사.

　　성태제(2011, 역). 준거설정방법. 서울: 학지사.

⟨예 2⟩ 외국단행본

　　Ebel, R. L., & Frisble, D. A. (1991). *Essentials of Educational Measurement*. NJ: Prentice—Hall.

　　Gall, M. D., Gall, J. P., & Borg, W. R. (2003). *Educational Research* (7th eds.). New York: Longman.

(2) 학술지(정기간행물)

- 필자 성명: 서양 인명은 성을 먼저 쓰고 쉼표(,)를 하고 이름은 첫 글자만 쓰고 마침표(.)를 찍는다.
- 출판연도: 괄호를 묶어서 제시할 수도 있고 잡지명 뒤에 제시할 수 있다.
- 간행물의 이름: 구별을 위해 『　』, 밑줄 또는 활자를 진하게 하여 표기하고, 양서인 경우에는 이탤릭체로 표기한다.
- 해당되는 경우에는 권, 호수를 기록한다.
- 출판사명: 출판지역과 출판사 이름을 기록한다.
- 페이지: 밝혀야 할 필요성이 있는 경우에 한하며, 한 페이지일 경우에는 p. 두 페이지 이상일 경우에는 pp.라고 표시하고 해당 페이지를 기록한다.

⟨예 1⟩ 국내간행물

　　박경미, 최승현(2002). 학업성취도 비교 연구(PISA)에 나타난 수학적 소양의 성별 차이에 따른 고찰. 한국수학교육학회 시리즈 A ⟨수학교육⟩, 41(3), 319—328.

　　손원숙(2002). 차별기능문항 기법의 응용: 교육 및 심리검사의 번언과정에서. 교육평가연구, 15(1), 207—225.

〈예 2〉 외국간행물

Ben-Shakhar, M., & Sinai, Y.(1991). Gender differences in multiple-choice tests: The role of differential guessing tendencies. *Journal of Educational Measurement, 28*, 22-35.

Seong, Tae-Je(1990). Sensitivity of Marginal Maximum Likelihood estimation of Item and Ability Parameters to the Characteristics of the Priority Ability Distributions, *Applied Psychological Measurement, 14*, 299-311.

〈예 3〉 기관 단행본 및 간행물은 기관명이 저자를 대신한다.

한국교육평가학회(2004). 교육평가 용어사전. 서울: 학지사.

(3) 학위논문의 경우

• 미출판 학위논문

남명호(1995). 수행평가의 타당성 연구. 고려대학교 대학원 박사학위논문.

Wifley, D. E. (1989). *Interpersonal analysis of bulimia: Normal-weight and obese.* Unpublished doctorial dissertation, University of Missouri, Columbia.

• 출판 학위논문

Ross, D. F. (1990). Unconscious transference and mistaken identity: When a witness misidentifies a familiar but innocent person from a lineup(Doctorial disserstation, Cornell University, 1990). *Dissertation Abstracts International, 51,* 417.

(4) 신문, 잡지의 경우

• 이름을 밝힌 경우

김경은(2005. 8. 16). "사이버 독립운동가들이 뛴다". 경향신문, p. 12.

이연성(2004). "논술고사가 지향해야 할 방향". 교육사상, 제15권 제2호,
pp. 12-20.

- 이름을 밝히지 않은 경우

"TV 독서프로그램 활용하기". (2005. 8. 7). 세계일보, p. 7.

"Public or Private School? In Campaign, It's Personal". (2005. August
18). *The New York Times*, p. 5.

(5) 저자가 알려지지 않은 경우

저자가 알려지지 않은 경우에는 연구자의 이름 대신에 제목을 적고, 제목
의 첫 의미 있는 단어의 가, 나, 다 순(영문의 경우 a, b, c 순)으로 제시한다.

〈예〉   교과교육학 총론.(2003). 국민출판.

Education past and present.(1975). Los Angeles: LA Press.

(6) 기타

연구기관의 연구보고서나 심포지엄의 발표, 전자문헌 등 기타 자료는 다
음과 같이 제시한다.

① 연구보고서

박정, 정은영, 김경희, 한경혜(2004). 수학 · 과학 성취도 추이변화 국
제비교 연구: TIMSS 2003 결과 보고서(연구보고 RRE 2004-3-2).
서울: 한국교육과정평가원.

② 학술대회 및 심포지엄의 발표자료

남현우(2004). 대입전형의 공정성을 높이기 위한 내신등급 산출방안.
한국교육평가학회 추계 정기 학술대회 발표 자료집(pp. 21-26).

서울: 한국교육과정평가원.

Wise, S. L. (1997, April). *Examinees issues in CAT.* Paper presented at the annual meeting of National Council on Measurement in Education. Chicago, IL. (ERIC Document Reproduction Service No. Ed 408 329).

Linchastein, K. L., John, R. S., Womack, T. D., Dean, J. E., & Chiders, C. K. (1990, June). Relaxation therapy for polypharmarcy use in elderly insominiacs and noninsominiacs. In T. L. Rosenthal(Chair), *Reducing medication in geriatric populations.* Symposium conducted at the meeting of the First International Congress of Behavioral Medicine, Uppsala, Sweeden.

③ 인터넷을 이용한 전자문헌

VandenBos, G., Knapp, S., & Doe, J. (2001). Role of reference elements in the selection of resources by psychology undergraduate. *Journal of Bibliographic Research, 5,* 117–123. Retrieved October 13, 2001, Retrieved from http://jbr.org/article.html.

④ 컴퓨터소프트웨어 및 메뉴얼

에버케이션(2000). Test Wizard: 컴퓨터화 검사제작 프로그램. 서울: 에버케이션.

Schwarzer, R. (1989). *Statistics software for meta–analysis*(Computer software and manual). Retrieved from http://www.yotku.ca/faculty/academic/jbr.org /Schwarzemeta_e.htm.

⑤ 데이터 파일

Department of Health and Human Services, National Center for health Statistics. (1991). *National Health Provider Inventory: Home health agencies and hospices*, 1991 [Data file]. Available from National Technical Service Web site, http://www.ntis.gov.

④ 부 록

부록은 두 가지 목적을 갖는다. 첫째, 연구와 관련된 자세한 정보를 부록에 제시함으로 논문 전체를 읽고 이해하는 데 방해가 되는 점을 줄이려고 한다. 둘째, 논문의 편집양식이나 형태가 다른 자료나 정보를 수록하는 데 사용된다. 그러므로 부록은 독자로 하여금 연구의 이해를 돕기 위해 본문에 넣지 못하는 연구 내용이나 자료 등을 수록하는 부분이다. 부록에 제시되는 순서는 본문의 내용 순서에 따르며 부록에 제시할 수 있는 내용은 다음과 같다.

- 수학적 증명
- 큰 표와 단어 목록
- 설문지 및 검사지
- 실험도구
- 컴퓨터 프로그램
- 세부적 통계자료

부록이 2개 이상일 경우가 대부분이므로 번호 부여는 [부록 A], [부록 B]의 형태로 기술한다. 표를 부록에 게재할 경우 표를 제시하는 일반적 원칙에 따르며 설문지나 검사지는 연구에서 실제로 사용한 것을 첨부하는 것이 바람직하다. 만약 다른 연구자가 사용한 설문지나 검사지를 부록에 첨부하고자 할 경우 원저자의 동의를 얻어야 한다. 특히 상업적으로 판매되는 설문지나 검사지의 경우 허가를 받아야 하지만 회사로부터 허락을 받기가 쉽지 않다.

⑤ APA 출판 점검 내용

이 장에서 설명한 논문이나 보고서 작성법에 의하여 작성된 논문이나 연구보고서가 출판되기 위해서는 학회지 편집위원회나 해당기관의 논문 편집과 인쇄기준에 부합하여야 한다. 학위논문을 작성하는 연구자는 학위 수여기관이 정하는 논문 편집과 인쇄지침에 따르는 것이 바람직하다. 학회지에 논문을 게재하고자 하는 연구자는 학회지 편집지침에 따라야 한다. APA(2010, pp. 241-243)에서 발간한 출판지침서는 원고 제출 시 점검해야 할 항목들을 다음과 같이 제시하고 있다.

점검 항목	점검 내용
Format	• 제출문 형식에 대한 학회지의 지침을 확인했는가? • 출력될 용지의 크기에 맞게 작성되었는지? • 전체 자간과 줄간격은 보기 좋게 정리되었는지? • 출력 용지로부터 1인치(2.54cm) 정도 여유가 있도록 작성되었는지? • 제목, 초록, 참고문헌, 주, 각주, 표, 그림이 모두 포함되어 있는지? • 그림과 그림 제목이 같은 페이지에 위치하는가? • 각 항목이 진술된 순서대로 제시되어 있는지? • 페이지 수가 제대로 정렬되었는지?

연◇습◇문◇제

1. 연구논문을 작성하는 일반적 원칙을 서술하라.

2. 논문 작성시 현재형과 과거형으로 서술하는 예를 들고, 이를 설명하라.

3. 표와 그림의 차이를 설명하라.

4. 저서와 학회지의 참고문헌의 예를 들어 인용하라.

5. 3인의 저서와 논문을 본문과 참고문헌에 인용하는 예를 들고, 이를 설명하라.

제21장 연구에 대한 평가와 논문 게재 및 발표

　연구논문에 대한 평가는 학위논문의 경우 논문심사 통과 여부에, 학회에 제출한 논문일 경우 논문발표 여부에, 학회지에 보낸 논문일 경우 게재 여부에 의존한다고 볼 수 있으나 반드시 그런 것은 아니다. 학위논문이 논문심사위원회에서 통과되었다고 하여 그 논문이 반드시 우수한 논문이었다고 할 수는 없다. 그 이유로는 여러 가지가 있을 수 있다. 일반적으로 학회에서 발표된 논문이나 학회지에 게재된 논문을 우수한 논문이라고 평가할 수 있으나, 학회와 학회지의 수준에 따라 다른 평가를 내릴 수 있다. 논문을 평가할 수 있는 능력을 지닌 연구자는 본인의 연구에서 제한점이 되는 내용을 사전에 배제하여 우수한 논문을 쓸 수 있으므로 여러 논문을 평가해 보는 기회를 갖는 것이 좋은 논문을 쓰는 데 도움이 된다. 그러므로 다음에서 설명하는 평가기준에 따라 여러 논문을 평가해 보기 바란다.

❶ 연구논문의 타당성

　연구논문의 타당성은 연구결과와 관련된다. 연구논문은 연구결과가 타당하면 좋은 논문으로 평가를 받고, 연구결과가 타당하지 않으면 질이 낮은 논문으로 평가된다. 연구논문의 질은 매우 많은 요인에 대한 분석을 통해서 평가되어야 하지만, 연구논문의 질에 대한 평가에서 가장 관건이 되는 것은 내재적 타당성과 외현적 타당성이다. 논문의 체제나 해석 그리고 결론 부분이 일목요연하게 정리되었다고 하더라도 연구결과의 타당성이 결여되었다면 연구논문으로서의 가치를 상실한다.

1) 내재적 타당성

연구의 **내재적 타당성**(internal validation)이란 연구의 진행과정이 얼마나 타당하게 이루어졌느냐 하는 것으로, 이는 곧 매개변수가 제대로 통제되었느냐의 문제다. 예를 들어, 멀티미디어를 사용한 새로운 교수법과 전통적 교수법에 의한 학업성취도 비교연구를 한다고 할 때, 새로운 교수법이 투입된 실험집단과 전통적 교수법이 투입된 통제집단에 학업성취도 수준이 유사하도록 연구대상이 할당되었어야 학업성취도 비교가 가능하다. 만약 두 집단에 학업능력이나 지능에 차이가 있는 피험자들이 할당되었다면 집단간 학업성취도를 비교할 때 학업능력이나 지능의 영향이 통제되었는지를 확인해야 한다. 그러므로 연구의 내재적 타당성을 보장받기 위해서는 연구실시 전에 집단간의 **출발단계**(initial stage)가 동일하였는지와 매개변수가 제대로 통제되었는지를 확인해야 한다. 특히 실험설계의 경우에는 내재적 타당성을 확보하기 위해서 보다 세심한 주의를 기울일 필요가 있다.

2) 외현적 타당성

외현적 타당성(external validation)은 연구의 결과를 일반화할 수 있느냐의 문제다. 이것은 연구집단의 모집단에 대한 대표성과 관련이 되며 연구대상으로 이용되는 표본이 모집단으로부터 얼마나 잘 표집되었느냐에 따라서 결정된다.

예를 들어, 우리나라 아버지의 유아 자녀에 대한 역할지각을 연구한다고 할 때, 유아 자녀를 가진 우리나라 모든 아버지의 유아 자녀에 대한 역할지각을 분석한다는 것은 불가능하다. 그러므로 유아 자녀가 있는 아버지를 대표하는 일부의 아버지를 추출하여 역할지각에 대한 연구를 하게 된다. 이때 연구대상으로 추출된 아버지들이 우리나라 유아 자녀를 둔 아버지들을 잘 대표하였다면 이 연구결과를 유아 자녀를 가진 우리나라의 모든 아버지의 유아 자녀에 대한 역할지각으로 일반화시킬 수 있을 것이다. 하지만 연구대상으로 추출된 아버지들이 일정 지역에서 추출되었거나 특정한 사회 · 경제적 배경을 가진 계층에서 추출되었다면, 그들을 대상으로 한 연구결과로 우리나라의 모든 아버지의 유아 자녀에 대한 역할지각을 설명할 수는 없을 것이다.

앞의 예에서 알 수 있듯이 연구대상으로 추출된 표본의 모집단 대표성은 연구의 외현적 타당성을 가늠하는 매우 중요한 준거다. 특히 조사연구에서는 표집방법과 절차의 타당성이 매우 중요하다.

② 평가요인

연구에 대한 평가는 주로 내재적 타당성과 외현적 타당성의 확보 여부로 가늠되지만 연구를 수행하는 데 수반되는 모든 절차나 연구논문의 체제도 논문을 평가하는 중요한 요소다.

Cooper(1981)는 연구논문을 평가할 때 연구문제가 체계적으로 정립되었는가, 자료가 제대로 수집되었는가, 자료분석 및 해석이 제대로 되었는가, 결론 유도가 합당한가를 확인해야 한다고 하였다.

연구논문의 일반적인 평가기준은 다음과 같다.

첫째, 연구목적의 구체성
둘째, 연구를 위한 중요한 변수의 고려

셋째, 매개변수의 통제

넷째, 연구자의 편견

다섯째, 연구대상의 표집과 손실

여섯째, 측정도구의 질

일곱째, 관찰자내 신뢰도와 관찰자간 신뢰도

여덟째, 통계방법의 사용

아홉째, 통계분석의 해석

열째, 연구결과에 기초한 결론

열한째, 논문의 체제

첫째, 연구의 목적이 구체화되었는지를 확인해야 한다. 연구문제가 구체화되지 못했을 경우에는 연구의 시행이 어려울 뿐만 아니라 연구논문이 무엇을 말하고자 하는지를 알기도 어렵다. 연구목적이 분명하고 구체화되었을 때 연구가설의 설정이 용이해진다. 가설이 설정되면 독립변수와 종속변수가 규명되고 두 변수의 특성에 따라 분석방법도 쉽게 결정할 수 있다. 일반적으로 연구의 목적은 집단간 상호비교와 변수 간의 상관관계 규명으로 나뉜다. 이 외에 사회현상을 설명하기 위한 모형을 찾는 것도 연구의 중요한 목적이 될 수 있다.

둘째, 연구에서 목적하고 있는 바를 달성하기 위해서 중요한 변수가 모두 고려되었는지를 확인해야 한다. 사회나 자연 혹은 교육 현상을 설명하기 위한 많은 변수 중에서 중요한 변수가 고려되지 않았을 경우에는 현상을 제대로 설명할 수 없을 뿐만 아니라 때로는 설명이 잘못될 수도 있다. 예를 들어, 여학생의 취업포부 수준에 영향을 주는 변수에 대한 연구를 할 때, 어머니의 취업 여부, 직업 종류, 어머니의 학력, 가정의 경제적 배경 등을 변수로 포함시키고 성적은 변수에 포함시키지 않는 경우가 있다. 이는 외국의 연구가 학교 성적을 여학생의 취업포부에 영향을 주는 변수로 포함시키고 있지 않기 때문이다. 그러나 우리나라의 경우는 여학생의 취업포부 수준에 학업성적이 많은 영향을 준다는 연구(신옥희, 1990)가 있으므로 학업성적을 변수에 포함시키는 것이 바람직하다. 우리나라의 여고생들은 대부분의 시간을 사실상 학교에서 보내고 있기 때문에 어머니와 같이 있을 수 있는 시간이 많지 않다. 따라서 어머니의 영향보다는 학업성적이 직업포부 수준에 영향을 주는 중요한 변수가 될 수 있다. 그러므로 연구에서 중요한 변수의 포함 여부는 문헌연구에 의한 이론적 배경과 연구자의 경험적 배경에 의존한다.

셋째, 매개변수가 통제되었는지를 확인한다. 매개변수의 통제는 연구의 내재적 타당성 확보와 관련되어 있으므로 반드시 매개변수에 대한 고려를 해야 한다. 예를 들어, 서로 다른 교수법에 의한 어휘력의 차이를 연구한다고 할 때, 교수법 이외에 어휘력에 영향을 주는 변수의 영향을 제거하는 방법을 강구해야 한다. 매개변수의 영향을 제거하는 방법을 구안하기 위해서는 자신의 연구에서 고려할 수 있는 매개변수가 무엇인지를 규명하는 작업을 선행할 필요가 있다.

앞에서 예로 든 연구의 매개변수로는 사전 어휘능력, 지능, 성별, 나이 등을 들 수 있다. 만약 매개변수들이 통제되지 않은 상태였다면, 교수법에 따라 어휘력에 차이가 있다는 결과를 얻는다고 하더라도 그와 같은 어휘력의 차이가 정말로 교수법의 영향에 의한 것이었는지를 확인할 수가 없다. 사전 어휘능력에 차이가 있는 집단이었기 때문에 어휘력의 차이가 나타났을 수도 있고 지능 혹은 나이의 차이 때문일 수도 있다. 매개변수를 규명하고 통제하기 위해서는 사전 문헌연구에 충실해야 한다.

넷째, 연구과정에서 연구자의 편견이 작용하지는 않았는지를 확인해야 한다. 의도적이거나 감정적인 연구제목이나 연구자가 선호하는 방향으로 결론을 유도한 연구는 질이 떨어지는 연구가 된다. 예를 들어, '우리나라 대학입시제도가 학교교육을 망친 이유분석'이라는 논문제목보다는 '우리나라 입시제도가 학교교육에 미친 영향분석'이라고 고친 연구제목이 가치 중립적이고 과학적이다.

또한 연구를 진행하여 자료를 수집하고 분석하는 과정에서 연구자가 기대하는 방향으로 연구결과를 유도하는 연구가 있다. 연구결과가 연구자가 기대하는 결과와 일치하는 경우는 흔하지 않다. 그러므로 가치 중립적 입장에서 객관적으로 연구를 진행하고, 그렇게 얻어진 연구결과를 긍정적으로 수용하는 자세를 가져야 한다.

　　다섯째, 연구대상의 대표성을 확인한다. 이때 표집 및 연구대상의 손실 여부가 문제가 된다. 사회조사연구 시 모집단을 대표하는 표본을 추출할 때 연구자가 의도적으로 왜곡된 표집을 하면 연구의 외현적 타당성이 상실된다. 또한 연구대상이 모두 지원자(volunteer)일 때에도 연구의 질을 보장받을 수 없다.

　　설문지를 통한 연구를 실시할 때, 설문지 회수율이 저조하면 회수되지 않은 연구대상의 의견을 반영할 수가 없으므로 타당한 연구논문의 결론을 유도하기 어렵다. 그러므로 설문지 미회송자에게 회송을 요구하여 그 의견을 자료에 포함시키는 것이 바람직하다. 실험연구의 경우는 연구 진행과정에서 연구대상이 손실되는 경우가 발생한다. 연구대상인 학생이 전학을 가거나 질병 및 기타의 사유로 연구를 계속할 수 없는 경우가 많을 때에는 연구에 결정적인 장애가 될 수 있다. 그러므로 연구자는 연구가 종료될 때까지 연구에 지속적으로 참여할 연구대상을 선정하도록 해야 한다.

　　여섯째, 측정도구의 질을 분석한다. 경험과학은 연구의 결과를 수량화하여 결론을 유도하므로 수량화하기 위해서는 모든 사물에 대한 계측 혹은 측정이 필수적이다. 가시적인 특성은 직접 측정이 가능하지만, 비가시적인 특성은 직접 측정이 불가능하므로 검사도구를 사용해야 한다. 연구에서 측정하고자 하는 속성이 가시적이든 비가시적이든 간에 측정도구는 타당도와 신뢰도를 확보해야 한다. 타당도란 측정도구가 측정의 목적에 부합하느냐의 문제이며, 신뢰도란 측정의 일관성을 말한다. 예를 들어, 직업흥미를 측정하는 검사일 경우, 문항들이 다양한 직업에 대한 관심과 흥미를 측정하는 문항들로 구성되어 있을 때 이 검사는 타당도가 확보된 검사라고 할 수 있다. 그리고 직업흥미 검사가 직업흥미를 반복 측정한다고 가정하였을 때, 개인들의 직업흥미점수가 지속적으로 안정적인 점수를 얻을 경우 신뢰도가 높다고 할 수 있다. 타당도와 신뢰도가 검증되지 않은 측정도구에 의한 연구결과는 의심의 대상이 된다. 따라서 실험연구든 사회조사연구든 측정도구를 사용할 때에는 반드시 측정도구의 타당도 및 신뢰도를 검증해야 한다.

일곱째, 관찰연구의 경우, 관찰자내 신뢰도와 관찰자간 신뢰도의 검증이 필요하다. 관찰에 의하여 자료가 수집되는 연구에서 관찰자간 신뢰도와 관찰자내 신뢰도가 확보되지 않은 자료는 믿을 수 없는 자료이므로 그 자료에 의한 연구결과 역시 믿을 수 없게 된다. 관찰자간 신뢰도란 관찰자들 사이의 평정 혹은 관찰이 얼마나 유사한지를 밝히는 것이다. 예를 들어, 아이들의 행위를 여러 범주로 분류한다고 할 때, 연구대상의 행위에 대한 다수의 관찰자들의 분류결과가 유사한지를 검증하는 것이다. 만약 분류가 아니라 점수를 부여한다면 관찰자들이 부여한 점수들 간의 유사 정도를 말한다. 관찰자내 신뢰도란 관찰자 개인이 얼마나 일관성 있게 관찰내용을 분류하거나 점수를 부여하는가를 말한다.

여덟째, 통계적 방법 사용의 오류를 확인한다. 양적연구의 경우는 기술통계뿐만 아니라 추리통계를 사용한다. 평균, 표준편차, 최고값과 최저값을 설명하는 기술통계에서 연구자가 의도한 대로의 해석은 금물이며, 집단비교 및 인과관계 분석을 위한 통계적 검증에 있어서 올바른 통계적 방법을 선택해야 한다. 하지만 올바르지 않은 통계적 방법을 선택하여 의도적으로 결론을 유도한 연구들도 적지 않게 발견된다. 예를 들어, 세 집단의 비교연구는 분산분석방법을 사용해야 함에도 A집단과 B집단의 t 검정, B집단과 C집단의 t 검정, A집단과 C집단의 t 검정으로 t 검정을 세 번 실시하는 오류를 범한 연구를 발견할 수 있다. 이런 경우에는 일원분산분석을 실시하여 집단 간 유의한 차이가 있다는 결과가 도출되면 어느 집단 간에 차이가 있는지를 사후검정하는 것이 올바른 방법이다.

아홉째, 통계분석결과를 올바르게 해석해야 한다. 수집된 자료분석 결과에 대한 해석이 올바르지 않으면 잘못된 연구결론이 유도된다. 자료를 분석한 결과에 의미를 부여하고 그에 의존한 해석을 해야 함에도 불구하고 많은 연구에서 편의적인 해석을 하는 경우를 볼 수 있다. 특히 유의수준에 대해 제대로 이해하고 있지 못한 연구들이 적지 않게 발견된다. 통계적 분석결과를 올바르게 이해하기 위해서는 통계의 기본개념 및 방법에 대한 이해가 선행되어야 하므로 통계분석 결과 해석 시 통계서적을 참고하는 것이 바람직하다.

열째, 결론은 연구결과에 기초해야 한다. 연구결론은 연구 진행과정에서 수집된 자료와 그 해석에 따라 도출되어야 함에도 불구하고 비약적인 결론을 유도하는 경우가 있다. 이와 같은 경우, 연구의 과학성과 객관성이 결여되기 때문에 연구의 질이 떨어진다.

열한째, 논문의 체제다. 연구논문의 질을 위해서는 내용 못지않게 체제도 중요하다. 논문 구성체제는 연구분야별로, 연구목적별로 다소 상이하나 행동과학, 경험과학 등의 양적연구는 일반적으로 APA(American Psychology Association) 양식을 따른다. APA 양식은 논문을 5개의 장으로 나누어 Ⅰ장은 서론, Ⅱ장은 이론적 배경, Ⅲ장은 연구방법, Ⅳ장은 결과, Ⅴ장은 결론 및 논의를 서술하도록 하고 있다. APA(2010)는 논문의 구성뿐만 아니라 도표, 그림 등 논문집필에 관한 일반적 지침을 제시하고 있으며, 참고문헌 인용체제에 대해서도 자세히 설명하고 있다.

③ 학회논문 심사기준

연구논문은 여러 가지 기준에 의해서 연구의 질이 평가되는데, 그중에서 우수한 논문은 학회에서 발표되거나 학술지에 게재된다. 학회논문 발표나 학술지의 게재 여부는 일반적으로 심사기준에 따라 논문 심사위원이 결정한다. 미국 및 우리나라 유명 학회의 논문 심사기준은 다음과 같다.

1) 미 국

미국의 논문 심사기준은 행동과학을 선호하는 학문적 경향으로 인하여 매우 구체화되어 있다. **미국교육학회(AERA)**가 매년 4월에 개최하는 연차 학술대회에서 발표되는 논문은 6개의 하위 항목에 대하여 〈표 21-1〉과 같이 심사된다.

연구목적의 중요성, 이론적 배경의 명료성, 연구방법의 적절성, 연구자료의 적절성, 연구결과의 적절성, 해당 분야에의 학문적 기여도의 6개 항목에 대해 5단계 척도로 평가한다. 또한 해당 분과위원장과 논문 제출자를 대상으로 심사 의견을 작성하며, 최종 게재 여부를 선택한다. 미국교육학회(AERA)에서 발간되는 학회지의 경우는 3명의 익명의 심사자가 8개 항목에 따라 각각 논문을 심사하여 평가를 종합한 후 발표 여부를 최종적으로 결정한다. 일반적으로 3명 중 2명이 발표 가능하다고 판정하면 다음 해 학회에서 논문을 발표하게 된다. 연구계획서의 제출과 심사결과의 통보는 모두 온라인으로 이루어진다.

2) 우리나라

우리나라에서도 연구가 활성화되면서 많은 연구가 학회 발표나 학술지 게재를 희망하게 되었으며, 그에 따라 연구의 질을 심사하는 기준도 체계화되어 가고 있다. 예전에는 논문을 '게재 가'와 '게재 불가' 혹은 '수정, 보완 후 게재 가'로 종합적으로 심사하였으나 점차 항목별로 논문을 심사하는 형태로 바뀌어 가고 있다. 예를 들어, 한국교육학회의 '교육학연구' 논문 심사기준은 〈표 21-2〉와 같다.

〈표 21-1〉 AERA 논문 심사기준

Criteria	Rate
*Objectives or purposes	Scale Min: 1: (Insignificant) Max: 5: (Critically Significant)
*Perspective(s) or theoretical framework	Scale Min: 1: (Not Articulated) Max: 5: (Well Articulated)
*Methods, techniques, or modes of inquiry	Scale Min: 1: (Not Well Executed) Max: 5: (Well Executed)
*Data sources, evidence, objects or materials	Scale Min: 1: (Inappropriate) Max: 5: (Appropriate)
*Results and/or substantiated conclusions or warrants for arguments/point of view	Scale Min: 1: (Ungrounded) Max: 5: (Well Grounded)
*Scientific or scholarly significance of the study or work	Scale Min: 1: (Routine) Max: 5: (Highly Original)

*Comments to the Program Chair
This field is mandatory you must comment.

*Comments to the Author/Submitter
This field is mandatory you must comment.

*Reviewer Recommendation

○Accept
○Reject

* 위 심사 항목은 미국교육학회 AERA 사이트(https://www.aera.net)에서 심사자에게 접속 권한이 부여되는 REVIEW MENU에서 확인할 수 있다.

〈표 21-2〉 '교육학연구' 게재 응모논문 심사 기준표

논문제목					
보내 드린 논문을 다음 기준에 따라 평가해 주시기 바랍니다(해당하는 것에 V표시)					
		그렇다		그렇지 않다	
1. 교육학연구에 게재하기에 주제가 적절하다	20	16	12	8	4
2. 연구주제(문제)가 독창적이고 명료하다	20	16	12	8	4
3. 연구방법이 타당하다	20	16	12	8	4
4. 학문발전에 대한 기여도가 높다	10	8	6	4	2
5. 교육현장에 대한 적용가능성이 높다	10	8	6	4	2
6. 논지에 일관성이 있고 진술이 명확하다	10	8	6	4	2
7. 초록의 질이 우수하고 소정의 논문 작성 양식을 잘 따르고 있다	10	8	6	4	2
합계:	점				

■ 최종심사의견
☐ 게재 가(80점 이상)　　　　☐ 수정 후 재심사(60~79점)
☐ 게재 불가(60점 미만)

○ 게재 가: 수정 없이 게재할 수 있다고 판단한 논문 혹은 수정 내용이 표현, 어휘의 선택, 제시순서 등 핵심 내용과는 무관한 것이라고 판단한 논문
○ 수정 후 재심사: 논문의 핵심 내용에서 문제가 있다고 판단한 논문
○ 게재 불가: 논문의 핵심 내용에서 문제가 있고 그 문제를 해결하기 위해서는 상당한 기간이 필요하다고 판단한 논문

출처: 한국교육학회 사이트(http://ekera.org/bbs/content.php?co_id=publication 2019. 11.12. 검색)

연구 주제의 적절성, 독창성과 명료성, 연구방법의 타당성, 학문발전의 기여도, 현장의 적용 가능성, 논지의 일관성 및 진술의 명확성, 논문 작성 양식의 7개의 평가영역으로 구분하여 5단계 척도에 의하여 평가하고, 최종적으로 게재 여부를 결정한다. 또한 [그림 21-1]의 수정 · 보안 요구서를 통해 연구자에 대한 조언뿐 아니라 심사평을 기술하게 함으로써 논문 심사의 객관성을 확보하려 하고 있다.

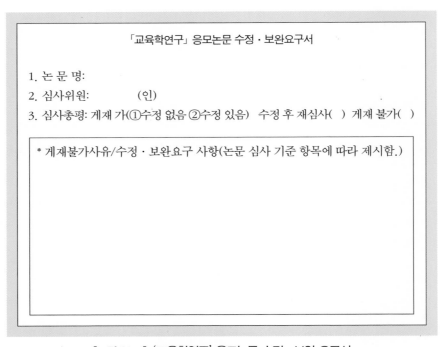

[그림 21-1] '교육학연구' 응모논문 수정 · 보안 요구서
출처: 한국교육학회 사이트(http://ekera.g/bbs/content.php?Co_id=publication 2019.11. 12. 검색)

연구의 평가요인과 논문 심사기준은 연구분야별로 다소 상이할 수 있다. 이상에서 설명한 평가항목 외에도 각 연구에서 평가되어야 할 요소들이 많이 있다. 그러므로 연구자 본인이 연구 진행절차와 논문의 서술이 제대로 되어 있는지를 스스로 평가하여 논문을 수정 · 보완하는 것이 연구의 질을 높

이는 지름길이다. 왜냐하면 해당 연구에 대해서 가장 많이 아는 사람은 결국 연구자 자신이기 때문이다.

4 논문 게재

학회논문 발표와 학회지 논문 게재 절차는 다소 차이가 있다. 학회에서 발표된 논문을 학회지에 게재하고자 하는 경우 미국에서는 학회지 편집인을 통하여 게재 심사를 받아야 한다. 그러므로 연구자는 연구논문이 어느 학회지의 성격과 특성에 부합하는지를 판단해야 한다.

동일한 학문 영역이라도 이론 개발에 중점을 두는 학술지와 응용에 역점을 두는 학술지 또는 학교 현장의 문제를 다루는 학술지 등 학술지의 성격이 다르므로 연구자는 먼저 연구논문이 어느 학술지의 특성에 부합하는지를 판단해야 한다. 그 다음 선택한 학술지에서 요구하는 편집지침에 의하여 연구보고서를 작성한다. 연구논문의 서식, 일련번호 부여, 표, 그림 등의 양식이 구체화되어 있으므로 이에 맞추어 논문을 작성한다.

학위논문을 학회지에 게재할 경우에는 논문의 많은 부분이 축약되어야 하므로 체계적으로 정리해야 하고, 논문 제출 전에 다른 연구자들의 조언을 받는 것도 바람직하다. 편집지침에 의하여 체계적으로 작성된 논문이 논문 심사위원들의 관심을 끌 수 있으므로 편집지침에 따르는 것이 필수적이다.

논문을 학술지에 제출하면 논문 게재 여부를 심사하여 일정 기간 후 심사 결과를 논문 제출자에게 통보한다. 이때 논문 게재 여부와 수정 지시나 의문점 혹은 논문 게재 불가 사유를 적은 심사지가 동봉된다. 심사위원이나 편집인의 조언에 따라 논문을 수정하는 작업이 여러 번 이루어지는 경우도 있다. 모든 수정이 이루어지면 마지막으로 편집인이 논문 게재 호수와 일자를 통보한다.

연구자가 미처 생각하지 못했던 점이나 잘못된 점을 지적받을 수 있으므로 논문에 대한 심사위원들의 질문이나 조언은 매우 중요하다. 간혹 논문 심사인의 조언이나 지적이 적절하지 않을 경우도 있으나, 논문에 대한 모든 지적을 고려하는 것이 연구자의 바람직한 자세다. 연구논문이 학술지에 게재되고 게재된 논문이 자주 인용되는 것은 연구자의 가장 큰 보람이다. 따라서 대학원생들에게 본인의 학위논문을 정리하여 학술지에 게재하는 것을 권장한다.

❺ 논문 발표

논문 발표는 크게 두 가지로 구분된다. 학위논문 심사를 위하여 연구결과를 심사위원 앞에서 발표하는 경우와 학회에서 논문을 발표하는 경우가 있다.

1) 학위논문 심사를 위한 발표

석사학위나 박사학위를 취득하기 위해서는 학교에서 요구하는 수준의 학위논문을 작성해야 한다. 학위논문을 작성하고 난 후에는 심사위원들 앞에서 연구논문의 내용을 발표하는 절차가 따른다. 일반적으로 심사위원들 앞에서 구두로 발표하므로 이를 **구두심사**(oral defense, oral examination)라고 한다. 석사학위논문 심사일 경우는 일반적으로 3명의 심사위원이 참여하고 박사학위 논문일 경우는 5명의 심사위원이 참여한다. 학회에서 논문을 발표하는 경우와는 달리 많은 시간이 부여된다. 일반적으로 석사학위논문 심사의 경우는 1시간, 박사학위논문 심사의 경우는 2시간 정도가 소요된다.

연구자는 연구논문을 작성한 다음 연구에 대하여 충분히 이해를 한 후 발표하고 심사위원의 질문에 응답해야 한다. 연구자는 연구내용을 조직적으로 발표하기 위한 준비를 해야 하며, 연구의 동기와 목적, 연구방법, 연구를 통해 발견된 중요한 사실, 교육적 적용과 의미를 주어진 시간 내에 발표해야 한다. 일반적으로 2시간의 학위논문 심사일 경우 30분에서 1시간 정도의 발표시간이 주어지므로 발표시간을 확인한 후 발표시간에 맞추어 발표해야 한다. 즉, 중요하지 않은 내용으로 발표시간을 소비하지 말아야 한다. 또한 발표를 보다 용이하게 하기 위하여 OHP나 파워포인트 등의 기재를 사용하는 것도 바람직하다. 학위논문 발표를 끝내면 심사위원들의 질문이 이어진다. **심사위원들의 질문에 대해 취해야 할 태도**를 Wiersma(1995)는 다음과 같이 제안하고 있다.

첫째, 질문을 주의 깊게 듣고 답변한다. 학위 취득 예정자들은 긴장하여 질문의 요지를 제대로 파악하지 못하고 질문에 부적절한 답변을 하는 경우가 많은데, 긴장하지 말고 심사위원의 질문을 정확히 이해하여 그에 적절한 답변을 해야 한다.

둘째, 질문에 명확하고 완벽하게 답변한다. 연구와 관련된 질문일 경우 충분하고 자세하게 응답한다. 이를 통해 연구자의 연구에 대한 이해도를 가늠할 수 있다.

셋째, 질문을 이해하지 못하였을 경우 질문이 무엇인지 다시 묻고, 그래도 이해가 되지 않으면 보다 쉽게 설명해달라고 부탁한다. 질문의 요지를 파악하지 못하고 답변을 하게 되면 심사위원들이 대답이 틀렸다고 판단하는 경우가 생기므로 재차 질문하여 보다 쉬운 형태로 질문을 이해하는 것이 중요하다. 간혹 연구의 내용과 거리가 있는 질문을 받을 수도 있다. 그래도 질문을 정확하게 파악하여 응답해야 한다.

넷째, 만약 질문에 대한 답을 알지 못하였을 때는 모른다고 솔직하게 대답한다. 연구자라고 해서 모든 것을 다 알 수는 없다. 따라서 심사위원들이 매우 어려운 질문을 할 경우에는 대답이 불가능할 수도 있다. 모르는 것은 모른다고 대답하고 배우는 것이 연구자의 바람직한 자세다. 알지 못하면서 아는 것처럼 대답할 경우 연구논문의 질에 대한 의문을 야기시킬 수 있다.

다섯째, 질문에 답할 때 정확한 단어를 사용한다. 성급하게 답하느라 정확한 단어를 사용하지 않으면 연구자가 용어를 제대로 알고 있는지에 대한 의문이 제기된다. 특히 연구에서 사용한 연구방법론에 대해서는 정확한 용어를 사용해야 한다. 또한 해당 분야에 대한 전문용어를 정확하게 사용해야 연구자가 정확한 지식을 가지고 있다고 평가받을 수 있다.

학위논문 심사를 위한 논문 발표 역시 학문을 하기 위한 훈련과정의 일환이다. 학위논문 발표는 연구한 논문을 요약·발표하는 능력을 기르고 학회활동 중 논문 발표를 훌륭하게 하기 위한 훈련이므로 매우 중요한 의미가 있다.

2) 학회논문 발표

학회논문 발표는 학위 취득을 위한 논문과 연구한 내용을 발표한다는 점에서 동일하나 몇 가지 다른 점이 있다. 학회논문의 발표는 일단 다수의 청중들 앞에서 발표를 하고 발표 시간이 매우 제한되어 있다. AERA나 NCME의 논문 발표는 15분 이내로 제한되어 있다. 두 학회는 매년 3월이나 4월에 개최되며 그 전년도 8월에 연구계획서를 제출받아 심사를 한 후 11월경에 논문 발표 여부를 결정한다. 논문 발표가 결정되면 연구논문 완본을 사회자와 토론자에게 미리 보내야 한다. 일반적으로 학회논문 발표는 연구전문가 집단이 경청한다. Wiersma(1995)는 **학회 논문 발표를 위하여** 다음과 같은 제안을 하고 있다.

첫째, 연구논문을 완성하여 준비한다.
둘째, 발표 시간을 확인하고 발표 시간 안에 논문을 발표한다.
셋째, 발표 장소의 크기와 그에 따른 청중 수를 계산하여 충분한 복사본을
　　　 준비한다.

넷째, 연구내용을 충분히 숙지하여 청중과 쉽게 교감할 수 있도록 준비한다.

다섯째, 발표 전에 발표 장소를 확인하고 필요한 기구, 좌석 등을 확인한다.

여섯째, 발표 10분 전에 도착하여 사회자·토론자와 인사를 한다.

일곱째, 발표 전에 논문을 배부하여 발표 도중 불필요하게 소요되는 시간이 없도록 사전에 조치한다.

여덟째, 발표 시 연구보고서를 읽지 않도록 한다. 꼭 읽어야 할 필요가 있을 경우에는 중요하지 않은 부분은 생략하고 청중에게 생략한 부분을 알려 준다.

아홉째, 배부하기 위해 준비한 논문이 부족한 경우에는 메모를 하여 차후에 논문을 보내 준다.

연구논문을 약속기간 내에 토론자에게 보내지 않았을 경우에는 토론을 할 수 없게 된다. 그러므로 연구자는 반드시 지정된 날짜 안에 사회자와 토론자에게 논문을 보내 주어야 한다.

학회에서 논문을 발표하는 것은 연구자 자신을 발표하는 것이나 다름없다. 그러므로 논문을 발표하기 전에 많은 연습을 하여 발표를 하는 것이 바람직하다. 특히 논문을 발표하는 시간을 철저히 지켜야 한다. 발표 시간을 지켜야 논문 발표 진행이 원활히 이루어질 수 있으므로 발표시간이 지연되면 사회자의 제지를 받는다.

학회논문 발표는 학술지 논문 게재보다 상대적으로 수월하다. 학회에서는 어디서도 발표되지 않은 다수의 논문이 발표되며 이 중 학술지에 게재되는 논문은 따로 제출하여 학술지 편집인과 심사위원들의 심사를 거쳐 학술지에 게재된다. 한편 많은 학위논문이 학회에서 발표된다. 학회에서의 논문발표 경험은 앞으로의 학문 활동에 중요한 역할을 하므로 학위논문을 학회에서 발표하는 것을 권장한다. 첫 번째 발표는 어색하고 불편하여도 두 번째 발표는 보다 수월하고, 발표 횟수가 많아질수록 우리가 생활하는 것처럼 익숙해진다.

연◇습◇문◇제

1. 다음 단어를 설명하라.
   내재적 타당성
   외현적 타당성

2. Cooper가 제시한 논문 평가요인을 설명하라.

3. 학위논문 심사를 위한 연구자의 자세를 논하라.

4. 학위논문 심사 시 심사위원의 질문에 답하는 연구자의 자세를 설명하라.

5. 학회에서 논문을 발표하기 위한 자세를 설명하라.

6. 학위논문 심사를 위한 발표와 학회 논문 발표의 차이점을 논하라.

7. 학회논문 발표를 참관하고 평가하라.

부록

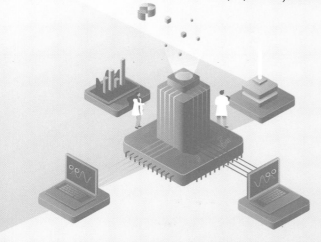

부록 1 미국교육학회

미국교육학회는 Washington에 학회 본부를 두고 있으며 12개의 분과와 155개의 Special Interest Groups(SIGs)으로 구성되어 있다. 각 분과는 다음과 같다.

A: Administration, Organization, & Leadership

B: Curriculum Studies

C: Learning and Instruction

D: Measurement and Research Methodology

E: Counseling and Human Development

F: History and Historiography

G: Social Context of Education

H: Research, Evaluation, & Assessment in School

I: Education in the Profession

J: Postsecondary Education

K: Teaching and Teacher Education

L: Educational Policy and Politics

미국교육학회 및 미국교육학회 산하에 있는 각 분과는 각각 학회장과 부회장을 두어 독립적으로 학회를 운영하나 연차학술대회는 공동으로 개최한다. 미국교육학회 회원으로 가입할 때 관심 있는 분과의 회원이 될 수 있다. 경우에 따라서는 두 개 이상의 분과에 회원으로 가입할 수 있다. 학회비는 1년 단위로 납부하며 투표권을 갖는 정회원의 경우 연회비가 $215이다. 학생의 경우 학회 회원의 추천을 받고 연 $40을 납부하면 정회원과 동일한 혜택을 받는다. 다만, 학회장이나 학회 임원 선출에 대한 투표권을 행사할 수 없는 제약이 있다.

미국교육학회 회원이 되면 학회에서 정기적으로 발행하는 다음과 같은 학술지를 받을 수 있다.

- *American Educational Research Journal*
- *Educational Evaluation and Policy Analysis*
- *Journal of Educational and Behavioral Statistics*
- *Review of Educational Research*
- *Review of Research in Education*

납부한 회비로 위의 학술지 중 1개를 선택하여 구독할 수 있으며 *Review of Research in Education*은 연 1회, *Educational Evaluation and Policy Analysis*은 연 4회, 그 외는 연 6회 발간된다. *Review of Research in Education*은 1년에 1번 발행하는 학술지로, 최근 관심 연구주제에 대한 연구 특집이다. 또한 1년에 9번 발간하는 *Educational Researcher*를 받을 수 있는데, 여기에는 미국교육학회의 소식과 교육학 전반에서 이슈가 되는 논문이 수록되며, 신간서적에 대한 서평과 교수 채용공고도 게재된다. 더 많은 학술지를 구독하고 싶은 회원은 추가 비용을 납부하고 학술지를 받아 볼 수 있다.

미국교육학회에서 출간한 서적은 다음과 같으며 서적 구입 시 할인 혜택을 받는다.

- *American Teachers: Histories of a Profession at Work*
- *Complementary Methods for Research in Education*
- *Ethical Standards of the American Educational Research Association : Cases and Commentary*
- *Encyclopedia of Educational Research*
- *Experimental and Quasi-Experimental Design for Research on Teaching*
- *Handbook of Research in Curriculum*
- *Handbook of Research on Educational Administration*
- *Handbook of Research on Teaching*
- *Standards for Educational and Psychological Testing*

미국교육학회는 정기적으로 매년 4월에 모든 분과가 같은 장소에서 공동으로 학회를 개최하며 2,400개 이상의 session에서 약 15,000명 정도가 논문을 발표한다. 이를 위하여 전년도 8월 중순까지 연구계획서를 제출하게 하여 심사한 후 다음 해 4월에 우수 논문을 발표하게 한다. 연차학술대회에서 발표되는 논문은 어디에서도 발표되지 않은 새로운 논문이다. 그러므로 많은 회원이 참여하여 각 분야의 새로운 연구결과를 공유한다. 특히 발표시간표가 일정하게 정해져 있어서 해당 분과뿐 아니라 다른 분과의 논문 발표도 들을 수 있으므로 각 분과 간의 학문적 교류가 이루어지고 있다. 연차학술대회를 위하여 500페이지가 넘는 논문 발표 목록 책자를 간행하여 주제별로 발표논문 제목과 발표 장소, 저자들을 쉽게 알 수 있도록 하고 있다. 연차학술대회 시 세미나와 워크숍을 개최하여 새로운 주제에 대한 이해와 적용방법을 알려 주며, 학회회원에게는 수강신청의 특혜가 주어진다. 미국교육학회 회원 가입 신청서를 첨부한다.

AERA의 모든 정보는 http://www.aera.net에 접속하면 얻을 수 있다. AERA에 대한 소개, 회원가입 안내, 각 분과 소식, 각 분과 소식, 연차정기학술대회 저서, 소식과 연구원 모집 등의 정보를 알 수 있다.

2020 MEMBERSHIP APPLICATION
Expiration Date: December 31, 2020

Join or Renew Online at www.aera.net/membership

Member Information

☑ New Member   ☑ Renewing Member   Member ID _____

Last Name _____   First Name _____   Middle Initial ___   Prefix ___   Suffix ___

Mailing Address: ☑ Work   ☑ Home   ☑ Other

Street Address _____

City _____   State/Province _____   Zip/Postal Code _____   Country _____

Organization _____   Position _____

Email _____   Telephone _____   Fax _____

Please print all information. Return all pages.

① Type of AERA Membership

(see more detail on Reference Page A)

Voting Members *(All Countries)*	Dues
☐ Regular	$215
☐ Retired *Available **online only** (except in cases of disability).*	$115
☐ Graduate Student	$ 65

Non-Voting Affiliate Members	Dues
☐ Affiliate	$215
☐ Student Affiliate	$ 40
☐ International Affiliate	$165
☐ International Affiliate— Low Income Countries *Citizens from World Bank-defined Low Income Economies*	$ 85

Membership Total for 2020 $ _____

Student Membership: *Proof of student status OR the endorsement of an AERA voting member who is a faculty member at the student's institution is required for Graduate Student and Student Affiliate Membership.*

☐ Copy of Student ID enclosed
OR
Name of Endorser: _____
Email of Endorser: _____

② AERA Division Memberships

(see more detail on Reference Page A)

All members except International Affiliates receive one division at no charge. Additional division memberships are $10 each ($5 for students). Please check your division selection(s), check the amount(s), and add total to Payment section on page 2.

Division	One Free Division	Additional Divisions	
	(Pick One)	Non-Student	Student
☐ A. Administration, Organization, Leadership	☑ $0	☐ $10	☐ $5
☐ B. Curriculum Studies	☑ $0	☐ $10	☐ $5
☐ C. Learning and Instruction	☑ $0	☐ $10	☐ $5
☐ D. Measurement and Research Methodologies	☑ $0	☐ $10	☐ $5
☐ E. Counseling and Human Development	☑ $0	☐ $10	☐ $5
☐ F. History and Historiography	☑ $0	☐ $10	☐ $5
☐ G. Social Context of Education	☑ $0	☐ $10	☐ $5
☐ H. Research, Evaluation, and Assessment in Schools	☑ $0	☐ $10	☐ $5
☐ I. Education in the Professions	☑ $0	☐ $10	☐ $5
☐ J. Postsecondary Education	☑ $0	☐ $10	☐ $5
☐ K. Teaching and Teacher Education	☑ $0	☐ $10	☐ $5
☐ L. Educational Policy and Politics	☑ $0	☐ $10	☐ $5

☐ I do not wish to receive a complimentary division membership.

Division Membership Total for 2020 $ _____

③ AERA Journals *(see more detail on Reference Page A)*

The following journals are complimentary: *Educational Researcher* (Nine Issues Annually), and *AERA Open* (Continuous). Additional journals are $20 each ($10 for students). Please check your journal selection(s), check the amount(s), and add total to Payment section.

Journal	One Free Journal (Pick One)	Additional Journals Non-Student	Student
☐ American Educational Research Journal (Bi-monthly)	☐ $0	☐ $20	☐ $10
☐ Educational Evaluation and Policy Analysis (Quarterly)	☐ $0	☐ $20	☐ $10
☐ Journal of Educational and Behavioral Statistics (Bi-monthly)	☐ $0	☐ $20	☐ $10
☐ Review of Educational Research (Quarterly)	☐ $0	☐ $20	☐ $10
☐ Review of Research in Education (Annual)	☐ $0	☐ $20	☐ $10

☐ I do not wish to receive an additional complimentary journal. ☐ AERA Journal Archive Subscription (JSTOR)—$40 a year

International Postage
Members residing outside the U.S. must include $10 per journal, per year (including *Educational Researcher*), for postage and handling.
Number of Journals x $10: $_____

Journals $_____
JSTOR $_____
International Postage $_____
Journal Total for 2020 $_____

Payment for 2020

① AERA Membership Dues $_____
(See page 1)

② Additional Division Memberships $_____
($10 each; $5 each for students— see page 1)

③ AERA Journals
(See this page)

- Additional Journals $_____
($20 each; $10 each for students)

- Journal Archive Subscription (JSTOR) $_____
($40 for one year)

- International Postage & Handling $_____
($10 per journal per year including Educational Researcher)

④ Special Interest Group (SIG)
(See pages 3 and 4)

- SIG Fee $_____
($7 per year for all members joining one or more SIGs)

- SIG Membership Dues $_____
(Dues vary by SIG, see page 3 for details)

⑤ Minority Dissertation Fellowship Fund $_____

⑥ Second Century Fund $_____

Join or Renew Online:
www.aera.net/Membership/My-AERA/Login

Credit Card #_____
Expiration Date (mm/yyyy) _____
Security Code _____
Card Holder Name _____
Card Holder Signature _____
Zip Code for Billing Address _____

If mailing, return to:
AERA
P.O. BOX 5007
Client ID #500014
Merrifield, VA 22116-5007

Contact:
Phone: 202-238-3200
Fax: 202-238-3250
Email: members@aera.net

Membership dues are not refundable.

Total
(All checks must be drawn on a U.S. bank)

Total Payment for 2020 $_____ or

New Two-Year Payment Option!
Total Payment for 2020 & 2021 $_____
(Multiply total payment for 2020 by two)

부록 2 한국교육학회

한국교육학회는 서울에 사무실을 두고 있으며, 24개 분과로 구성되어 있다. 한국
교육학회의 각 분과와 발간 학회지 및 홈페이지 주소는 〈표 1〉과 같다.

〈표 1〉 한국교육학회 분과

교육학회 분과	학회지명	홈페이지
한국평생교육학회	평생교육학연구	http://www.lifelongedukorea.or.kr
한국교육심리학회	교육심리연구	http://www.kepa.re.kr/
한국교육과정학회	교육과정연구	http://www.curriculum.or.kr/
한국교육행정학회	교육행정학연구	http://www.keas.or.kr/
한국교육사회학회	교육사회학연구	http://www.soe.or.kr/
한국교육철학학회	교육철학연구	https://eduphil.jams.or.kr
한국교육사학회	교육사학연구	http://www.hisedu.net/
한국비교교육학회	비교교육연구	http://www.kces1968.org/
한국유아교육학회	유아교육연구	http://www.ksece.or.kr/
한국도덕교육학회	도덕교육연구	http://www.kssme.or.kr/
한국교육평가학회	교육평가연구	https://koseev.jams.or.kr
한국교육공학회	교육공학연구	https://www.kset.or.kr/
한국초등교육학회	초등교육연구	http://www.kssee.net/
한국상담교육학회		http://www.apce.kr/
한국통일교육학회	통일교육연구	https://www.aue.kr/
한국통합교육학회	통합교육연구	http://kinclued.or.kr/
한국교육원리학회	교육원리연구	http://www.edaca.kr/
한국교원교육학회	한국교원교육연구	http://www.ksste.or.kr/

한국영재교육학회	영재와 영재교육	http://www.kgt.or.kr/
한국열린교육학회	열린교육연구	http://www.openedu.or.kr
한국교육방법학회	교육방법연구	https://kaem.jams.or.kr
한국교육재정경제학회	교육재정경제연구	http://www.kosefe.org/
한국인력개발학회	HRD연구	http://www.koreahrd.or.kr/
한국교육정치학회	교육정치학연구	http://ekspe.or.kr/

한국교육학회의 연회비는 정회원의 경우 5만 원이며 학생회원은 2만 원이다. 회원이 되면, 학회지 소식과 한국교육학회에서 발간하는 『교육학 연구』를 받아 볼 수 있다. 각 분과학회 회원이 되기 위해서는 한국교육학회 회비와는 별도로 각 분과별 회비를 납부해야 하는데, 회비와 회원 규정은 분과학회마다 다양하다.

한국교육학회는 매년 춘계와 추계에 서울과 지방을 순회하며 학회를 개최하고 동시에 학회를 개최하는 분과도 있다. 한국교육학회는 첫날 특정 주제를 선정하여 여러 명이 주제를 발제하게 하고 다음날 각 분과학회를 개최하게 한다. 각 분과들은 독자적으로 학술대회를 진행하므로 분과에 따라 관심 있는 주제를 발표하기도 하고, 특정 주제를 선정하지 않고 사전에 논문을 심사하여 통과한 논문을 발표하게도 한다. 각 분과들이 독자적으로 분과 학술회의를 진행하기 때문에 발표 시간이 다양하여 분과학회 간 새로운 학문적 지식을 공유하는 데 어려움이 있다.

부록 3 난수표

10 09 73 25 33	76 52 01 35 86	34 67 35 48 76	80 95 90 91 17	39 29 27 49 45
37 54 20 48 05	64 89 47 42 96	24 80 52 40 37	20 63 61 04 02	00 82 29 16 65
08 42 26 89 53	19 64 50 93 03	23 20 90 25 60	15 95 33 47 64	35 08 03 36 06
99 01 90 25 29	09 37 67 07 15	38 31 13 11 65	88 67 67 48 97	04 43 62 76 59
12 80 79 99 70	80 15 73 61 47	64 03 23 66 53	98 95 11 68 77	12 17 17 68 33
66 06 57 47 17	34 07 27 68 50	36 69 73 61 70	65 81 33 98 85	11 19 92 91 70
31 06 01 08 05	45 57 18 24 06	35 30 34 26 14	86 79 90 74 39	23 40 40 97 32
85 26 97 76 02	02 05 16 56 92	68 66 57 48 18	73 05 38 52 47	18 62 38 85 79
63 57 33 21 35	05 32 54 70 48	90 55 35 75 48	28 46 82 87 09	83 49 12 56 24
73 79 64 57 53	03 52 96 47 78	35 80 83 42 82	60 93 52 03 44	35 27 38 84 35
98 52 01 77 67	14 90 56 86 07	22 10 94 05 58	60 97 09 34 33	50 50 07 39 98
11 80 50 54 31	39 80 82 77 32	50 72 56 82 48	29 40 52 42 01	52 77 56 78 51
83 45 29 96 34	06 28 89 80 83	13 74 67 00 78	18 47 54 06 10	68 71 17 78 17
88 63 54 02 00	86 50 75 84 01	36 76 66 79 51	90 36 47 64 93	29 60 91 10 62
99 59 46 73 48	87 51 76 49 69	91 82 60 89 28	93 78 56 13 68	23 47 83 41 13
65 48 11 76 74	17 46 85 09 50	58 04 77 69 74	73 03 95 71 86	40 21 81 65 44
80 12 43 56 35	17 72 70 80 15	45 31 82 23 74	21 11 57 82 53	14 38 55 37 63
74 35 09 98 17	77 40 27 72 14	43 23 60 02 10	45 52 16 42 37	96 28 60 26 55
69 91 62 68 03	66 25 22 91 48	36 93 68 72 03	76 62 11 39 90	94 40 05 64 18
09 89 32 05 05	14 22 56 85 14	46 42 75 67 88	96 29 77 88 22	54 38 21 45 98
91 49 91 45 23	68 47 92 76 86	46 16 28 35 54	94 75 08 99 23	37 08 92 00 48
80 33 69 45 98	26 94 03 68 58	70 29 73 41 35	53 14 03 33 40	42 05 08 23 41
44 10 48 19 49	85 15 74 79 54	32 97 92 65 75	57 60 04 08 81	22 22 20 64 13
12 55 07 37 42	11 10 00 20 40	12 86 07 46 97	96 64 48 94 39	28 70 72 58 15
63 60 64 93 29	16 50 53 44 84	40 21 95 25 63	43 65 17 70 82	07 20 73 17 90

부록 4 통계 프로그램을 이용한 자료 분석 절차

부록 4-1 SPSS를 이용한 자료 분석 절차

SPSS를 실행하기 위해서는 Windows 작업표시줄의 시작을 누른 다음 [프로그램]을 가리킨 후 [IBM SPSS Statistics 26]를 클릭하면 된다. SPSS가 기동되면 자동으로 데이터편집기가 열리고, SPSS에서 데이터의 입력과 편집은 이 데이터 편집기에서 이루어진다. [그림 1]의 데이터 편집기에서 각 행은 한 케이스, 즉 한 사람의 응답을 나타내고, 각 열은 단일 변수에 해당하며, 각 셀은 해당 변수에 대한 응답을 나타낸다. 예를 들어, 설문 조사에서 각 사람은 케이스가 되고, 각 질문은 변수가 되며, 응답번호는 변수값이 된다.

1. 변수 정의

응답자들의 응답을 입력하기 전에 데이터 편집기 창의 하단에 있는 [변수 보기] 창에서 [그림 1]과 같이 변수의 이름과 특성에 대해 규명한다.

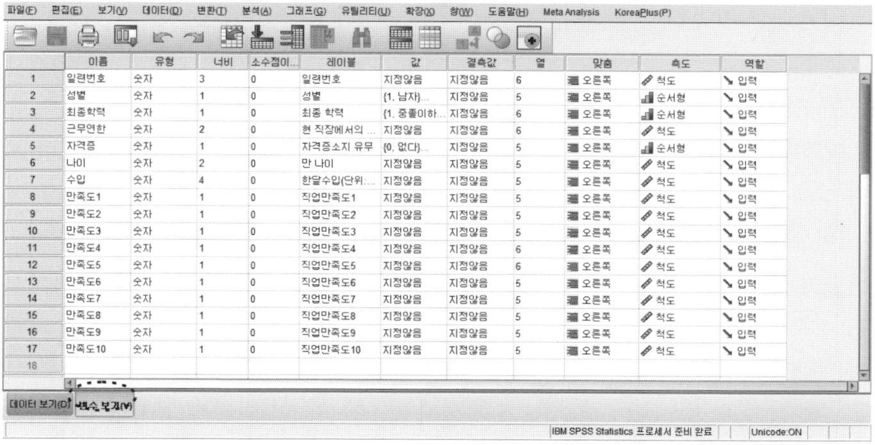

	이름	유형	너비	소수점이...	레이블	값	결측값	열	맞춤	측도	역할
1	일련번호	숫자	3	0	일련번호	지정않음	지정않음	6	오른쪽	척도	입력
2	성별	숫자	1	0	성별	{1, 남자}...	지정않음	5	오른쪽	순서형	입력
3	최종학력	숫자	1	0	최종 학력	{1, 중졸이하...	지정않음	6	오른쪽	순서형	입력
4	근무연한	숫자	2	0	현 직장에서의 ...	지정않음	지정않음	6	오른쪽	척도	입력
5	자격증	숫자	1	0	자격증소지 유무	{0, 없다}...	지정않음	5	오른쪽	순서형	입력
6	나이	숫자	2	0	만 나이	지정않음	지정않음	5	오른쪽	척도	입력
7	수입	숫자	4	0	한달수입(단위:...	지정않음	지정않음	5	오른쪽	척도	입력
8	만족도1	숫자	1	0	직업만족도1	지정않음	지정않음	5	오른쪽	척도	입력
9	만족도2	숫자	1	0	직업만족도2	지정않음	지정않음	5	오른쪽	척도	입력
10	만족도3	숫자	1	0	직업만족도3	지정않음	지정않음	5	오른쪽	척도	입력
11	만족도4	숫자	1	0	직업만족도4	지정않음	지정않음	6	오른쪽	척도	입력
12	만족도5	숫자	1	0	직업만족도5	지정않음	지정않음	6	오른쪽	척도	입력
13	만족도6	숫자	1	0	직업만족도6	지정않음	지정않음	5	오른쪽	척도	입력
14	만족도7	숫자	1	0	직업만족도7	지정않음	지정않음	5	오른쪽	척도	입력
15	만족도8	숫자	1	0	직업만족도8	지정않음	지정않음	5	오른쪽	척도	입력
16	만족도9	숫자	1	0	직업만족도9	지정않음	지정않음	5	오른쪽	척도	입력
17	만족도10	숫자	1	0	직업만족도10	지정않음	지정않음	5	오른쪽	척도	입력
18											

[그림 1] SPSS 데이터 편집기의 변수 보기 창

[이름]에서 변수의 이름을 직접 입력할 수 있으며 한글은 32자, 영문은 64자까지 입력할 수 있다. 변수의 이름을 입력할 때는 다음과 같은 점들을 유의해야 한다.

- 동일한 이름을 여러 번 사용하여서는 안 된다.
- 공란(space)이나 & ! ? / % ^ 등과 같은 특수문자를 사용할 수 없다.
- 예약 키워드(예: ALL, AND, BY, EQ, GE, GT, LE, LT, NE, NOT, OR, THRU, TO, WITH 등)를 사용하여서는 안 된다.
- 숫자로 시작할 수 없다(예: 1번 문항 → 문항 1과 같은 형식으로 입력).

변수의 이름을 입력한 후에는 변수 보기 창에서 [유형]을 클릭하여 변수의 특성에 대해 규명한다.

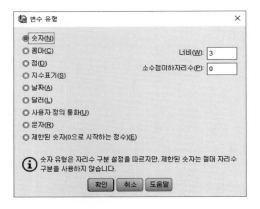

변수의 값을 숫자로 입력할 경우에는 [숫자]를, 사람의 이름과 같이 문자로 입력해야 하는 경우에는 [문자]를 선택한다. [너비]와 [소수점이하자리수]에서 데이터 보기 창에서 보이는 소수점 이하 자리 수와 변수가 차지하는 자리 수를 입력한다.

[이름]에서 입력한 변수의 내용에 대한 보충 설명이 필요하면 [설명]을 클릭하여 변수의 구체적인 내용에 대해 기술할 수 있다. 설명을 기술했을 경우 분석결과에서는 변수이름이 아닌 설명에 기록되어 있는 내용으로 제시되므로 분석내용을 파악하는 데 도움이 된다.

범주 변수의 경우에는 변수 보기 창에서 [값]을 클릭하여 변수값 설명 대화상자가 열리면 변수값과 설명을 제시해 준다.

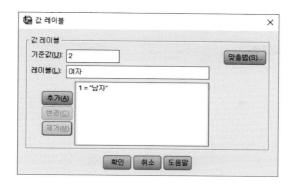

예를 들어, 남자와 여자를 각각 1과 2로 할당하려면 [기준값]에서 데이터 값을 입력하고 [레이블]에서 부여한 값에 대한 설명을 입력한 후 추가(A) 를 누른다. 모든 범주에 대한 입력이 완료되면 확인 을 누른다. 이와 같이 범주 변수에 대한 설명을 제시하였을 경우 SPSS의 결과표에서는 각 값에 대한 기술적 설명을 보여 주므로 결과를 이해하는 데 도움이 된다.

데이터에 무응답이 포함되어 있을 경우 다른 응답들과 구별하기 위하여 [결측값]을 이용하여 응답 범주에 포함되지 않는 특별한 값(예: 9, 99)을 부여할 수 있지만 일반적으로 무응답은 빈칸으로 처리한다. [열]에서는 '데이터 보기' 창에서 변수가 차지하는 column의 수를 지정해 주고 [맞춤]에서는 '데이터 보기' 창에서 보이는 변수의 정렬형태(왼쪽, 오른쪽, 가운데)를 지정해 주며 [측도]에서는 변수의 특성(척도: 등간척도, 순서: 서열척도, 명목: 명명척도)에 대해 정의한다.

2. 자료의 입력 및 저장

[변수 보기]에서 변수의 이름과 특성을 다 규명한 후에는 [그림 2]와 같이 [데이터 보기]를 이용하여 각 문항에 대한 응답을 입력한다.

자료파일을 다 입력한 후에는 메뉴에서 파일 ⇨ 저장(S) 또는 도구모음에서 🖫 를 누르거나 메뉴에서 파일 ⇨ 다른 이름으로 저장 을 누른 후 파일 이름을 입력하여 저장(S) 을 누른다.

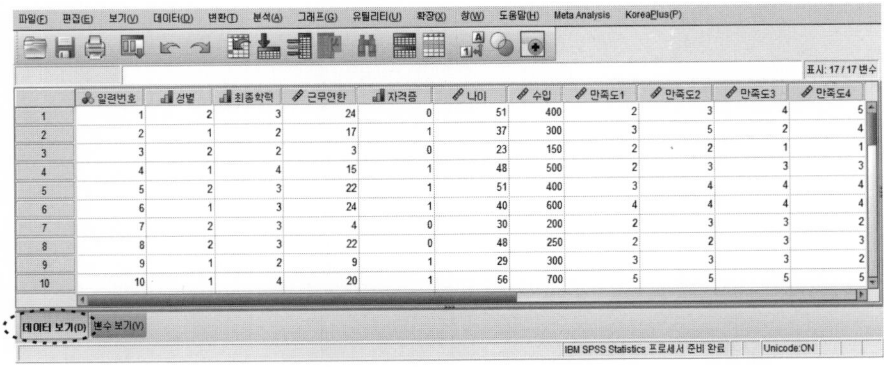

	일련번호	성별	최종학력	근무연한	자격증	나이	수입	만족도1	만족도2	만족도3	만족도4
1	1	2	3	24	0	51	400	2	3	4	5
2	2	1	2	17	1	37	300	3	5	2	4
3	3	2	2	3	0	23	150	2	2	1	1
4	4	1	4	15	1	48	500	2	3	3	3
5	5	2	3	22	1	51	400	3	4	4	4
6	6	1	3	24	1	40	600	4	4	4	4
7	7	2	3	4	0	30	200	2	3	3	2
8	8	2	3	22	0	48	250	2	2	3	3
9	9	1	2	9	1	29	300	3	3	3	2
10	10	1	4	20	1	56	700	5	5	5	5

[그림 2] SPSS 데이터 편집기의 데이터 보기 창

3. 자료분석

1) 자료파일 가져오기

자료분석을 하기 위해서는 먼저 분석할 자료파일을 불러와야 한다. 이미 만들어 놓은 SPSS 자료 파일(*.sav)를 열려면 메뉴에서 [파일] ⇨ [열기(O)] ⇨ [데이터] 또는 도구모음에서 를 선택한 후 파일 열기 대화상자에서 가져올 파일의 이름을 선택한 후 [열기(O)]를 누르면 된다. 한편, 워드프로세서나 다른 편집기(예: DOS의 EDIT, WINDOWS의 메모장, Wordpad 등)에서 작성한 텍스트 파일을 읽을 때는 메뉴에서 [파일] ⇨ [데이터 가져오기] ⇨ [텍스트데이터]를 선택하여 저장된 파일의 위치를 지정하고 원하는 파일을 선택한 다음 [열기(O)]를 누르면 된다. 엑셀과 같이 스프레드 시트 형식으로 저장된 파일을 가져오기 위해서는 [파일] ⇨ [열기(O)] ⇨ [데이터] 또는 도구모음에서 를 선택한 후 파일 형식에서 가져올 파일의 유형[예: excel (*.xls, *.xlsx, *.xlsm)]을 선택하면 된다.

2) 자료분석 수행하기

자료분석은 자료 파일이 열린 상태에서 가능하며 [그림 3]과 같이 분석 메뉴에서 원하는 분석 프로시저를 선택하면 된다.

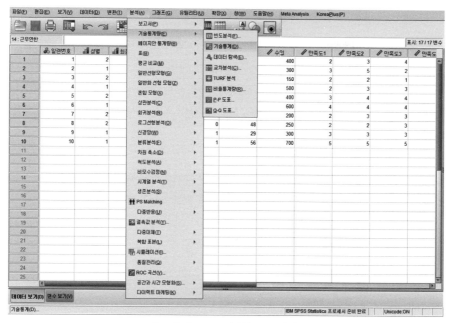

[그림 3] SPSS 분석 프로시저

기술통계 분석 프로시저 대화상자의 변수목록에서 분석할 변수를 선택하고 옵션(O)... 을 눌러 필요한 기술통계치들을 선택 후 계속 을 누른다.

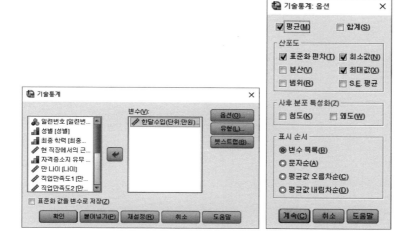

3) 분석결과 내보내기

SPSS의 분석 프로시저를 수행하면 그 결과가 [그림 4]와 같이 SPSS 뷰어 창에 표시된다. SPSS 출력결과 항해사에 제시된 특정한 피벗표나 도표를 다른 응용 프로그램(예: 한글 2002)에 삽입하기 위해 피벗표의 경우 메뉴에서 [편집] ▷ [복사]를 선택하거나, 마우스 오른쪽 단추를 눌러서 팝업 메뉴에서 [복사]를 선택해도 된다.

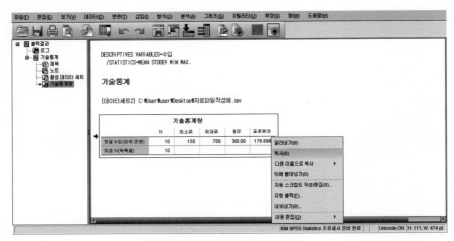

[그림 4] SPSS 분석결과 뷰어

부록 4-2 jamovi를 이용한 자료 분석 절차

1. jamovi 프로그램 내려받기

https://www.jamovi.org에서 사용자의 컴퓨터 사용 환경에 맞는 설치 프로그램을 내려받는다.

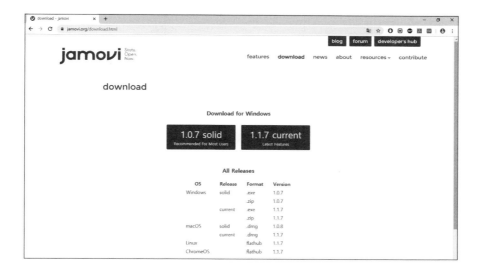

2. 자료의 입력 및 저장

자료분석을 위한 데이터는 [그림 1]과 같이 jamovi 프로그램의 데이터 창에 직접 입력하거나 Excel이나 SPSS, SAS, Stata 등과 같은 프로그램에서 입력한 것을 불러올 수도 있다. jamovi 프로그램에서 불러오기 가능한 파일은 jamovi의 '*.omv, *.omt', Excel의 '*.csv, *.txt', SPSS의 '*.sav', R data files, Stata files, SAS files, JASP files 등이다. 따라서 자료를 저장할 때는 위의 확장자를 지정한다.

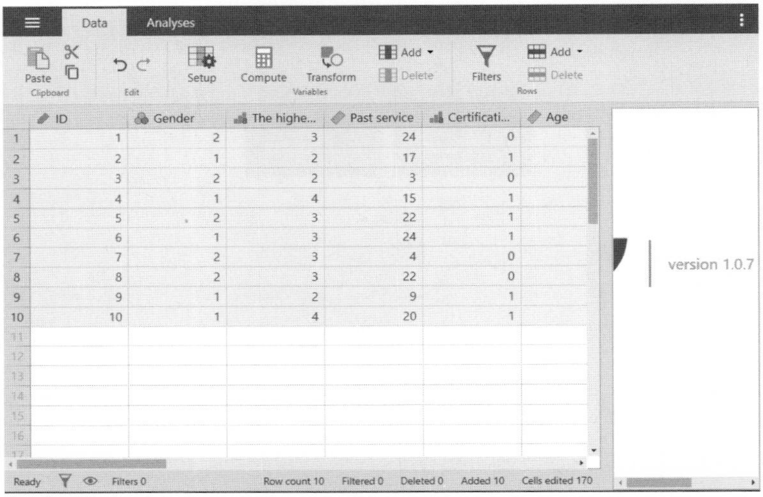

[그림 1] jamovi의 데이터 창

3. 변수 정의

jamovi는 한글을 지원하지 않으므로 오류 발생을 방지하기 위해 변수명은 반드시 영문으로 작성하고 자료 안의 문자도 되도록 영문으로 작성한다.

데이터 창의 변수명을 두 번 클릭하면 변수에 대한 정보를 [그림 2]와 같이 확인할 수 있다. 성별 변수 'Gender'를 예로 들면 다음과 같다.

[그림 2] 변수명과 변수의 형태

성별 변수인 'Gender'의 경우 명목 변수(Norminal)이며 수준(Level)은 1, 2의 두 수준이고, 데이터 유형(Data type)은 정수(Integer)로 되어 있다. 변수의 성질에 따라 데이터의 유형을 정수, 소수, 텍스트로 지정할 수 있다. 만약 변수에 대해 보충설명이 필요하다면 [그림 3]과 같이 'Description'에서 부연설명을 추가하고, 'Levels'에서 1수준과 2수준에 대한 설명을 입력한다.

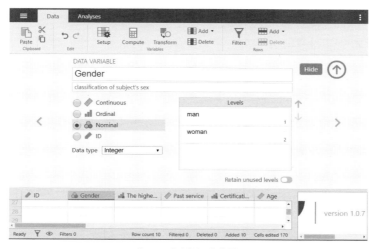

[그림 3] 변수의 수준

오른쪽 상단의 위쪽 화살표를 누르면 변수 설명 창이 사라지고 [그림 4]와 같이 변수의 수준에 입력한 내용들이 데이터시트에 반영되었음을 확인할 수 있다.

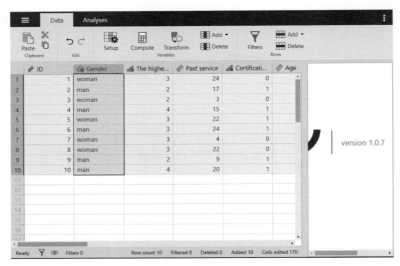

[그림 4] 데이터 시트

4. 자료분석

1) 자료파일 가져오기

다른 프로그램에서 작업한 파일을 불러오기 위해서는 왼쪽 상단의 '≡'을 누르고 'Open' → 'This PC' → 'Browse'를 누르면 파일탐색기가 나타난다. [그림 5]와 같이 불러올 파일의 저장 위치를 선택하고 파일 이름과 파일의 확장자를 선택하면 jamovi 데이터 창에서 파일이 열린다.

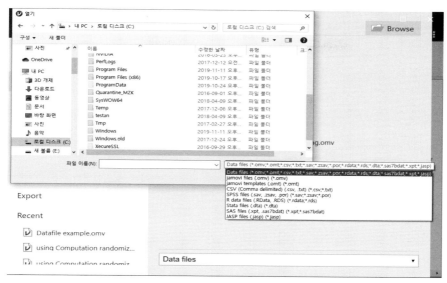

[그림 5] 자료파일 불러오기

2) 자료분석 수행하기

[그림 6]의 자료파일을 가지고 [그림 7]의 jamovi 분석 창에서 변수를 이동하고 [그림 8]과 같이 분석하고자 하는 통계값을 지정할 수 있다.

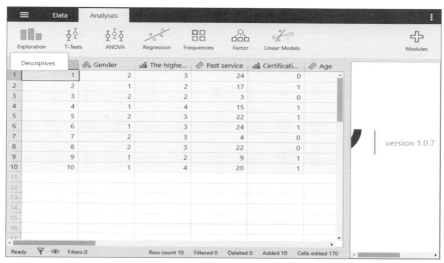

[그림 6] jamovi 자료파일

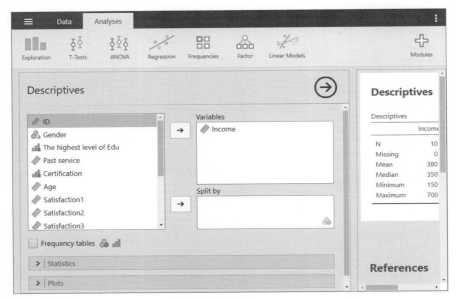

[그림 7] jamovi 분석 창

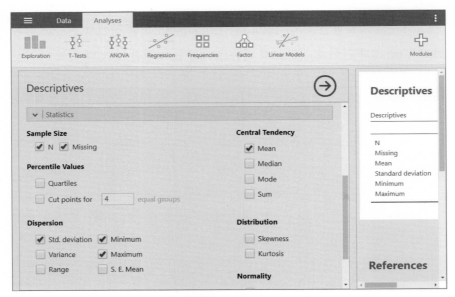

[그림 8] jamovi 분석 창 통계분석

3) 분석결과 저장 및 내보내기

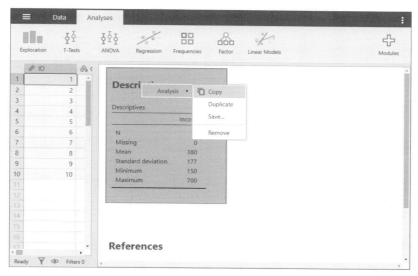

[그림 9] jamovi의 분석결과

[그림 9]의 분석한 결과를 저장하거나 내보내는 방법은 다음과 같다.

첫째, 해당 분석결과에서 마우스 오른쪽을 클릭하여 'Copy'를 선택하고 Excel이나 워드프로세서에 붙여넣기하여 저장할 수 있다.

둘째, 왼쪽 상단의 '≡'을 누르고 'Open' → 'Save as' → 'This PC' → 'Browse'를 통해 원하는 위치에 데이터와 결과파일을 모두 저장할 수 있다. 이때 저장되는 파일의 형식은 jamovi 프로그램의 '*.omv' 파일이다.

셋째, 해당 분석결과에서 마우스 오른쪽을 클릭한 후 'Save results'를 선택 하거나 왼쪽 상단의 '≡'을 누르고 'Open' → 'Export' → 'This PC' → 'Browse'를 통해 원하는 위치에 결과파일을 저장할 수 있다. 이 경우 저장 파일의 형식은 '파일형식(T)'에서 'PDF'파일이나 'HTML(*.html, *.htm)'로 저 장된다.

참고문헌

고려대학교 교육문제연구소(1988~현재). 교육문제연구. 서울: 고려대학교 교육문제연구소.

고려대학교부설행동과학연구소 편(1999). 심리척도 핸드북. 서울: 학지사.

고려대학교부설행동과학연구소 편(2000). 심리척도 핸드북 2. 서울: 학지사.

교육철학연구회(1977~현재). 교육철학. 서울: 교육철학연구회.

교육평가연구회(1995). 교육측정, 평가, 연구, 통계 용어사전. 서울: 중앙교육진흥연구소.

김나라, 이지연, 장현진, 이윤진, 김인형, 김성남(2013). 직업흥미검사(H). 한국직업능력개발원 커리어넷.

김두연, 최갑근, 송기웅, 이은환, 윤형찬, 이조연, 김진숙(2018). 나이스 연계 교육문제 현안 해결 가능성 탐색 연구. 한국교육학술정보원 연구보고 RR 2018-6.

김병성(1996). 교육연구방법. 서울: 학지사.

김성숙·김양분(2001). 일반화가능도이론. 서울: 교육과학사.

김재은(1987). 심리검사 활용의 논리와 인간화. 교육평가연구, 제2권 제2호, pp. 163-175.

김정택, 심혜숙(1990). MBTI 성격유형검사. 서울: 한국심리검사연구소.

문수벽(2003). 학위논문작성을 위한 연구방법의 실제. 서울: 학지사.

박병관(2000). 학습효율성검사. 서울: 한국심리검사연구소.

박성익(1987). 심리검사에서의 컴퓨터 활용 가능성. 교육평가연구, 제2권 제2호, pp. 223-229.

변창진(1998). 중앙인성검사. 서울: 중앙교육진흥연구소.

변창진(1998). 학습기술검사. 서울: 중앙교육진흥연구소.

배호순(1987). 지능검사의 발전과제와 전망. 교육평가연구, 제2권 제2호, pp. 23-42.

백용덕(1987). 표준화 흥미검사의 검토와 논의. 교육평가연구, 제2권 제2호, pp. 141-159.

서울대학교 교육연구소(1994). 교육학 용어사전. 서울: 하우동설.

서울대학교 교육학연구회(1986~현재). 교육이론. 서울: 서울대학교 교육학연구회.

서울대학교 사범대학 교육연구소 편(1997). 한국교육 심리검사 총람: 교육·심리검사의 체계적 집대성. 서울: 프레스빌.

서유정, 김나라, 류지영, 이진솔, 박봉남, 안중석, 김하늬(2018). 직업적성검사. 한국직업능력개발원 커리어넷.

성태제(2002). 대학전공선택 TEST. 서울: 중앙교육진흥연구소.

성태제(2002). 타당도와 신뢰도(2판). 서울: 학지사.

성태제(2003). 검사나 평가활동에 대한 메타평가적 관점에서의 결과타당도. 교육학연구, 제41권 제1호, pp. 91-110.

성태제(2019). 현대 기초통계학의 이해와 적용(8판)—jamovi/SPSS 25.0을 이용한 자료 분석(8판). 서울: 학지사.

성태제(2020). 연구방법론(3판). 서울: 학지사

송인섭(1987). 심리검사의 탐구논리. 교육평가연구, 제2권 제2호, pp. 111-137.

송인섭(1998). 인간의 자아개념 탐구. 서울: 학지사.

신옥희(1990). 고등학교 여학생들의 직업 선택에 대한 연구. 이화여자대학교 박사학위논문.

안창규(1987). 교육 및 심리검사에 있어서 문항반응이론의 성격과 그 적용성. 교육평가연구, 제2권 제2호, pp. 179-216.

안창규, 안현의(2003). 홀랜드 고 3용 적성탐색검사. 서울: 한국가이던스.

연세대학교 교육연구소(1988~현재). 연세교육연구. 서울: 연세대학교 교육연구소.

염태호, 김정규(2003). 다요인 인성검사. 서울: 한국가이던스.

이동혁, 황매향(2013). Holland's SDS 진로탐색검사. 한국가이던스.

이영조, 김형주, 이동수, 손소영, 조광현, 이재진(2013). 국가 빅데이터 연구센터 설립에 관한 연구. 한림연구보고서 92. 한국과학기술한림원.

이용숙(1989). 문화기술적 수업 연구 방법. 한국교육, 제16권 제1호, pp. 41-79.

이용숙(1995). 교육과정 및 수업연구를 위한 질적연구방법. 교육논총, 제11권, pp. 59-143.

이종범, 이건남(2013). CDI 진로발달검사. 한국가이던스.

이종성 편(1988). 일반화가능도 이론. 서울: 연세대학교 출판부.

이종승(1987). 표준화 심리검사의 양호도 분석. 교육평가연구, 제2권 제2호, pp. 81-106.

이종승(2004). 연구논문작성—교육, 심리, 사회 연구방법론. 총서 시리즈 연구방법 1. 서울: 교육과학사.

이화여자대학교 교육과학연구소(1997~현재). 교육과학연구. 서울: 이화여자대학교 교육과학연구소.

이화여자대학교 사범대학 교과교육연구소(1997~현재). 교과교육학연구. 서울: 이화여자대학교 사범대학 교과교육연구소.

임언, 윤형한, 이지연(2004). 진로개발준비도검사. 한국직업능력개발원 커리어넷.

임인재(1998). 직업가치관 검사. 서울: 중앙교육진흥연구소.

임인재(2003). 중앙적성검사. 서울: 중앙교육진흥연구소.

임호찬(2003). Raven 지능발달검사. 한국가이던스.

장석우(1987). 학력검사의 발전과제와 전망. 교육평가연구, 제2권 제2호, pp. 63-76.

정범모(1987). 교육 및 심리검사의 발전과제와 전망. 교육평가연구, 제2권 제2호, pp. 9-21.

정제영, 강태훈, 박주형, 이선복, 선미숙(2018). 빅데이터를 활용한 학업중단 학생 대응 모델 연구. 한국교육학술정보원 연구보고 RR 2018-10.

한국교원교육학회(1984~현재). 한국교사교육. 서울: 한국교원교육학회.

한국교육개발원(1979~현재). 교육개발. 서울: 한국교육개발원.

한국교육공학회(1985~현재). 교육공학연구. 서울: 한국교육공학회.

한국교육과정학회(1974~현재). 교육과정연구. 서울: 한국교육과정학회.

한국교육사학회(1969~현재). 한국교육사학. 서울: 한국교육사학회.

한국교육사회학회(1990~현재). 교육사회학연구. 서울: 한국교육사회학회.

한국교육심리학회(1988~현재). 교육심리연구. 서울: 한국교육심리학회.

한국교육평가학회(1986~현재). 교육평가연구. 서울: 한국교육평가학회.

한국교육학회(1963~현재). 교육학연구. 서울: 한국교육학회.

한국교육행정학회(1983~현재). 교육행정학연구. 서울: 한국교육행정학회.

한국대학교육협의회(1983~현재). 대학교육. 서울: 한국대학교육협의회.

한국도덕교육학회(1982~현재). 도덕교육연구. 서울: 한국도덕교육학회.

한국비교교육학회(1992~현재). 비교교육연구. 서울: 한국비교교육학회.

한국사회적성개발원(1999). KAD인성직무적성검사. 서울: 한국사회적성개발원.

한국유아교육학회(1976~현재). 유아교육연구. 서울: 한국유아교육학회.

한국초등교육연구회(1987~현재). 초등교육연구. 서울: 한국초등교육연구회.

한국평생교육학회(1995~현재). 평생교육학연구. 서울: 한국평생교육학회.

한국행동과학연구소(1995). KPDI 성격진단검사. 서울: 한국행동과학연구소.

한글학회(1991). 우리말큰사전. 서울: 어문각.

한덕웅, 이장호, 전겸구(2000). STAI-KYZ 상태-특성 불안검사(YZ)형. 인싸이트.

한종철(1987). 적성검사의 문제점과 발전과제. 교육평가연구, 제2권 제2호, pp. 45-59.

황정규(1985). 교육학연구의 방법론. 교육학연구, 제23권 제3호, pp. 77-90.

Adorno, T. W. et al. (1964). *The Authoritarian Personality*. New York: John Wiley.

AERA, APA, NCME(2014). *Standards for Educational and Psychological Testing*. Washington DC: American Psychological Association.

American Educational Research Association (1931 to date). *Review of Educational Research*. Washington, DC: American Educational Research Association.

American Educational Research Association (1964 to date). *American Educational Research Journal*. Washington, DC: American Educational Research Association.

American Educational Research Association (1972 to date). *Educational Researcher*. Washington, DC: American Educational Research Association.

American Educational Research Association (1973 to date). *Review of Research in Education*. Washington, DC: American Educational Research Association.

American Educational Research Association (1976 to date). *Journal of Educational and Behavioral Statistics*. Washington, DC: American Educational Research Association.

American Educational Research Association (1979 to date). *Educational Evaluation and Policy Analysis*. Washington, DC: American Educational Research Association.

American Educational Research Association (2004). *Encyclopedia of Educational Research* (7th ed). Gale Group.

American Educational Research Association (2013 to date). *Review if Research in Education*. Washington, DC: American Educational Research Association.

American Educational Research Association, American Psychological Association, & National Council on Measurement in Education (1966). *Standards for Educational and Psychological Testing*. Washington, DC: American Psychological Association.

American Educational Research Association, American Psychological Association, & National Council on Measurement in Education (1974). *Standards for Educational and Psychological Testing*. Washington, DC: American Psychological Association.

American Educational Research Association, American Psychological Association, & National Council on Measurement in Education (1985). *Standards for Educational and Psychological Testing*. Washington, DC: American Psychological Association.

American Educational Research Association, American Psychological Association, & National Council on Measurement in Education (1999). *Standards for Educational and Psychological Testing*. Washington, DC: American Psychological Association.

American Psychological Association (1927 to date). *Psychological Abstract*. Washington, DC: American Psychological Association.

American Psychological Association (1954). *Technical Recommendation for Psychological Tests and Diagnostic Techniques*. Washington, DC: American Psychological Association.

American Psychological Association (1994). *Publication Manual of the American Psychological Association* (4th ed.). Washington, DC: American Psychological Association.

American Psychological Association (2001). *Publication Manual of the American Psychological Association* (5th ed.). Washington, DC: American Psychological Association.

American Psychological Association (2010). *Publication Manual of the American Psychological Association* (6th ed.). Washington, DC: American Psychological Association.

American Psychological Association (2019). *Publication Manual of the American Psychological Association* (7th ed). Washington, DC: American Psychological

Associaton

American Psychological Assosication (1910 to date). *Journal of Educational Psychology.* Washington, DC: American Psychological Association.

Anastasi, A. (1954). *Psychological Testing.* New York: Macmillan.

Anastasi, A. (1961). *Psychological Testing* (2nd ed). New York: Macmillan.

Anastasi, A. (1968). *Psychological Testing* (3rd ed). New York: Macmillan.

Anastasi, A. (1976). *Psychological Testing* (4th ed). New York: Macmillan.

Anastasi, A. (1982). *Psychological Testing* (5th ed). New York: Macmillan.

Anastasi, A. (1988). *Psychological Testing* (6th ed). New York: Macmillan.

Apple, M. W. (1979). *Ideology and Curriculum.* London: Routledge & Paul.

Best, J. W. (1981). *Research in Education* (4th ed.). New Jersey: Prentice-Hall.

Best, J. W., & Kahn, J. V. (1989). *Research in Education* (6th ed.). New Jersey: Prentice-Hall.

Bogdan, R. C., & Biklen, S. K. (1992). *Qualitative Research for Education: An Introduction to Theory and Methods.* Boston: Allyn & Bacon.

Borg, W., & Gall, M. D. (1989). *Educational Research* (5th ed.). New York: Longman.

Brennan, R. L. (1983). *Elements of Generalizability Theory.* Iowa: ACT Publications.

Brown, W. (1910). Some experimental results in the correlation of mental abilities. British Journal of Psychology, 3, 296-322.

Campbell, D. T., & Stanley, J. C. (1963). *Experimental and Quasi-experimental Designs for Research.* Chicago: Rand McNally.

Charles, C. M. (1995). *Introduction to Educational Research* (2nd ed.). Longman Publisher.

Cohen, J. (1960). A coefficient of agreement for nominal scales. *Educational and Psychological Measurement, 20*, pp. 37-46.

Cohen, J. (1988). *Statistical Power Analysis for the Behavioral Science.* New Jersey: Lawrence Erlbaum Associates.

Conklin, H. (1968). Ethnography. *International encyclopedia of the social sciences, 5*, 115-208.

Cronbach, L. J. (1949). *Essentials of Psychological Testing.* New York: Harper & Row.

Cronbach, L. J. (1951). Coefficient alpha and the internal structure of test. *Psychometrika, 16*, pp. 297-334.

Cronbach, L. J. (1970). *Essentials of Psychological Testing* (3rd ed.). New York: Harper

& Row.

Cronbach, L. J. (1984). *Essentials of Psychological Testing* (4th ed.). New York: Harper & Row.

Cronbach, L. J. (1990). *Essentials of Psychological Testing* (5th ed.). New York: Harper & Row.

Crowl, T. K. (1993). *Fundamentals of Educational Research*. Madison, Wis.: Brown & Benchmark.

Crowl, T. K. (1996). *Fundamentals of Educational Research*. Madison, Wis.: Brown & Benchmark.

Dampier, W. C. (1961). *A History of Science and Its Relation with Philosophy and Religion* (4th ed.). Cambridge, England: Cambridge University Press.

Educational Resources Information Center (1969 to date). *Current Index to Journals in Education*. Phoenix: Oryx Press.

Educational Testing Service (1995). *The ETS Test Collection Catalog* (2nd ed.).

Edward, K. S. (2001). Strong 직업흥미검사(김정택, 김명준, 심혜숙 공역). 서울: 한국심리검사연구소.

Einstein, A. (1940). Considerations concerning the fundamentals of theocratical physics. *Science, 91*, pp. 487-492.

Evans, J. R. (1971 to date). *Early Child Development and Care*. London: Gordon and Breach.

Fisher, R. A. (1924). *International Mathematical Conference*. Toronto.

Fisher, R. A. (1925). *Statistical Methods for Research Worker*. Edinburgh: Oliver & Boyd.

Fleiss, J. L. (1981) *Statistical methods for rates and proportions* (2nd ed). New York: John Wiley. pp. 38-46.

Flood, J., Lapp, D., Squire, J. R., & Jensen, J. M. (2003). *Handbook of Research on Teaching the English. Language Arts* (2nd ed.). New Jersey: Lawrence Erlbaum Associates.

Gall, M. D., Borg, W. R., & Gall, J. P. (1996). *Educational Research* (6th ed.). Longman Publisher.

Gardner, H. (2001). 다중지능 인간 지능의 새로운 이해(문용린 역). 서울: 김영사.

Goetz, J. P., & LeCompte, M. D. (1984). *Ethnography and Qualitative Design in Educational Research*. New York: Academic Press.

Good, C. V. (1959). *Dictionary of Education*. New York: McGraw-Hill Inc.

H. W. Wilson Company (1929 to date). *Education Index.* New York: H. W. Wilson Company.

Hair, J. F., Anderson, R. E., Tatham, R. L., & Black, W. C. (1995). *Multivariate Data Analysis* (4th ed.). Englewood Cliffs, New Jersey: Prentice-Hall.

Hinkel, E. (2004). *Handbook of Research in Second Language Teaching and Learning.* Lawrence Erlbaum Associates, Inc.

Houston, J. E. (1990). *Thesaurus of ERIC Descriptors* (12th ed.). Phoenix: Oryx Press.

Hox, J. (2002). *Multilevel Analysis: Techniques and Applicaions,* Mahwah, NJ: Lawrence Erlbaum Associates.

Hoyt, C. (1941). Test reliability estimated by analysis of variance. *Psychometrika, 6,* pp. 153-160.

Jackson, P. W. (1992). *Handbook of Research on Curriculum.* New York: Macmillan.

Jaeger, R. M. (1997). Survey research methods in education. *Complementary Methods for Research in Education* (2nd ed.). Washington, DC: American Educational Research Association.

Kaestle, C. F. (1988). Recent methodological developments in the history of American education. In R. M. Jaeger (Ed.), *Complementary Methods for Research in Education.* Washington, DC: American Educational Research Association.

Kerlinger, F. N. (1973). *Foundations of Behavioral Research* (2nd ed.). New York: Holt, Rinehart & Winston.

Kerlinger, F. N. (1986). *Foundations of Behavioral Research* (3rd ed.). New York: Holt, Rinehart & Winston.

Keyser, D. J. (2005). Test Critiques (vol. XI). Austin: Pro-ed.

Keyser, D. J., & Sweetland, R. C. (1994). *Test Critiques* (vol. X). Austin: Pro-ed.

Kirk, R. E. (1982). *Experimental Design* (2nd ed.). CA: Brook/Cole Publishing Company.

Kirk, R. E. (1995). *Experimental Design* (3rd ed.). CA: Brook/Cole Publishing Company.

Kraemer, H. C., & Thiemann, S. (1987). *How Many Subjects: Statistical Power Analysis in Research.* New Bury Park: SAGE publications.

Kubiszyn, T., & Borich, G. (1993). *Educational Testing and Measurement.* New York: HarperCollins College Pub.

Kuder, G. F., & Richardson, M. W. (1937). The theory of the estimation of test reliability. *Psychometrika, 2,* pp. 151-160.

Maddox, T. (1997). *Tests: A Comprehensive Reference for Assessments in Psychology,*

Education, and Business (4th ed.). Austin, Tex: Pro-ed.

Maddox, T. (2008). *Tests: A comprehensive reference for assessments in psychology, education, and business* (6th ed.). Austin, Tex: Pro-ed.

McMillan, J. H., & Schumacher, S. (1989). *Research in Education: A Conceptual Introduction* (2nd ed.). Glenview, IL: Scott, Foresman.

Murphy, L. L., Geisinger, K., F., Carlson, J., F., & Spies, R., A. (2011). *Tests in Print VIII*. Buros Institute of Mental Measurements, University of Nebraska-Lincoln.

Murphy, L. L., Plake, B. S., Impara, J. C., & Spies, R. A. (2002). *Tests in Print VI*. Buros Insttute of Mental Measurement University of Nebraska-Lincoln.

Nash, L. K. (1963). *The Nature of the Natural Sciences*. Boston: Little Brown and Company.

National Council on Measurement in Education (1964 to date). *Journal of Educational Measurement*. Washington, DC: National Council on Measurement in Education.

National Council on Measurement in Education (1982 to date). *Educational Measurement: Issues and Practice*. Washington, DC: National Council on Measurement in Education.

National Council on Measurement in Education (1988 to date). *Applied Measurement in Education*. Washington, DC: National Council on Measurement in Education.

Ogbu, J. (1994). Ethnography of education. In Husen, T., & Postlethwaite, T. (Eds.), *The International Encyclopedia of Education*. New York: Elsevier Science Inc.

Pearson, K. (1896). Mathematical contributions to the theory of evolution: III. Regression, heredity and panmixia. *Philosophical Transactions, 187*, pp. 253-318.

Plake B. S., Impara, J. C., & Spies, R. A. (2003). *The Fifteenth Mental Measurement Yearbook* (15th ed.). Lincoln, NE: Buros Institute of Mental Measurements.

Raudenbush, S. W., & Bryk, A. S. (2002). *Hierarchical Linear Models: Applications and Data Analysis Methods*, Second Edition, Newbury Park, CA: Sage.

Richardson, V. (2001). *Handbook of Research on Teaching* (4th ed.). Washington, DC: American Educational Research Association.

Rosenthal, R., & Rosnow, F. L. (1975). *The Volunteer Subject*. New York: Wiley.

Society for Research in Child Development, Inc. (1930 to date). *Child Development*. Chicago: University of Chicago Press.

Society for Research in Child Development, Inc. (1964 to date). *Review of Child Development Research*. Chicago: University of Chicago Press.

Spearman, C. (1904). The proof and measurement of association between two things. *American Journal of Psychology, 3,* pp. 72–101.

Spearman, C. (1910). Correlations calculated from faulty data. *British Journal of Psychology, 3,* pp. 271–295.

Spies, R. A., & Carlson, J. F. (2010). *The eighteenth mental measurements yearbook.* Buros Institute of Mental Measurements, University of Nebraska–Lincoln.

Spradely, J. P. (1988). *Participant Observation.* New York: Holt, Rinehart and Winston.

Stricker, F. K. (1992). Why history? Thinking about the use of the past. *History Teacher, 25*(3), pp. 293–312.

Teese, R. (1989). Gender and class in the transformation of the public high school in Melbourne, 1946–85. *History of Education Quarterly, 29*(2), pp. 237–259.

University Microfilms International (1938 to date). *Dissertation Abstracts International.* Ann Arbor, MI: University Microfilms International.

    vol. 1: Achievement Tests and Measurement Devices. Phoenix: Oryx Press.

    vol. 2: Vocational Tests and Measurement Devices. Phoenix: Oryx Press.

    vol. 3: Tests for Special Population. Phoenix: Oryx Press.

    vol. 4: Cognitive, Attitude and Intelligence Tests. Phoenix: Oryx Press.

    vol. 5: Attitude Test. Phoenix: Oryx Press.

    vol. 6: Affective Measures and Personality Test. Phoenix: Oryx Press.

Wiersma, W. (1995). *Research Methods in Education* (6th ed.). Boston: Allyn and Bacon.

Wolcott, H. F. (1988). Ethnographic research in education. In R. M. Jager (Ed.), *Complementary Methods for Research in Education.* Washington, DC: American Educational Research Association.

Wright, S. (1934). The Method of path coleffcient. *Annals of Mathematics, 5,* pp. 161–215.

찾아보기

내 용

저자 소개

■ 성태제(Seong Taeje)

고려대학교 사범대학 교육학과
Univ. of Wisconsin-Madison 대학원 M.S
Univ. of Wisconsin-Madison 대학원 Ph.D
Univ. of Wisconsin-Madison Lab of Experimental Design:
    Consultant
이화여자대학교 교육학과 교수
이화여자대학교 사범대학 교육학과장
대학수학능력시험 평가부위원장
이화여자대학교 입학처장
입학처장협의회 회장
이화여자대학교 교무처장
한국교육평가학회 회장
정부업무평가위원
경제ㆍ인문사회연구회 기획평가위원장/연구기관 평가단장
MARQUIS「Who's who」세계인명사전 등재(2008~현재)
홍조근정 훈장 수훈
한국대학교육협의회 사무총장
한국교육과정평가원장
경제ㆍ인문사회연구회 우수기관장상 수상
육군사관학교 자문위원

E-mail: tjseong@ewha.ac.kr
Homepage: http://home.ewha.ac.kr/~tjseong

● 저서 및 역서

문항반응이론 입문(양서원, 1991; 학지사, 2019)
현대 기초통계학의 이해와 적용
    (양서원, 1995; 교육과학사, 2001, 2007; 학지사, 2011, 2014, 2019)
타당도와 신뢰도(학지사, 1995, 2002)
문항제작의 이론과 실제(학지사, 1996, 2004)
교육연구방법의 이해(학지사, 1998, 2005, 2015, 2016)
문항반응이론의 이해와 적용(교육과학사, 2001, 2016)
현대교육평가(학지사, 2002, 2005, 2010, 2014, 2019)
수행평가의 이론과 실제(이대출판부, 2003, 공저)
연구방법론(학지사, 2006, 2014, 2020)
알기 쉬운 통계분석(학지사, 2007, 2014)
최신교육학개론(학지사, 2007, 2012, 2018, 공저)
교육평가의 기초(학지사, 2009, 2012, 2019)
한국교육, 어디로 가야 하나?(푸른역사, 2010, 공저)
준거설정(학지사, 2011, 번역)
2020 한국초ㆍ중등교육의 향방과 과제(학지사, 2013, 공저)
교육단상(학지사, 2015)
교수ㆍ학습과 하나 되는 형성평가(학지사, 2015, 공저)
실험설계분석(학지사, 2018)

교육연구방법의 이해 (5판)

Introduction to Educational Research (5th ed.)

1998년 7월 25일 1판 1쇄 발행
2004년 9월 20일 1판 12쇄 발행
2005년 3월 5일 2판 1쇄 발행
2013년 8월 20일 2판 9쇄 발행
2015년 2월 10일 3판 1쇄 발행
2016년 6월 20일 4판 1쇄 발행
2018년 2월 20일 4판 3쇄 발행
2020년 3월 10일 5판 1쇄 발행
2021년 2월 25일 5판 2쇄 발행

지은이 • 성 태 제
펴낸이 • 김 진 환
펴낸곳 • (주) **학지사**

04031 서울특별시 마포구 양화로 15길 20 마인드월드빌딩 5층
대표전화 • 02) 330-5114   팩스 • 02) 324-2345
등록번호 • 제313-2006-000265호

홈페이지 • http://www.hakjisa.co.kr
페이스북 • https://www.facebook.com/hakjisabook

ISBN 978-89-997-2037-6 93370

정가 24,000원

이 도서의 국립중앙도서관 출판시도서목록(CIP)은 서지정보유통지원시스템
홈페이지(http://seoji.nl.go.kr)와 국가자료공동목록시스템(http://www.nl.go.kr/kolisnet)
에서 이용하실 수 있습니다.
(CIP제어번호: CIP2020005184)

출판 · 교육 · 미디어기업 **학지사**

간호보건의학출판 **학지사메디컬** www.hakjisamd.co.kr
심리검사연구소 **인싸이트** www.inpsyt.co.kr
학술논문서비스 **뉴논문** www.newnonmun.com
원격교육연수원 **카운피아** www.counpia.com